海外中国研究丛书
刘东 主编

李惠仪 著
文韬 许明德 译

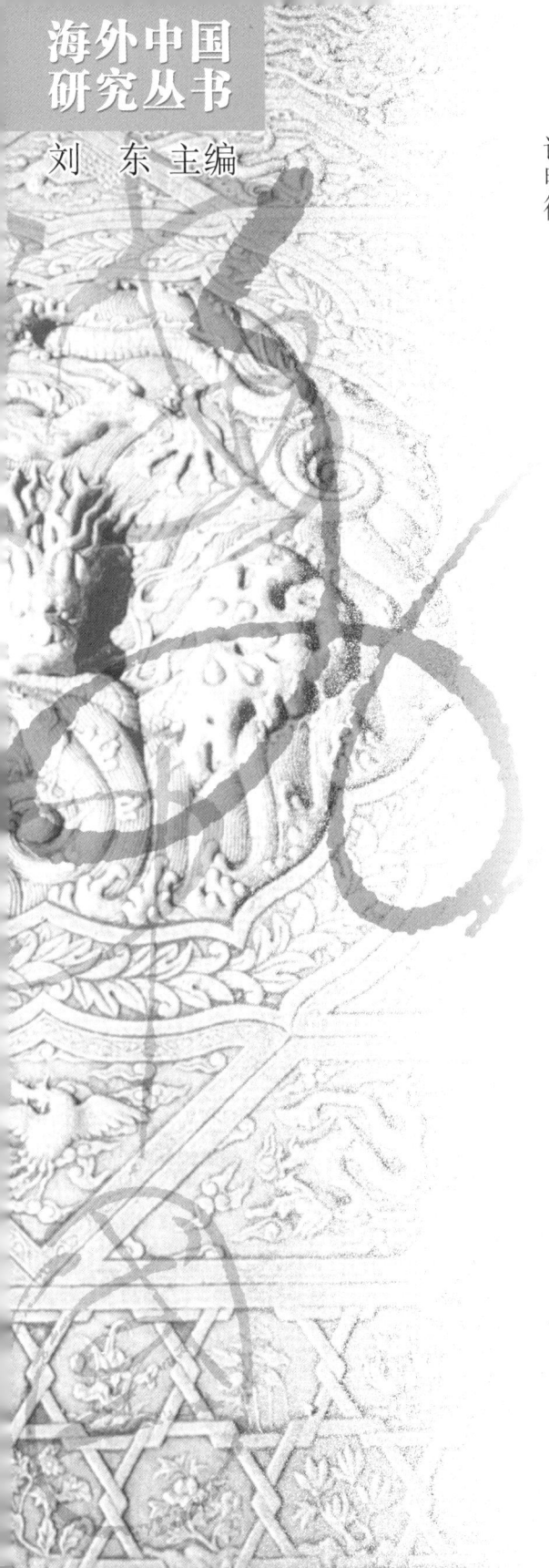

《左传》的书写与解读

THE READABILITY OF THE PAST IN EARLY CHINESE HISTORIOGRAPHY

江苏人民出版社

图书在版编目(CIP)数据

《左传》的书写与解读/李惠仪著;文韬,许明德译.—南京:江苏人民出版社,2016.7(2020.5重印)
(海外中国研究丛书/刘东主编)
书名原文:The Readability of the Past in Early Chinese Historiography
ISBN 978-7-214-19250-9

Ⅰ.①左… Ⅱ.①李…②文…③许… Ⅲ.①中国历史-春秋时代-编年体②《左传》-注释 Ⅳ.①K225.04

中国版本图书馆CIP数据核字(2016)第163404号

The Readability of the Past in Early Chinese Historiography by Wai-yee Li, was first published by the Harvard University Asia Center, Cambridge, Massachusetts, USA, in 2007. Copyright © 2007 by the President and Fellows of Harvard College. Translated and distributed by permission of the Harvard University Asia Center.
The Simplified Chinese edition published in 2016 by Jiangsu People's Publishing Ltd.
江苏省版权局著作权合同登记:图字10-2009-336

书　　名	《左传》的书写与解读
著　　者	[美]李惠仪
译　　者	文　韬　许明德
责 任 编 辑	李　洁
装 帧 设 计	陈　婕
责 任 监 制	王　娟
出 版 发 行	江苏人民出版社
出版社地址	南京市湖南路1号A楼,邮编:210009
出版社网址	http://www.jspph.com
照　　排	江苏凤凰制版有限公司
印　　刷	江苏凤凰扬州鑫华印刷有限公司
开　　本	652毫米×960毫米　1/16
印　　张	24.75　插页4
字　　数	300千字
版　　次	2016年9月第1版　2020年5月第3次印刷
标 准 书 号	ISBN 978-7-214-19250-9
定　　价	75.00元

(江苏人民出版社图书凡印装错误可向承印厂调换)

出版说明

要支撑起一个强大的现代化国家,除了经济、政治、社会、制度等力量之外,还需要先进的、强有力的文化力量。凤凰文库的出版宗旨是:忠实记载当代国内外尤其是中国改革开放以来的学术、思想和理论成果,促进中外文化的交流,为推动我国先进文化建设和中国特色社会主义建设,提供丰富的实践总结、珍贵的价值理念、有益的学术参考和创新的思想理论资源。

凤凰文库将致力于人类文化的高端和前沿,放眼世界,具有全球胸怀和国际视野。经济全球化的背后是不同文化的冲撞与交融,是不同思想的激荡与扬弃,是不同文明的竞争和共存。从历史进化的角度来看,交融、扬弃、共存是大趋势,一个民族、一个国家总是在坚持自我特质的同时,向其他民族、其他国家吸取异质文化的养分,从而与时俱进,发展壮大。文库将积极采撷当今世界优秀文化成果,成为中外文化交流的桥梁。

凤凰文库将致力于中国特色社会主义和现代化的建设,面向全国,具有时代精神和中国气派。中国工业化、城市化、市场化、国际化的背后是国民素质的现代化,是现代文明的培育,是先进文化的发展。在建设中国特色社会主义的伟大进程中，中华民族必将展示新的实践，产生新的经验，形成新的学术、思想和理论成果。文库将展现中国现代化的新实践和新总结，成为中国学术界、思想界和理论界创新平台。

凤凰文库的基本特征是：围绕建设中国特色社会主义，实现社会主义现代化这个中心，立足传播新知识，介绍新思潮，树立新观念，建设新学科，着力出版当代国内外社会科学、人文学科的最新成果，同时也注重推出以新的形式、新的观念呈现我国传统思想文化和历史的优秀作品，从而把引进吸收和自主创新结合起来，并促进传统优秀文化的现代转型。

凤凰文库努力实现知识学术传播和思想理论创新的融合，以若干主题系列的形式呈现，并且是一个开放式的结构。它将围绕马克思主义研究及其中国化、政治学、哲学、宗教、人文与社会、海外中国研究、当代思想前沿、教育理论、艺术理论等领域设计规划主题系列，并不断在内容上加以充实；同时，文库还将围绕社会科学、人文学科、科学文化领域的新问题、新动向，分批设计规划出新的主题系列，增强文库思想的活力和学术的丰富性。

从中国由农业文明向工业文明转型、由传统社会走向现代社会这样一个大视角出发，从中国现代化在世界现代化浪潮中的独特性出发，中国已经并将更加鲜明地表现自己特有的实践、经验和路径，形成独特的学术和创新的思想、理论，这是我们出版凤凰文库的信心之所在。因此，我们相信，在全国学术界、思想界、理论界的支持和参与下，在广大读者的帮助和关心下，凤凰文库一定会成为深为社会各界欢迎的大型丛书，在中国经济建设、政治建设、文化建设、社会建设中，实现凤凰出版人的历史责任和使命。

"海外中国研究系列"总序

中国曾经遗忘过世界,但世界却并未因此而遗忘中国。令人嗟讶的是,20世纪60年代以后,就在中国越来越闭锁的同时,世界各国的中国研究却得到了越来越富于成果的发展。而到了中国门户重开的今天,这种发展就把国内学界逼到了如此的窘境:我们不仅必须放眼海外去认识世界,还必须放眼海外来重新认识中国;不仅必须向国内读者迻译海外的西学,还必须向他们系统地介绍海外的中学。

这个系列不可避免地会加深我们150年以来一直怀有的危机感和失落感,因为单是它的学术水准也足以提醒我们,中国文明在现时代所面对的绝不再是某个粗蛮不文的、很快就将被自己同化的、马背上的战胜者,而是一个高度发展了的、必将对自己的根本价值取向大大触动的文明。可正因为这样,借别人的眼光去获得自知之明,又正是摆在我们面前的紧迫历史使命,因为只要不跳出自家的文化圈子去透过强烈的反差反观自身,中华文明就找不到进入其现代形态的入口。

当然,既是本着这样的目的,我们就不能只从各家学说中筛选那些我们可以或者乐于接受的东西,否则我们的"筛子"本身就可能使读者失去选择、挑剔和批判的广阔天地。我们的译介毕竟还只是初步的尝试,而我们所努力去做的,毕竟也只是和读者一起去反复思索这些奉献给大家的东西。

刘　东

目　录

鸣谢 *1*

中译本凡例 *1*

引言 *1*
    修辞与权力 *3*
    关键词 *14*
    斟酌差异 *24*

第一章　不同的教训 *29*
    《左传》的异质性与文本层积 *33*
    郑庄公的案例 *55*

第二章　征兆与因果 *76*
    征兆与编年 *77*
    细微的开端 *83*
    模范 *94*
    音乐 *105*
    女人 *128*
    阐释的叙事 *140*

第三章 征兆的解读 150

    迹象 152

    姿势 155

    异象 167

    反覆无常的神灵、模棱两可的征兆 177

    占卜 183

    解析的梦 202

第四章 征兆的运用 216

    称霸的论述 220

    称霸的反面 254

第五章 解释的焦虑 276

    预观衰世 296

    往事的用途 319

    解读的规则 341

附论：获麟与中国史学的诞生 353

参考文献 363

鸣　谢

　　戴梅可（Michael Nylan）、杜润德（Stephen Durrant）、蒲安迪（Andrew Plaks）在本书的写作过程中提供了很多宝贵的意见，谨此致谢。史嘉柏（David Schaberg）与杜润德跟我一起翻译了《左传》。他们传授给我很多有关《左传》的知识，也使我一直热衷于中国早期的历史典籍。本书第三章与第四章的部分章节曾在 David Shulman 和 Guy Stroumsa 所编《梦的文化：梦的比较历史探究》(*Dream Cultures*: *Explorations in the Comparative History of Dreaming* [Oxford: Oxford University Press, 1999])收录的《中国先秦历史与哲学书写中的解析的梦》"Dreams of Interpretation in Early Chinese Historical and Philosophical Writings" 一文中出现。我之所以能完成这本书稿，全赖普林斯顿大学与哈佛大学给予我休假的时间。另外，对于蒋经国国际学术交流基金会、美国学术团体协会、拉德克里夫高等研究院的慷慨支持，我确实非常感激。我也要感谢我的家人——Omer Bartov、Shira Li Bartov 和 Rom Li Bartov，因为他们往往在我最沮丧的时候给予我极大的谅解和欢乐。

李惠仪

中译本凡例

一、本书引用《春秋左氏传》(以下简称《左传》)时,一概依据杨伯峻《春秋左传注》(北京:中华书局,1990)。为了方便查找,本书在引用时一般会标出书中节数和页数。举例来说,"《左传》文公 22.4,页 625"即文公二十二年第四则纪录,读者可从杨伯峻注本中第 625 页找到相关引文。另外,本书引用《春秋》的经文时,依据的同样是杨伯峻的注本。又,《春秋公羊传》简称《公羊传》,《春秋谷梁传》简称《谷梁传》。

二、本书引用《诗经》时,同时会在诗名之后标出序号,以便读者查找原文。另,本文在引用其他经籍时,除了页数以外,一般还会标出相应的篇名和章节。例如,本文引用《国语·周语下》第七则时,会标上"《国语·周语》3.7"。译本中"《论语·宪问》14.15"即指《论语·宪问第十四》第 15 则。

三、原著有意利用不同的英文字体来区别拼音相同的地名和国名。但由于中译本没有相应的问题,因此本书删去了相关的注释。又,如果书中所引的英文论著另有中文翻译,本书将在书后所附的"参考书目"中一一标出。

四、谨附上鲁君在位年份与公历对照表:

隐公　　　公元前 722—前 712 年

桓公	公元前 711—前 694 年
庄公	公元前 693—前 662 年
闵公	公元前 661—前 660 年
僖公	公元前 659—前 627 年
文公	公元前 626—前 609 年
宣公	公元前 608—前 591 年
成公	公元前 590—前 573 年
襄公	公元前 572—前 542 年
昭公	公元前 541—前 510 年
定公	公元前 509—前 495 年
哀公	公元前 494—前 468 年

引 言

  当我们能说故事,继而提出自己的观点,我们就有可能解读往事。当我们回首过去,所能讲述的并非是单一且不容置喙的故事,而是能呈现各式各样的叙事与议论,"解读往事"就会变成一个课题。"解读"的概念意味着"往事"具有文本的性质:一个文本不仅能够帮助我们了解过去,往往还会掺杂更早的文本。这些更早的文本有可能是口述,也有可能是书面流传的。无论如何,一个文本往往会包含过往的文本所附有的阐释往事的原则和模式。同时,解读的概念把我们带到了古人最初对历史产生自觉意识的那一瞬。当古人开始有意识地探寻历史,他们会进而思考重现阐释过程的方法,会更加重视阐释历史的基础。那么,阐释的结构是怎样建立起来的? 又如何瓦解? 对历史的理解有哪些可能? 又有哪些局限? 换句话说,我们能在什么范围内质疑历史? 质疑历史本身又具有什么意义?

  这本书试图通过系统研究《左传》(《春秋左氏传》)来探讨这些问题。①

---

① 《左传》的英文全译本,可参阅理雅格(James Legge)《中国经典》(*The Chinese Classic*)第五卷;较新的选译本则有史华兹(Burton Watson)的《左传》(*The "Tso chuan"*)。最近,我和杜润德(Stephen Durrant)、史嘉柏(David Schaberg)正为中国经典译介系列丛书重新英译《左传》全文,译本即将由华盛顿大学出版社(University of Washington Press)出版。本书从这次翻译计划中获益不少。

《左传》是中国历史与文学的重要典籍。为什么要把这一部记录了255年间（从公元前722年到公元前468年）各种故事与言论的巨著视为"信史"？尽管以往也曾经出现少数著名的质疑者，其中包括朱熹（1130—1200）、顾炎武（1613—1682）、崔述（1740—1816）①，但传统论述一般认为《左传》的信史地位高于其他中国早期文献。许多现代学者也继承了这种看法，肯定《左传》是春秋时代的可信史料，把其中记录的历史事件当作事实，并从《左传》的文本中探勘春秋时代的思维方式和修辞风格。在现代通行的杨伯峻的注本里，假如其他早期文献与《左传》有所出入，其他文献往往会被认为是不可靠的。编年的体例、对时间与地点细致的描写，使《左传》的叙事和言辞看起来比其他早期文献更具历史的真实感。人们通常会认为《左传》的历史性与文学性取向不一，甚或互不相容。比如，坚称《左传》写实的人经常质疑屡见于文本中的鬼、神、预言和密谈②，而文学史家却乐于把它们视为中国小说虚构手法的开端。《左传》对年月日的关注和大量的细节描述远远超过其他先秦文本。这些细节有时似乎无关宏旨，没有呈现明显的"教训"。仅就此而言，似乎也足以证明《左传》"实录"的美名。③

然而，有人相信，读者应该把这些反映史实的特征与构成它的丰富的语汇区分开来。这种想法不免会误导我们。《左传》能否准确地描写史实，似乎是一个无从解答的问题。我们能确定的是，《左传》的文本反映了它形成的时间（约公元前4世纪）里主导的修辞模式与思想潮流。无论如何，形成历史意识的关键在于古人自觉地塑造出理解过去的模式和原则。我们现在认定为超自然或超理性的现象以及《左传》的修辞结

---

① 朱熹抱怨《左传》过分强调效用而扭曲了对往事的判断（《朱子语类》卷83，页2149—2150）；顾炎武发现《左传》中同一事件有时会出现一次以上，其中细节往往会有差异（《日知录集释》卷4，页95）；崔述本着"取信于经"的原则，质疑《左传》中的判断，详可参见《考信录》的批注（如《唐虞考信录》卷1，页30；卷2，页12；《夏考信录》卷2，页23—24；《丰镐考信录》卷3，页30）。
② 范宁（339—401）说："左氏艳而富，其失也巫。"（《十三经注疏》七，《春秋谷梁传注疏序》，页9b）"艳而富"虽然是褒义词，但范宁的评价也点明了富艳与大而无当的想象之间的联系。
③ "实录"一词来自刘知几的称许，见《史通通释》卷14，页204。

构或叙事技法,都是这种模式和原则的体现。换句话说,文学式的结构与形式化的思想,不过是阐释历史的方法。唐代学者刘知几(661—721)对此深有体会:他在《史通》里概括撰述历史的原则时,便花了不少篇幅来讨论叙事的艺术和修辞的技法,还经常援引《左传》作为史传最佳的范例。

《左传》理解过去的模式和原则,经常会被看作是儒家的思想主张。过去一直有一个与这个观点相关的问题:《左传》是否《春秋》的传?虽然孔子作《春秋》的说法其来有自,但许多现代学者都怀疑孔子是否曾编修《春秋》,质疑《左传》最初是否与《春秋》有关。然而,《左传》所标举的理念,与发展到战国时代的儒家思想大体一致,这个说法还是广为人们所接受的。《左传》的理念界定和捍卫了周初的道德与政治秩序,强调了周朝经典文献的重要性。晚近一些西方学者以"传统主义"(traditionalist)一词概括这种尊周从周的精神。选用"传统主义"这个术语,或可避免"儒家学派"这个后设词汇所指涉的一种统一的思想。扩充"儒家"或"传统主义"的语义范畴,或可容纳更多《左传》的观点,但这还不足以完全包容《左传》庞杂的思想世界。我们不难在《左传》里发现它精妙地融合了看穿现实利害的严苛计算和理想化的道德说教;既把往事和先前的文本视为当前行为的指导,又充满着呼唤变革、赞赏权变的声音;既有赞成君主与贵族掌管更大权力的议论,又展现了反对者的立场;对于战争既有军事战略上利益的考虑,又存在着道德化、仪式化的视角。其实,《左传》的儒家经典地位历来虽被广泛认可,但亦不乏抨击与质疑其"正统性"的声音。这包括恪守《公羊》、《谷梁》经义的汉代学者(他们以为《左传》挑战他们解经的权威)。还有一些后来的儒家学者,他们批评《左传》的功利主义,并质疑其中离经叛道的思想。

修辞与权力

各种解读《左传》的方式,指向隐含在文献中运用往事的各种方法。

我们不妨从一个基本的吊诡切入。《左传》里到处都是关乎秩序的修辞。书中广泛运用表达美德的字眼，典型的有"礼"、"德"，还有"仁"、"敬"、"正"、"忠"、"信"、"让"。当《左传》援引往事并视之为典范的时候，历史的连续发展成为《左传》的前提。尤其当《左传》提到周初秩序的建立，忆述周天子的成就（常见的有周文王与武王的例子，有时还包括成王与宣王），以及各诸侯建邦立国的过程，说明《左传》强调了历史的连续性。同时，《左传》也透过这些例子鼓励后世取法先王。对于一批强调世代相传的知识的士人来说，他们有共同推尊的典籍（主要是《诗》《书》），把这些典籍视为权威的依据，《左传》无疑有其吸引力。通过运用列举、定义、区分、逻辑上层层推进的修辞手法，《左传》营造出了条理分明的感觉，强调了历史发展的必然性。然而，这种秩序井然的语言所驾驭的却是现实的残暴与失序。《左传》的世界充斥着背信弃义、权宜诈伪、伤亡惨重的战争、残暴不仁的权力斗争，以及血腥的仪式（由杀戮活人作为祭品，到各诸侯在缔结盟约时以血涂口的仪式）。难怪2世纪末3世纪初的学者隗禧说："左氏直相斫书耳，不足精意也。"①

那么，标举秩序的修辞与这些充斥着冲突、破坏、欺诈、奸邪的记录，究竟有着怎样的关系？《左传》以道德体系建立起来的修辞结构，又是如何驾驭其中权力关系的书写？要回答这些问题，似乎有若干可能的答案。这些答案乍看之下迥然不同，然而又时有重合之处。有效的修辞能修复礼制，建立道德与政治的秩序，从而抗衡现实的动荡与危险，即使成效往往非常短暂。例如，随大夫季梁曾劝阻随侯追击撤退的楚军，并建议随侯集中精力改善朝政。这一与军事战略有关的事件，转瞬之间变为了一场关于正确的祭祀仪式与恰当的人神关系的讨论。季梁雄辩地指出："民，神之主也。"假如治理无方，仅仅是崇奉神灵，不会带来福荫（《左传》桓公6.2，页111—112）。楚军的撤退其实是一个陷阱。随侯最终因为听从了季梁的建议，避免了军事上的失利，甚或规避了被楚国吞并的可能。随侯改善朝政的方针，

---

① 转引自裴松之(372—451)《三国志》注，见陈寿(233—297)《三国志》卷13，页442。

似乎也防止了楚国的步步进逼。直到两年之后,季梁失宠,随侯不再采纳他的规谏,随才为楚所败(《左传》桓公8.2,页121—122)。

　　季梁的言论与《左传》其他许多地方互为呼应,但这种宣扬德政的信息有时却会因为上下文而变得暧昧不明。这促使我们从不同的角度再次考虑以下问题:一个观点如何通过安放在议论、叙述、编年的体例之中而得到阐释?它的意义是否会因而改变?这里可以举鲁国大臣季文子为例。季文子在驱逐邻邦小国莒国的太子仆之后,曾向鲁国新君鲁宣公解释自己的决定。太子仆在杀害其父莒纪公后奔鲁,他送了一块宝玉给鲁宣公,以寻求鲁国的庇护。鲁宣公宣告太子仆可以留在鲁国,并把封邑授予他,说:"今日必授。"但季文子却不从此令,让司寇马上把太子仆驱逐出境("今日必达"),并派太史克前去解释他的理由。太史克义正辞严,用颇长的篇幅申论事君之道。首先他引述鲁国贤臣臧文仲的教训:"见有礼于其君者,事之,如孝子之养父母也;见无礼于其君者,诛之,如鹰鹯之逐鸟雀也。"接着他条陈周公礼刑,说明弑君父窃宝玉的太子仆不得不被驱逐。太史克最后一段话追溯至尧舜时代,讲论高阳氏、高辛氏有才子十六人(所谓八恺、八元),帝鸿氏、少昊氏、颛顼氏、缙云氏有不才子四人(所谓四凶)。尧不能用八恺、八元,亦不能去四凶。舜以臣事尧,却能举八恺、八元为相,流放四凶。太史克的结论是:"舜有大功二十而为天子,今行父(季文子)虽未获一吉人,去一凶矣。于舜之功,二十之一也,庶几免于戾乎。"这样一来,季文子的行为俨然成为对舜帝举善去恶的模仿。在这个基础上,季文子没有客气,宣称自己已经做到了舜帝功绩的二十分之一。另外,舜补救了不称职的尧的过失。如此类推,季文子似乎正以尧影射鲁宣公。太史克旁征博引,立论正大堂皇,但这却不能掩盖一个事实:季文子是在鲁国政局动荡时变得位高权重的。季文子的权势源于复杂的政治阴谋,而这场阴谋导致了鲁文公(宣公父)的适嗣死亡,鲁宣公因而得以庶子继承大统。这场议论似乎使季文子的权势显得更加正当。更准确地说,太史克宣扬崇高道德的言辞可能是为权势的转移服务。莒太子仆的故事表明宣公进退失据,反衬出季文子知礼并明辨是非。政权从鲁国公室转移到季氏身上,因这件事而变得合理。① 多年后,晋国的史墨在解释季平子(季文子的曾孙)驱逐鲁昭公的原因与过程时,还曾经把鲁国公室的衰微追溯到文公十八年所发生的继承问题上——"鲁君于是乎失国,政在季氏。"(《左传》昭公32.4,页1520)文公十八年,鲁国权臣东门襄仲杀害了鲁文公的嫡子公子恶、公子视(《左传》文公18.5—6,页632—633)。季文子后来归罪东门襄仲,谓襄仲"使我杀适立庶失大援",并把他的后人驱逐出鲁国(《左传》宣公18.5,页778—780)。这实在是诡词欺人。季氏驱逐东门氏,实源于两者的权力斗争。季氏打起问罪的义旗,追究当日"杀适立庶",不过是文过饰非,自标高义。在同样的语境下,我们还可以得出完全相反的解读。论者或认为《左传》的作者利用太史克的言论,揭示季文子的政治野心。因此,标举能"去四凶"举贤才的理想化国度,不过是对野心的讽刺与批判,更关乎当时情境的是季文子自诩能"去凶",却让东门襄仲继续执政,并掩盖了"杀适立庶"的前因后果,以及自己和襄仲所扮演的角色。②

宣扬秩序的修辞,大多对铺陈往事没有实质效用,它们不过是提供一种判断情势的道德标准而已。但被忽略的谏词忠言,即使无补于事,也变成权威的批判或深具道德意蕴的解释。譬如,周襄王被郑国的一系列挑衅所激怒,最终召集狄师以讨伐郑国。事成之后,襄王欲以狄女为后。周大夫富辰进谏劝止,却未被采纳。他进谏时,曾论列历史渊源和华夷之辨,认为不论是战争还是婚姻,周襄王之举都无可取之处。富辰反对与郑为敌,他称引《诗》以规劝襄王维系源自周初封建的血亲关系,因为周室和郑国同为姬姓,是兄弟之国。他还警告襄王不要迎娶狄女,提醒他依赖外族的后果不堪设想(《左传》僖公24.2,页420—425)。在

---

① 见傅逊(生活于16世纪):《春秋左传属事》卷9。《国语》也提到鲁国驱逐太子仆一事,但其中里革(太史革)并没有接到季文子的命令。里革自行更换宣公的书信,并直谏其君。这则简洁的轶事有更清晰的道德原则,并以鲁宣公承认自己犯错结尾。(《国语》鲁语1.12,页176)
② 孔颖达认为太史克是史家的化身,他的言论同时在批评鲁宣公之惑和季平子之专(《十三经注疏》6,20.20b)。吴闿生(《左传微》,页278—280)和竹添光鸿(《左传会笺》文公18.52)二人则强调了季文子颇具反讽意味的轻蔑态度。

战争和婚姻的问题上,富辰的谏言同样以区别"亲"与"非亲"(即所谓外夷)为出发点。不久,襄王的弟弟王子带与狄后通奸,召集狄人和其他有积怨的周大夫一同作乱,把襄王赶出国都。尽管富辰最后徒劳无功,但他的建言却为一连串动摇周室的图谋、误算、冲突赋予了解读的方法与意义。不无反讽意味的是,王子带之所以能作乱,亦是基于"亲亲"原则的实践。一年前,富辰要求召回被放逐的王子带时,他先引《诗》道:"协比其邻,昏姻孔云。"又说:"吾兄弟之不协,焉能怨诸侯之不睦?"(《左传》僖公 22.6,页 395)富辰反对周襄王伐郑,用"亲亲"的原则美化周、郑的关系,但同样的逻辑却间接地造成了周朝内乱,襄王出奔。

以血缘纽带作为政治秩序的标准,事实证明是有问题的。《左传》里有太多背叛血亲的例子。譬如邓侯错信其甥楚文王不至于倒戈相向,最终邓国被楚国兼并,印证了邓国大夫精妙的预警:假如邓侯不能预先防范楚国的侵略,邓侯必将像一个人想"噬脐"一般,追悔莫及(《左传》庄公 6.3,页 169)。换句话说,借道德言说推进的简单评断,有时隐含了反面立论的意涵。上述例子中,以血缘为先的观点,与重视阶级和集权的政治原则互相对立。战国晚期与汉初的文献一般把这种与"亲亲"相对的原则称为"尊尊"。①

除了谏言外,《左传》还有不少直接下判断的地方。这些判断以秩序观念加诸史事,承担了叙事的功能。从这个层面来看,道德言辞的运用与政治伦理的沦丧似乎没有必然的矛盾——《左传》只是用正义的言辞来否定道德沦丧的政局。不过,细看《左传》,我们不难再次发现,表面相似的道德话语可以涵盖不同的视角。"礼"字的词义就极具启发性。《左传》中最常见的褒贬方式,便是断言某事"礼也"或"非礼也"。而"礼"在几处重要的言辞中,往往超越了具体的仪式和行为,延伸到道德、社会政

---

① 荀子以"亲亲"与"仁"相配,并把"尊尊"与"义"联系起来。(《荀子笺释·大略》,页 368)其他关于"亲亲"、"尊尊"的阐释,可参见《礼记·丧服小记》、《礼记·大传》(见孙希旦:《礼记集解》2,页 864、871、905、907、917)、《中庸》20(朱熹:《四书集注》,页 15—19)。至于春秋时期这些观念在不同地域的流传与发展,详参钱杭:《周代宗法制度史研究》,页 158—175。

治,乃至于天人关系的讨论之中。鲁昭公访晋,便是一个屡见于其他典籍的事例。鲁昭公在出访晋国时表现得熟谙外交礼节,晋侯因而称许他为"知礼",但晋国大夫女叔齐却认为鲁昭公熟识的不过是典礼的"仪"。从鲁国公室的衰微与其侵凌小国的事实来看,鲁昭公对"礼"其实无知得很。女叔齐归结道:"礼,所以守其国,行其政令,无失其民者也。"(《左传》昭公5.3,页1266)"礼"能确保有效的管治,同时使各诸侯国保持友好的关系。由于女叔齐能点明"礼"与"仪"的分别,《左传》的"君子"最终以"知礼"一词赞许女叔齐。这种义正辞严的论述、正大堂皇的断语,不应隐瞒这样的一个事实:他们把"礼"等同于强势的集权统治。无法落实这种管治方式,即道德上有所亏缺。鲁昭公即因其君权被其他宗室侵夺而遭到指责。即使他在这场权力斗争中更可能是一个牺牲者,而非真正的罪人。

这些例子或多或少都尝试着直接把秉持正道的修辞,加诸暴力和混乱的史实之上。但正如我们所见,即便就这些表面看来不成问题的个案而言,言辞的上下语境也会带来意义的多元和不稳定。看似不言而喻的事实,或许只能反映各种立场中的一鳞半爪。在其他事例中,表现手法与文章意旨之间互相拉扯,文章旨意与上下文之间也从一开始即表现出同样的张力。因此,运用"谲谏"的修辞,劝说者喻讽于劝,通过煽动听众的欲望,引诱他们沉溺于夸饰之中,最终却以此敦促听者抑制欲求,接受秩序。这种巧妙的游说方法,往往出现在所指游移不定、意义被操纵的语境之下。引诱与指导两者纠缠不清,这其中最有趣的例子,发生在楚灵王和楚臣(尤其是楚大夫子革)之间。这些源于楚地的事例,运用了铺张扬厉的修辞,似乎要成为战国晚期楚辞出现的先声,预示出汉赋的发展。本书第四章将结合楚灵王与楚文化来探讨这些事例。当然,这些事例或可视为为数不多的个案。他们耽于文辞的愉悦,造就了夸饰的极致。这就引发了古代评注者的不安,致使他们作出"左氏浮夸"的批评。①《左传》间或点出华丽修辞的效用与危险,恰恰证明《左传》意识到表达手

---

① 韩愈(768—824)《进学解》:"春秋谨严,左氏浮夸。"(《韩愈选集》,页332)

法与文章意旨之间的距离,形成了对修辞的自觉。大体来说,过分的夸饰本来就惹人怀疑。(诸如《左传》昭公 26.9,页 1479)①《左传》中针对"多言"和"多文辞"的评价,表明了人们已经意识到语言能营造虚假的秩序,使人无从得知情实或追究道德责任。

把"礼"与"利"相提并论的主张显得草率武断,变成说客所用的权宜之计,表现手法与文章旨意之间的张力便产生了。《左传》倡言道德时,经常会用上遵守道德会带来利益的推论,但《左传》所讲述的故事却往往教我们把注意力转移到说话者及与之对话的人的动机上。因此,在谈判的场合,小国使臣经常在说辞中策略性地运用道德修辞,以抵抗强国的要求和侵犯。细察这些故事,我们不难发现道德价值往往受制于说客的策略。譬如,公元前 645 年,晋与秦战于韩。晋国败退,晋惠公为秦国所俘。于是晋国派遣阴饴甥出使秦国,意图说服秦穆公释放晋侯。(《左传》僖公 15.8,页 366—367)阴饴甥先向秦穆公说明晋国内部意见不一,小人誓要报仇,君子却在静待秦穆公的命令。接着他解释说,小人之所以要报仇,是因为他们担心晋惠公将遭遇不测;至于晋国的君子则认定秦一定会释放惠公,因为这样秦穆公才能表现出他"德"、"刑"并施的一面。他说:"贰而执之[引按:指晋惠公],服而舍之,德莫厚焉,刑莫威焉。服者怀德,贰者畏刑,此一役也,秦可以霸。"阴饴甥要求秦穆公网开一面,说服的方式却是刺激秦穆公称霸的野心。阴饴甥紧扣德行的修辞同时也隐含着威胁——假如小人认定了秦国将会无限期地扣押晋惠公,他们将另立惠公的儿子圉为君。如此一来,惠公即失去了充当人质的价值,变得无关痛痒。此外,阴饴甥提出:晋国上下,无论君子抑或小人,都"不惮征缮"。换言之,他们都已准备就绪,随时可以再次上阵。

这类策略式的推理经常借霸主的垂范作用立论。另有一例是郑国大臣子产陪同郑伯到晋国朝聘,晋平公迟迟没有接见郑伯,且未按合乎郑伯身份的礼仪接待他,于是子产派人拆毁晋国馆舍的围墙,以示抗议。

---

① 这里称引的是王子朝对诸侯的报告,第五章将进一步讨论此例。

由于晋国的拖延，郑国既没有合适的仪式荐陈贡品，又不能把贡品暴露于野，任由其"燥湿之不时而朽蠹"。子产利用无从安置的贡品作喻，显示出郑国尴尬的处境，继而以此质疑晋国盟主的地位。这便让子产怀念晋文公这样的霸主，据说文公自己的居所十分简朴，与奢华的使臣馆舍形成强烈的对比。而晋平公自身穷奢极欲，却置列国使臣于如此不堪的境地。子产说服了晋国接受他的要求，晋大夫叔向赞扬子产道："辞之不可以已也如是夫！子产有辞，诸侯赖之，若之何其释辞也。"（《左传》襄公31.6，页1189）"辞"可翻译为"雄辩的话语"，在早期文献中有时会跟诉讼和争辩扯上关系。① "子产有辞"可以理解为"子产很能据理力争"。换句话说，那些看似不言而喻的道德真理，或许只是一场辩论中某一较有说服力的立场而已。

综观《左传》全书，郑国作为一个蕞尔小国，经常要应对来自其他强国的要求和侵略，这些强国之中又以晋国与楚国的侵犯为甚。或许正是因为国家弱小，郑国的使臣和大夫都特别擅长策略性地运用道德辞令。他们把郑国的一举一动塑造成一种对道德诉求的响应，一种使称霸的目标更为远大的手段，以此抵挡其他大国的进犯。《左传》里许多有名的说辞都采用了这样的手法，包括郑大夫烛之武退秦师（《左传》僖公30.3，页478—481）；子产拒绝晋人征朝于郑（《左传》襄公22.2，页1065—1067）；子产不与晋国正卿韩宣子玉环（《左传》昭公16.3，页1379—1380）。即使郑国使臣无法影响事情的结局，他们权威的判断也几乎象征性地弥补了他们的挫败——如郑伯使游吉如楚，以《周易》预言楚王不免于难（《左传》襄公28.8，页1143—1145），又如游吉以凌厉词锋斥责晋国，预言其将失去盟主之位（《左传》昭公3.1，页1232—1233）。游吉在另一次出使时所显示出的对礼的熟悉程度给晋卿赵简子留下了深刻印象。赵简子向游吉请教揖让周旋之礼，两国的势力高下因而短暂地逆转了（《左传》

---

① 许慎（120年卒）："辞，说也，从㠯、辛。㠯犹理辜也。"（《说文解字》卷14B，页5b）[译按：《周礼·秋官·乡士》亦云："听其狱讼，察其辞。"]

昭公 25.3,页 1457—1459)。

如果说国家的弱小导致人们在语言上策略性地运用道德,强国则在展示实力和获得胜利时在修辞上为自己的行为提供合理的依据。《左传》中有关"礼"的言辞往往会掩盖政治权力的残酷现实,造成战争合理的错觉——把战争说成义战,怯懦与逃避变为容忍、识时务与爱和平。还有那些定义"霸"与"弭兵"的说辞和文章,也应该包括在内。我们将在第一章中看到,郑庄公如何以修辞夸饰他的功绩。至于本书的第四章,则会解释霸道如何导致人们运用修辞把"礼"、"力"、"利"三者混为一谈,从而使这些考虑交融纠缠在一起。晋文公的故事显示了求取霸权与追求超然的道德地位两者之间互为因果,即使他所追求的或许只是超然的道德形象,或者是这种道德的界定方法而已。细察《左传》使霸权合理化的篇章,不难发现当中往往牵涉文本内容的歧义,甚至出现相关记录互相矛盾的情况。称许晋国的文章,以道德修辞捍卫晋国持续扩张,捍卫晋大夫(尤其是魏氏和赵氏)势力日隆的同时,也显示了这样的矛盾。(见《左传》文公 6.1,页 544—546;文公 7.4—5,页 558—562;襄公 11.5,页 991—994)襄公二十五年到昭公元年,晋霸之衰微与由宋大夫向戌发起的弭兵会盟(所谓弭兵主要是晋、楚之间的和议)互相牵动。会盟中充斥着协商和信任的言辞,但却掩盖不了会盟中尔虞我诈与互相猜度的事实。晋大夫尤其擅长把自身的怯懦和软弱,表现为谨慎、宽厚、不失盟主尊严。这段时间也显然是晋、鲁和楚三国使臣在外交活动中,频繁地称《诗》赋《诗》的时期。赋诗体现了共有文化的传承,却同时暗藏着利益上的分歧,暗藏着来自楚国源源不绝的威胁。晋国正卿赵孟(赵武)擅长用赋诗和堂皇的修辞(《左传》襄公 27.5,页 1134—1135;昭公 1.3—4,页 1207—1210),但同时又显得意志薄弱、虚与委蛇、忧心忡忡(《左传》襄公 31.1,页 1183—1184;昭公 1.5,页 1210—1211;昭公 1.8,页 1214—1215;1.12,页 1222—1223)。

有时道德修辞越是华丽,现实情况就越是不堪入目。《左传》标举"举贤"的一节,就有植党营私的嫌疑。晋灭公族祁氏、羊舌氏,其时魏舒

(魏献子)为政,分祁氏之田以为七县,分羊舌氏之田以为三县。此乃三家分晋之由。被任命为诸县大夫者,包括魏舒庶子魏戊。魏舒询问晋大夫成鱄,任命魏戊会不会招来人们的非议,惹来树"党"的污名。成鱄对曰:"戊之为也人,远不忘君,近不偪同,居利思义,在约思纯,有守心而无淫行。虽与之县,不亦可乎?"成鱄极力赞赏魏戊的才德,表明魏戊实足胜任。同时,成鱄铺张扬丽,用周武王在克商之后任用自己的兄弟与族人治理天下为"举不避亲"的先例:"夫举无他,唯善所在,亲疏一也。"①他称引《诗经·大雅·皇矣》第四章:"唯此文王②,帝度其心。莫其德音,其德克明。克明克类,克长克君。王此大国,克顺克比。比于文王,其德靡悔。既受帝祉,施于孙子。"接下来成鱄解释诗中每个表达"美德"的字眼:"心能制义曰度,德正应和曰莫,照临四方曰明,勤施无私曰类,教诲不倦曰长,赏庆刑威曰君,慈和偏服曰顺,择善而从之曰比,经纬天地曰文。"成鱄把"文"(涵盖纹饰、写作、文化、文雅等语义)推到"经天纬地"的高度,并认定魏舒能举贤任能,实已"近文德矣"(《左传》昭公 28.3,页 1493—1495)。洋溢纵恣的赞叹,把任用亲信变成因至德、袭天禄、嘉惠后嗣的典范。

　　成鱄肯定了魏舒的决定,紧接其后的是魏舒与贾辛的对话。贾辛是另一个因晋国权力重新分配而获益的人。他被任命为祁大夫。③ 在贾辛赴任之前,魏舒向贾辛讲述了晋大夫叔向对郑大夫䲭蔑赞誉有加的故事。叔向在出使郑国时遇见䲭蔑。䲭蔑其貌不扬(《左传》襄公 25.14,页 1108),为了更精确地观察叔向,他和侍者一起立于堂下。但一旦䲭蔑开口说话,就没有人在意他丑陋的相貌和平凡的装扮了,可谓"一言而善"(《左传》昭公 28.3,页 1496)。叔向一听到䲭蔑的话便认出了他。叔向对䲭蔑的聪慧早有所闻,于是他讲了一段关于鉴别人物的轶事:晋大夫长得很丑,却娶了一个漂亮的妻子。妻子三年不言不笑,直到晋大夫带

---

① 周代立国"举不避亲"一事,可参阅《荀子笺释·儒效》(页 75):"[周公]立七十一国,姬姓独居五十三人,而天下不称偏焉。"
② 今本《毛诗》作"王季",唯论者以为当作"文王"。说详见《春秋左传注》,页 1495。
③ 有关贾辛的功绩,可参阅《左传》昭公 22.5,页 1438。

妻子到泽畔射雉满载而归,她才言笑晏晏。贾大夫感叹:"才之不可以已。"叔向为这两则辨识人才的故事建立起了平行关系:"言之不可以已也如是。"故事中的故事层层相扣,魏舒似乎要借此暗示贾辛的才能也非一眼即辨,他的能力还有待进一步的观察。这段文字也强调了魏舒的洞察能力——他能看穿表象,既能欣赏别人内在的涵养,又能无视别人对他偏私的指责,做出看似偏袒而实则无私的决定。

这则记录以孔子肯定魏舒的"忠"和"义"作结:"仲尼闻魏子之举也,以为义,曰:'近不失亲,远不失举,可谓义矣。'又闻其命贾辛也,以为忠:'诗曰:永言配命,自求多福,忠也。魏子之举也义,其命也忠,其长有后于晋国乎!'"①孔子总结道,魏舒能在举拔人才方面体现其"忠"与"义",因此他的后人将一直在晋国兴盛下去。对这类用人之举作如此溢美之辞,听起来似乎有点儿不协调。事实上,魏舒瓜分了原本属于祁氏与羊舌氏的领地。祁氏与羊舌氏代表晋国公室宗族的式微,他们最终成为权力斗争的牺牲品。祁氏与羊舌氏的僭越与过错无关宏旨,却迅速受到严厉的惩处。反讽的是,羊舌氏中最有名的子孙——叔向(羊舌肸)却在这里以楷模的形象出现。叔向与魏舒的模拟关系,甚至可以看成一种替代:魏舒接管了叔向后人的土地与权力。虽然在祁氏与羊舌氏的衰落过程中,《左传》并没有把魏舒说成此事的同谋,但毕竟魏氏在这个过程中是得益最多的卿族。于是,这些故事描述外表平庸而能言善辩的阏蔑、样貌丑陋而英勇善射的贾大夫,阐发内在与外在的美德,除了申明"看穿表象"的必要性,似乎也有预先防范别人指责魏氏口是心非之意。但究竟是谁在文过饰非?难道写下这段文字的史官与魏氏有所关联?会不会是因为这段史事的作者或传抄者太着意突显"举贤"的母题,而漠视了故事的背景,甚或刻意断章取义?后世君权及忠君思想的绝对化,使得论者(包括17世纪伟大的思想家王夫之[1619—1692])轻易地把削弱公

---

① 《左传》多以"仲尼"称引"孔子"。这里似应把"孔子"视为文本中的一个人物,不宜把他和历史中的孔子或其他早期文献中出现的"孔子"混为一谈。

室的氏族判定为"乱臣"。王夫之又因为深感晚明党祸贻害,在阅读中国早期史书时,难免谴责《左传》里许多内容都有"党说"或"党辞"之嫌。①讽刺的是,魏舒煞有介事地反驳树"党"的指控,恰恰坐实了这些攻击:这记录不过是以修辞饰垢掩疵,胜利者留下讲述的"事实"。

关键词

虽然上文只是初步检视了《左传》修辞的可能性,但却也足以让我们看出此书包含的多种角度。一个看似贯彻始终的立场,实则可能掩藏了不同的出发点。举例而言,当周内史称赞鲁大夫臧哀伯谏鲁哀公纳宋赂郜大鼎于大庙时(《左传》桓公 2.2,页 90),又或当晋大夫叔向确信代表道德威仪的辞令可以对抗楚灵王的奢侈无道时(《左传》昭公 5.4,页 1267),文中对于"训辞"的肯定基于对先王、旧法的信任。反观子产为郑国侵陈辩护,畅论周德、王命,晋国正卿赵武即提到:"其辞顺。犯顺,不祥。"这一节又以仲尼总论作结:"《志》有之:言以足志,文以足言。不言,谁知其志?言之无文,行而不远。晋为伯,郑入陈,非文辞不为功。慎辞也。"(《左传》襄公 25.10,页 1106)这段话肯定"辞顺"的道德内涵,乍看与臧哀伯谏君或叔向道奸邪以训辞的立场一致。但是,子产的言论亦为霸权辩护,强调大国侵小乃不得不然:"今大国多数圻矣,若无侵小,何以至焉?"换句话说,对德礼言辞的肯定,既包含遵循旧法的虔敬,也跟顺从霸权的统治有关。两种出发点正周旋于同一种立场之中。

同一个人物或同一个角色,也能提供迥然不同的视角。譬如《左传》中的"君子",他有时会在言辞和叙事的结尾提出自己的评论与判断。虽然"君子"往往标举礼仪与伦理道德,但有时却也会为利益、私欲、权宜之计辩护。也许先应辩明的是"君子"的内涵。《左传》划分"君子"和与之相对的"小人",既考虑到社会地位,同时也顾及道德品行的因素。当自

---

① 见王夫之:《春秋家说》,页 218。

称"小人"的楚国乐师钟仪表现出君子的风范而受人称道时(《左传》成公9.9,页845),又或当郑国贵族罕虎因学识有限而谦称"小人"时(《左传》襄公31.12,页1193),"君子"与"小人"的道德意蕴取代了二词在社会地位方面的指涉。单纯因社会地位的差异而称一个人为"君子"或"小人"在《左传》中虽然十分罕见,但也不是绝无仅有。不过"君子"一词在概念演化的过程中,最有意思的并非其社会和道德意味的冲突,而是它周旋于既定传统和现实情势的成败利钝之间。在第五章里,我们将从子产和晏婴的故事来探讨这些问题。

这类复杂的情况提醒我们,《左传》里的词义与观念往往经历了变化,这些变动有时甚至出人意料。我们可从"天"这个概念谈起。论者大都同意在《左传》所记叙的时间里,支撑政治和道德秩序的神权已经逐步崩溃。然而,没有充分证据表明这个崩溃过程与《左传》所表述的"天"的观念的演化有着必然的关系。一般的共识是春秋早期的"天"仍代表人们仰赖的权威,春秋后期才发展出怀疑"天道"的思想。然而《左传》对"天"的论述并不严格反映此进程,反而持续展现出不容易归纳为一的多重视角。哪种论调才真正把"天"视作具有意志的道德体现,真正把"天"视为必须遵从的权威?这个问题不好回答,因为即使出现这种论述,也有可能表里不一,暗藏了应急权变与自身对权力的算计。我们在第一章与第四章讨论各个怀有称霸野心的诸侯时,就会看到这类例子。

《左传》一般会把"天启之"、"天方授[某国]"、"天祸[某人/某国]"、"天其殃之"、"天诱其衷"①等表述方式,放在形势顺逆的解释或列举之前。换言之,吁求于天可能只是一种描述环境因素或事情动因的方法。《左传》反复用"天"来解释各种政策,尤其在战争(如《左传》僖公19.4,页383;襄公25.10,页1105;定公4.3,页1547)与安抚(如《左传》桓公6.2,

---

① 这里按照高本汉(Bernard Karlgren)《左传》英译第177条,把"天诱其衷"一词理解成"上天把发自其内心的明辨是非的意识诱导出来"(heaven has drawn out their sense of rightness within)。[译按:杨伯峻、徐提《春秋左传词典》,页131认为"天诱其衷"意谓:"天被我感动其心,能福佑我。"]

页 111；宣公 15.2，页 759；昭公 11.2，页 1322—1323)的场合里。正如我们在第二章看到,有些坚持关注人事的论述,都建立在天命不可知,或天命无关痛痒的前提上。因此,当晋惠公埋怨其父晋献公未能依照卜筮之兆,最后遭逢不幸时,晋大夫韩简即驳斥了这种说法,认为人的行为才是主导祸福的要素《左传》僖公 15.4,页 363—365)。另一位聪慧的大夫臧文仲也建议鲁僖公"修城廓、贬食、省用、务啬、劝分"来减轻旱情,而不是靠"焚巫、尪"来请罪。(《左传》僖公 21.2,页 390—391)体现这种质疑天命、讲求实效的态度,最著名的例子,莫过于子产拒绝献祭以避免预言中的火灾。子产为捍卫自己的决定,提出了"天道远,人道迩"的主张。(《左传》僖公 18.3,页 1395)"天"时而体现道德理想,时而漠视人事是非,时而具目的及意志,时而混茫而不可知。"天道"的多重语义分别指各种不可避免的事件的动因(《左传》庄公 4.1,页 163)、循礼违礼的依据(《左传》文公 15.11,页 614)、对妥协和缺憾的容忍(《左传》宣公 15.2,页 759)、社会政治的秩序(《左传》襄公 22.3,页 1068)以及决定人事的星宿运行(《左传》襄公 9.1,页 963—964；昭公 9.4,页 1310；昭公 11.2,页 1323—1324)。

在《左传》的世界里,我们或可把鬼神视为一种显示天意的特殊方法。《左传》中经常出现这样的故事:有人误信"人神互惠"的原则,向天祈求,最终却得知真正重要的是他的政绩与品行。譬如一个君主误以为丰盛洁净的祭品能够确保福佑,谏官则指出君主的错误,使他清醒过来。谏诤的内容通常借神道设教,即利用神明的喜怒敦促君主施行德政,制订决胜策略(具体事例可参见《左传》桓公 6.2,页 109—112；庄公 10.1,页 182—183；僖公 5.8,页 309—310；昭公 6.2,页 111；僖公 19.3,页 382)。贤士能臣声称"民,神之主也",国民不能靠取媚鬼神祈福,应该置民于神之上(《左传》桓公 6.2,页 111；僖公 19.3,页 382)。他们多把自然界的反常与灾异,理解成人类社会失序的反映和结果(《左传》庄公 14.2,页 196—197；昭公 8.1,页 1300—1301)。有关人神交通的叙述,重心多放在礼制与伦常这两个人为因素上。间或有例子彰显鬼神命令无理无道,赏赐奸佞,这一点我们还会在第三章谈到。于此姑举一例。鲁大夫臧会窃取宗主臧昭伯的宝龟，"以卜为信与僭，僭吉。"即臧会用宝龟占问自己应该诚实还是欺诈，结果显示欺诈是吉利的。于是，臧会利用臧氏与季氏的敌对关系，以欺诈的方式成功取代了臧昭伯宗主的地位，最后臧会还自得地说："偻句（宝龟之名）不余欺也。"（《左传》昭公 25.10，页1467—1468）同样地，间或也有正直的人被灵异现象混淆视听的例子：鲁大夫叔孙豹虽然非常明智，却惑于自己的梦境，错信自己奸佞的私生子竖牛，最终惨淡收场（《左传》昭公 4.8，页 1256—1259）。

"礼"是《左传》中最重要、最常见的道德词汇。"礼"的语义宽泛，可从春秋早期劝导鲁国国君不要非礼的谏言中看出（《左传》隐公 5.1，页41—44；桓公 2.2，页 86—90；庄公 23.1，页 229）。我们将在第二章讨论这个问题。君主通过"礼"的仪节彰显其德，成为众庶可以效法的楷模，为维持政局的秩序而发挥作用。同样的原则也适用于卿大夫（《左传》襄公 21.2，页 1056—1058）；他们也可以以身作则，从而使秩序得以维持。所谓"刑善"或"仪刑文王"的观念即本于此（《左传》襄公 13.3，页 1000）。这些观念倡导上行下效，不但使"礼"这个词有更高的地位，也使人更广泛地应用"礼"——晏婴提出礼与天地并生（《左传》昭公 26.11，页1480—1481），郑大夫游吉则征引子产："夫礼，天之经也，地之义也，民之行也"，并总括礼之为用："礼上下之纪，天地之经纬也，民之所以生也，是以先王尚之。"（《左传》昭公 25.3，页 1457—1459）

众所周知，孔子曾在《论语》中提到："礼云礼云，玉帛云乎哉？乐云乐云，钟鼓云乎哉？"如前所述，《左传》也对表里不一的情况表达了相似的焦虑，担心巨细无遗地依循仪节而背后"礼"的真正内涵却荡然无存。当郑大夫游吉提醒晋国正卿赵简子不要混淆"礼"与"仪"的时候，他的前提是正确的"仪"与"礼"的内涵存在差距。以此提出两者的分别，游吉同时也就堂而皇之地表明"礼"的意义可以经纬天地（《左传》昭公 25.3，页1457—1459）。"礼"的内涵虽然远远超过"仪"，但《左传》却从来没有说过"礼"可以不需要"仪"。理想的看法还是坚持两者密不可分。正是在这个意义上，卫国大夫北宫文子区分出两种不同的威仪——一种仅仅是貌合神离地模仿权威的繁琐仪节;另一种则是基于内美的可畏之威与可象之仪,即《诗经·大雅·抑》所谓"敬慎威仪,惟民之则"。强调"礼"高于"仪",亦即重新承认了"仪"只是"礼"的补充。①(《左传》襄公 31.13,页 1193—1195)这种观点肯定了"仪"、"礼"两者与社会政治的秩序密合无间,它们向内可延伸到修身的领域,向外则指向大同的理想。

《左传》中有许多例子,通过不断强调有效的施政、军事的纪律、战争的准备、强大的政府、刑法的施行、分明的赏罚,引导我们把"礼"与"法"联系起来(如《左传》庄公 27.5,页 236—237;僖公 27.5,页 447;文公 6.1,页 543—546;文公 18.7,页 633—636;宣公 16.4,页 769—770;成公 16.5,页 880—881;襄公 3.7,页 928—930;襄公 14.5,页 1016)。即使论者持相反的立场,同样也可从"礼"中找到根据侃侃而谈。我们可从倡言先王旧法的晋大夫叔向与力图革新的子产的论辩中清楚地看到这种情况。子产铸刑书于鼎,叔向不以为然,于是发信向子产表示反对。他主张效法先王,提出礼仪的实践应以仿效道德楷模和接受道德感化为本(《左传》昭公 6.3,页 1274—1276)。子产在回信中表明自己的行为旨在"救世",并未提及"礼"。但在《左传》的其他章节,子产曾称《诗》:"礼义不愆,何恤于人言。"(杜预谓为逸诗,《荀子·正名》亦载此诗。见《左传》昭公 4.6,页 1254)况且,上文也提到游吉曾引用子产的话:"夫礼,天之经也,地之义也,民之行也。"(《左传》昭公 25.3,页 1457)我们将在第五章看到,"礼"的地位提高能同时令"遵循旧法"与"锐意改革"两种论述更具说服力。

在《左传》记载的许多场合中,与"礼"相关的言论往往会掩盖背后的权力算计。春秋时代群雄争霸的某些片段特别能体现这一点,这将会在本书第四章加以论述。"礼"的定义及表现与《左传》其他重要的议题环环相扣:比如何谓构成正统的权威,此权威又如何厘定君臣之间的关系。

---

① 其他肯定"仪"的论述,见《左传》成公 13.2,页 860—861;昭公 2.3,页 1229;昭公 5.4,页 1267。

《左传》大部分言论源于卿大夫的忠告、谏诤和对时政的议论。可想而知，这些言论多有推进卿大夫的权利和"集团利益"之意。而《左传》往往把卿大夫描绘成智力与德行均超越其国君的人物。①

描述君臣关系的关键词有"德"、"忠"、"信"。《左传》中的"德"，多以周初的政治秩序与血缘所维系的忠诚为依据，用来表示周初立国时宗室的权力与品德。由于"德"与管治、仁政、审时度势、礼待小国息息相关，它自然也就出现在申述君臣执政与治国方针的论辩及谏诤之中。正如"礼"及其他道德词汇一样，"德"也会有不同的用法。特殊的历史形势要求人们把"德"塑造成妥协（《左传》襄公27.4，页1129—1133；昭公4.1，页1246—1247），以让求全（《左传》昭公10.2，页1317），以及杀敌制胜的根据（《左传》成公17.10，页903）。《左传》中讲述卿大夫之"德"的篇章，还激发了"修身"、"齐家"、"治国"这一连串概念的出现。后来，《孟子》也隐约提到这些概念，《大学》则把它发展成有系统的道德修养模式（所谓"八条目"）。这类篇章举例有"臼季荐冀缺于文公"。② 臼季过冀，见冀缺与妻相敬如宾，由是认定冀缺可以以"德"治民。于是，晋文公任命冀缺为下军大夫（《左传》僖公33.6，页501—502）。至于另一位晋卿范武子，他的"德"体现在不少事情上，"家事治"便是其中之一（《左传》襄公27.4，页1133；昭公20.6，页1415）。

后世的忠君观念变得绝对化了。其实《左传》中"忠"多解作尽忠职守，因此这个词也可用来评价君主的得失，如随大夫季梁认为有道的君王"忠于民而信于神"，并提出"上思利民，忠也"（《左传》桓公6.2，页111）。臣下效忠的对象在于社稷，而不是君主。因此，驱逐昏庸残暴的君主也就情有可原（具体事例如"师旷论人出君"，见《左传》襄公14.6，页

---

① 师旷的政治理想（《左传》襄公14.6，页1016—1018），是希望来自不同群体的意见与批评，可通过社会认可的渠道，有效地流传开来。
② 见《孟子》7.11。至于《大学》的"八条目"从个人的修养开始，步步推进到政治的秩序：格物、致知、诚意、正心、修身、齐家、治国、平天下。《大学》本为《礼记》第四十二篇，后来朱熹把它列为"四书"之一。

1016—1018;"史墨论季氏驱逐鲁昭公",见昭公32.4,页1519—1520)。假如君主不能"忠"于其职,他就没有资格要求臣下竭诚效命。这种所谓"不君"的概念,让我们想起《论语》里说的"正名"(《论语》12.11,13.3),以及孟子杀暴君不算弑君的主张(《孟子》2.8)。①

同样,君臣间的"信"并不是单向的。《左传》讲求互惠——鲜有把无条件的服从视为美德。《左传》有时把服从包装成一种反对的姿态:服从主上的观念为违抗其他诸侯提供了依据,就好像原繁曾以自己忠心不二效力于先王为由,拒不服从新君郑厉公(《左传》庄公14.2,页197—198)。活跃于春秋早期的谋臣策士,如管仲、跟随晋公子重耳的臣子等,均因择主而事或违抗主上而得到令名。至于郑卿祭仲,尽管他诡计多端,贪生怕死,《左传》有关祭仲的叙述却意外地正面。②《左传》反复称道臣子违抗无理的君命。当忠君与追求国家利益互相对立时,《左传》一般会选择后者。为了捍卫卿大夫的权利,《左传》有时会把它与折衷调和、明哲保身的主张相提并论。齐相晏婴的事迹正能反映这一点(《左传》襄公25.2,页1098—1099;襄公28.9,页1146—1147;襄公28.11,页1159;昭公10.2,页1316—1317)。但这与《左传》其他部分并不一致。在其他章节,晏婴曾把"礼"视为不容退让的道德标准(《左传》昭公26.11,页1480—1481)。晏婴凝聚了歧异的观点,可算是《左传》多样性的典型代表。

《左传》在呈现君臣关系时表现出明显的地域差异。举例来说,楚人两次把楚国君主比拟为天,并提出他的命令不可违逆(《左传》宣公4.3,页684;定公4.3,页1546)。有时即使楚王失败了,他也会受到称许(《左传》襄公13.4,页1002;哀公6.4,页1634—1636)。这可能说明了强调君权的政治思想使得楚王的权势变得合情合理,又或者是强权的楚王正鼓

---

① 孟子因亡国之君商纣王众叛亲离,所以称之为"一夫"。这可与荀子视纣王为"独夫"的观点相比较,见《荀子集释·议兵》,页200。
② 见《左传》桓公11.3,页131—132;桓公15.2,页143;桓公18.2,页153。祭仲预料到郑国子亹会在齐襄公的盟会中被杀。由于祭仲害怕自己也会被牵连,因此称病没有随行。《左传》认为祭仲有先见之明,因此最终特别说他能"以知免"。

吹强调君权的政治思想。① 相反,我们不禁会把晋国卿族的强大势力关联到晋国史料中反复讨论的一些议题——如盛赞晋卿所得的奖赏允当(《左传》闵公 1.6,页 258—259;僖公 33.6,页 501—503;宣公 15.6,页 764—765;襄公 11.5,页 993—994;昭公 28.3,页 1493—1496)、论证驱逐不称职的君主具有合法性(《左传》襄公 14.6,页 1016—1018;昭公 32.4,页 1519—1520)、对弑君的臣子充满理解与同情(《左传》宣公 2.3,页 655—663;成公 17.10,页 900—903;成公 18.1,页 906—907)。②《左传》对公族别支的态度,也往往因地域而异。在晋、齐等国,与公室异姓的卿族权势日隆,因此《左传》会把公室与其宗族归为一类,他们同样处于地位日卑的境地(《左传》昭公 3.3,页 1233—1239)。至于公族强盛的国家,如宋国及鲁国,公室与其宗族则处于敌对的状态。

孔子在《论语·季氏》(16.2)中慨叹权力由天子下移到诸侯,继而下移到大夫,以至于陪臣或家臣身上。③ 相对而言,不少名言都用平行或"贰"的观念("有君而为之贰",以期匡过革失)以及"社稷无长奉,君臣无长位"的无常感,为权力由君主下移到臣子的现象辩护(《左传》襄公 14.6,页 1016—1018;昭公 32.4,页 1519—1520)。不过,上述这种逻辑也可能置卿大夫于进退两难的境地——为他们地位上升辩护的论点,同时也对他们构成威胁。上下无常位的无常感支配了卿大夫的命运,他们的家臣也可能颠覆他们的地位。卿大夫与家臣的关系似乎使"忠"、"信"等词更具个人色彩。至于形容诸侯与卿大夫之间的私交,《左传》多用"私"、"嬖"这类负面用语。运用这类词汇,意味着诸侯宠信身边的侍从与宦官势将形成内侍专权的局面,这最终无可避免地会引发灾难。《左传》鲜有把殉主的内侍视为

---

① 一个不符合"尊君抑臣"的特例是伍子胥的故事。他为了报父亲冤死之仇,不惜发动战争对抗楚国。《左传》认为他的做法合理。
②《左传》也花了不少篇幅称许晋国的魏氏、韩氏、赵氏和范氏。详见《左传》闵公 1.6;襄公 9.9,11.5,13.3,26.13,27.4;昭公 22.6,28.3。
③ 有些家臣或陪臣是卿大夫的后人。他们拥有土地,也就是说,就好像鲁国的阳虎和南蒯一般,他们拥有造反的资产。有些家臣或陪臣则是"士",譬如栾盈的随从和孔子的弟子,他们会得到谷禄作为报酬。

烈士加以褒奖的。侍从随诸侯而死，往往只是诸侯行为失宜的根据（《左传》庄公8.3，页175—176；襄公25.2，页1097—1098）。《左传》或会为犯上的卿大夫开脱，为他们僭越的行为开脱，但它从不同情叛乱的家臣。不过，家臣与卿大夫也并非完全对立，他们有时会面对同样的困境。他们关注的问题也时有相合之处，比如他们意图在乱世中自保，又或为更高的理想奋斗——不论是为了国家的利益，还是为了实践更崇高的政治理念。《左传》记叙的最后一段日子，孔子的弟子各行其是，展示了他们各自关注的问题。这一点我们将在第五章详细讨论。

孔子的弟子子路在卫国的权力斗争中，为卫卿孔悝而死。他奉行互惠的原则——利禄使忠诚变得合理："利其禄，必救其患。"（《左传》哀公15.5，页1696）战国文献，尤其是《孟子》，经常会把"义"与"利"放到对立的位置上。不过，《左传》中"利"用作动词时，它的词义往往是正面的。它一般可用来表示加惠后人、军队、邦国、人民和社稷。因此，人在面对困难要作出抉择时，"利"可用来决定道德立场。齐相晏婴与弑君者崔杼结盟，盟辞未读毕，晏婴便插言更改盟辞，表示自己支持"利社稷者"（《左传》襄公25.2，页1099）。列国会盟期间，使节与政客经常用"利"这个词来讨论怎样做才能令会盟各方获得最大利益，尔虞我诈、互相利用的情况并不罕见。"利"似乎变成与道德范畴无关的策略。追求"专利"或"利过"，与"背信求利"一样，都往往会受到《左传》指责。尽管在某些语境下，"背信求利"的指责不过是声讨敌人、让自己站在道德高地的手段而已。晏婴拒绝接受新的封地，因为他相信"利过则为败"。相反，他主张以德限制利，认同适可而止地获取"利"。因为只有这样才可确保自己会持续享有这些利益，不会因此而招来妒忌，不会因此而遭遇未知的损失。另外，值得注意的是，《左传》有时把"利"这个词看成恪守其他美德的动力，有时又把"利"看成道德价值所建立起来的因果体系中的一个环节。[①]

[①] 见《左传》僖公27.4，页445；文公7.8，页563；宣公15.2，页760；成公2.2，页788—789；成公16.5，页880—881；昭公10.2，页1317；昭公28.3，页1494。

在这种处理手法下,"利"变成了"义"的目标,由此也突显了《左传》中道德词汇有注重外在成效的倾向。在《左传》的世界里,伦理品德往往是显而易见、卓有成效的,而且与社会、政治密不可分。例如"仁"这个字,相对于战国晚期的用法,《左传》中的"仁"内在面向较少。"仁"在《论语》和孔子的思想中非常关键,相形之下,"仁"字在《左传》中不但比较罕见,而且词义也出人意料地模棱两可。①《左传》中的"仁"多有关统治宽厚而较少扰民,军事纪律严明而不至于苛刻,冀望弭兵,保护弱国。一般来说,"仁"意味着勇气、合理的判断、有效的行为。在政策争议中,倡言先王旧法的臣子(如叔向)往往以"仁"为依归。反之,当改革者尝试打造一个更强大的政府时,他们常常被批评为"不仁"。②

"仁"很少在西周文献中出现。相对而言,"孝"是西周晚期典籍和铭文中常用的关键词。"孝"在西周晚期的材料中,一般指对已故先祖的礼仪,发挥着加强宗族团结、肯定公族权威的作用。③《左传》中"孝"并不多见,④它的作用和政治含意也经过了变化。我们在第一章看到,在《左传》有关郑庄公的记录里,"孝"成为一种弥合政治利益冲突的工具(《左传》隐公 1.4,页 10—16)。在描述理想的社会秩序时,"孝"有时也会变为定位社会角色的用语(《左传》隐公 3.7,页 32;文公 18.7,页 638;成公 18.3,页 909;昭公 26.11,页 1480)。《左传》里"孝"关乎周初政治秩序的例子只出现过一次。在这个例子中,齐国上卿国佐以列国之间宗族与姻

---

① "仁"字在《左传》里出现了 28 次,出现频率仅为"礼"的十分之一。详见尤锐(Yuri Pines):《儒家思想的基础》(*Foundation of Confucian Thought*),页 184—186。
② 乡校是国人聚集、评议朝政的地方。对于子产不毁乡校,孔子的评价是"以是观之,人谓子产不仁,吾不信也"(《左传》襄公 31.11)。至于经常以贤明见称的鲁国大夫臧文仲,却曾经被孔子斥之为"不仁"。其中两个原因分别是"废六关"(意谓设立关税)和"妾织蒲"(即容许妾织蒲席贩卖,与民争利)(《左传》文公 2.5,页 525—526)。两种做法的原意都是要增加国家和统治者的财富。
③ 关于西周到战国时期"孝"字字义的变化,可参阅尤锐:《儒家思想的基础》,页 188—189;南恺时(Keith Knapp):《"孝"的演变》("The *Ru* Reinterpretation of *Xiao*");蔡锋:《春秋时期贵族社会生活研究》,页 273—276;钱杭:《周代宗法制度史研究》,页 105—119。
④ "孝"字在《左传》中一共出现了 24 次(用在谥号里的情况除外)。

亲的关系为据,说明对另一诸侯的母亲不敬等同于违背孝道,"且是以不孝令也"(《左传》成公 2.3,页 797)。① 一个儿子可能会为了"孝",而不得不接受君父的命令,即使这些命令显然是愚昧可笑的(《左传》桓公 16.5,页 145—147;僖公 4.6,页 295—299)。"忠(于君)"和"孝"之间的矛盾,《左传》往往以选择"忠"来解决问题(具体例子可见《左传》襄公 22.6,页 1069—1070;定公 4.3,页 1546—1547)。即便如此,《左传》里有关"孝"的争论经常有挑战君主权威的意味。拒绝君父错误或不利的命令,是否因为儿子自身安全、国家稳定以及其他更高的利益而变得情有可原(《左传》闵公 2.7,页 268—272)? 顾全整个宗族的利益是否就能压倒君主的命令?② 《左传》中的"孝"虽然已经脱离了与周初礼仪政治秩序的联系,但它尚未与战国晚期之后经过内化深化、贯穿着情感的"孝"挂钩。《左传》中"仁"、"孝"等词的不同语境(若与《论语》、《孟子》等文献的用例对比),让我们明白比较分析的重要性。只有对照《左传》内部的用例,同时比较其他中国早期文献,才能透彻地掌握《左传》中的关键词,明白它们多元的语义范畴。

斟酌差异

我们应如何解释差异?《左传》中纪年的差异说明它取材于不同的地域。春秋战国时代有所谓"三正"说:夏历、殷历、周历分别用不同的月建作为岁首(《十三经注疏》6,1.5b)。《左传》里,鲁国与齐国用的是周历,而晋国采用的则是夏历(《左传》,页 9—11)。③ 地域的差异或许反映

---

① 齐在鞌之战中败于晋。由于齐顷公之母萧同叔子曾经对晋卿郤克无礼,因此晋国想让她作为人质。齐国使臣宾媚人劝阻,认为如果晋国这样做,无异于"以不孝令诸侯"。
② 斗怀意图杀死楚昭王,以报父亲为楚平王(昭王之父)所杀之仇。斗怀的兄长斗辛反对这个想法,因为弑君可能会招致灭族之祸。如果因此而"废宗灭祀",那就是不孝。我们必须留意这个论调的基础,因为即使是斗辛,最后也以孝为依归劝阻其弟,要求他放弃弑君报仇。
③ 参见尤锐:《儒家思想的基础》,页 19—20;夏含夷(Edward Shaughnessy):《纪年与谱牒》("Calendar and Chronology")。

出不同的历史现实和意识形态:例如上文提到的,各国表述君臣关系的方式并不相同。

如果《左传》取材于各种"国史",不同的"国史"就可能带来独特的叙事习惯,修辞风格亦可能呈现出不同的地域特点。(上文提到与楚国有关的谲谏例子,与源于楚地的辞赋之驰骋想象、顾盼生姿、吊诡跌宕有不谋而合之处,这也许是意料中的事。)我们还可以考虑一下不同文类的差异。两国的外交文书(包括书信、声明、朝聘辞令)必须遵守一定的格式要求。如果把这些外交辞令与同一事件的记录并列,不难发现两者之间明显的分别。一个突出的例子就是吕相绝秦书。吕相在书信里黑白分明地反复申述,晋始终守礼,而秦则背恩负德,屡屡侵犯邻国。吕相在信中列举了不少例子,这些事例虽也见于《左传》的其他地方,但叙事观点与角度却大相径庭。另外,公言与私言之间,似乎也有功能和形式上的区别。其中的一个例子(将在第五章详述)是昭公三年晋景公派晏婴"请继室于晋",晋使叔向应对。叔向与晏婴之间公开通信,谨守仪礼,表现出对礼俗、社会与政治秩序的一丝不苟。但当他们私下对谈时,却哀叹齐、晋公室日衰,整个社会与政治架构已日渐瓦解。同时,围绕谏言、预言或占卜衍生的故事,也有一定的程序。当这些故事被纳入叙事框架的时候,可能会产生不协调的感觉。举例来说,《左传》记载了齐相晏婴几则著名的谏言。这些记载最终往往以齐国国君接受晏婴建议,从而改善齐国的施政作结。不难想见,进谏的故事大多会有这种圆满的结局。但与这些晏婴进谏、齐国大治的故事并存的,却是《左传》有关齐国衰微的宏观论述。两者终究予人格格不入之感。

我将在第一章触及《左传》取材自不同典籍的问题。从基本形式和文本问题来看,《左传》经过不断累积而成书,书中各个组成部分本质上都迥然不同。更关键的是,这个讨论暗示了观念上的差异。我们经常说《左传》富于说教和道德意味。但"说教"并不代表所"说"之"教"内容单一。叙事和言辞中包含不同的立场,引申出互相矛盾的教训。这些教训可能以注释传经、传授学生、游说谏诤等方式系统地阐发出来。注释的对象可能是与《春秋》类似的编年体记录。解释的目的,或更宽泛而言,详细展开《左传》中的故事和言论的功能,可能是要说服当权者采纳自己的政治主张。这类政治主张既可以是广泛的政治原则,也可以是具体的政策建议。我们可以想象,传抄者、老师、政治顾问各持不同的见解,并进行政治劝谏。明确提出的主张,或隐或显的立场,都能在《左传》中找到。因此,《左传》可说是各种政治理念在其漫长的发展过程中相互竞争的舞台。而且,尽管编年的体例和注释的权威都是后来发展出来的,但随着前人把史事按时间先后顺序排列,文本(不经意地)突出了事件的背景,也并置了不同的事件,这都提醒读者要注意《左传》中变动不居的视角。

《左传》一般都以因果推理作为言论的基本结构单位。恰恰在这个意义上,修辞和阐释的概念,一旦与时序意识挂钩,便紧紧地缠绕在一起。在第二章里,我考察了因果关系、偶然与必然的问题。《左传》中的因果关系往往体现于一种反复出现的模式——细小的、乍看无关宏旨的手势、行为、事件,最终可能有重大影响。各式各样微细的开端、典范的力量、积聚的概念、不可逆转的渐变,勾勒出天命与人力之间的分际。另外,我们还应该思考,什么因素才能充分解释一件事情的发生?我特别挑选了音乐和女子为例,说明什么才算作"充分条件"。因为音乐和女子在《左传》中有很大的解释能力。音乐或许最能反映细微原因与重大结果的思维方式。音色上一点点的瑕疵可以瓦解整个系统的和谐。音乐变成道德、社会、政治和宇宙秩序的基础,同时也为这些秩序提供了指引。《左传》还记录了很多妖艳放浪的女子的故事。她们被视为逾越和失序的象征,她们诱发的情感往往会改变国家的命运。与音乐不同,《左传》并没有把女子或男女关系当成秩序的基础——只有到了《易·系辞》和《诗·毛诗序》才把男女关系提升到这种高度。透过回答音乐和女子如何及为何能解释难以理解的因果关系,我们将证明《左传》对享乐与欲求存有怀疑的态度。同时,我们也会借此检视《左传》对逾越的恐惧,对没有约束的担忧,并检视书中如何把极端的情感当作导致破坏和毁灭的力量。

　　《左传》对征兆的解读，确立了前因后果的逻辑关系。这种无所不在的举动，也广泛应用到不同的情境。第三章将讨论人为与神秘征兆能否解读，并以这些征兆的解读方式着手开展讨论。透过解读卦象、谜语、梦境、鬼神的显灵、人鬼的相遇、天文星象、异象，或观察人物的服饰、言论、行为、态度、姿态、仪式上的举措中的细节，事件内外的先知预测未来，并回溯过去，为事件提供解释。古人试图系统地解释事情，这种期望却无损于他们充分意识到事情发生的随机性，以及系统解释方式的局限性。不同的解释方法，似乎是要回应各式各样的关怀。因此，熟悉音乐与《诗经》，并据此知人论世的诠释方法，是尊奉先法旧法者的专利。相反，《左传》把占卜视为一种更专门、更工巧的知识。我将集中处理占卜和释梦，把这些行为看成一种形塑叙事、控制过去、界定解读史事范围的模式。《左传》中随处可见对征兆与因果关系的关注，这代表反复出现的阐释其实是一种组织叙事的原则。

　　第四章将从征兆着手，点明征兆的应验与不验，客观解读与刻意操控征兆的意义，都同样具有划定叙事单位的功能，同样能质疑解读过去的可能（即使表面上持肯定态度），并继而重新划定因果关系与天人之际。我将以晋文公为主要案例，考察称霸的论述如何建立在操纵征兆的基础上，它又如何平衡以礼仪为中心的言论和以权力为重的思想两者的矛盾。相反，楚灵王覆灭的故事，可谓称霸论述的反面例子。这个故事将说明礼的征兆如何制约肆无忌惮的行为和过大的野心。由此延伸开来，隐晦和模棱两可的征兆以及对征兆的误读、误解和操纵，可能反映出古人对道德律令、历史的意义、神灵是否存在又是否公允，乃至社会政治和宇宙秩序的怀疑。

　　那么，我们是否可由此推断古人有一种解释的焦虑呢？我将在第五章以《左传》自觉地运用修辞和进行解释的时刻作为个案，试图回答这个问题。这样的个案能否告诉我们，解释的结构如何发展以至瓦解？文本中奸邪暴乱的故事，其"教训"有时难以把握。吊诡的是，典范人物和示范行为的缺席,也能够推动叙述的发展。社会秩序逐渐消失瓦解的记载,会不会挑战解读往事的范围?焦虑感是否因为古人试图把握历史进程而产生?或者说,焦虑感是否因为古人意图预言衰世而出现?古人对衰世的警悟既肯定又破坏了时间的秩序——也就是说,认为以往的模范既优越又并非不可模仿。当古人对过去互不兼容的看法同时进入外交的对峙场合,先王先世的权威就进一步遭到质疑。对于解释规则的思索,让我们进一步思量论断语的效用(尤其是"仲尼"和"君子"所提出的论断),也让我们探讨历史自觉的尺度。如果说文本里体现了历史的自觉意识,那么这种意识是在这 255 年衰乱之世中互相抗衡的各种思考、诠释和言说的交叉点上衍生的。

第一章　不同的教训

在中国传统中,叙事必须从往事中寻找意义。这种要求与古人对记忆、系年和时序的关注,都融会到《左传》一书中。《左传》经过长时间的积累而成书,因此它掺杂了不同性质、不同年代的材料。战国晚期的各种文献,特别是《韩非子》,在称引与《左传》关系密切的片段时多称之为"春秋"。① "春秋"一词泛指列国的编年史。譬如《墨子》即援引了"燕春秋"、"宋春秋"、"齐春秋"里的内容来证实鬼神的存在。另一个片段还提到墨子曾见过"百国春秋"。② "春秋"有时专指鲁国的编年史,论者经常引用《孟子》里的这段话作为左证:

> 王者之迹熄而诗亡,③诗亡然后春秋作。晋之乘,楚之梼杌,鲁

---

① 《韩非子·奸劫弑臣》(卷14)与《左传》昭公1.13,页1223;襄公25.2,页1096—1097有相应的部分。《韩非子》在引文前标上"春秋记之曰"的字眼(见《韩非子集释》册1,页251)。有关《左传》和《韩非子》之间可能存在的联系,详参刘正浩《周秦诸子述左传考》。
② 《墨子·明鬼下》和《佚文》,见《墨子集解》,页200、203、204、563。《明鬼下》所引的"春秋"文句非常详细,与传世《春秋》不同。这说明"春秋"一词除了可指称传世《春秋》这样的编年史,也包括《左传》一类的叙事体。
③ 《说文解字》释"迹"为道人在记录或收集诗歌时所用的木铎(《孟子译注》,页192—193)。[译按:朱骏声《说文通训定声》认为引文中"迹"为"迹"之误。《说文解字·丌部》:"迹,古之道人,以木铎记诗言。"]《左传》(襄公14.6,页1018)也提过"道人"。根据这种读法,《春秋》继承了《诗》收集知识、理解时代的功能。至于《诗》什么时候"亡",最广为人知的有朱熹的说法。他认为《诗》专指《雅》,随着平王东迁,礼乐崩坏,《雅》的创作也因而终止(《四书集注·孟子》卷4,页116)。

之春秋,一也:其事则齐桓、晋文,其文则史。孔子曰:"其义则丘窃取之矣。"(《孟子·离娄下》8.21)

《孟子》将"春秋"视为鲁国的编年史,由此暗示了"春秋"与孔子的关系,并把它纳入了以西周礼制为理想的伦理体系之中。沿着这种延续与增补的思路,《左传》继承了《诗》引证和记录圣王之"迹"(暗含影响和功迹之意)的功能。《左传》与《诗》的联系大概源于孔子定下的知识范畴。传世的《春秋》由简短的条目组成,记录事件包括战争、祭祀、天象、自然异象或灾害,以至周天子和诸侯登基、婚配、死亡、葬礼等。今人普遍认为《春秋》是鲁国的编年史,由鲁国史官在事件发生之时或发生后不久记录下来。目前我们所能看到的传世文献,记录的史事跨越了242年(从公元前722年到公元前481年)。大约在公元前4世纪前后,孔子的名字与《春秋》联系起来,被认为是《春秋》的编者或作者。① 一直以来,人们对这种说法间有质疑。但只有到了20世纪,学者才公开讨论这些疑问,这些怀疑也开始变得普遍起来。②

"春秋"一词既然有这些不同的含义,那么战国晚期把与《左传》有关的资料也叫做"春秋",就可能是因为这些文献是过去的记录,也可能因为这是对"春秋"所作的注释。沿用的惯例是把《左传》、《公羊传》和《谷梁传》合称为"春秋三传"。《公羊》和《谷梁》显然是附属于《春秋》的。因为《公羊》和《谷梁》把"春秋"中的每一个字,连同那些没有出现过的特定

---

① 《孟子》清晰地表达了这个立场。除了上述引文外,还可参阅《孟子》6.9。《庄子》有"春秋经世,先王之志"、"春秋以道名分"的说法(分别出自《齐物论》和《天下》,见《庄子集释》册1,页83;册4,页1067)。这个观点与《左传》对《春秋》的认识相符,详见《左传》僖公28.9,页473;成公14.4,页870;昭公31.5,页1512—1513。《韩非子·内储说上》(卷32)中有孔子从法家角度解读《春秋》的记载(《韩非子集释》册1,页540)。《礼记·坊记》里也有孔子引用"鲁春秋"的说法(《礼记集解》卷30,页1291,1294)。有关孔子教学中《春秋》所扮演的角色,见《左传》,页1—16;刘师培《读左札记》,收入《刘师培申亥前文选》,页298;胡念贻:《左传的真伪与写作时代考辨》。

② 刘知几对孔子著《春秋》提出十二点质疑,详参刘知几:《史通通释·惑经》卷14,页1—11。另外,郑樵(1104—1162)、朱熹(1130—1220)、刘克庄(1187—1269)也有类似的看法,杨伯峻注《左传》时也在前言中列举了他们的论点。然而,现代有些学者仍然笃守旧说,以为孔子写作或编纂《春秋》不证自明,如钱穆《孔子与春秋》,收入《两汉经学今古文评议》;徐复观《两汉思想史》和《中国经学史的基础》;张以仁《春秋史论集》;张高评《左传导读》。

字眼(即所谓"不称"云云)都看得意义重大,并以此为圣人表露其道德判断和修辞意识的方法。从这个角度来说,《左传》显然与《公羊》和《谷梁》的系统不同。对后世读者而言,《左传》强调事件,其叙事熔铸"经"所代表的恒久原则和"史"所包含的时序变化。而《公羊》和《谷梁》则在阐述中避开了细节的讲述,表现了"经"和"史"的分离。①《公羊传》和《谷梁传》都在《春秋》简短的条目中寻求"微言大义",《左传》则很少有这种阐释。即使有寥寥可数的几条例外,也极有可能是后来增补进去的。

然而,我们也有理由相信,《左传》的出现本来就是为了解释简洁而幽深的《春秋》,乃至其他同类风格的编年记录。这种确立意义、建立因果关联、界定典范、提取教训的工作,大概与口头传统中宣告、解释、教育、劝诫的行为有关。② 因为只有极少的书面文本在流传,所以不难想象《左传》或与口头传统有关。《左传》中大量的章节都是言辞。这些言辞固然有可能是实际记录。但除此以外,我们还可以想象:古代或有以言辞组织思维的传统,《左传》也许有向壁虚造或重构的言说,发表言辞的时间与它的记录之间有多少时间差距,口头或书面言辞在古代如何流传。对于刘知几来说,一些篇幅较长的言辞曾经被其他国家的史官或大夫引用和评论,由此可知这些言辞是以书面形式流传的。③ 其实,言辞也可能只是在口头上流传。评论别人的言辞非常流行,甚至可能成为习惯。《左传》的内部证据表明,诸如"载书"一类的书面文本极具权威。

---

① 朱熹把《左传》归入"史学",把《公羊传》和《谷梁传》划为"经学"(《朱子语类》卷83,页2152)。崔述批驳此说,认为朱熹的分类不合时宜。他肯定《左传》对细节的描述和讨论,认为这能体现"圣人之意"(《洙泗考信语录》,卷3,页4,收入《考信录》)。晚清学者皮锡瑞(1850—1908)讨论"经"、"史"的区别时提到:"(孔子所作者)是为万世作经,不是为一代作史。经、史之体例所以异者,史是据事直书,不立褒贬,是非自见;经是必借褒贬是非,以订制立法,为百王不易之常经。"(《经学通论》卷4,页2)
② 有关中国早期文本的创作和流传,不同学者对口耳相传与书写所起的作用有不同的看法。详参生嘉柏:《井然有序的过去:早期中国史学的形式和思想》(*A Patterned Past: Form and Thought in Early Chinese Historiography*),页315—324;尤锐:《儒家思想的基础》,页13—54;柯马丁(Martin Kern)编:《早期中国的文本与仪式》(*Text and Ritual in Early China*);鲁威仪(Mark Edward Lewis):《早期中国的写作与权力》(*Writing and Authority in Early China*);戴梅可(Michael Nylan)为鲁威仪所写的书评。
③《史通通释》卷14,页202。

《左传》中数次提及的"盟府",即保存了这些文献和盟誓纪录,也许它还收藏了类似政策声明的书信、正式的公告、两国之间的告知等(《左传》文公17.4,页625—627;成公13.3,页861—865;襄公9.5,页969;襄公22.2,页1065—1067;昭公6.3,页1274—1277;昭公26.9,页1475—1479)。记事之"史"所记述的文字精准扼要,偶然还有些隐秘之处(如齐太史记录"崔杼弑其君"、晋董狐记录"赵盾弑其君"等),其性质可媲美现存的《春秋》。《左传》并没有交代史官记录言辞的片段,更多的时候是史官自己在发表意见。他们经常在占卜、战争、对君主或执事陈词、外交协商等场合,提出解释、判断、建议和劝谏。我们可以推断,他们有知识和能力铺陈出《左传》里的那类记录。其实,他们必须具备这样的学识,因为他们的君主也可能传召他们,要求他们解释或近古或远古的《春秋》一类的编年史,说明当中简洁而幽深的内容。他们在解释的过程中,可能要借助各种口耳相传的材料,又或者他们可能与所述之人或事时间距离尚近,因此可借助自己的见闻作出相关解释和判断。

论者经常把《左传》的解说和判断,与儒家拥护和界定周初政治道德秩序相提并论。但是,不同立场的史官、师长、谋臣策士也可能利用这些编年记录提供各种建议,提出各种谏言。他们以编年记录为基础,详尽地铺叙史事,并由此总结出各式各样的教训。在这个意义上,《左传》是公元前4世纪前后各种针对政治秩序的思想的记录(当前学术界一致认为,4世纪很有可能是《左传》的结集时间)。① 由于古人对历史、语言、修

---

① 崔述认为定公、哀公在位期间(公元前509—前468)《左传》的叙述相对简洁,至于襄公、昭公在位期间(公元前572—前510)《左传》的记录则比较详尽。因此,他推断《左传》成书上距定、哀未远,因此发生在二人在位时的事情还未开始广泛流传(《洙泗考信语录》,卷3,页2,收入《考信录》)。另有一些学者以《左传》中出现的事物或现象为线索,从而确定《左传》的成书时间(顾炎武指出《左传》里并非所有预言都能应验,见《日知录集释》册4,页98)。杨伯峻根据这些原则,推测《左传》成书于公元前403年至公元前389年之间(《左传》,页36—43)。但是,如果传世《左传》取材自各类时代不同的文献,又曾经历层层积累的过程,那么我们就不能用特定的预言来推断整部《左传》的成书时间。其他推测《左传》成书年代的研究,还有高本汉:《〈左传〉真伪考》("On the Authenticity and Nature of the *Tso chuan*")和《〈周礼〉和〈左传〉中的早期历史》)("The Early History of the *Chou li* and *Tso chuan* texts");钱穆《先秦诸子系年》,页192—193;镰田正:《左传的成立与其的展开》,页305—388;史嘉柏:《井然有序的过去》,页315—324;尤锐:《儒家思想的基础》,页29—39。

辞有不同的理解和运用方式,更重要的是,他们对于文本所涵盖的 255 年间的混乱与衰落有不同的处理方法,因而《左传》中自相矛盾的情况与张力也就应运而生了。

《左传》的异质性与文本层积

我们现在看到的《左传》严格地按照时间的顺序,一年一年地编排材料。这种叙事体例要求读者一边沿着各种断断续续的线索阅读下去,一边又要不断翻查事件的前因后果。这一特点可以解释为什么阅读《左传》这么困难。《左传》的复杂性还体现在同一个人经常以不同的名字和职称出现。因此,我们不得不借助贾逵(30—101)、服虔(公元 2 世纪)、杜预(222—284)等前人的注释来辨别《左传》的人物。讨论《左传》的形式和意义,与有关《左传》成书过程的研究实则密不可分。前人是否把他们所看到的材料重新剪辑,并整理出阐发《春秋》的文献?这是否就是传世的《左传》的由来?《左传》是否"传春秋",这是个由来已久的问题。众所周知,现存的《左传》版本包括了许多与《春秋》经文无关的内容,又或者在种种地方与《春秋》相背离。有时《左传》并没有解释《春秋》的经文。[①] 当注疏家指出这些分歧,当他们讨论《左传》中不合传统或背离儒家思想的地方时,他们会按照自己对《左传》成书的看法而采取不同的立场。如认定《左传》传《春秋》,他们便努力为《左传》辩解。至于本来就怀疑《左传》传经的注疏家,就更以为自己持之有据了。事实上,《左传》在公元前 481 年的西狩获麟之后,还多记叙了 13 年的史事。而在《公羊

[①] 杜预把《左传》叙事的拉长、增补和差异,解释为对《春秋》进行纠正或注释,"故传经或先经以始事,或后经以终义,或依经以辩理,或错经以合异"(《春秋左氏经传集解序》),见《十三经注疏》6,1.11a;程元敏:《春秋左氏经传集解序疏证》,页 29—34。这种不一致曾经被用来证明《左传》被刘歆(公元前 50—公元 23)篡改过,在刘逢禄(1776—1829)《左氏春秋考证》、康有为(1858—1927)《新学伪经考》、崔适(1852—1924)《春秋复始》和《史记探源》、廖平《古学考》、陈盘《左氏春秋义例辩》里则变成了《左传》为刘歆的伪作。关于这些不同意见的简要讨论,可参阅童书业《春秋左传研究》页 272—284 和杨伯峻注《左传》的页 24—31。

传》和《谷梁传》的叙述里,《春秋》绝笔于获麟。《左传》中的编年体经文也比《公羊》和《谷梁》多出两年。一些学者往往便根据上述各点印证《左传》不传《春秋》。

有关《左传》是否传《春秋》的争议始于汉代。在汉武帝(公元前140—前87在位)设立五经博士时,《公羊传》被认为是传《春秋》的。《谷梁传》在汉宣帝(公元前73—前49)在位时也被立于学官。《公羊》和《谷梁》的传统或可追溯到公元前3世纪,不过它们可能要到汉初才有书面记录。换句话说,尽管《左传》在西汉时期曾作为"私学"流传于世,①但官方并没有认可《左传》为《春秋》的传注。到了西汉末年,汉哀帝在位期间(公元前6世纪至公元1世纪),刘歆(公元前50—公元23)建议把《左氏春秋》(他称之为《春秋左氏传》)立于学官。刘歆认为,《公羊》和《谷梁》的学者"谓左氏为不传春秋",②是因为他们要维护自己释经的特权,所以才把刘歆的提议看成是对其地位的主要威胁。于是,《左传》是否传《春秋》的问题卷入了"今古文之争"。研治《左传》与研治《公羊》和《谷梁》的学者为此争论不休,这场辩论也就一直持续到了东汉。③

---

① 见刘正浩:《两汉诸子述左传考》;沈玉成、刘宁:《春秋左传学史稿》。贾谊曾著有《左氏传训故》(见《汉书》卷88,页3620),但此书到了东汉以后似乎已经佚失。
② 语出刘歆《移让太常博士书》。刘歆在这封书信中斥责太常博士抱残守缺,拒不承认古文经的地位。这篇文章可见于《汉书》卷36,页1970。有关这场争论的记载,详参《汉书》卷88,页3615—3620;钱穆:《刘向歆父子年谱》,收入《两汉经学今古文评议》,页1—163;马勇:《汉代春秋学研究》,页115—133;沈玉成、刘宁:《春秋左传学史稿》,页105—128;镰田正:《左傳の成立と其の展開》,页389—413。镰田正详细讨论了《左传》的学术传承,而这一传承可谓始于刘歆。
③ "今古文之争"指不同的学者就其解经传统能否立于学官,以至其学术地位孰高孰低而展开的争论。由于一派学者所用的文献以汉代书体书写成(今文),另一派学者则以先秦古文字所写成的典籍为依归,所以便称为"今古文之争"。这场争论对学术和政治发展影响至巨,详可参钱穆:《两汉经学今古文评议》;徐复观:《中国经学史的基础》;戴梅可:《汉代今古文之争》("The chin wen / ku wen (New Text / Old Text) Controversy in Han")和《汉代的古文经》("The ku wen Documents in Han Times")。

34

刘歆似乎是第一个能"引传文以解经,转相发明"①的人。刘歆解经的文字早已失传,但从剩下来的佚文,可以看出他为了使《左传》的地位得到认可,袭用了《公羊传》和《谷梁传》推求字词背后"微言大义"的方式来解释《左传》。② 我们几乎可以肯定,《左传》和《春秋》一开始是各自独立的文本。只是因为伟大的《左传》研究者和注疏家杜预决定把《春秋》的经文拆散,再逐一放到《左传》的叙述中,两者才会合而为一。③ 杜预还把《左传》中有注释意义的篇章分门别类,总结出所谓"五十凡"。他认为这些凡例"皆经国之常制,周公之垂法",标明了周公建立起来的正例或旧例。④ 至于其他评述字眼,比如"书曰"或"不书"等,杜预认为这都是孔子释经的变例或新例。追溯到孔子之前五百年的周公,无疑令人难以置信。不过,这却说明了杜预尝试从传达先贤认可的伦理原则方面肯定《左传》,并以此压倒了研治《公羊》和《谷梁》的学者。相信《左传》本身能够成为一套系统,强调《左传》一字一句的道德含意,这些举动不过是杜预把《春秋》和《左传》联系起来时运用的策略。

我们现在可以清楚看到,1世纪至3世纪之间,人们费尽心思把《左传》纳入《春秋》的注释系统之中。文本内部也有证据支持他们的做法:《左传》有些记录与《春秋》的风格如出一辙(其中若干记录并没有出现在《春秋》经文中),按年编排的内在逻辑也证明了《左传》与《春秋》或

---

① 《汉书》卷36,页1967。据班固所述,在刘歆以前,研究《左传》(他称之为《左氏传》)的学者特别重视字词的训诂与阐释。在汉代,学者必须先接受特殊训练,才能理解古文经。皮锡瑞(《经学通论》,卷4,页35)即以这段文字为据,证明《左传》本来与传述《春秋》的"微言大义"毫无关系。
② 现存可以认为是刘歆所写的评论约有二十条,详见马国翰(1794—1857):《玉函山房辑佚书》。
③ 例如《左传》,页189、215、286、323、411、1109、1441、1527、1529。
④ 见《十三经注疏》6.1.12b。"五十凡"的内容,可参阅杜预:《春秋释例》。杜预根据《左传》中一则文字(昭公2.1,页1226—1227)把周公与《左传》联系起来。他把这段文字理解成《春秋》保存了周公确立的礼制。《左传》的另一则文字(隐公7.1,页54)也出现了"凡"字。杜预认为这段文字中"礼经"一词即周公所撰的《礼经》(《十三经注疏》6,4.5a—5b)。然而,即使是孔颖达(574—648)也怀疑这种读法(《十三经注疏》6,1.12b—13b)。不少学者都批评杜预的"五十凡",其中包括刘敞(1019—1068):《春秋权衡》;叶梦得(1077—1148):《春秋左传谳》;程端学(1280—1336):《春秋三传辨疑》;赫敬(1558—1639):《春秋非左》。

其他与此相类的编年记录之间有着重要的关联。那么,我们该如何理解《左传》编年纪事的体例?《左传》所以成书,是否与史书编年的传统有关(既可能包括《春秋》,也可能包括其他相似的列国编年史)?换言之,古人是否因为有必要详细阐述、解说、条贯《春秋》幽深的经文,所以才编订《左传》?如果是这样,这个过程始于何时?源于何地?又是如何展开的呢?

事实上,我们不能简单地假设这种按照时间顺序排列的形式都是后来形成的,从而回避上述的问题。第一,我们应该认真看待传世的《左传》,尤其是此书已然形成的事实。究竟编年纪事的体例如何限制阅读呢?千头万绪而又同时发生的史事,在按照时序排列后,又会产生怎样的历史感?第二,如果这种一年一年编排事件的体例确实是后来增补的结果,那么《左传》的原始形态会是怎样的呢?它"原来"的叙事单元又是怎样的?马伯乐(Henri Maspero)曾假定与晋国史事相关的"历史想象"曾被融入《左传》当中,①但事实上《左传》中只有襄公、惠公、文公时期的史事才说得上有叙事序列的动态和连续性。后来曾经有不少人尝试以事件或国别为中心,重新编排《左传》。假设《左传》真的经过增补,这些尝试正好说明了要恢复它的原始形态其实困难重重。重编《左传》的例子,较著名的有吕祖谦(1137—1181)《左传传说》、程公说(1171—1207)《春秋分说》、张崇(20世纪)《左传事类始末》、齐吕谦(1263—1329)《春秋诸国通记》(序于1319)、傅逊(16世纪)《春秋左传属事》、唐云志(1507—1560)《左氏始末》、马骕(1621—1673)《左传事纬》、高士奇(1645—1704)《左传纪事本末》、鲁元长(17世纪)《左传分国专录》(序于1690)、吴闿生(1877—1948)《左传微》(序于1923)、韩席筹《左传分国集注》(序于1940)。这些重编最后不一定都能令人满意。尽管他们梳理了《左传》线索,使得一些故事的前因后果更容易掌握,但难免有随意去取的弊病。描述一连串史事的某一片段,我们很轻易就可以放到另一串史事当中;

---

① 马伯乐:《〈左传〉的成书与年代》("La composition et la date du *Tso-chuan*")。

同样地，归入某国的史事似乎也能放到其他国家的记录之中。重新编排的叙事本身也充满了断裂和脱漏，仿佛能让人看出原有编年形式的痕迹（当然，读者假如对文章之学、叙事和议论的结构感兴趣，也可能把这些断裂看作反讽、微妙的设计、刻意留白的表现）。① 如果《左传》的内容来自列国"国史"，那么极有可能这些"国史"本身即以编年体的形式存在。第三，我们可以推测，以时间顺序编排的文本不可能是晚近的发明。伟大的历史学家司马迁（前145？—前90？）所见所用的《左传》似乎已经是编年纪事的了。② 换句话说，不论原来的《左传》以何种形式来编排，至少在公元前2世纪，当时的人已经认为《左传》按年份先后排列是必要、且容易理解的。我们大概要重新审视解经的各种可能，重新定位解经的不同需要，才能充分解释《左传》编年纪事的选择。

《史记·十二诸侯年表序》里有一段脍炙人口的话，不但引证了孔子与《春秋》的关系，也说明了《春秋》和《左传》（《史记》称为《左氏春秋》③）之间的关联。司马迁写道：

> 是以孔子明王道，干七十余君，莫能用，④故西观周室，论史记旧闻，兴于鲁而次春秋，上记隐，下至哀之获麟，约其辞文，去其烦重，以制义法，王道备，人事浃。七十子之徒口受其传指，为有所刺讥褒

---

① 具体示例可参阅冯李骅、陆浩所辑的《左绣》（序于1720），以及桐城古文家吴汝纶（1840—1903）之子吴闿生的《左传微》。较早的桐城古文家，诸如方苞（1668—1749）和姚鼐（1731—1815），也有类似的读法。
② 见《左传》，页542；以及杜润德：《司马迁心中的〈左传〉》（"Ssu-ma Ch'ien's Conception of *Tso chuan*"）。
③ 《史记》（卷121，页3129）和《汉书》（卷88，页3615—18）同样把《谷梁》称为《谷梁春秋》。另，《汉书》（卷88，页3615—3618）亦把《公羊》称为《公羊春秋》。这一点值得留意。
④ 诚如梁玉绳所说，《庄子·天运》（《庄子集释》卷2，页531）提到孔子干七十二君，但王充（27—100？）早已质疑这种说法，并认为孔子所谒见的君主不超过十个（《论衡·儒增》）；详参阅泷川龟太郎：《史记会注考证》卷14，页228。我们或可推测七十二是个具有特殊含义的数字。据说汉高祖刘邦的左股有七十二颗黑痣（《史记》卷8），古代也曾有七十二家帝王上泰山封禅（《说文解字》卷15上，1b）。

> 讳挹损之文辞不可以书见也。① 鲁君子左丘明惧弟子人人异端，各安其意，失其真，故因孔子史记具论其语，成左氏春秋。铎椒为楚威王传，为王不能尽观春秋，采取成败，卒四十章，为铎氏微。② 赵孝成王时，其相虞卿上采春秋，下观近势，③亦著八篇，为虞氏春秋。吕不韦者，秦庄襄王相，亦上观尚古，删拾春秋，集六国时事，以为八览、六论、十二纪，为吕氏春秋。及如荀卿、孟子、公孙固④、韩非之徒，各往往捃摭春秋之文以著书，不可胜纪。汉相张苍历谱五德，上大夫董仲舒推春秋义，颇著文焉。（《史记·十二诸侯年表》卷14，页509—510）

这里有几点值得我们注意。首先，这是现存最早把左丘明说成《左传》或《春秋左传》作者的记录。⑤ 在《论语·公冶长》(5.25)里，孔子以为自己的好恶与左丘明一样（"左丘明耻之，丘亦耻之"），这个左丘明可能与孔子同时，亦有可能为古人。后来班固声称左丘明是"鲁太史"（《汉书》卷70，页1713）。⑥ 8世纪的唐代学者赵匡和陆淳首先对此提出质疑。赵匡和陆淳推测左丘明是古代的贤者，他与孔子并不是同时代的人，因为孔子喜欢自拟为古代圣贤。他们假定"左"是一个能够接触到各国史书的

---

① 因而司马迁认为口头表达是政治审慎的表现，历史的判断和潜在的颠覆，都隐藏在微妙而模糊的语言当中了。吴汝伦认为司马迁暗中在《左传》和自己的历史著述之间建立一种类同的关系（泷川龟太郎：《史记会注考证》卷14，229页）。在这些例子里，权力结构的存在预防了公开的批评行为。
② 班固《汉书·艺文志》中有"《铎氏微》三篇"列于"春秋"之中（《汉书》卷30，页1713）。
③ 《艺文志》列"《虞氏微传》二篇"于《春秋》之中（《汉书》卷30，页1713），又把"《虞氏春秋》十五篇"收入"儒家"之列（同上，页1726）。司马迁在《平原君虞卿列传》中写道："[虞卿]不得意，乃著书。上采春秋，下观近世，曰节义、称号、揣摩、政谋，凡八篇。以刺讥国家得失，世传之曰虞氏春秋。"（《史记》卷76，页2375）
④ 《艺文志》于"儒家"之下著录了"《公孙固》一篇"。据班固所述，此书共有十八章，"齐闵王失国，问之，固因为陈古今成败也。"（《汉书》卷30，1725页）
⑤ 有关"左丘明"一名的阐解，参见朱冠华：《刘师培春秋左氏传答答问研究》，页452—458。
⑥ 在司马迁以后，其他汉代学者，如刘歆（《汉书》卷36，页1967、1969）、桓谭（《新论》，《太平御览》页610转引）、王充（《论衡·案书》）、班固（《汉书》卷30，页1713；卷62，页2737）、许慎（公元1世纪）（《说文解字·序》）、郑玄（127—200），以及专门研究《左传》的学者（以贾逵和服虔最为著名），都反复提到左丘明是《左传》的作者。

儒家弟子。① 从宋朝开始,怀疑的声音越来越大,王安石(1021—1086)、叶梦得、郑樵、朱熹、程端学、崔述、姚鼐等也相继表达了类似的疑虑。近代的学者,诸如钱穆,则认为"左"可能是一个地名。② 还有人认为"左"可能是官名,与楚国博学而有先见之明的左史倚相("左史"为官名)相近("左史倚相"一名见于《左传》昭公 12.11,页 1340;《国语·楚语》1.7,页 550—551;《楚语》2.7,页 580)。③ 几位宋元注释家,包括朱熹,都曾经把左史倚相与《左传》联系起来。他们这样做的原因之一,是因为楚国的历史在《左传》中占据了非常重要的地位。④ 作者的身份影响到我们对文本的解读,这是显而易见的。在司马迁为自己的著述建立的系谱里,左丘明充当着重要的一环("左丘失明,厥有国语",左丘明是让司马迁领悟"述往事,思来者"的先贤之一)。⑤ 司马迁以左丘明为《左传》的作者,这就意味着《左传》具有统一的、连贯的、贯彻始终的意旨。前人多以为左丘明是鲁国人,⑥又以为他与孔子有密切的联系,这些想法都建立了《左传》的权威,确立了它的释经传统。司马迁把左丘明称为"君子",借此他试图把自己与《左传》中进行评论的"君子"联系起来。其实,那些找到"左"字其他解释的学者,往往质疑《左传》中儒家思想的地位是否真的至高无上。全盘接受司马迁《十二诸侯年表序》的记载的学者不多。司马迁以左丘明为作者,或更宽泛地说,司马迁认为《左传》作者只有一个人

---

① 见陆淳:《春秋集传纂例》卷 1,页 12b(《四库全书》册 146,页 384—386);《新唐书》卷 200,页 5705—5707。
② 钱穆:《先秦诸子系年》,页 192—195。
③ 俞正燮认为"左"是官职,"丘明"是人名;其说见《癸巳类稿》卷 7。《礼记·玉藻》提到"动则左史书之,言则右史书之"(《礼记集解》卷 2,页 778),至于《汉书·艺文志》所载的说法则刚好相反:"左史记言,右史记事,事为春秋,言为尚书。"(《汉书》卷 30,页 1715)
④ 朱熹怀疑《左传》的作者可能是战国时期左氏倚相的后裔(《朱子语类》卷 83,页 2147)。黄仲炎也有相同的意见(《春秋通说·自序》,序于 1230)。程端学进而在《春秋三传辨疑》中提出左氏倚相即《左传》的作者。
⑤ 司马迁在《报任安书》和《史记·太史公自序》中把左丘明视为一位困厄中发愤著书的先贤,详见《史记》卷 130,页 3300;《汉书》卷 62,页 2735。
⑥ 高本汉留意到《左传》的用词与《论语》、《孟子》不同,因此他认为《左传》的作者或作者群不会是鲁国人;其说见《论〈左传〉的真伪与性质》。

的看法,只能告诉我们司马迁对作者身份及其权威的关切。这种看法对我们了解《左传》本身的成书过程并没有多大帮助。① 然而,即使许多学者对《左传》注经的前提有所疑虑,他们仍会接受主流的说法——即《左传》以西周早期的政治秩序为理想,它与孔子的思想有关。

第二,司马迁设想了"口受其传指"这种口耳相传的过程,并以此解释《春秋》这一简明的纪录如何衍生出各式各样的补充与阐释。阐释者必须在纷杂的解释中作出选择,并判断谁是谁非。《左氏春秋》也就因此出现,它是一部有意识地与误解角力的著作。《左氏春秋》因循孔子的历史记录,加以发挥,并具论孔子的言论。司马迁选择以"惧"字描述这场角力,或许是为了响应《孟子》里有关孔子为何作《春秋》的那段著名言说:

> 世衰道微,邪说暴行有作,臣弑其君者有之,子弑其父者有之。孔子惧,作春秋。(《孟子·滕文公下》6.9)

孔子试图以写作正视时局的混乱与暴虐。左丘明则试图通过解释《春秋》来澄清混乱的阐释,恢复《春秋》的"真意"。两种做法隐然存在一种平行的关系。班固在转述司马迁的观点时,又对《左传》成书的传说提出了一些新的看法:

> 周室既微,载籍残缺,仲尼思存前圣之业,乃称曰:"夏礼吾能言之,杞不足征也;殷礼吾能言之,宋不足征也。文献不足故也,足,则吾能征之矣。"②以鲁周公之国,礼文备物,史官有法,故与左丘明观其史记,据行事,仍人道,因兴以立功,就败以成罚,假日月以定历数,借朝聘以正礼乐。有所褒讳贬损,不可书见,口授弟子,弟子退而异言。丘明恐弟子各安其意,以失其真,故论本事而作传,明夫子不以空言说经也。春秋所贬损大人当世君臣,有威权势力,其事实皆形于传,是以隐其书而不宣,所以免时难也。及末世口说流行,故

---

① 见李惠仪:《〈史记〉中的阅读与写作》("Reading and Writing in the *Shiji*")。
② 《论语·八佾》3.9。杞应该是夏的后裔,而宋则源于商。

有公羊谷梁邹夹之传,四家之中公羊谷梁立于学官,邹氏无师,夹氏未有书。(《汉书·艺文志》卷30,页1715)

班固提出:孔子以鲁国史书为基础撰《春秋》,借此捍卫周室制度,存周礼于堙没之际。我们可从班固的话里听到孟子"诗亡然后春秋作"的回声。司马迁说孔子"西观周室,论史记旧闻",班固却认为鲁国"礼文备物",其史书已经是周礼的宝库。班固有这种想法,可能是因为他想起了晋卿韩宣子在看到鲁太史所看守的文献时,曾有"周礼尽在鲁矣,吾乃今知周公之德与周之所以王也"(《左传》昭公2.1,页1227)的感慨。补充和讨论"本事",隐然与"空言"或泛谈理论相对。两者之间,班固相信"论本事"比"空言说经"更具说服力。同一观点亦可从司马迁托名于孔子的言论中看出:"我欲载之空言,不如见之于行事之深切著明也。"(《史记·太史公自序》卷130,页3297)班固把《公羊传》、《谷梁传》、《邹氏传》、《夹氏传》与后世的"口说"联系起来。换言之,班固认为《左传》比其他四家更早以书面形式流传开来(退一步说,班固可能认为文本同时以口头和书面形式流传,两者互相影响)。司马迁和班固异口同声,同样假定《春秋》曾有一段时间为人们所口耳相传,并认为这个流传过程与《左传》的成书有关。他们都假设"左丘明"释疑定惑,排除其他诠释者因"各安其意,以失其真"而生的弊端。如果我们无须先入为主,无须认定必须有一"左丘明"或类似的"作者"驾驭解释权,那么我们大概可以比较宽容地看待因口头记录的变化和差异而衍生的意义的张力。

第三,司马迁显然同时使用了"春秋"一词的广义和狭义。他认为解释经义的传文与《春秋》这部编年史一脉相承,根据《春秋》义理推演出来的律历(如汉相张苍所编者)和哲学思想(如吕不韦、董仲舒)同样与《春秋》有传承关系,因此他把这些材料全部称为"春秋"。《虞氏春秋》、《吕氏春秋》一类的书名,说明即使作品与释经传统没有多少关系,也可以在书名上用"春秋"一词。"春秋"在这里只是用来表示这些书运用了史料,内容全面,别具权威。徐复观和刘正浩认为《孟子》、《荀子》、《韩非子》、

《吕氏春秋》和《战国策》，也许还包括已失传的《铎氏微》和《虞氏春秋》，这些书的作者或编者所提到的"春秋"实际上就是《左传》。① 这些战国文献把传世的《左传》材料称为"春秋"，或许可证明《左传》本来就是注解《春秋》的一种"传"。然而，"春秋"一词的运用越是普遍，就让我们感到与《春秋》有关述说越来越多。与其把《左传》视为诸子所引用的文本材料，不如想象这些典籍其实有一个共通的源头。不同立场的思想家和师长，包括《左传》的作者和编者，都从这个共通的源头摘取当时口头流行的故事和论说，从而作出各式各样的发挥了。

《史记》里也有数处把《左传》和《公羊传》称为"春秋"（提到《左传》的有卷14，页687；卷26，页1259；卷31，页1475。提到《公羊传》的则有卷38，页1633；卷49，页1967；卷118，页3094）。② 司马迁在总结《春秋》的意义时，特别强调其中的"义法"，还暗用了董仲舒（公元前179—前104）的话："春秋论十二世之事，人道浃，而王道备。"③ 与此同时，司马迁称许《左传》是因为它能"具论"各类隐秘而模糊的事情。这表明司马迁认为《左传》以叙事铺陈事件，与专治《公羊》和《谷梁》的学者通过问难方式探讨《春秋》的修辞用意一样，都能有效地解释《春秋》。例如，经文"夏五月，郑伯克段于鄢"（《春秋》隐公1.3，页7）一句即能引发不少思考。《公羊》学和《谷梁》学学者即曾仔细地审视原文，考虑经文为何选用"克"这个字，为何称郑伯的弟弟为"段"（而非弟段或公子段）以及记录地名"鄢"的用意。④ 然而，《春秋》经文所引发的思考不限于此。我们还可以考虑：

---

① 徐复观：《两汉思想史》册3，页265；刘正浩：《周秦诸子述〈左传〉考》；林真爱：《左氏春秋考辨》，页196—206。徐复观（《两汉思想史》册3，页265—266）指出，西汉作者多把《公羊传》和《谷梁传》称为"春秋"，而汉初典籍如《新语》、《韩氏外传》、《新书》、《淮南子》也经常有称《左传》为"春秋"的习惯。唯一的例外是刘向的《新序》和《说苑》，二书虽然用了不少与现存《左传》重合的材料，但却没有称这些记录为"春秋"。
② 金德建：《司马迁所见书考》，页105—111、112—115；徐复观：《两汉思想史》册3，页342—343、435—436。
③ 董仲舒：《春秋繁露·玉杯》，页31。司马迁也曾转述这个概念，详见上文引自《史记·十二诸侯年表》卷14的一段文字。
④ 见傅隶朴：《春秋三传比义》，页7。

事情如何发生？为何发生？它带来什么后果？又有什么影响？我们可以从《左传》的叙述中找到这些问题的答案(《左传》隐公 1.4，页 10—16)。司马迁在自己的历史著作中，也广义地运用了"以史传经"的观点，即相信叙事是传达义理的媒介。① 如果说，司马迁在《春秋》逐渐成为最重要的经典时，仍能如此包容"传"和"解经"，并灵活处理两者。那么，我们或可推断，在"传"的成型时期，叙事和意义正以丰富多元的方式与编年记录相结合。

这些变化与差异只能说明整个问题的一个侧面。传统中根深蒂固的观念，总倾向于把诸子从《春秋》传注中分离出去。而且，前人也一直有区分经、史、子、传注的习惯。但司马迁在运用文献时，却跨越了后世的这些分类。他把各类文献对往事的运用看成一个连续的整体。事实上，从风格和形式上说，《春秋》诸传中"阐明义理"的故事，的确与"诸子"中相关的叙述，有着明显的相似之处。另一方面，司马迁假定了《左传》作者通晓孔子深意，又相信他为《春秋》中的史实提供了更具体的阐释。通过这种假设，司马迁使《左氏春秋》变得与众不同。我们应该留意，上述引文出自《十二诸侯年表序》。这一点非常重要，因为它说明了司马迁以《左氏春秋》为依据制作年表。他之所以这样选择，是因为《左传》与其他《春秋》注疏和书名中有"春秋"二字的典籍不同，它精确的系年和延展的叙事能够为司马迁提供必要的信息。清代的《公羊》学家刘逢禄(1776—1829)和后来的康有为都曾经引用上述引文，来证明《左传》(特别是他们考虑到《左传》本来有《左氏春秋》一名)不过是《吕氏春秋》一类的书籍，与《春秋》并没有什么特殊的联系。② 他们臆测《左传》是汉代的伪书。这种偏激的观点，我们当然不必接受。但如果说《左传》并非狭义

---

① 我在《〈史记〉中的权威观》("The Idea of Authority in *Records of the Historian*")一文中讨论过这个问题。皮锡瑞曾经考察这里引述的《史记》文字，并认为《左传》没有传达出《春秋》的教义。由于左丘明并非孔子七十弟子之一，因此皮锡瑞尝试对比左丘明与孔子弟子，来看左丘明"因"与"具论"《春秋》与孔子弟子"口受其指传"两者有何差异。这意味着《左传》进一步偏离了"圣人之旨"。皮锡瑞作为一个《公羊》学者，他的意见显然有所偏颇。
② 见刘逢禄：《左氏春秋考证》；康有为：《新学伪经考》。

的"传《春秋》",则尚为持平之论。然而,更值得我们注意的是"传经"的含义可能甚为宽广复杂,所以说《左传》是广义的"传《春秋》",其实亦无不可。司马迁把笔下的左丘明化成一位能得心应手地整理不同注释的专家,把左丘明变成一个能在叙述当中体现道德原则的注释者。其实,这或许是司马迁刻意设计出来反映注释工作的复杂性和多样性的。

司马迁对《左传》的理解,跨越了"王官之学"与"百家私言"二者的界线。钱穆曾经把"王官之学"与"百家私言"的对立视为中国早期学术重要的区分。① 班固《汉书·艺文志》有"六艺略"(《易》、《书》、《诗》、《礼》、《乐》、《春秋》)与"诸子略"两类典籍,我们从这种宽泛的分类即能看出"王官之学"与"百家私言"的界线。司马迁在称引见于传世《左传》的材料时,一般会把它称为"春秋古文"。这已经不限于说《左传》是用古文字(先秦文字)抄写的版本,它也说明了《左传》在古代学术(古文)中的正确位置,说明《左传》在传统六艺之学中占一席之地。② 与此同时,司马迁还注意到《左氏春秋》与诸子在使用《春秋》时有一致的地方。这与司马迁对孔子的看法与他对自身的定位也有相似之处。孔子既是古代文化传统的保存者,也是创立新的学习与思想范式的圣人。《春秋》乃是个人根据官方记载而编纂的著述,圣人借由编写《春秋》隐晦地表达了他对世道的针砭。至于司马迁,他一方面自豪地宣称自己沉浸于"古学"之中,另一方面他又希望自己能"成一家之言"。他声称自己"考信于六艺",却又毫不犹豫地要另立门户,质疑传统。③ 我认为,司马迁正提示我们《左传》

---

① 见钱穆:《两汉经学今古文评议》,页171—172、240。"五四"运动以来,"诸子出于王官"的问题引发不少争议。胡适在1917年撰写《诸子不出于王官论》一文,对此提出质疑,但其他学者并未完全认同胡适的观点。李零曾扼要地回顾这个议题,参见李零:《李零自选集》,页41—43。
② 司马迁对"古文"一词的理解,可见钱穆:《两汉经学今古文评议》,页182—184。当然,司马迁肯定在"今古文之争"以前写作。由此可见,当时"古文"的定义还未受到"今古文之争"的影响。
③ 因此在《伯夷列传》中,司马迁以"考信于六艺"的言论起首,接下来却列举了道家的文献和伯夷、叔齐所写的佚诗。关于这个问题,可参考拙文《中国古代史学中的知识与疑惑》("Knowledge and Skepticism in Ancient Chinese Historiography")的论述。

处于一种中介的位置:它既立于学官,属于官方认可的传注传统,同时它又与战国诸子的写作相关。这一点极具洞见,尤其值得我们注意。

司马迁在解释《春秋》的各项用途时,我们可看到铎椒、虞卿、吕不韦等谋臣和卿大夫都扮演了重要的角色。按照司马迁的说法,他们从历史中总结经验,借以指导国家朝政。《国语》与《左传》有不少重叠的地方。① 我们可以从《国语》中看到,阐扬《春秋》类典籍中的道德意义,本来就是为了教育太子。因此当司马侯把《左传》、《国语》中以睿智著称的大夫叔向推荐给晋悼公时,便提到他"习于春秋",能带来"德义之乐"。于是,叔向被任命为太子彪(后来的晋平公)的老师(《国语·晋语》7.9,页 445)。有些认为孔子著《春秋》的注家留意到这则记事在时间上有问题:晋悼公从成公十八年(公元前 573)到襄公十六年(公元前 557)在位。孔子在襄公十六年才七岁,而且从来没有人提过他在这个年龄便开始编纂《春秋》。因此,这些注家认为此处的"春秋"指的是周或晋的编年史。② 在《国语》的另一处,当申叔时和楚庄王讨论太子的教育时,也提到了《春秋》可以"耸善而抑恶"(《国语·楚语》1.1,页 528)。楚庄王在位的时间是宣公元年(公元前 608)到成公三年(公元前 588),也早于孔子,因此注家推断这里的"春秋"指的是楚国的记载。③ 周、晋、楚的史书究竟与传世《春秋》有多少相似,我们已经无从稽考。但是我们或可推测,这种以劝诫和教诲为目标的口述传统,大都建基于简洁隐晦的编年记录,通过详细铺展叙事和言辞,人们推论出迥然不同的意义。由于史官、师长、谋臣策士各有不同的目的,这些阐释注解的工作也就能得出各式各样的教

---

① 《国语》记录了公元前 967 年到公元前 453 年的史事。不少论者曾对比《左传》和《国语》的相关篇章,见镰田正:《左传的成立与其的展开》,页 183—203;顾立三:《〈左传〉与〈国语〉之比较研究》;史嘉柏:《中国史学的基础》("Foundations of Chinese Historiography"),页 894—899。另,前人对《左传》与《国语》的关系也有不少研究。张以仁总结了当中一些争论,参张以仁:《国语左传论集》,页 19—162。
② 见《国语》韦昭(204—273)注,页 445;董增龄(18 世纪)编:《国语正义》卷 13,页 14b;徐元诰:《国语集解》,页 415。
③ 见董增龄:《国语正义》卷 17,页 2b—3a;徐元诰:《国语集解》,页 485。

训。因此,即使是出于同一教导,我们也很可能会得出多种体会,甚或是互相矛盾的观点。

我们可进一步推论,这样产生的叙事和言辞与各国朝廷有关。到了后来,这些文辞才融汇成《左传》。许多学者都留意到,《左传》有不同的文献来源,由此也就有互异的成分。刘知几、司马光(1019—1086)、顾炎武、崔述都认为,左丘明摘取并综合了各种"国史"以编纂他的著作。① 的确,即便是那些认为孔子、《春秋》、左丘明和《左传》有关联的传统注家,也承认《左传》取材于列国国史。汉代《公羊》学学者严彭祖②在《颜氏春秋》中引《观周篇》说:"孔子将修春秋,与左丘明乘如周,观书于周史,归而修春秋之经。丘明为之传,共为表里。"③到了东汉,何休断言"周史记"中包括"百二十国宝书"④,因此传统注家也就以为孔子和左丘明所参阅的周史包含了各国史料在内。

左丘明与孔子"适周观史"的说法(乃至多多少少参与编述《春秋》),最早出现在刘歆的《七略》里。《观周篇》重复这个观点,当然是为了强调《左传》与《春秋》所蕴含的道德意义密切相关。不过,论者留意到《左传》内部的差异,使得他们不得不强调孔子和左丘明所参考的文献本身就具

---

① 见刘知几:《史通通释·申左》卷14,页203;朱彝尊(1629—1709):《经义考》卷109;顾炎武:《日知录集释》卷4,页70("春秋阙疑之书")。顾炎武认为《左传》"非成于一人一代之手……春秋因鲁史而修者也,左氏传采列国之史而作者也"。顾氏运用历法的差异(如同时采用了夏历、商历和周历)来证明《左传》取材于不同的文献来源。崔述也指出《春秋》和《左传》之间有历法上的差异;见崔述:《考古续说》,卷2,页14,收入《考信录》。

② 有关严彭祖在汉代学术史上的地位,见《汉书》卷88,页3616。

③ 转引自孔颖达疏解杜预《左传》序,见《十三经注疏》6,1.11a—11b。《观周篇》是汉代《孔子家语》中的一篇,并非出自后来王肃所作通行于世的伪书。皮锡瑞质疑严彭祖引文的真伪,因为严彭祖的说法最早见于沈文阿(6世纪)《左传疏》,此前没有任何文献提到这种说法。见皮锡瑞《经学通论》卷4,页35。然而,我们要注意汉代的注解可能更加融通,并不像后来皮锡瑞等《公羊》学家所想的那么壁垒分明。《隋书·经籍志》也提到严彭祖撰《春秋左氏图》十卷,不过这本书已不幸佚失了。严彭祖似乎既精通《公羊》学,也能治《左传》。详参钱穆:《两汉经学今古文评议》,页15。

④ 何休在《公羊传·隐公元年》的序言中引用闵因的话说:"孔子受端门之命制春秋之义,使子夏等十四人求周史记,得百二十国宝书,以此言之,周为天子,虽诸侯史记亦得名为周史矣"(《十三经注疏》7,1.1b)。

有多元意义。一般来说，论者视左丘明为作者，往往会突出《左传》的连贯性、系统性，以及它忠于儒家教化的特点。持相反观点的人，尤其是刘逢禄、康有为等清代公羊学学者，会认为刘歆伪造《左传》某些篇章，甚至提出刘歆伪造了整部《左传》。即便如此，他们也一样坚持《左传》连贯而有系统。可是，《左传》的成书大概并不那么齐整。不协调的部分，似乎既不是儒家作者包容差异的象征，也不是造伪者在掩饰文献材料的"本质"时不慎露出的马脚。

论者确信《左传》有不同的文献来源，也就自然会特别留意文本中的差异，甚至展开了围绕文本不同意义层次的争论。从唐代起，有些讨论认为《左传》是由出处各异的文献层层累积而成。如唐代学者啖助（724—770）即曾提到：

> 啖子曰：古之解说，悉是口传，自汉以来，乃为章句……是知三传之义，本皆口传，后之学者，乃著竹帛，而以祖师之，目题之。予观左氏传，自周、晋、齐、宋、楚、郑等国之事最详。晋则每一出师，具列将佐，宋则每因兴废，备举六卿。故知史策之文，每国各异，左氏得此数国之史，以授门人，义则口传，未形竹帛，后代学者，乃演而通之，总而合之，编次年月，以为传记，又广采当时文籍，故兼与子产、晏子、及诸国卿家传，并卜书及杂占书、纵横家、小说、讽谏等杂在其中。故叙事虽多，释意殊少，是非交错，混然难证。其大略皆是左氏旧意，故比余传，其功最高。博采诸家，叙事尤备。能令百代之下，颇见本末。因以求意，经文可知，又况论大义，得其本源，解三数条大义（天子狩于河阳之类）①，亦以原情为说，欲令后人推此以及余事。而作传之人不达此意，妄有附益，故多迂诞。又左氏本末，释者

---

① "天子狩于河阳"一句，出自《春秋》僖公28.16，页450。《左传》在相应的条目下引述了孔子之言，其中孔子倡导语气委婉的原则："是会也，晋侯召王，以诸侯见，且使王狩。仲尼曰：'以臣召君，不可以训。故书曰"天王狩于河阳"，言非其地，且明德也。'"（《左传》僖公28.9，页473）《左传》中这一段明晰的训解，表明了简要的《春秋》正好是"讳"的体现。"孔子"认为《春秋》经文既有批评文公之意，也对文公作了有限的称许。

抑为之说，遂令邪正纷揉，学者迷宗也。①

　　尽管啖助假定《左传》由左氏所撰，并坚称《左传》出于左氏的"旧意"，但他同时断定古人曾口耳相传《左传》之义，又断定古人曾采集不同时期的文籍增补原书，致使《左传》的文本内部时有差异。然而，这个观点隐含矛盾：文本不可能同时由至高无上的作者所掌控，又包含"是非交错，混然难证"的成分。譬如，啖助认为"诸国卿家传"可能是《左传》的取材来源之一。这见解颇有见地，可以解释《左传》文本中子产、晏婴等人特别重要的地位，并且与文本肯定卿大夫掌权的片段一脉相承。但啖助大概不愿意接受左氏会肯定"政权下移"或"政在家门"的局势。难怪引文最后会提出，传世《左传》有"附益"和"迂诞"的部分，这些部分都背离了左氏的原旨。

　　如果说《左传》混合了不同时期的内容和述说，那么记载《左传》承传和流通状况的材料就更值得我们重视。因为这些材料可以帮助我们理解文本形成背后牵涉到什么力量。我们大概可以把这类谱系看成是古人对控制文本解读所作的尝试。当然，我们不能轻信或全盘接受这类谱系，但谱系中提到的每一个名字，其实都在提示我们可以在怎样的范围内解读《左传》的意义。《左传》的流传情况，最早似乎见于刘向的《别录》。虽然此书久佚，但孔颖达在疏解杜预注的序文时曾经引用过相关材料。这些材料不过是后出的推论，其中演绎的观点，只能是汉代或以后的追述。

　　　　左丘明授曾申，曾申授吴起，起授其子期，②期授楚人铎椒，铎椒
　　作抄撮八卷授虞卿，虞卿作抄撮九卷，授荀卿，荀卿授张苍。③

上述引文也见于陆德明(约550—630)《经典释文》。不过，陆德明却延伸

---

① 转引自陆淳(约18世纪):《春秋集传纂例》，页380—381。
② 曾申是孔子弟子曾参的儿子。据《史记》所载，曾参少孔子四十六岁(《史记》卷67，页2205)。
③ 语出孔颖达疏解杜预《左传》序，见《十三经注疏》6,1.1b。严可均(1762—1843)也辑录了《别录》的佚文；见《书目三编》，页24。

了这个谱系,把《汉书·儒林列传》所载汉代的学术传承(《汉书》卷 88,页 3620)补充到引文之后。刘逢禄质疑这段文字的真伪,因为刘向熟稔《公羊》和《谷梁》二传,言下之意即刘向排斥《左传》。① 刘向在《说苑》里引用《公羊》和《谷梁》二传时,往往称这些内容为"春秋"。但他在引述大量与《左传》有关的材料和故事时,却没有称之为"春秋"(这可能与《左传》尚未立于学官有关)。据班固记载,刘歆似乎没有在《左传》传达圣人之教的问题上说服他的父亲刘向(《汉书》卷 36,页 1967)。诚如徐复观所言,当刘歆、陈元及其他汉代学者努力把《左传》立于学官时,他们都没有提出这样一个谱系。② 由此可见,这个谱系的出处存在问题。然而,即使这段文字并非出自刘向《别录》,即使它很可能是后来者伪造的,它依然为我们理解早期(虽然可能已经是汉代或以后的了)思想中各种形塑《左传》的力量提供线索。

谱系的问题从来与汉代思想息息相关。尤其在学术传承变得更普遍、更专门、更正式以后,汉代思想家更注重学术的谱系(因此,与《史记·儒林列传》相比,《汉书·儒林列传》所载的文本传授的谱系要显得详细得多)。谱系又可以引发我们思考一些有趣的问题。据《韩非子·显学》(卷 50)所言,孔子死后"儒分为八",③其中之一为乐正氏。梁启超考证说他可能是曾参的弟子(但亦可能是孟子弟子),《圣贤群辅录》说他"传春秋之道,为属辞比事之儒"。④ 这能否间接证明曾参(上述引文中曾申之父)与《春秋》学有关?《左传》的一些片段特别同情鲁国掌权的季氏,会不会是因为曾参曾经在他们的朝廷服务过?⑤ 吴起(公元前 440—

---

① 刘逢禄:《左氏春秋考证》,页 41。
② 徐复观:《中国经学史的基础》,页 185—186。
③ 《韩非子集释》册 2,页 1080。
④ 语出《圣贤群辅录》。《圣贤群辅录》或为后人伪托,见朱守亮编:《韩非子释评》册 4,页 1761。梁启超认为乐正氏即乐正子春,与孟子的弟子乐正子不是同一个人(《韩非子集解》册 2,页 1083)。
⑤ 鄫君师从曾参,鄫君似乎是武城人,而且可能是季氏一族之首。见童书业:《春秋左传研究》,页 94、288。

前381)是卫国左氏邑人,尝学于曾子(论者或以为指孔子的弟子曾参,或以为指曾参的儿子曾申),①又曾仕于鲁,可能还是季氏的家臣,后来又见用于魏和楚。这一切是否与"左"的称谓有关?又是否能解释《左传》为什么这么维护季氏?这能否说明《左传》何以这么熟悉鲁国、晋国(魏国的前身)和楚国的事务?铎椒和虞卿的名字之所以出现,是否因为司马迁在论及《春秋》与《左传》的承传时提到了他们的著作《铎氏微》和《虞氏春秋》?如果荀子也是这个谱系中的一环,为何司马迁在论及《左传》的流传时不曾提到他?② 徐复观认为《荀子》里唯一明确地提及"春秋"的地方,只能说明荀子对《公羊传》有一定的认识。③ 然而,《荀子》当中确实有一些段落让人想起《左传》里的故事。④ 我们不禁会把《荀子》和《左传》一些主要观点相提并论,诸如礼的含义、礼与法之间的模糊界限、赏罚的重要⑤、霸的观念、国家利益与个人义务之间的平衡等,两书立论非常相似。但也许会有人说,这些不过是战国时期流行的观念。⑥ 韩非子是荀子的弟子,这能否解释为什么韩非子会大量称引《左传》的材料?张苍秦时为御史,"主柱下方书……明习天下图书计籍",从刘邦征战有功,以列侯居相府(见《史记·张丞相列传》卷96)。许慎在《说文解字·叙》曾说张苍"献《春秋左氏传》"于高祖。⑦ 班固也说过,张苍、贾谊、张敞"皆修《春秋左氏传》"(《汉书·儒林传》卷88,页3620)。

---

① 见《吕氏春秋·当染》,页96;《史记》卷65,页2165;泷川龟太郎:《史记会注考证》卷65,页12。这里的曾子似乎指曾参,但根据刘向《别录》的佚文,吴起的老师应当是曾申。
② 汪中(1745—1794年)认为荀子与《左传》的流传不无关系;见汪中《荀子通论》。亦可参阅马积高:《荀学源流》,页141—176。
③ 见徐复观:《中国经学史的基础》,页36、61。
④ 见刘师培:《群经大义相通论》;刘正浩:《周秦诸子述"左传"考》。
⑤ 其中一个例子是楚国大夫声子提出要重视赏,更要留意罚:"善为国者,赏不僭而刑不滥。赏僭,则惧及淫人,刑滥,则惧及善人。若不幸而过,宁僭,无滥。"(《左传》襄公26.10,页1120)《荀子·致士》里有几乎完全一样的文字,见《荀子笺释》,页192。
⑥ 有关这些问题的讨论,参见徐复观:《中国人性论史》,页223—262;萧公权:《中国政治思想史》,页100—125;史华慈(Benjamin Schwartz):《古代中国的思想世界》(*The World of Thought in Ancient China*),页290—320;葛瑞汉(A. C. Graham):《论道者》(*Disputers of the Dao*),页235—266。
⑦《说文解字》卷15上,页3b。

引文提到的其他名字中,吴起受到了最多的关注。其中最重要的原因,是他的生卒年恰好与《左传》成于公元前 5 世纪初到 4 世纪末的推测相合。① 清代学者姚鼐《左传补注序》认为,吴起对《左传》成书有重要的影响:

> 左氏之书,非出一人所成。自左氏丘明左传以授曾申,申传吴起,起传其子期,期传楚人铎椒,椒传赵人虞卿,虞卿传荀卿,盖后人累有附益。其为丘明说经之旧,及为后所益者,今不知孰为多寡矣。余考其书,于魏氏造饰尤甚,窃以为吴起为之者盖犹多。夫魏绛在晋悼公时,甫佐新军。在七人下耳,安得平郑之后,赐乐独以与绛?② 魏献子合诸侯,干位之人,而述其为政之美,词不恤其夸,此岂信史所谓论本事而为之传者耶。③《国风》之魏,至季札时亡久矣,与邶、墉、郐等,而札胡独美之曰"以德辅此,则明主也"?④ 与"魏大名","公侯子孙,必复其始"之谈,皆造饰以媚魏君者耳。又忘"明主"之称,乃三晋篡位后之称,非季札时所宜有,适以见其诬焉耳。自东汉以来,其书独重,世皆溺其文辞。宋儒颇知其言不尽信,然遂以讥及左氏,则过矣。彼儒者亲承孔子学,以授其徒,言亦约耳。乌知后人

---
① 见钱穆:《先秦诸子系年》,页 192—193。
② 郑国与楚国结盟。晋悼公认为制服郑国,正是重新展示晋国霸业的关键。因为魏绛建议晋悼公与戎狄和平共处,又提议他把注意力放到与其他国家的关系上,所以晋悼公才把自己的成功归功于魏绛(《左传》襄公 4.7,页 935—939)。
③ 列国大夫会盟并为周景王修建成周的城墙时,魏舒"南面"而居君位。魏舒的身份不过是个大夫,但却僭越君主的地位。卫大夫彪傒从这种悖礼的行为中,看出魏舒必有大患。果然,魏舒不久就死了(《左传》昭公 32.3,页 1518;定公 1.1,页 1522—1523)。但是,魏舒也经常获得称赞。正如"引言"所述,《左传》的叙事及评论时有不一致的地方,而这个缝隙在晋灭公族祁氏、羊舌氏一事中特别明显。魏舒及其盟友都参与了这次斗争。在祁氏和羊舌氏覆灭之后,魏舒负责重组晋国的政府,因此他得到了过分的夸赏(《左传》昭公 28.3,页 1493—1495)。
④ 公元前 661 年,晋献公吞并了古代的魏国(《左传》闵公 1.6,页 258)。晋献公把原来的魏地赐给毕万,卜偃预言毕万必定子孙昌盛。最初毕万侍奉晋侯时,也曾占得此卦。论者经常援引这些魏氏成就的预言来证明《左传》编纂者与魏国有关。季札观周乐时(公元前 544 年,见《左传》襄公 29.13,页 1161—1167),曾经称许"魏风"。当时,魏国已久为晋国魏氏(毕万之后)所掌控。

增饰若是之多耶。①

钱穆在《先秦诸子系年》里撮写了上述引文,并以此引证吴起与《左传》的关系,补充《韩非子·外储说右上》(第32)"吴起,卫左氏中人也"一句道:"然则所谓《左氏春秋》者,岂即以吴起为左氏人故称,而后人因误以为左姓耶?"②钱穆又推论:"晋汲县人发魏襄王冢,有《师春》,即采左氏,亦可见左氏书与魏之关系。"③《说苑》中一段魏武侯(公元前395—前370在位)与吴起之间的对话(卷3《建本》),也表现了吴起对《春秋》学的熟悉。魏武侯问"元年"于吴起,吴起详细解说了"慎始"、"正"、"明智"、"多闻而择"的理念,说明把继统第一年称为"元年"的目的是希望能有一个明智而具实效的政权。

分禄必及,用刑必中,君心必仁,思君之利,除民之害,可谓不失民众矣。君身必正,近臣必远。大夫不兼官,执民柄者不在一族,可谓不[失]权势矣。此皆《春秋》之意,而元年之本也。④

这里特别提到建立一个权力更为集中的政府,强化君主的权力,提醒君主不能容许有并立的权威存在,又把提倡道德、正义的言辞与权力、利害关系的考虑巧妙地结合起来。这一切都与《左传》中常常出现的思路互相呼应。

---

① 姚鼐:《左氏补注·序》。钱穆(《先秦诸子系年》,页192—193)也曾引用这段文字。"明主"一词经常出现于《韩非子》一书,但这个词也可能是"盟主"的异写。唯无论是"明主"或"盟主",都不牵涉时代错乱的问题。举例说,《左传》中晏婴有一段言辞(襄公23.4,页1077),内容与《晏子春秋》非常相似(卷3.2,页175)。前者用的是"盟主",而后者则采用"明主"。退一步说,晚出或时代错乱的词汇,仅能证明某篇章的写作时间,未必可用来判断整本书的成书年代。
② 《韩非子集释》册2,748页。
③ 钱穆(《先秦诸子系年》,页194)提到,尽管章炳麟坚持认为左丘明是《左传》的作者,他也认为左氏的地名与《左传》或《左氏春秋》可能有关。但钱穆所引并未出现在章炳麟《春秋左传读序录》。卫聚贤《左传之研究》也认为《左传》或《左氏春秋》的书名可能与吴起的籍贯有关。他同意吴起与《左传》的流传有关,但同时他又把孔子的弟子子夏视为《左传》的作者。
④ 刘向:《说苑》卷3.2。《春秋》开首有"元年"一词,《公羊传》即曾详细解释这个词语。董仲舒《春秋繁露》也沿用了《公羊传》的解说。

童书业对吴起也有类似的看法。他特别关注吴起如何融合儒家、法家和兵家思想,因为他曾在鲁国师从曾参或曾申,又曾试图在魏国和楚国建立倾向于中央集权的政治。《左传》也似乎有结合儒、法、兵家思想的特点。① 班固在《汉书·艺文志》中把《吴子》(可能与吴起一派有关)列于"杂家",又把《吴起四十八篇》列于"兵权谋"十三家之下。虽然传世《吴子》的成书时间颇具争议,但其中就有"吴起儒服以兵机见魏文侯"的说法。② 至少有十种著作以《左传》的故事为例,探讨其中的兵略和兵法。《左传》一书对外交、谋略和战争的关注,由此可见一斑。③ 不过,以上列举的"证据"都不能一锤定音。我们有的不过是一些间接的推论、主观的臆断和无法验证的旁证。而且,钱穆已经指出"谓铎椒得吴起子期之传,差尚可信。而谓其授虞卿,则年世不相及"。童书业也指出《左传》里的一些预言,应验于公元前381年吴起逝世之后。④ 然而,这些也不足以完全否定吴起之徒与《左传》有关,不足以否定与吴起思想相近的史官的视野可能影响到《左传》成书。退一步说,我们不要忘记中国古书往往不题撰人,撰作的概念往往宽泛而难以掌握。所谓著者,可能是弟子把老师的观点著于竹帛,可能是后师在编辑教材,可能是某人整合了以往文献,也可能指某种跨越了几代人的学术传统。⑤ 最终,历史上的吴起是否与《左传》的流传有关——十有八九没有关系——其实无关紧要。更关键的是,吴起或和他处境相近的人的观点与《左传》中的某些看法吻合。

据司马迁所言,吴起是一个多疑、残忍而精于计算的人。他机警,娴于道德辞令,亦善于用兵(《史记·孙子吴起列传》卷65,页2165—

---

① 童书业:《春秋左传研究》,页88、288、351—352。
② 《吴子译注》,页185。
③ 见刘申宁:《中国兵书总目》,页48。传世《吴子》与其他兵书,都记载了与《左传》相类的兵法思想。
④ 钱穆:《先秦诸子系年》,页118;童书业:《春秋左传研究》,页352。另见郭沫若:《述吴起》。
⑤ 余嘉锡《古书通例》早已辨明这些概念,详参该书页43、93。另见李惠仪:《〈史记〉中的权威观》。

2169)。① 尽管我们无法证实姚鼐的假设,但我们也不难从《左传》中找到与吴起这样的人物有关的观点。譬如,《左传》巧妙圆融地游走于表与里、言与行的悖离之间,集中讨论执政者如何巩固国内权势和扩大版图,把权衡眼前的实效利害放到恪守不朽的原则之上。其实,这里的因果关系可能是一种循环论证:有关吴起的记录提示我们《左传》有这些视角,反过来说,知道《左传》有这些视角又促使我们在考索成书过程中寻找它与吴起这样的人物的联系。那些承认《左传》有这些视角的注家一般把这些观点看作"反面教材",他们认为《左传》作者借此间接地表达其愤怒与失望。从另一层面看,《左传》中道德价值有疑的篇章(尤其是参照后来的标准)引发后世对它的批评。比如朱熹便发现《左传》"自有纵横意思",其"功利之说"贻祸后世。他慨叹《左传》有"以成败论是非"的倾向,甚至认为"《左传》君子曰最无意思"。②

　　我将尝试展示《左传》的实效道德体系如何与它实事求是的态度、刑名之学和用兵谋略密不可分。当然,与此同时,对德政的企求与对先王旧法的向往也是《左传》思想主线之一。《左传》有这种差异,有时甚至有观念互相矛盾的情况,是因为它在成书和流传过程中经历了一段很长时间的层累。一旦我们意识到这一点,文献真伪在《左传》流传的关键时刻可能就不是问题,著书立说的英雄与编造伪书的小人亦根本无从谈起。清代学者刘逢禄认为《左传》掺杂刘歆篡改的内容,康有为出于自己的政治用心缘饰并发展了刘氏的学说,这些论点基本上已被否定。③ 然而,刘歆这位被痛诋极毁的造伪者不过是文化英雄左丘明一个反面的镜像而

---

① 另可参《战国策·魏策》中的相关篇章。
② 见朱熹:《朱子语类》卷83,页2147、2149、2150、2151。
③ 可参阅章炳麟:《春秋左传读叙录》和《春秋左氏疑义答问》,收入《章太炎全集》册2,页805—866;刘师培:《周秦诸子述〈左传〉考》和《左氏学行于西汉考》,收入《刘申叔先生遗书·左盦集》册3,页1447—1450;鎌田正:《左傳の成立と其の展開》,页17—264;高本汉:《论〈左传〉的真伪与性质》。但是,近来也有一些学者接受并阐发刘逢禄和康有为的观点。例如,钱玄同:《〈左氏春秋〉考证书后》和张西堂:《〈左氏春秋〉考证序》,收入顾颉刚编:《古史辨》册5,页1—21、263—92;顾颉刚:《春秋三传及国语之综合研究》;徐仁甫:《左传疏证》。

已。因为,无论是创作说还是造伪说,论者都假设了文本在流传过程中有关键的成型或转型的时刻。不过,我们根本无法在《左传》的演化过程中捕捉到这些"时刻"。

同样地,《左传》何时"成书",增补内容何时变成了"篡改造伪",这些问题本来就很难定论。比如,《左传》中"书法"解经部分与《公羊》和《谷梁》二传的注释风格相似。这些内容可能在《左传》成书的后期才出现,但我们不应把它排除在《左传》之外。"书法"是众多解释《左传》的模式之一,它的权威建立在阐发圣人之旨的基础上。也就是说,在孔子编修《春秋》成为公论,以及《左传》传《春秋》的说法确立以后,"书法"才发展起来。如果我们设想《左传》包含不同"透明度"的解释文字,那么"书法"的内容可以代表一端,那些没有明确意义、意旨隐晦的轶事则代表了另一端。处于两者之间的可能就是交织于事件发展的那些回顾往事的评论,又或者是那些预言未来的判断和建议。不同程度的"透明度",最终与各种阐释理念有关:由复原圣人言辞的意旨,到通过叙事发挥道德原则、讨论价值判断。这些内容统统都可以包括在《左传》之内。

郑庄公的案例

郑庄公(公元前743—前701在位)和弟弟共叔段之间的权力斗争(《左传》隐公1.4,页10—16)可说是《左传》最著名的故事之一。我们可从这个例子看出叙事如何层积起来,以及《左传》如何包容各种诠释、语言、历史、政治秩序的观念。

  初,郑武公娶于申,曰武姜,①生庄公及共叔段。② 庄公寤

---

① 她的名字结合了丈夫的谥号"武"和她娘家的姓氏"姜"。
② "叔"意谓诸侯之弟。贾逵和服虔认为"共"是谥号,但杜预却认为"共"是段最后出逃的地方(见竹添光鸿:《左传会笺》隐公1.19;《左传》隐公1.4,页10)。

生,①惊姜氏,故名曰寤生,遂恶之。爱共叔段,欲立之。亟请于武公,公弗许。及庄公即位,为之请制。公曰:"制,岩邑也,虢叔死焉,②他邑唯命。"请京,使居之,谓之京城大叔。祭仲曰:"都,城过百雉,国之害也。③ 先王之制:大都,不过参国之一;中,五之一;小,九之一。今京不度,非制也,君将不堪。"公曰:"姜氏欲之,焉辟害?"对曰:"姜氏何厌之有? 不如早为之所,无使滋蔓! 蔓,难图也。蔓草犹不可除,况君之宠弟乎?"公曰:"多行不义,必自毙,子姑待之。"

既而大叔命西鄙、北鄙贰于己。公子吕曰:"国不堪贰,君将若之何? 欲与大叔,臣请事之;若弗与,则请除之,无生民心。"公曰:"无庸,将自及。"大叔又收贰以为己邑,④至于廪延。子封曰:"可矣,厚将得众。"公曰:"不义,不昵。⑤ 厚将崩。"大叔完、聚,缮甲、兵,具卒、乘,将袭郑,夫人将启之。公闻其期,曰:"可矣!"命子封帅车二

---

① 杜预注把"寤生"释为"寐寤而庄公已生";见《十三经注疏》6,隐公元年,2.15b。据应劭(活跃于189—194年)《风俗通》所述,"寤生"指"儿坠地便能开目视者",古人一般认为这样的婴儿并不吉利(《太平御览》曾引用此说,参看该书页361);见竹添光鸿,《左传会笺》隐公1.20。司马迁在《郑世家》里把"寤生"释为"产之难"(《史记》卷42,页1759)。"寤"可能是"悟"的假借字,指"逆向"(沈钦韩[1775—1831年];《春秋左传补注》),因此"寤生"可能是"逆生"的意思;参看焦竑(1541—1620年)《笔乘》的解释(《左传》,页10转引),亦可参竹添光鸿:《左传会笺》隐公1.19—20;钱钟书:《管锥编》,册1,页167—168。
② 庄公似乎指先君郑桓公征服虢国一事。据《国语》所载,史伯曾批评虢叔"恃势"(指地形优势),又建议桓公迫使虢叔反叛,这样郑国才能消灭虢国。他提醒郑桓公务必在虢国留下奴隶与财货,一旦周乱而弊,虢叔背叛郑国,那么郑桓公就有理由攻打虢国(《国语·郑语》1,页507—525)。《汉书·地理志》臣瓒注:"[郑桓公]寄帑与贿于虢、会之间。幽王既败,二年而灭会,四年而灭虢。"(《汉书》卷28,页1544)注文中"会"这一地名,《国语》写作"邬"。上面的故事以诈作顺从、静待时机、挑衅寻事为主题,我们将在下面庄公对付共叔段一节,再次看到这些主题。
③ 根据杜预的说法,一雉城墙长三丈高一丈。但《公羊传》和《韩诗外传》都认为,一雉等于五丈(竹添光鸿:《左传会笺》,页21)(一丈等于十尺,比十英尺稍为短一点)。
④ 换言之,上面提到国境东边和北边地区,既宣称自己效忠庄公,又公开拥戴段。
⑤ 这句前后构成一种因果关系,也就是说,"不义"是"不昵"的条件,全句"犹今言不义则不能团结其众"(见《左传》隐公1.4,页13;钱钟书:《管锥编》册1,页169)。

百乘①以伐京。京叛大叔段,段入于鄢。公伐诸鄢。五月辛丑,大叔出奔共。书曰:"郑伯克段于鄢。"段不弟,故不言弟;如二君,故曰克;②称郑伯,讥失教也;③谓之郑志。不言出奔,难之也。遂置姜氏于城颍,而誓之曰:"不及黄泉,无相见也!"④既而悔之。颍考叔为颍谷封人,闻之,有献于公。公赐之食。食舍肉。公问之,对曰:"小人有母,皆尝小人之食矣;未尝君之羹,请以遗之。"公曰:"尔有母遗,繄我独无!"颍考叔曰:"敢问何谓也?"公语之故,且告之悔。对曰:"君何患焉?若阙地及泉,隧而相见,其谁曰不然?"公从之。公入而赋:"大隧之中,其乐也融融!"姜出而赋:"大隧之外,其乐也泄泄!"遂为母子如初。君子曰:"颍考叔,纯孝也,爱其母,施及庄公。《诗》曰'孝子不匮,永锡尔类'。⑤ 其是之谓乎!"

对照《春秋》和《左传》,这段文字解释经文"郑伯克段于鄢"(《春秋》隐公1.3,页7)。"初"意谓"一开始"或"更早的时候"。《左传》经常用"初"字来标示一个叙事单元的开始。"初"是一个具有解释能力的时间标记:因为它表明了因果关系将由这一点展开。这个因果关系将会持续

---

① 春秋时期以车战为主,每辆战车大约有十名士兵,见《左传》闵公 2.5,页 267;僖公 28.3,页 463;又见杨伯峻注,《左传》隐公 1.4,页 13。另杨伯峻又参照了《禹鼎铭》,当中提到一百乘战车与一千名徒兵相伴(《左传》隐公 4.4,页 37)。
② 不少论者认为这里对选词用字的解释并不恰当。例如,黄仲炎(《春秋通说》,页 295)认为如果因为段的所作所为不似人弟,就不称呼他为"弟",那么《左传》也不应把弑父之子称为"子"。但《左传》中却有不少反例,如楚公子商臣弑父,《左传》即曾称商臣为"子"。赵匡训"克"为"能胜",认为这并不是说二人势均力敌"如二君";见陆淳:《春秋集传辨疑》,页 599。另,可参刘敞:《春秋权衡》,页 475:"《春秋》二君相伐多矣,皆曰伐,不曰克。"
③ 庄公并未负起兄长的责任,没有好好教导自己的弟弟,因此这里不以段的兄长来称呼他。
④ 黄泉指地下的泉水,引申指死后埋葬的地方。庄公的意思是除非自己死了,否则他不会再见他的母亲。
⑤ 语出《诗·大雅·既醉》(247)。所有《诗经》引文后都标上编号,编号按照毛《诗》顺序排列。我按照东汉王逸《楚辞章句》的注解把"类"释为"法";见洪亮吉(1746—1809 年):《春秋左传诂》,页 188。另,可参阅孔颖达根据毛《诗》和《尔雅》而作的解读:"孝子为孝,不有竭极之时,故能以此孝道长赐予汝之族类。"(《十三经注疏》6,2.21a)屈万里训"类"为"善",故认为最后一句"言天永赐尔以善也"(《诗经诠释》,页 491)。竹添光鸿则认为"类"指"天赐之朋类也",意谓志趣相类的人(《左传会笺》,页 26)。

到讲述故事的那一年到巨大的祥瑞或灾难降临(通常是后者)为止。横跨四十年的事件浓缩到上面的引文之中:到了庄公在位的第22年(公元前672),段终于被铲除。这段叙述从庄公登基,一直往前追溯到他出生,甚至回到公元前761年他父母结合的时候。① 故事中途在情感上有一明显的转折。我们从隔阂和冲突来到和解,从秘不示人的心计来到公开的姿态和宣言。因此,金圣叹(1608—1661年)把"既而悔之"一句视为全文的转折点:"已上一篇地狱文字,已下一篇天堂文字。"② 书写方式也从隐约的叙述转为直接的判断,这种判断以"书曰"一词引出——那是解释《春秋》里特殊字眼的文字,篇终以君子的评论结束。

这里记录的事件牵涉到《左传》中反复出现的主题:我们应如何界定政权的枢纽,应如何维持公族嫡系和旁支的平衡,又应如何考虑政教中道德和家庭关系(在这个例子里,是孝与悌)所扮演的角色。这个故事最少有四种解读方法。首先,一种比较天真的读法,即假设文章表里如一,依照"君子"的评论和文中所引《诗》去理解故事:不驯服的弟弟段最终被制服,母子关系也得到公开的调解,政体因之由分而合。第二,我们以怀疑的态度解读此文:依循引文"书曰"一段的思路,追究撰文的动机与企图,隐然谴责庄公不悌不孝。第三,兼采以上两种矛盾的解读方式,认为此文由谴责转为和解:文章从怀疑的诛心之笔变为诚心诚意地接受庄公的道德转化。以上三种解读方式都肯定了儒家经典所标举的孝悌美德。与此相反的是第四种解读方法:郑庄公成功镇压弟弟段的叛乱,同时又老练地为自己赢得时间,口是心非地为自己的所作所为寻求道德上的支持(以兄长的忍耐和儿子的孝心这类论述为依归)。这种调和实效利益与道德言语,或可讽刺地成为典范。按照这种逻辑,叙述者、作者或编者着眼于实际的政治周旋,套用"道德垂戒"的程序,使有关权势的考虑,成

---

① 据司马迁所说,郑武公(公元前770—前744在位)继位后十年(公元前761),迎娶了申国的武姜。庄公出生于公元前757年,公子段则出生于公元前754年。见《史记》卷14,页532—528;卷42,页1759。
② 金圣叹:《金圣叹全集》册3,页288。

功借助道德的言辞,从而变得冠冕堂皇起来。

第一种稍为天真的解读方式,强调冲突最后得以和解,相信文本表层的教训。循这种读法审视郑庄公,会发现他的过失仅在于他的软弱和迟疑。他屈从母亲的意愿,希望形势自身会逐渐好转。他没有及时采取措施防患于未然,反而宁愿妥协求全。①《毛诗序》对《将仲子》的解释,就可看成一个较早用这种读法的例子。② 现代读者一般把《将仲子》理解成一名女子亦正亦谑地告诫狂热的追慕者。但《毛诗序》却认为这首诗的叙事者是郑庄公。全诗是他为了在大臣祭仲(即"将仲子")面前辩护自己纵容弟弟段而作:

> 将仲子刺庄公也。不胜其母,以害其弟。弟叔失道,而公弗制。祭仲谏,而公弗听。小不忍以致大乱焉。③

清代学者毛奇龄(1623—1716年)认为,庄公其实并无选择,他只能逆来顺受,把公子段安置在京。庄公在段正式发动叛乱之前,根本没有充分证据去制止其弟。毛奇龄认为《春秋》记录此事是为了肯定庄公,表明他

---

① 见孔颖达的解说,《十三经注疏》6,2.19a—19b。高葆光(《左传文艺新论》,页39)认为孔颖达其实正透过这评论,为唐太宗(627—649 在位)弑兄囚父辩护。万斯大(1633—1683 年,《学春秋随笔》卷50,页326)也认为庄公被动地接受母亲的意愿,其实是出于软弱,并非因为他工于心计。
② 《诗·郑风·将仲子》(76)。
③ 《十三经注疏》2,4.6b。《毛诗序》还把《诗·郑风·叔于田》(77)和《诗·郑风·太叔于田》(78)联系到郑庄公和公子段之间的权力斗争:"叔于田,刺庄公也。叔处于京,缮甲治兵,以出于田,国人说以归之"(《十三经注疏》2,4B.8b);"大数于田,刺庄公也。叔多才而好勇不义而得众也"(《十三经注疏》2,4B.9b)。余宝琳(Pauline Yu)曾讨论《毛诗序》如何为诗歌建立自己的历史语境,其中就特别引述了《将仲子》这个例子(见《中国诗歌传统中意象的读法》 The Reading of Imagery in the Chinese Poetic Tradition,页69—70)。《左传》襄公 26.7(页1117)提到,郑国使臣曾引用《将仲子》说服晋平公释放卫侯,暗示即使卫侯有罪,但晋平公乃因应卫国臣子的请求才囚禁他。这种颠倒尊卑的行为将引起民众反对。《将仲子》就提到对民意的敬畏:"岂敢爱之,畏人之多言,仲可怀也,人之多言,亦可畏也。"(晋国介入卫国权力斗争的始末,可参见《左传》襄 14.9,页 1019;25.4,页 1102;26.2—3,页 1112—1114;26.5,页 1114;26.7,页 1115—1117)《毛诗序》似乎也认为庄公最初的犹豫或与他畏惧民意有关。朱冠华曾研究《毛诗序》与《左传》叙事之间的联系,尽管他鲜有评论取舍,但却综述了各家观点,见朱冠华:《风诗序与左传史实关系之研究》。

容许段出逃到共,正好展现了无限的宽容和兄长的度量。① 我们要强调庄公无罪(甚至是被动的受害者),或者也可以把"郑志"理解成"郑人之志"②。诚如《诗经·郑风》所示,郑人有意批评庄公,认为他未能教导好自己的弟弟。

这种倾向同情庄公的读法,还可以诉诸"寤生"引发的因果,即强调天命而非人事。以"寤生"名庄公,似乎命运控制了他的选择。庄公不过是逆生难产的牺牲者,他根本无法控制和掌握事情的变化。《左传》在母子感情疏远和重归于好的关键时刻,都用"遂"字:"遂恶之","遂置姜氏于城颍","遂母子如初"。"遂"字出现的这三个场合,分别表明了母子失和的原因,二人最严重的冲突,以及事情最后如何解决。按照这种天真的解读方式,郑庄公根本无法主宰事态发展,他不过是颍考叔导演的这出道德戏中一名一无所知的演员。③ 颍考叔以身作则,提醒庄公有尽孝的义务。通过诡辩的方式,他促成了庄公公开与母亲和解。这次和解削弱了公子段本来在整个叙事中的地位,取而代之,把叙事重心重新定义为母子情感的起伏变化。④ 最后君子的评论强调道德感化的力量,突显以身作则的传统。君子避开了"问罪"的心态,接受字面的教训,称许庄公成功铲除公子段这个颠覆家国的因素,肯定他达成新的统一。

大多数注家都倾向以怀疑的态度解读这段文字。他们认为庄公蓄意煽动公子段谋反,设计要自己的亲弟弟成为叛国的罪人。⑤ 尽管部分注家尚抱有一定程度的宽容,相信庄公原来可能没有杀弟之心,认为他

---

① 见毛奇龄:《春秋毛诗传》,《四库全书》第176册,页24—25。
② 见竹添光鸿:《左传会笺》隐公1.23。
③ 因此,金圣叹认为:"后半,功在颍考叔,庄公只是恶人到贯满后,却有自悔改过之时。"(《金圣叹全集》册3,页287—288)
④ 正如我在"引言"所述,"孝"并非《左传》所关注的焦点。
⑤ 例如服虔的评论;见《春秋左传诂》,页186转引。还可见杜预:《十三经注疏》6,2.19a;陆淳:《春秋集传微旨》,页540;孙复(992—1057年);《春秋尊王发微》,页4;张洽:《春秋集注》,页9;黄仲炎:《春秋通说》,页295;吕祖谦:《东莱博议》,页1—4;马骕:《左传史微》,页2—3;高士奇:《左传纪事本末》,页606—607;韩席畴:《左传分国集注》。

只是在段最后侵犯郑国时才不得已采取这种极端的做法。① 各家注释争辩庄公"罪咎"之然否,他要背负多少罪责,以及他的动机和目的。指责庄公的人轻易地从庄公简约含混的答辞("无庸,将自及","不义,不昵,厚将崩","可矣")推论出他杀弟的意图,认为这种贬斥庄公的判断可从解释《春秋》字句的"书法"中加以引证。

然而,即便是"书法"部分,也没有斥责庄公密谋消灭公子段。这些简洁的解说(从"书曰"开始)可能属于书中时间较后的叠层。这种解说模式让我们想起《公羊传》和《谷梁传》的相关部分。《左传》的批评与其他两传相比,显得轻微得多。这正与三传断语的惯例相符。《左传》里说:"如二君,故曰克",违背兄弟的情谊并不等于谋杀。但《公羊传》却训"克"为"杀",《谷梁传》则训"克"为"能杀"。可以说,《左传》并不那么关心最后的价值判断,它更在意事件的前因后果。因此,《左传》才会认为《春秋》一句的目的是要"讥失教",批评郑庄公没有好好教导弟弟。《左传》运用"郑志"来揭示真正的因果关系:②事情按照庄公的计划进行,庄公是最终能控制这则叙事的人。我们还要争论的是"郑志"的内容——究竟庄公是想杀了他弟弟,还是只想驱逐他? 杜预从服虔的观点加以引申,认为"克"字表示"明郑伯志在必杀,难言其奔"(《十三经注疏》6,2.19b)。这是解释"书曰"所云"不言出奔,难之也",即如果仅仅说段逃离出奔,那么公子段便变成唯一的罪人。③ 或者,"难言"一词也可能意味着编写者不想直接戳穿郑庄公弑弟的意图,宁可用间接的文辞交代可怕

---

① 见孔颖达疏;《十三经注疏》6,2.19a—19b。
② 这里"志"指隐藏的意图,其中甚至带有不法的意味。我们可以在《左传》解释齐僖公与文姜幽会一节中找到类似的用法。文姜是齐僖公同父异母的妹妹,也是鲁桓公之妻。《左传》称这次幽会为"齐志"(《左传》庄公 7.1,页 171)。同样,《左传》又把鲁国攻打邾国称为"宋志"(《左传》桓公 17.6,页 149)。相反地,"志"还可以指众人皆晓的政治目的。宋国叛军控制彭城,当诸侯联军围攻这座城池时,《左传》也称之为"宋志"(《左传》襄公 1.1,页 916—917)。"志"还用于"言以足志"(《左传》襄公 25.10,页 1106)和"赋诗言志"(《左传》昭公 16.3,页 1380—1381)。古人有时也把历史记录称为"志",这是典型的词义引申。有关这个字或公或私,或隐或显的语义范围,可参阅钱钟书:《管锥编》,册 1,页 172—173。
③ 详参杨伯峻注,见《左传》隐公 1.4,页 14。

的细节,从而避免读者因读了这些细节而僭越犯上。但这个"难"字也可能只是单纯表达"责难"之意。如果是,如果这里的"志"指郑庄公的想法,那么"难之也"就意味着庄公有必要承担罪责,因此《左传》才会责难他。①

谴责庄公的基础建立在一种看穿表象的阐释学上。有些注家进一步把庄公与其母的和解看成他口是心非的证据。② 即使他已经把弟弟逼到出奔的境地,他仍然要维系自己仁慈的形象。他责备其母,最终却又在公开场合展现了他的孝心。但是,我们还可按上文提到的第三种解读方式,把此文看成由谴责转为和解。这样一来,文章批评庄公没有尽兄长的责任,甚至指责他有弑弟的意图,都不妨碍我们相信他在文章后半部分有诚意悔过。杜预即曾提到:"庄公虽失之于初,孝心不忘,考叔感而通之,所谓永锡尔类。"(《十三经注疏》2.20b)当然,轻信庄公悔改,有时会被视为一种一厢情愿的宽宏。竹添光鸿便指出:

> 考叔固非孝子,庄公亦非孝感之人,君臣机诈相投,以欺一世。而君子之论如此何也。古人宽于责恶,而急于劝善,故一有改恶迁善之举,则录其见行,而略其隐衷,忠厚待人之道然也。③

尽管从来没有人提倡以反讽的方式解读这段文字,但崇尚权力、讲究统治的想法却往往成为肯定庄公行为的基础。后世注家特别看重君臣大义,其中尤以明、清两代的学者为甚。囿于这种看法,对于论者从谴责公子段变为责难庄公,后世注家深感不安。比如毛奇龄就为庄公辩护。毛奇龄的看法以君父权力秩序为本,强调防微杜渐的重要性:"孟子曰'孔子作《春秋》而乱臣贼子惧',未尝曰'使乱君贼父惧'也。"他更进一步提出《春秋》在权衡庄公功过以后,才选择以"克"字称许庄公。庄公容许公子段出逃,说明他故意疏于惩治。这种兄长式的宽容在春秋时代绝

---

① 见高葆光:《左传文艺新论》,页37。
② 比如马骕:《绎史》卷32,页654—655;竹添光鸿:《左传会笺》隐公1.26。
③ 竹添光鸿:《左传会笺》隐公1.26。

无仅有。因此"克"字的意思是克敌制胜,而非毁灭对手。① 另一位清代学者顾栋高(1679—1759年)也赞扬庄公对段的镇压。他参考了卫桓公被异母兄弟州吁弑杀(《左传》隐公3.7,页32—33;隐公4.3,页36),以及晋国曲沃侧系在六十七年内(公元前745—前678年)杀害五位晋君,最终取而代之(《左传》桓公2.8,页91—95;桓公3.1,页97—98)的反例,提出"释其臣而责其君,为乱贼立一护符,为君父设一箝制,以致明建文金川门之祸"。② 王族内部公族与旁支之间如何取得平衡一直是个棘手的难题:燕王朱棣(后来的明成祖,1403—1424年在位)废黜侄儿朱允炆(明惠帝,号建文,1399—1402年在位)的祸乱,是明清年间最血腥的史事之一,也是明末清初文人经常讨论到的话题。③ "郑伯克段于鄢"与"靖难之变"相距21个世纪,但顾栋高却一一比较两事,认为建文帝如果能有郑庄公这样的远见和决心,或许能扭转形势,避免灾祸。顾栋高还提到,周襄王未能果断地采取措施,对付悖逆的弟弟带(与郑的情况类似,带是襄王之母最疼爱的儿子),乃"饰退让之小名,忽宗社之大计"。④ 另外,顾栋高也肯定庄公有展示出他宽厚的一面——毕竟庄公并不像齐桓公那样逼死其兄弟公子纠,他只是放逐了公子段。

由此可见,从这个故事里得出来的教训,与巩固和维护政权息息相关。《左传》提出颍考叔的"纯孝"感动郑庄公,使其幡然悔悟。在历代注疏中,有斥庄公为饰词伪善,也有视悔词为真心改过的证据。论者或会把道德辞令单纯视为文饰,但有实效的饰词本身也可能隐含"教训"(即"教训"是如何运用道德辞令)。郑庄公与母亲和解正好建立在灵活的语意推移基础上:庄公誓言母子感情破裂,最后只能通过置换"黄泉"的"解

---

① 见毛奇龄:《春秋毛氏传》,页23—25;傅隶朴:《春秋三传比义》册1,页8。
② 竹添光鸿:《左传会笺》隐公1.26曾引用此文。
③ 明清鼎革以后,文人经历易代的重重创伤。对于他们来说,这个故事里忠与奸、南与北的对立,更能引起共鸣。详见赵园:《明清之际士大夫研究》,页165—192;李惠仪:《清初文学中的创伤与超越·序言》(*Trauma and Transcendence in Early Qing Literature*),页42—43。
④ 周襄王及其弟带之间的权力斗争,见《左传》僖公11.3,页338—339;13.1,页343—344;22.6,页395;24.2,页425—426;24.5,页427—428。

读"来化解怨恨——即以"阙地及泉"的字面意思代替"黄泉"譬喻死亡的含义。史嘉柏在勾勒《左传》中流传于社会大众的公共知识时,就曾经援引这个例子:庄公真的陷入困境;君无戏言,尤其国君的誓辞众所皆知,自然无法轻易食言。① 唯一的解决方法就是诡辩,即寻找原文中能够有不同理解的缝隙。因此,从这个层面看,叙事者称许颍考叔巧妙地运用词义以达成多重引譬连类,并强调了公开表演和政治奇观的重要性——庄公挖掘隧道的行为有效地表现了他的孝心。解释是黏合表面的缝隙而建立起来的结构,语言则是增进政治和谐的表述工具。

在其他章节里,《左传》对郑庄公的看法仍一直存在分歧。一方面,《左传》中的一些评论揭示了庄公的老谋深算。但与此同时,还有一些意见肯定庄公的言行举止合乎礼仪。这种并存的情况最能在郑伯伐许的事件中反映出来。合乎礼义的辞令与赤裸裸的侵略之间所形成的紧张关系,在郑人许的前因后果中变得特别明显。

> 郑伯将伐许。五月甲辰,授兵于大宫。公孙阏与颍考叔争车,颍考叔挟辀以走,子都拔棘以逐之。及大逵,弗及,子都②怒。(《左传》隐公11.2,页72—73)

> 秋七月,公会齐侯、郑伯伐许。庚辰,傅于许。颍考叔取郑伯之旗蝥弧③以先登。子都自下射之,颠。瑕叔盈又以蝥弧登,周麾而呼曰:"君登矣!"郑师毕登。壬午,遂入许。许庄公奔卫。齐侯以许让公。公曰:"君谓许不共,④故从君讨之。许既伏其罪矣,虽君有命,寡人弗敢与闻。"乃与郑人。郑伯使许大夫百里奉许叔⑤以居许东

---

① 史嘉柏:《井然有序的过去》,页183—186。
② 杨伯峻怀疑这里的子都就是《诗·郑风·山有扶苏》(84)中"不见子都,乃见狂且"的子都。(《左传》隐公11.4,页76)。《孟子·告子上》11.7也提到:"不知子都之姣者,无目者也。"
③ 山本有信认为"蝥弧"一词由星名组合而成,见竹添光鸿:《左传会笺》隐公11.94。另,以特别的名字称呼诸侯旗帜的例子,还可参见《左传》昭公10.2,页1316。
④ 我这里按杜预注来理解"许不共"一句,把它释为"许国不向天子进贡"。陆德明认为"共"通"恭"。俞樾则训"共"为"法"。见《高本汉左传注释》,第20条。
⑤ 据杜预所说,许叔是许庄公的弟弟,名郑,谥号为桓公。

偏,曰:"天祸许国,鬼神实不逞于许君,而假手于我寡人。寡人唯是一二父兄不能共亿,其敢以许自为功乎?寡人有弟,不能和协,而使糊其口于四方,其况能久有许乎?吾子其奉许叔以抚柔此民也,吾将使获①也佐吾子。若寡人得没于地,天其以礼悔祸于许,无宁兹许公复奉其社稷,唯我郑国之有请谒焉,如旧婚媾,其能降以相从也。无滋他族实偪处此,以与我郑国争此土也。吾子孙其覆亡之不暇,而况能禋祀许乎?寡人之使吾子处此,不唯许国之为,亦聊以固吾圉也。"乃使公孙获处许西偏,②曰:"凡而器用财贿,无寘于许。我死,乃亟去之!吾先君新邑于此,③王室而既卑矣,周之子孙日失其序。④夫许,大岳之胤也。⑤天而既厌周德矣,吾其能与许争乎?"君子谓郑庄公"于是乎有礼。礼,经国家,定社稷,序民人,利后嗣者也。许无刑而伐之,服而舍之,度德而处之,量力而行之。相时而动,无累后人,可谓知礼矣。"郑伯使卒出豭,行出犬、鸡,以诅射颍考叔者。⑥君子谓郑庄公"失政刑矣。政以治民,刑以正邪。既无德政,又无威刑,是以及邪。邪而诅之,将何益矣!"(《左传》隐公11.3,页73—78)

庄公处理邦交,与他经营家庭关系如出一辙,两者都反映出他能巧妙而无情地运用自己的外表。许沦为郑国的附庸,庄公却并未彻底吞并许国。庄公之所以这样做,并非出于仁慈或怯弱。这是经过深思熟虑作出

---

① 获(公孙获)是郑国大夫。
② 郑在许国的西边,见竹添光鸿:《左传会笺》隐公11.96。
③ "新邑"指新郑。西周时期,郑国是周王朝的畿内诸侯。平王东迁以后,郑武公吞并了虢和郐,并把郑国国都由京兆迁到新郑。
④ 郑国国君本是周室之后,同为姬姓。
⑤ 许本来是四伯之后,四伯掌管四岳之祀,有关记载可参见《国语·周语》3.3,页103—108。许国国君与齐侯一样姓姜。据杜预所述,"大岳"是神农之后,又是帝尧的四大辅臣之一(竹添光鸿:《左传会笺》隐公11.96)。《国语》里,四岳是协助大禹治水的能臣,他们使天无伏阴,地无散阳。他们是共工之后,而共工即密谋要壅塞河流,扰乱天地秩序的人。另可参见顾颉刚:《中国上古史研究讲义》,页17。
⑥ 《诗·小雅·何人斯》(199)提到其他三种用来施咒的动物。

的决定。因为这次征伐是由齐、鲁、郑三国共同发起的,而且这个联盟实际上以齐僖公为首,所以郑国要吞并许国其实并不容易。郑庄公"使获也佐吾子",把公孙获留在许国的边界"辅佐"许叔,目的是要在不完全推翻许国政权的情况下,排除齐、鲁二国的干涉,间接对许国施加影响。由始至终庄公都把进犯的郑国说成是一个受伤、畏惧、步步为营的国家,又表现得处处为许着想。他提起赏罚分明的上天,又把自己说成是谦卑的执行天意的人。他以兄弟失和为据,否认自己对许的野心:如果他连家庭关系都不能妥善处理,他又如何指望控制另一个国家呢? 但是,这里提到段的悲惨遭遇,其实也可理解为一种含蓄的威胁:既然庄公能够严厉地惩处叛逆的亲兄弟,那么他也完全可以同样对待许庄公的弟弟(许国当下的执政者)。

庄公辞锋一转,在这里他的言辞融合了安抚与恫吓之意。庄公提到许国将得到天的庇佑,又认为他们甚至可能恢复主权,但这一切都不会在郑庄公在世的时候发生。庄公诉诸天,一方面使自己的行为显得更加合理,同时也以自卫为由暗中威胁许国:上天或会允许许国重夺主权,但许国必须清楚地意识到,郑国比其他诸侯占有更重要的地位。表面上,庄公提出这对郑国安全十分关键。但实际上,庄公要提醒许国,假如许国联合其他国家对付郑国,他将以各种方法报复。庄公戒饬守臣,宣称他对许的支配并不长久,因为上天已经厌弃周德——郑国国君系出姬姓,属于周王室的后代①——而许则是"大岳之胤"。庄公提到周室的衰微,暗中强调了周、郑之间的血缘关系,这无疑使整个征战变得更有理由,因为庄公伐许的借口正是许国违背了周王朝的政治秩序:许国未能向周室纳贡。(郑、许之间的敌对关系贯穿《左传》,两国的争持后来往往体现在它们各自与晋、楚结盟。② 208 年之后,郑国终于灭掉了许国。

---

① 郑桓公姬友是郑国的开国君主,他是周厉王的儿子、周宣王的弟弟;见《史记》卷 42,页 1757。
② 例如《左传》庄公 29.2,页 244;僖公 6.2,页 313;33.8,页 503;成公 3.3,页 813;成公 4.5,页 819;成公 5.5,页 823;成公 9.12,页 846;成公 14.3,页 870;成公 15.7,页 877;襄公 16.2,页 1072;襄公 26.11,页 1123—1124;昭公 18.7,页 1399—1400。

[《左传》定公 6.1,页 1555—1556])

郑庄公运用语言出神入化。不过,他合乎礼义的修辞,却无法掩饰其中侵略的事实。① 那么,我们又该如何来理解君子的赞许呢？这里可以有四种理解。第一,君子只是过于单纯,轻易被庄公的表演迷惑住了。② 第二,君子一厢情愿地显得肤浅和宽宏,他觉得与其质疑庄公的真诚,不如称许庄公的演说精彩和合乎礼制。③ 这里暗含肯定之意,肯定这些合礼的言辞表达了理想的外交关系。庄公言辞间所展示出来的礼仪,或许已经是历史事件中绝无仅有的"礼"的实践,甚至可能是政治上唯一一种可行的"礼"的体现。因此,君子认为这应该予以保留。第三,君子是庄公的同谋。他可能是郑国史官,要为庄公辩护。又或者,他可能是一位老师或说客,要倡导庄公这种把侵略行为与合礼形象合而为一的行为,并主张这种政治手段行之有效。④ 第四,君子刻意强调庄公偏袒徇私,突出他如何误用公义,间接谴责郑国对许国的侵略,并巧妙地批评庄公。⑤ 第一种观点认为君子的言论只是直接针对上面郑伯的言论,因此,他根本不知道那些可能隐含在叙事中的批评,也不知道其他人的言论所包含的负面评价。但是,在《左传》的其他篇章里,君子的声音确实与潜在的叙述者融为一体。如果我们假设君子天真无知,那也无法与《左传》其他地方君子尖锐的反讽与评论互相协调。至于第四种看法认为《左传》作者"正言若反",这种观点预先假设作者必须有某种道德意识,因此说服力也就不大。我认为第二和第三种解读比较可信——两者都承认文本的表面和内在存在缝隙,却同时也刻意强调表层的弥合。只是第二种观点认为君子出于好意,故此虚与委蛇;而第三种观点则在逻辑上更

---

① 古代有不少注家批评庄公侵略许国,也反对《左传》对庄公的称许。例如刘敞、吴澄、王锡爵即有这种评论,见《春秋传说汇纂》,页 149—150。
② 高葆光即提出了这种见解,见《左传文艺新论》,页 47。
③ 冯李骅的说法也暗示了这一点,见《左绣》,页 159。
④ 张溥(1602—1641)间接地表达了这种意见:"有存国之名,而许实属郑,齐鲁莫与之争,此郑庄公所以善用兵为名诸侯也。"见《春秋传说汇纂》,页 150。
⑤ 如冯李骅:《左繡》隐公 11.1,页 62—63;吴闿生:《左传微》,页 44—45。

加连贯。

紧接在第一则评论后,君子严苛地批评了郑庄公。庄公未能处罚自己的亲信子都,即使子都暗算了第一个登上许国城墙的郑国将领,妨碍了整个军事行动(被暗算的将领恰好是曾经以孝感动庄公的颍考叔)。君子揭示了庄公对祭牲施加的诅咒,其实无足轻重。这个诅咒不过是惺惺作态,佯作无知,最终只是反映了政治的失败。然而,诅咒与其他公开的言论与表现(挖掘隧道,对许国发表的言辞)并无二致,只是这些面向公众的言行往往在其他语境中为郑庄公赢得赞赏。如上所述,君子肯定庄公合乎礼法的形象,可能是因为他想借由反讽的方式倡导表里不一的政治手段,说明这种手段行之有效。但即便如此,这里的欺骗不能让人信服,根本没有成效。而且,庄公为了一己偏私而牺牲了制定的法规,这是个任何师表、任何说客都不会宽恕的错误。诚如其他揭示某人表里不一的批评一样,这次的断语也运用了更高的道德戒律和社会规范批评庄公的动机和目的。正反两面的评论前后并置,反映《左传》特别重视按具体情况作出判断。无论是君子,抑或其他能预见未来的人,他们的评语都有这种倾向。换句话说,《左传》的评论只针对一个人在特定情境中的言行举止,而非其"本性"。此外,每个叙事章节似乎都不太连贯——可能因为《左传》取材自不同文献——文本里的评论(与后世的评论不同)往往不会考虑同一人物在不同的章节表现得并不一致。比如,宋儒吕祖谦(1137—1181年)就认为人的品德理应是个统一体,因此他对纯孝的颍考叔在这个故事里的鲁莽自负深感困惑。① 但《左传》的评论却没有提出这样的疑问。君子虽然批评庄公偏袒不公,却没有因为庄公毫不关心颍考叔的死,而质疑在"郑伯克段于鄢"一节他是否真的被颍考叔的纯孝感动过。

古代不少注家都认为郑庄公是个品德有问题的人。他们极力引证庄公野心勃勃、邪曲不正。然而,除了上述两处,《左传》本身对庄公的

---

① 吕祖谦:《东莱博议》,页27—29。

态度还是较平和的,有时还有称颂庄公的地方。即使书中确实有批评庄公的意思,内容也比较含蓄隐晦。郑国从未因为侵略邻国而受到指责。相反在大部分情况下,郑国的对手总是备受责难,就好比郑国侵陈的时候:

> 五月庚申,郑伯侵陈,大获。往岁,郑伯请成于陈,陈侯不许。① 五父谏曰:"亲仁、善邻,国之宝也。君其许郑!"陈侯曰:"宋、卫实难,郑何能为?"遂不许。君子曰:"善不可失,恶不可长,其陈桓公之谓乎! 长恶不悛,从自及也。虽欲救之,其将能乎!《商书》曰:'恶之易也,如火之燎于原,不可乡迩,其犹可扑灭?'② 周任有言曰:'为国家者,见恶,如农夫之务去草焉,芟夷蕴崇之,绝其本根,勿使能殖,则善者信矣!'"(《左传》隐公6.4,页49—50)

五父的谏言把郑庄公说成"仁"的化身,因此陈国理应妥善响应庄公的善意。陈桓公的失算在于他把宋和卫当成真正的威胁,反而对郑国置之不理。《左传》把他的失策当成潜在的罪恶加以批评。敌视郑国不再是策略上的失误,它变成了一个道德问题。这可以比拟成一种罪恶,只要没有在恰当的时候根除,最后将会带来破坏。③ 这里的评论把强与善、弱与恶等量齐观。这种看法也可在《左传》其他篇章找到回响,譬如息侯伐郑,息师大败(《左传》隐公11.6,页78),还有楚师伐随,取成而还(《左传》僖公20.4,页387),都把国力强弱联系到善恶上。

---

① 据何焯(1661—1722)所言:"周郑交恶,陈桓公方有宠于王,故不许郑成。"(《左传》隐公6.4,页49)
② 见传世《尚书·盘庚》:"若火之燎于原,不可向迩,其犹可扑灭。"(《尚书集释》,页86—87)原文把能煽动民众的文字比喻为燎原大火,而政府则倾力想把它控制住。
③ 次年,五父到郑国交涉和约,他在盟誓的仪式上"歃如忘"(盟约时屠宰牛类祭牲,把它们的左耳割下,用礼器取其血液。参加盟约的各方依次把牺牲的血涂抹在嘴唇上,这种仪式就是歃血)。郑大夫泄伯因而预言五父将不得善终(《左传》隐公7.6,页55)。后来,五父在陈桓公死后谋杀了其嗣子(《左传》襄公5.1,页104),随后蔡人又杀五父而另立一位公子(即后来的陈厉公)(《春秋》桓公6.4,页109;《左传》庄公22.1,页220)。有些评论者因此认为这里的"恶"当指五父,而非陈国对郑国的敌意;见吴闿生:《左传微》,页41。但是,斥责与郑国为敌的人德行有亏有可能取材于郑国的文献,至于预言五父不得善终的说法则来自陈国的史料。

我们可以从郑、鲁两国交换领土的故事,进一步检视评论的作用和运用道德辞令的动机。"郑伯请释泰山之祀而祀周公,以泰山之祊易许田。三月,郑伯使宛来归祊,不祀泰山也。"(《左传》隐公 8.2,页 58)据杜预说,周成王决意迁都洛邑,于是把洛邑附近的许田赐给周公(鲁侯的先祖),以确保他会效忠周室。郑庄公继承了祊地,郑国先君曾经在祊这个地方协助过周天子祭祀泰山,而且祊也有可能建有郑国先祖的宗庙。两国交换领土亦符合地理位置上的考虑,因为许靠近郑国,而祊靠近鲁国。但这样交换土地无异于违背周天子的成命,放弃对先祖的祭祀,也有违"巡狩"的传统(周天子巡视诸侯国)和"述职"的规定(诸侯必须到周廷汇报封土的事务)。① 由于上述原因,古代的注家和评论都指责郑伯。② 然而,《左传》所关注的只是两国交换国土的理由。对于此举是否符合礼制,《左传》始终不着一言。

郑国为了顺利交换土地,继续讨好鲁国。当宋君对周天子不敬时,郑国曾以周天子的名义讨伐宋国(《左传》隐公 9.3,页 65)。事实上,历年来郑、宋两国一直互相攻伐。郑国在打败宋国之后,夺取了郜、祊二地,但最后却把这些土地让给鲁国。君子评价此事,提到:"君子谓郑庄公于是乎可谓正矣,以王命讨不庭,不贪其土,以劳王爵,正之体也。"(《左传》隐公 10.3,页 68—69)《春秋》与此相关的条目,只告诉我们鲁隐公"败宋师于菅",不久便控制了郜和防(《春秋》隐公 10.3,页 67)。换言之,当鲁国史书正简单地断言鲁军的胜利并获取土地,《左传》却背离了这种偏见,呈现出一种更有利于郑国的记载。《左传》把郑庄公视为周天子的代表,认为他惩处不敬的诸侯,并无私地把获取的土地让给级别更高的盟友。《左传》并没有深究郑庄公这些举动可能怀有的动机:即使他已经把泰山附近的祊让给鲁国,也徒劳无功,他是不是仍然希望通过这

---

① 见郭克煜等著:《鲁国史》,页 81。
② 如《公羊传》和《谷梁传》,收入傅隶朴:《春秋三传比义》册 1,页 55—56。至于杜预、胡安国(1074—1138)、孙复、程颐(1033—1107)、黄震(1213—1280)、汪克宽(1304—1372)的评论,见《春秋传说汇纂》,页 136。

些举动获得许田？他会不会正试图进一步激化鲁与宋的敌对关系，并让鲁国对他感恩戴德？① 当君子赞许郑国表面上行礼如仪时，他再一次忘记考虑现实的政治利益，又或者他有意避开这种考虑。

这场交易最终在两年后完成（公元前711年）。"三月，公会郑伯于垂，郑伯以璧假许田"（《左传》桓公1.2，页81）；"元年春，公即位，修好于郑。郑人请复祀周公，卒易祊田。公许之。三月，郑伯以璧假许田，为周公、祊故也"（《左传》桓公1.1，页82）。鲁桓公杀了摄政的同父异母兄长鲁隐公，随即即位为国君。他急于取得支持，自然也就更加配合郑国的提议了。② 郑庄公新增了玉璧这个条件，终于完成这次土地的交易。在这些例子中，《左传》的记录似乎重新创作了列国间彬彬有礼的辞令，令我们质疑礼仪本身根本不能从史事中加以引证。③《左传》看似点出了临场应对的结果，却依然保留了"假"这个字。④《左传》再次把这件事视为郑国渴望向周公献祭，即使郑国祭祀鲁国先祖似乎并不恰当。当然，《左传》并没有对此提出疑问。

无论是庄公的声明，还是君子的评价，抑或其他能预知未来的人的判断，我们都可以从中发现言辞与事实之间的断裂。其中，众人对周天子的处理最能反映这种断裂。一方面，《左传》仅仅把周看成众多诸侯国之一。比如在周、郑早期的冲突中，两者在交换人质、违约背信、互相讥

---

① 竹添光鸿（《左传会笺》隐公10.89）就曾提及这看法。王锡爵（16—17世纪）则认为，鲁隐公为了答谢郑国在这个时刻的恩惠，所以他才在一年之后把许田的控制权交予郑国。王氏的看法，可参看《春秋传说汇纂》，页150。
② 或许这次土地交换必须等到鲁桓公即位后才能完成，因为鲁隐公对郑国仍心存猜忌。隐公作为公子，曾经参与鲁、郑之间的战争，他战败被俘，继而被郑人囚禁（《左传》隐公11.8，页79—80）。
③ 另有一个例子，也能表现出合乎礼仪的外交辞令与赤裸裸的侵略之间互不兼容的关系。见《左传》桓公5.2，页104："齐侯、郑伯朝于纪，欲以袭之。纪人知之。"这里的谎言很容易看穿，因为地位尊贵的齐侯和郑伯，同时出现在纪国这一弱小的国家，除了侵略以外似乎别无其他解释。
④ 陈傅良认为《左传》把郑庄公的外交辞令纳入其中（《春秋传说汇纂》，页154）。"假"这个字也出现在《春秋》相关的经文中，论者多认为这是圣人为"隐国恶"而用，详可参阅杜预、孔颖达、程颐、刘敞、黄泽的说法，见《春秋传说汇纂》，页154。孔颖达还补充说，玉璧是诸侯交换的信物，象征两者的信任："故璧犹可言，祊则不可言也。"

讽、发动战争各方面,完全处于平等的地位。两国交锋的起因是郑国要争取地位,挑战周室权威。由此延伸开来,郑国挑战的其实也是整个周朝的礼制。这个礼制正因为两国的冲突而被破坏殆尽:

> 郑武公、庄公为平王卿士。王贰于虢。郑伯怨王。王曰:"无之。"故周、郑交质。(《左传》隐公3.3,页26—27)

交换人质并没有平息彼此的敌意,甚至在周平王死后,周天子依然偏爱虢叔。① 因此君子评论说:"信不由中,质无益也。"君子还进一步指出,只要有信和礼,不管再卑微的物品和礼器,都可以祭献给神,也可以呈献给诸侯,从而缔结盟约。"而况君子结二国之信,行之以礼,又焉用质?"(《左传》隐公3.3,页27)②《左传》合称周、郑为"二国",亦即认为周、郑的地位相同。文中又用"贰"字来表示周平王对虢叔的偏好。"贰"字有反复无常甚至表里不一的意思。③ 由此可见,不论叙事本身,抑或君子的评论,两者都在暗中批评周天子背信弃义。

另一个类似的故事,发生在郑庄公即位以后。庄公即位后首次朝觐周桓王,却遭桓王无礼对待。周桓公有见于此,于是进谏道:

> 我周之东迁,晋、郑焉依。善郑以劝来者,犹惧不蔇,况不礼焉?郑不来矣。(《左传》隐公6.7,页51)

周桓公在分析东周立国初年的政局时,无情地揭露了周室依赖郑国的事实。他批评周天子妄自尊大,自以为周室还享有昔日的特权,又以怨报德,最终会酿成严重后果(因为郑国遵循周室礼制,才会前来觐见周天子,而周天子却没有以礼相待)。其实,在讨论周、郑的关系时,周天子往往备受指责。周桓王夺取了郑国土地,接着又把未曾真正掌握在周室手中的土地"与"以郑国,作为交换:

---

① 直到隐公八年(公元前715年)夏,虢公始以卿士的身份奉事周室(《左传》隐公8.3,页58)。
② 朱熹曾以此为例,批评《左传》中"君子"的评论弊处甚多(《朱子语类》卷83,页2149—2150)。
③ 顾炎武(《日知录》,页91)认为《左传》选用"贰"字,表明其作者或编者可能并不清楚《春秋》里重要的政治等级观念,甚或有意漠视这种原则。

> 君子是以知桓王之失郑也。恕而行之,德之则也,礼之经也。已弗能有,而以与人。人之不至,不亦宜乎?(《左传》隐公 11.5,页 77)

周、郑的关系进一步恶化。周天子率领陈、蔡、卫的军队讨伐郑国,结果却被打败。郑国的祝聃还射中了周天子。祝聃本来准备俘虏周天子,但却被郑庄公制止:

> 君子不欲多上人,况敢陵天子乎?苟自救也,社稷无陨,多矣。夜,郑伯使祭足劳王,且问左右。(《左传》桓公 5.3,页 106)

《左传》刻意用这段叙述,表明如果周天子更加审慎,郑国就不敢反叛。《左传》把周塑造成入侵者,而郑则成了自卫的一方。周室只有名义上的权力,它神圣的权威已被剥夺尽了。与此同时,《左传》还要求郑庄公表现出应有的敬意,要求他践行"尊王"的主张。

庄公表现出一种霸主的原形。他的故事说明了《左传》所关注的几个要点:道德辞令、权力的隐藏、私利与礼义之间的张力。《左传》中大部分篇章都遵从一种简单的叙事和评论模式。很多评论都表露出论者对郑的偏袒,这种倾向在"君子"所作的评论中尤其明显。后世学者特别尊崇君臣大义,他们大都因《左传》褒扬庄公而感到困惑不解,甚至对此大加责难。[①] 庄公"失教"于他的弟弟公子段,又隐瞒事实,偏袒暗算颍考叔的子都。不过,庄公除了在这两件事上受到君子的指责外,《左传》一直称许他依礼行事的作风。(第一则批评出现在一个注释中,它很可能是后来补入《左传》的材料,所以才更自觉地反映出其"儒家"意识。第二则批评认为庄公因私废公,其观点可能出于各种立场。)《左传》之所以称许庄公,是不是因为这些记录源于郑国?抑或郑国史官为了美化庄公的形象,所以才这样褒扬他(唐代学者赵匡即提出了类似的看法,他认为郑国史官要歌功颂德,称许郑国战胜周室)?我们可以从层积的譬喻,看到在捍卫郑国及其行为的立场以外,还有其他几种力量在形塑《左传》的叙

[①] 例子可参马骕的评论,见《左传事纬》,页 8。

述:主张动机与行为之间有对应关系,坚持要维护西周的政治秩序;充分利用表面与内涵的缝隙,以及强权政治与礼义之间的裂缝,使之成为有效的政治手段。

有些人认为观念和修辞上的考虑形塑了《左传》的叙事。同时,他们也相信《左传》所呈现出来的观念往往与文本形成的过程息息相关,这些观念与它所记录的历史人物反而毫不相干。持相反观点的人则认为,《左传》还是在一定程度上"如实"记录事情,它反映的是春秋时期统治阶层的立场。尽管近年来文学与史学更注重两者的融合,学界不再相信所谓"如实"的记录,但我们也不应把第二种看法视为天真的写实主义,因而忽略其意义。我们的确很难把《左传》的一些内容归纳到任何观念或修辞的考虑,它们的作用似乎仅仅是要勾勒"纯粹的事实"。我特别关注日期、姓名,以及一些没有明显修饰意义的细节。这些内容正是论者把《左传》界定为"信史"的关键。近来尤锐试图以《左传》重构春秋时代的思想。他考察了《左传》所涵盖的两个半世纪中语义的变化和关键词的运用,并以此证明一般人对这个时代的理解:周室礼仪制度正在瓦解,由此衍生出相对的反应和调整,时人越来越怀疑天命,而新的道德观念亦陆续出现。① 我们或可从几个角度去反驳这种论调:先是作者刻意挑选出能够符合自己理论的例证,有不少反例都没有被考虑进去。另外,很多关键词所以在"晚期"出现得更加频繁,用法也更加多变,可能是因为襄王(公元前572—前542)和昭王(公元前541—前510)在位期间各种事物突然涌现。② 还有,贯穿文本的修辞结构,其实未必能反映出它所涵盖的时间中语义发生的变化。加之口耳相传的传统维持了很长一段时间,我们根本无法确定文本形成的关键时刻。当然,这255年间观念与思想

---

① 尤锐:《儒家思想的基础》;又,尤锐:《春秋时期思想的转变》("Intellectual Changes in the Chunqiu Period")。
② 虽然这63年只占《左传》所涵盖的时间的十五分之一,但内容却用了该书将近一半的篇幅。

持续变化,我们根本不可能把这些演变简化成形塑文本的力量。①

其实这绝对不是一个简单的二选一问题。解读《左传》最困难的地方,正在于判断哪些部分揭示了春秋统治阶层的行为和价值观,哪些部分含有后来的意识形态和修辞风格。这些判断和选择或许有点随意,甚至近乎臆测。但为了理解《左传》,我们有必要拆解这些错综复杂的线索,指出这些线索的联系。以下我将会回到郑庄公的例子,大胆地提出一些能够套用到整部《左传》上的观察。支持郑国的言论数不胜数,这表明了主导文本的教训和权力扩张的描述,只会在个别情况下掺杂论者支持周室政治秩序、列国外交仪节和孝悌的评论。关于郑庄公的记录,揭示了获取权力与合乎礼义的外表或言辞之间存在根本的差异。这种考虑反复在《左传》中出现。或者,这正是《左传》所记录的外交辞令、公开声明、各国通告的功用,它们特别端庄得体,正可揭示外表与内在之间的缝隙。也许是郑国的宣传,他们刻意以兄弟间的宽容和稳定政局的必要来隐瞒庄公弑弟的阴谋;以大公无私的调停掩盖其侵略他国的事实;以重视祭祀掩饰其领土交换的本意;以合理的反抗掩饰其大逆不道地对待周天子。从另一个角度看,虽然否定庄公的评论绝无仅有,但叙事的空白和"微言"可能更连贯地表露了论者对庄公的批评——后世许多评论家都相信这种看法,确信《左传》有一贯彻始终的崇高的道德标准。虽然在我看来,这个标准非常含糊。我们已经知道权力与礼仪之间的矛盾。由此可知,论者把权力与礼仪联系起来,甚至努力融合两者,其实不过是提倡礼义的手段。他们为了这个目的,把各种道貌岸然的解释套用到难以管束的材料上,甚至把这些解释强加在一些鼓吹为政者妙用心计、巧用修辞的文献上。如此一来,解读往事也就变成了如何利用往事的问题了。

---

① 例如,许倬云(《许倬云自选集》,页 100—120)便曾以《左传》为例,说明随着时间发展,卿变得越来越少。相反,越来越多的大夫参与政策讨论和外交协商。这似乎反映了当时实际的发展趋势。

第二章　征兆与因果

传世《左传》在许多方面有违普遍的阅读习惯。史料按照时间顺序一年一年地编排起来。不同叙事的片段错落并置，要追踪一件史事的来龙去脉（例如一次阴谋、一场叛乱、一次战争的前因后果），读者必须参照《左传》的其他部分，又或者对整部《左传》和整件事情非常熟悉，才能弄清事情的原委。当然，这也有例外。最著名的反例莫过于公子重耳（即后来的晋文公）流亡和返国的故事。它多少是个完整自足的叙事单元。重耳由僖公五年（公元前655年）至僖公二十三年（公元前637年）周游列国，《左传》大可按年份把他的故事编入相关的纪录之下。但《左传》却采用倒叙法，在僖公二十三年（23.6，页401—411）重耳返回晋国时才回溯整个故事。《左传》编年的形式使读者有一种流动多变的感觉，因此读者会认为纷陈杂沓的事件既没有明确的开始，也没有确实的结尾。所有的事情纠缠不清，似乎都互相联系在一起。

读者在阅读《左传》拼凑的纷冗繁杂的材料时，难免会觉得眼花缭乱。而各类解说文字的出现，正可帮助读者省却这些烦恼。解说文字从纪年宏大的叙事中总结事情发展的模式，摘取意义，从而划定历史事件的边界。《左传》充斥着这些有前瞻与回顾意味的评论、判断和建议。它们或出现在叙事以内，或附于叙事之后。这些评断和建议往往由君子、孔子、有预言能力的大臣、"史"和"卜"("史"、"卜"两者的概念时常重叠相混)提出。① 划分叙事单位隐含着解释的目的,与这类评断一样,它们都建基于《左传》里一个无处不在的现象:对信息或征兆的解读。有预知能力的人试图在叙事内外解读占卜的结果、歌谣、梦境、上帝显灵、鬼神现身、天文星象、自然异象。他们又会诠释人物的衣着、言谈、举止、仪态,乃至礼仪活动中的一举一动。征兆的发生、应验与否,以至它们的解释和运用,都组织了叙事的结构,并划分出不同的叙事单位。同时,这也在考证过去是否可以解读,并勾勒出因果关系,考究天人之际,归纳可以推动历史发展的"原因"(它既可以是惩恶扬善的道德规范,又可以是某种天命观,或某种目的论)。《左传》强调征兆有意义,又突出解释的过程,这些都说明《左传》试图把规律套用到流变的事情上。尤其是《左传》在根据征兆预言未来之外,还加入了按照征兆回溯往事的评论,这就更能反映《左传》尝试把纷陈的往事套进一种规律之中。如果说诠释征兆说明人们可以解读世界,那么,隐晦或模棱两可的征兆、对征兆的巧妙操纵,乃至对于误读征兆感到同情,都流露出人们的各种质疑。这些质疑包括人们对道德律令的疑惑,对历史意义的质询,对神灵是否存在的扣问,对社会—政治—道德秩序是否能持久不变的考虑。

征兆与编年

征兆的解读,以两种方式联系到编年的体例上——连接式和断裂式。首先,它满足了在某个时间点找寻原因的需要。换句话说,在某个特定时刻,《左传》简括地追溯了所有能导致某事发生的前因。编年的框架能把预兆及其应验收束在一起。有一种典型模式重复出现,那就是在

---

① 有关周朝官制中"史官"的文献,可参看席涵静:《周代史官研究》。又,可参看章炳麟:《章太炎学术论著》,页 53—66;王国维:《观堂集林》,册 1,页 263—274;柳诒徵:《国史要义》,页 1—26;徐复观:《两汉思想史》,册 3,页 217—261;白寿彝:《中国史学史》,册 1,页 1—10;戴君仁:《释史》;沈刚伯:《说史》。

一个人辞世或一个宗族覆灭时,《左传》往往会以"初"字开头回溯以往的征兆与异象,继而总结那个人的一生。《左传》往往把这种回顾过去的说明当作预言,放在文章的开头,有时甚至会在人物刚出生时就交代这些"预言"。郑穆公(公元前627—前606年在位)的故事特别有意思。他于公元前606年逝世,《左传》即把有关他出生与死亡的预言都集中收录在这一年的记录之下:

> 冬,郑穆公卒。初,郑文公有贱妾曰燕姞,①梦天使与己兰,曰:"余为伯鯈。② 余,而祖也。以是为而子。以兰有国香,人服媚之如是。"既而文公见之,与之兰而御之。辞曰:"妾不才,幸而有子,将不信,敢征兰乎?"公曰:"诺。"生穆公,名之曰兰。(《左传》宣公3.6,页672—674)

接着,文章交代了郑文公其他儿子的悲惨命运。子华、子臧是文公与叔父妻子乱伦生下的儿子,他们因罪被杀。③ 至于文公另一儿子公子士,他在朝楚的时候被毒死,可能因为公子士的生母是江国人,而楚、江两国互相仇视。④ 文公娶于苏的妻子生下两个儿子,一个夭折,另一个儿子子瑕则因为被文公厌弃而出奔到楚国。⑤ 其余所有公子都陆续遭到文公的厌恶,因而被驱逐出境。然而,在这则记叙里,我们并不知道公子兰被驱逐的具体原因。

---

① 燕姞来自南燕国,南燕国的王族姓姞。《左传》既称她为"贱妾",可见她不可能是南燕王的女儿。
② 《说文解字》认为伯鯈是黄帝的后裔,贾逵则认为伯鯈是南燕国的始祖。详见洪亮吉:《春秋左传诂》,页402。
③ 有关子华、子臧的罪行与死亡,见《左传》僖公7.3,页317—319;16.5,页370;24.3,页426—427;宣公3.6,页674。
④ 公元前623年,楚国灭掉江国(《左传》文公4.6,页534—535)。楚国国君似乎害怕公子士会因为其母来自江国而怀恨在心,对楚国不利。
⑤ 见《左传》僖公31.6,页487—488;33.9,页503—504。《左传事纬》、《左传记事本末》、《左传纬》等书尝试重新编排《左传》中的材料,把关于文公之子的记载并列在一起。然而,这些材料前后并不连贯,性质也迥然不同。由此可见,《左传》并没有把一部完整的故事割裂开来,以嵌入编年的体例之中。

公逐群公子,①公子兰奔晋,从晋文公伐郑。石癸曰:"吾闻姬、姞耦,其子孙必蕃。姞,吉人也,后稷之元妃也。② 今公子兰,姞甥也,天或启之,必将为君,其后必蕃。先纳之,可以亢宠。"与孔将鉏、侯宣多纳之,盟于大宫而立之。以与晋平。穆公有疾,曰:"兰死,吾其死乎! 吾所以生也。"刈兰而卒。(《左传》宣公 3.6,页 674—675)

是不是因为兰已经经历了开花结果的生命历程,所以穆公才有必要剪伐它?③ 抑或穆公尝试以刈兰挑战自己的命运?④ 刈兰是否象征穆公已接受自己即将死去?⑤ 会不会有人不小心把兰花刈除? 这些细节会引发更多没有人提出的疑问,却又可能增加这个故事的道德意蕴——人是否应该接受生死属于自然的循环过程? 挑战命运有什么意义? 什么是生命中的必然? 什么是生命中的偶然? 我们这里只有一组神秘的符号,它象征生命与死亡。特殊命运必须有相应的符号,而梦境、信物、刈兰的举动都响应了这个要求。叙事的焦点并没有超越这些事物,它根本没有兴趣去思考其他问题。这个故事也许是从穆公的名字引申出来的。《左传》在交代穆公之死时,思考的问题是为什么一个贱妾的儿子可以成为一国之君,还有出身卑微的他怎么就成为郑国的君主。此外,《左传》似乎也要解释为何"七穆"能在它记载的时间范围内一直把持郑国的权柄。⑥ 一个简单直接的原因当然是兰获得晋国的支持,但所谓晋国的支持不过是未经论证的假设而已。《左传》的叙事者转到命名行为,把它当成一切的主因。他试图解释兰的意义,这打断了原来的叙事。兰一开始在梦中出

---

① "群公子"所指的或包括子瑕、兰、此前未曾提及的文公的其他儿子,以及郑国各先君的儿子。
② 见《诗·大雅·生民》(245)。
③ 杨伯峻指出:据后人推算,穆公当死于夏历七月,这似乎并非刈兰的时候。这些可以刈除的兰草,或许是穆公培植的特殊品种(《左传》,页 675)。
④ 可参阅沈钦韩的看法,其《春秋左传补注》提到:"穆公欲试己之生死,因刈兰而果卒。"(《左传》宣公 3.6,页 675)
⑤ 刘文祺(1789—1854):《春秋左氏传旧注疏证》,页 639。
⑥ "七穆"为郑穆公的后裔,包括罕氏、驷氏、国氏、良氏、游氏、丰氏、印氏,见马骕:《左传事纬》,页 111。当郑简公宴请晋国使臣赵武时,赵武要求七位跟从简公的臣子赋诗言志。他们七人正好代表了"七穆"这七个卿族(《左传》襄公 27.5,页 1134—1135)。

现,燕姞主动抓住这一意象。后来穆公临死前又确立了兰的意义。郑大夫石癸巧妙地运用燕姞的名字,抬高她的地位,这是控制意义的又一例证。只要郑穆公的后人继续主导郑国,接下来郑国的历史就必定会追溯到一个贱妾和她的梦境上。①

另一则与公子兰成为郑国继承人同时发生的故事,则显得更加偶然。这则记载的背景是晋国在城濮之战获胜后包围了郑国国都(《左传》僖公 28.3,页 452—467)。事先出奔到晋国的公子兰"从于晋侯伐郑,请无与围郑"(《左传》僖公 33.3,页 482)。晋文公通过这次征战扩张了自己的霸业。由于郑国与楚国交好,郑侯又在晋文公流亡时对他无礼,因此他着手惩罚郑国。熟悉文学史的人一定会记得这次征战,因为烛之武就在这场战争中发表了他瞩目的说辞。当时烛之武是郑国的使臣,他成功说服秦国不要与晋国结盟围攻郑国(《左传》僖公 30.3,页 479—482)。这则记载最后解释了公子兰成为郑国国君继承人的原因,说明这形势是一连串事情造成的结果。晋国丧失了主要的盟友秦国以后,不得不采用更柔和的方式对待郑国。至于郑国,为了与晋国缔结和约,不得不接受这个能确保晋国继续影响自己的继承人。《左传》所涵盖的 255 年里,大部分时间郑国都在晋、楚两国之间周旋。三年后,楚国攻打郑国,目的是要辅助自己选定的继承人子瑕继位。最终,事与愿违,楚国的计划未能成功(《左传》僖公 33.9,页 503—504)。从这个角度来看,公子兰继位一事与晋、楚争夺郑国的同盟息息相关。而且,这绝不是必然会发生的事情。我们可以推测,有关公子兰的故事或许取材不同。晋国围攻郑国的篇章,可能来自晋国的史料,因为篇末特别以晋、郑双方在战争中的猜度算计,来解释公子兰如何成为郑国的继承人。相对来说,兰花的故事似乎更像出自郑国,它显示了名字与命运之间的无法改变的联系。②

---

① 清初学者马骕对其中的因果关系深感不安,因此他列举了郑国先君的种种美德,以此解释穆公及其子孙崛起的"真正"原因(《左传事纬》,页 111)。
② "命"有命名之义,见《左传》桓公 2.8,页 91—92;桓公 6.6,页 117;文公 11.3,页 582;闵公 2.4,页 264;宣公 4.3,页 683;昭公 12.1,页 1218。

郑穆公的故事不过是《左传》一系列记叙命名的故事篇章中的一篇。在这些故事中,有的显然有把事情合理化或为史事寻求解释的功能。①公子兰继承郑文公并非理所当然,兰的故事为他登位提供了一丝必然的气息。《左传》有另一个例子,卫公子元(死后的谥号为灵公)超越兄长孟絷继任君位。"元"这个名字有"元首"或"原本"之义,《左传》通过梦境揭示出这个名字的意义,从而使公子元的即位显得更加合理(《左传》昭公7.15,页1297—1298)。鲁桓公给最小的儿子取名为"季友"或"友",依据的是占卜的吉兆和手掌的纹路。紧接着季友将巩固鲁国公室的预言,《左传》交代了他何以能够继承僖公之位(《左传》闵公2.3—4,页262—264)。为了使季氏在鲁国权势日盛显得更为合理,《左传》在解释季友的后人如何以及为何要驱逐鲁昭公时,刻意补叙了一位能预言未来的史官的话,当中再次提到"季友"的名字和占卜的吉兆(《左传》昭公32.4,页1519—1520)。楚令尹子文宗族覆灭时,《左传》提醒我们子文的名字是"穀于菟",这在楚国的方言里是"乳于虎"的意思。子文作为一个被遗弃在郊野的私生子,却因老虎的哺育而存活下来。《左传》提醒我们子文的命运无法预料且又与众不同。这种命运也就解释了为什么在其他宗室都被翦除的时候,唯有其孙能够延续祖业(《左传》宣公4.3,页682—684)。《左传》在阐述晋国公室内部持久而血腥的权力斗争时,便曾经利用错误的命名来展开叙事。晋穆公为长子取名"仇"(意谓仇敌),因为他出生在晋国刚战败的时候。穆公为次子取名"成师"(意谓建立军队),因为他于晋国战胜之时降生("仇"也有匹配之义,暗示仇和成师同时拥有统治的权力)。晋大夫师服即曾解释道:"夫名以制义,义以出礼,礼以体政。"他认为正确的命名反映了义理、礼仪和有效的治理,由此他准确地

---

① 《左传》中也有些围绕命名的故事意旨并不那么清晰;如《左传》桓公6.6,页114—117;文公11.3,页582;襄公26.8,页1117—1119;襄公30.3,页1171;昭公12.1,页1218;定公8.5,页1565。

预言了以后的争夺和灾害(《左传》桓公 2.5,页 91—95)。①

这些命名的故事展示了《左传》如何在编年的框架下把预兆及其应验的过程联系起来。这连接的过程往往会使权力重组显得更合理。但选用编年的体例还会带来第二种截然不同的效果。叙事中插入乍看无关痛痒的预言,隔了很长时间,这些预言才得以实现。这种做法显示了人们很难掌握预兆的意义,也无法控制历史的发展方向。譬如,即使晋献公已经吞并了虞和虢,大大扩张了晋国的领土,并带领晋国踏上称霸之途,但他还是无情地铲除其他宗族的旁系,以确保嫡系的绝对地位。当晋献公把土地和爵位赏赐给他的将领赵夙和毕万时,卜偃曾预言"毕万之后必大"(《左传》闵公 1.6,页 258—260)。结果,赵和魏(毕万后人用的姓)是三家分晋中的两宗。②《左传》在晋襄公庆祝晋国的强盛时,暗示了这个未来的转向。这使读者不得不注意到在这个变幻的时代中,相互抗衡的力量正无可避免地纠缠在一起。

同样地,正当齐桓公将要成为春秋第一霸主时,陈完从混乱的陈国逃离出来,向齐桓公寻求保护。这时《左传》向我们交代了占卜的结果,我们从中得知陈氏在齐国前途无量(《左传》庄公 22.1,页 220—224)。陈完是谦厚礼让的典范,但近二百年后,他的子孙却取代了姜氏家族(桓公的后裔)成为齐国的统治者。这次僭位以陈恒弑杀齐简公而告终(《左传》哀公 14.5,页 1689)。无论晋国还是齐国,《左传》都在交代它们称霸的过程中,嵌入了未来衰败和覆灭的征兆。这也就同时表现出兴盛与衰亡、巩固势力与分崩离析的意味(下一章将更详细地论述关于陈完和毕万的预言,探讨预言的逻辑关系)。这种并置的处理并非有意反讽,反过来很可能与它取材于不同的文献有关。尽管如此,这种开头即隐含终结意味的笔法,以至让读者看出各种互不协调的叙述并存互动的技法,都

---

① 鲁大夫申𦈕在鲁桓公儿子出生时,阐述了同一种命名原则。由于桓公之子与父亲出生的日子相同,因此取名为同(《左传》桓公 6.6,页 114—117)。
② 《左传》的结尾指出了这种趋势,见《左传》哀公 27.3、27.5,页 1733—1736。公元前 5 世纪中叶,韩、赵、魏三家确实取代了晋国国君,自立为王。

影响到后来的史籍和历史小说。

细微的开端

　　细微琐碎、看起来无关宏旨的举措、行为、事件能引发严重的后果，这一模式在《左传》中反复出现。我们可以解读征兆，正因为因果关系可以透过这种模式体现出来，而这也很容易演绎成一种持久谨慎和自省其身的教诲。诚如后人经常援引《诗经》里的一句话所言：

　　　　战战兢兢，如临深渊，如履薄冰。①

《左传》三次提到这几句诗。第一次是在小国邾即将袭击鲁国时，聪慧的鲁大夫臧文仲引用此诗，提醒鲁僖公不应忽略恰当的军事准备。鲁僖公没有听从臧文仲的忠告，结果当然被打败了(《左传》僖公 22.7，页 395—396)。之后晋国的大夫羊舌职再次称引此诗，用来称赞士会，歌颂他将中军、为大傅的成就。② 在士会的领导下，晋国的盗贼结果都逃奔到秦国。建立在戒慎警惕之上的善政，由非法无礼之徒自动撤离映衬出来(《左传》宣公 16.1，页 767—769)。最后一次是列国在虢会盟的时候，楚国王子围僭越的举措招致他人非议，有人也据此预言他将篡夺楚王之位。晋国的乐王鲋并没有直接评论王子围的行为，也没有直接称引上述的诗句，只是说：“小旻卒章善矣，吾从之。”(《左传》昭公 1.1，页 1204)在这三个例子中，谨慎之心源于洞察的能力、远见，以及对逐渐迫近而无处不在的危机有所警觉。乐王鲋的例子更突出了自我保护的本能。这种戒慎的态度适用于军事准备及治国政策，乃至于外交辞令。潜藏在这种

---

① 语出《诗·小雅·小旻》(195)；《诗·小雅·小宛》(196)也有类似的语句：“惴惴小心，如临于谷。战战兢兢，如履薄冰。”(《十三经注疏》2,12C.4a)这亦见于《吕氏春秋校释》，页 843：“贤主愈大愈惧，愈强愈恐……故贤主于安思危，于达思穷，于得思丧。周书曰'若临深渊，若履薄冰'，以言慎重也。"这段话不见于传世的《尚书》和《逸周书》。有关《周书》、《尚书》和《逸周书》三者的关系，见陈梦家：《尚书通论》，页 283—309。
② 大傅是掌管礼制和刑罚的官员，见《左传》，页 768。

态度背后的是一种把世界视为一复杂的秩序体系的价值观。这个体系以微妙的方式保持平衡,因此即使只是最轻微的悖逆,都有可能威胁整个体系,引发巨大的灾难。

从战国时期起,《论语》、《孟子》、《荀子》、《中庸》、《易·系辞》等儒家经典都发展了这种谨言慎行的思想。《论语》中,曾参曾引用上述《诗经》的诗句,表示自己奉行谨慎的原则。① 《荀子》称引同一句来肯定戒慎的态度,认为人尤其在面对不义的权势时,更应小心谨慎——因此,《荀子》也提到乐王鲋在《左传》中的言论。② 在《荀子》的其他地方,谨慎往往会与积聚的思想联系起来。积善、积学、蓄积思虑和有效的模范,是道德上自我转化、修正社会礼仪、强化国家力量的基础。③ 在《孟子》、《中庸》、《易·系辞》里,谨慎的观念与道德的自省有关,它把谨慎联系到观察自身的"细微的开端"之上。在《孟子》里,如果人们可以勤加培养和扩充"四端",这些开端就可以发展成仁、义、礼、智(《孟子·公孙丑上》3.6)。内在的向善之心,诸如"平旦之气",是一种有待实现的原始的潜能(《孟子·告子上》11.8)。《中庸》也认为在提高自身修养时,应当注重细微的开端:"是故君子戒慎乎其所不睹,恐惧乎其所不闻。莫见乎隐,莫显乎微,故君子慎其独也。"④《系辞》提出"几"的概念:"几者动之微,吉之先见者也。君子见几而作,不俟终日。"(《周易》8.5a—5b)又谓:"知几其神乎。"(《周易》8.5a)甚至《周易》本身也从圣人钻研"几"而衍生出来:"夫易,圣人之所以极深而研几也。"(《周易》8.8a)

洞察开端和事情发生背后隐藏的原因无疑非常关键,因为它与"渐"的观念相关。在诸子考虑历史变迁的著述中,"渐"几乎总是意味

---

① 《论语·泰伯》(8.3)。
② 《荀子笺释·臣道》,页185。
③ 《荀子笺释·劝学》,页4—6;《荣辱》,页39;《儒效》,页82—83,92—93;《王制》,页97,107;《王霸》,页138,143—144;《君道》,页167;《正论》,页239;《礼论》,页265;《正名》,页312;《性恶》,页329,336—338。"积"的负面用法比较少见,可参《王制》,页116;《强国》,页223;《正论》,页240。
④ 《中庸》1,见朱熹注:《四书集注》,页1—2。

着衰败和毁灭,即使我们还可利用"渐"的概念来阐发积善的可能性,《荀子》即为一例。《文言》在解释"坤"卦时,即曾仔细考虑各类缓急变化的意义:

> 积善之家,必有余庆。积不善之家,必有余殃。臣弑其君,子弑其父,非一朝一夕之故。其由来渐矣,由辩之不早辩也。《易》曰:"履霜坚冰至。"盖言顺也。

《韩非子》也有相似的篇章:

> 子夏曰:"春秋之记臣杀君,子杀父者,以十数矣。皆非一日之积也,有渐而以至矣。"凡奸者,行久而成积,积成而力多,力多而能杀,故明主蚤绝之……故子夏曰:"善持势者蚤绝奸之萌。"①

从法家的传统解读这段文字,此处的重点在统治者的警觉性,以及他能否防微杜渐,防止不忠不顺的心态萌发。相反,《孟子》和《中庸》把洞察开端的概念内化,透过反省自己的动机和意图,达到道德上自我修养的目的。总而言之,战国时期有关开端和因果关系的论述,在不同的思想家的阐发之下指向了不同的方向。同样,在《左传》当中,这种对开端的关注,也涵盖了道德、权力、有效管理、军事策略、历史的模式和意义等各个领域。

《左传》之所以提到开端和隐藏在事件背后的原因,并非着眼于自省,而是为了提出行事谨慎和精心算计的教诲。周大夫单襄公预言晋国将领郤至的败亡,因为郤至无知地矜夸自己伐楚的功劳,而这必然会招致嫉妒和怨恨。单襄公称引《夏书》说:"怨岂在明,不见是图。"(《左传》成公 16.12,页 895)"见"字反映了逐渐发展而无法扭转的趋势。《左传》用语简洁,我们往往只看到它把"细微肇始和严重后果"简化成寥寥数

---

① 《韩非子集释·外储说右上》(34),页 717。

句。郑子臧出奔宋国,"好聚鹬冠"(《左传》僖公 24.3,页 426—427)。①我们接下来读到的是他的父亲郑文公听说此事后,把他给杀了。书里并没有交代这一举措的心态和动机,我们也不知道子臧到底犯了什么罪。《左传》两次提到子臧,都把他跟他的兄长子华相提并论(《左传》僖公 24.3,页 426;宣公 3.6,页 674)。子臧似乎受到某种牵连。十七年前(公元前 653 年),子华曾煽动齐国插手郑国的权力斗争(《左传》僖公 7.3,页 317—319),此事虽以失败告终,子华却因而激起了父亲的怒火。郑文公于公元前 644 年把子华杀死(《左传》僖公 16.5,页 370)。子臧可能就在那个时候出奔宋国。子臧、子华两兄弟是文公与叔父的妻子乱伦所生下的儿子(《左传》宣公 3.6,页 674)。可是,这一篇章再也没有提供任何说明,解释事情背后可能的原因。问题或许出在失当上——子臧乃戴罪之身,流亡在外,应该少一分招摇,多一分谨慎。更何况,鹬冠本来代表天文知识,而子臧其实并没有这一方面的能力。但是,如果子臧确实是在夸耀自己能通晓星象,又或者在表现自己成为星象师的志向的话,那么他就是咎由自取了。因为叛乱者往往从天文现象中寻求指示。接着,君子强调了人与服饰相称的必要性:

> 君子曰:"服之不衷,身之灾也。诗曰:'彼己之子,不称其服。'②子臧之服,不称也乎!③《诗》曰:'自诒伊戚。'④其子臧之谓矣。夏

---

① "好聚鹬冠"可理解成"喜欢收集鹬鸟羽毛做成的帽子"。假如我们把"聚鹬冠"看成一名词词组,则这里或可解释为"喜欢鹬羽聚集而成的帽子"。《礼记》云:"知天文者冠鹬",《说文》亦提到:"鹬,知天将雨鸟也。"《庄子》中的"鹬冠"似乎与专门的礼制知识有关(《庄子校诠·天地》,页 465,468);另,可参阅《汉书》(卷 27,页 1366)转引颜师古(581—645 年)对《左传》的评注。竹添光鸿认为"鹬冠"不过是占星师所戴帽子的名称,这种头冠并非真的用鹬羽来装饰(见《左传会笺》僖公 24.54)。
② 《诗·曹风·候人》(151),这里指此人所穿的衣服逾越了自己的身份地位。
③ "服",古文或写作"及"。"及"、"及"字形相近。陆德明《经典释文》"子臧之服"作"子臧之及",王念孙亦认为今本有误。高本汉据以上异文校改《左传》,见高本汉《左传注释》,第 148 条。参考这种说法,这一句即可解释为:"子臧所以遭逢厄运,是因为衣服与身份不相称。"
④ 《诗·小雅·小明》(207)。

书曰:'地平天成',①称也。"(《左传》僖公 24.3,页 427)

一次衣冠逾制的事件成为考虑万物是否相称的契机。君子的评论并没有由人物动机或性格的考虑出发(譬如,鹬冠怎样使文公发怒?为什么文公会因鹬冠而心生怒意?鹬冠之事是否只是借口?子臧为什么穿上鹬冠?)。相反,君子循外表本身判断子臧的外表是否相称:《左传》把一个外表不相称的例子置入了宇宙万物相互对应的规律之中。②

即使只是解读最细微的征兆,它也是整个体系中紧密的对应规律中的其中一环。一件看起来微不足道的小事,足以断定晋国的衰亡:"晋人假羽旄于郑,郑人与之。明日,或旆以会。③ 晋于是乎失诸侯。"(《左传》定公 4.1,页 1534)晋国其实早在这次借羽以前,就已经丧失领导地位。但这里把失信于人、斤斤计较、滥用权力等问题融为一体,别具象征意义。④《左传》还有另一则相似的记载。范宣子主持晋国政事,假羽毛于齐而弗归,因而失去了齐国的支持(《左传》襄公 14.10,页 1019);这种错把羽毛据为己有的行为,似乎也是长久以来腐败聚积而成的结果。

于是,《左传》以同样的方式处理征兆和事情的起因:因果关系的形成需要时间,但对征兆的解读却属于解释的那一瞬间。文本隐含的阐释者把表、里混同起来,原因和结果也就可以互换位置。在这个故事里,征兆也就

---

① 杜预认为这句出自《尚书》已经散佚的《逸书》。这句话也混入了后人伪托的《尚书·大禹谟》中。《左传》曾引用这一句来表现朝政与宇宙的和谐(《左传》文公 18.7,页 638)。
② 当郑文公得知子臧好鹬冠一事,他展现了自己心里对子臧的恼恨。有关此事的分析,可参阅吕祖谦:《东莱博议》,页 150—152。但是,《左传》并没有记叙文公的心态和动机。《左传》里还有其他故事,记录(或预言)衣饰与身份不相称最终带来厄运,如《左传》襄公 14.4,页 1011;28.9,页 1149(在这则记录里,招来批评的是叛乱者庆封的马车,并非其衣着);哀公 17.1,页 1706。
③ 杜预认为"或"字表明了此人地位甚低,晋国派这样的人用羽旄装饰旌旗,意在侮辱郑国(《十三经注疏》6,54.13a)。但从郑国的角度来看,"或"字在这里似乎只是表明了他们不确定何人把羽旄放到旆上。无论如何,晋国肯定要对此事负责。
④ 晋国拒绝讨伐楚国一事更为关键。楚令尹子常向蔡侯索贿。蔡侯因为子常的贪婪而非常生气,所以恳求晋国讨伐楚国。后来,晋国的荀寅也向蔡侯索讨财物。荀寅索贿不成,便劝导晋国执政范献子,要他不要加入到伐楚的盟军。晋国最终拒绝了蔡侯。(《左传》定公 4.1,页 1534)晋国的做法无疑是放弃了盟主之位,这为吴王称霸打下基础。

是原因,晋国负信弃义的荒唐之举,使它在列国丧失了影响力。

虽然《左传》中具有象征意味的"细微行为"多得让人不知所措,但我们实在无需对此感到讶异。一位国君对鹤的偏好,也可能带来严重的灾难:

> 冬十二月,狄人伐卫。卫懿公好鹤,鹤有乘轩者。① 将战,国人②受甲者皆曰:"使鹤!鹤实有禄位,余焉能战?"公与石祁子玦,与宁庄子矢,使守,曰:"以此赞国,择利而为之。"与夫人绣衣,曰:"听于二子!"渠孔御戎,子伯为右;黄夷前驱,孔婴齐殿。及狄人战于荧泽,卫师败绩,遂灭卫。卫侯不去其旗,是以甚败。③(《左传》闵公2.5,页265—266)

我们在这里看到了两种表达方式,一种集中在环境细节上:各级官员的职责、他们在战争中所处的位置、懿公没有拔去旌旗的战略失误(在各种关于战争的篇章中,旌旗的作用至关重要,因为它能协调将士的行动,使其步伐一致。④ 这里懿公虽然无意招摇,他的旗帜却引起敌人的注意)。懿公认真地准备这场战争,克尽己责。⑤ 他的失败可能只是因为他在不适当的时候坚守亮出旗帜的基本原则。另一种模式,则尝试为卫国无可避免的失败,提出一种具有象征意味的解释:懿公对鹤的宠爱胜于对人

---

① 杜预注训"轩"为"大夫车",孔颖达疏引述了《左传》定公十三年的例子(《十三经注疏》6,11.9a)。汪中以为"乘轩"一词不应从字面解释;这个词语只是个比喻,泛指卿大夫的特权和器物(《左传》闵公2.5,页265)。
② "国人"一词或指主城中的居民,他们比"庶民"有更大自由,也比"庶民"更少受制于土地。童书业认为,"国人"在多数例子里包括"士"、"工"、"商",其中三者又以"士"为首。《左传》把"国人"描写成一群能有效地参与政事的人。(《春秋左传研究》,页132—145)另,可参阅杜正胜:《周代城邦》,页29—36;李玉洁:《中国早期国家性质》,页211—214。
③ 旌旗表明了懿公的身份,也容易使他成为敌军追击的目标。公元前685年,鲁军与齐军于干时交战,鲁国大败。鲁庄公所以能顺利逃脱,正是因为两名鲁将在下方的小路拿着庄公的旗帜,代替庄公被齐军俘虏(《左传》庄公9.4,页179)。另外,在公元前575年的鄢陵之战中,郑成公的御者石首即提到:"卫懿公唯不去其旗,是以败于荧。"石首以卫懿公的例子为鉴,把郑成公的旗帜收入弓袋(《左传》成公16.5,页888)。
④ 可参见《孙子·军政》,收入李零:《吴孙子发微》,页78。
⑤ 石祁子以贤明称世(《左传》庄公12.1,页192)。各种传注均认为卫国用来守护国土的臣子多忠心耿耿、才德兼备。

的恩泽,因而动摇了他的统治地位。这里寥寥数句使这种因果关系显得分外可疑,同时也让人有种原因和结果不相称的感觉。这种感觉促使注家进一步追踪卫国败绩的深层原因。由于《左传》似乎只记录了懿公偏爱鹤这一缺点,因此,这些注家不得不把他的父亲惠公曾参与弑兄杀弟(《左传》桓公16.5,页145—147)、他的祖父宣公品行不端(《左传》桓公16.5,页145)、他的曾祖庄公的失误(《左传》隐公3.7,页30—33),通通看成卫国道德堕落的根源。①

即使这则叙事如此简短,我们也可以看出偶然和必然两种历史观,还有古人竭力提取道德意义的意欲,以及一种比较中立的叙事方式。在某些故事里,随着事情的不断发展,道德的训谕变得苍白无力:

> 邾庄公与夷射姑饮酒,私出。阍乞肉焉,②夺之杖以敲之。三年春二月辛卯,邾子在门台,临廷。阍以瓶水沃廷,邾子望见之,怒。阍曰:"夷射姑旋焉。"命执之。弗得,滋怒,自投于床,废于炉炭,烂,遂卒。先葬以车五乘,殉五人。③ 庄公卞急而好洁,故及是。④(《左传》定公2.3,3.1,页1529—1531)

我们并不能肯定《左传》是否有意把最后一句评论与文章的其他部分并置。但显而易见的是,这里尝试为往事提供解释,赋予道德意义。没有这些解释,这不过是由轻微的冒犯开始,继而引来琐碎而恶毒的谎言,最后导致君主可怕地死去的一连串怪事。意图与后果被奇怪地断开。守门人是唯一一个意图明确的人,他想诽谤夷射姑,最终却引起庄公的死

---

① 见高士奇:《左传记事本末》3,页564—565;冯骐:《绎史》,43.8b—10b。另,可参看张洽的评注,见《春秋传说汇纂》,页339。
② 《仪礼·燕礼》有"宾所执脯以赐钟人于门内溜"一语,提到宾客在宴饮期间有把肉脯赐给钟者的习惯(惠栋[1697—1758年]《春秋左传补注》亦曾称引此说)。这里阍者可能误以为夷射姑要赐肉给自己,但作为一个守门人,无论如何他都没有获赐肉脯的资格(《左传》,页1529)。
③ 随葬的车乘与内人会被提前埋在独立的耳房,目的可能是要他们预先为墓主清洁地下的居所。此说详见《左传》定公4.1,页1531所引杜预注。
④ 为了要对应《春秋》编年的叙述,这段连贯的纪录因而被分割成了两个部分。下文引述的另一个例子也有同样的情况;见冯李骅:《左绣》,页1919;以及杨伯峻在《左传》页286和页1529的评注。

亡(《韩非子》也记载了这个故事,但根据《韩非子》的版本,守门人成功地中伤夷射姑,并置之于死地。这则轶事要表现的是中伤和虚伪的表象十分危险)。① 一则故事要表现出某种道德价值和寓意,它的因果关系应该要建立在人物性格之上,并按这些性格的逻辑发展。它的因果关系不可能只是纯粹巧合。但在这个故事里,原因和结果并不一致,这也就否定了反对急躁的道德教诲。

不论是卫懿公任性的喜好,还是郑庄公急躁的脾气,两者分别成为能充分解释事情发展的主要原因。至少在这两段叙事中,《左传》表达了这种看法。不过,有时《左传》有些细微的开端并没有表现出明确的意义,却仍能形成无情的推力。于是,问题就变成:我们在什么情况下才能把一连串事件中最先出现的事情视为先兆,视为能预示后来发生的事件的符号。以下我们先考察一些引发齐国进犯楚国的事件:

> 齐侯与蔡姬乘舟于囿,荡公。② 公惧,变色;禁之,不可。公怒,归之,未之绝也。蔡人嫁之。(《左传》僖公 3.5,页 286)

> 四年春,齐侯以诸侯之师侵蔡。蔡溃,遂伐楚。(《左传》僖公 4.1,页 288)

齐桓公的夫人一时兴起,触发了齐、楚两国第一次交锋。当时齐国雄踞北方,楚国正在南方崛起,两国第一次军事对垒意义重大。"遂"这个字或表示时间的顺序,或表示逻辑上的因果关系:齐国在第一个攻击对象蔡国溃败之后,继而进攻楚国,而发动这次战争背后的原因并不清晰。我们可以在更早的记录中看到齐侯在阳谷召集诸侯会盟,计划对楚国用兵(《左传》僖公 3.2,页 286)。③ 对于攻打楚国是否早有预谋,注家的意

---

① 见《韩非子释评·内储说下》,卷 31,页 1017—1019。在《韩非子》的故事里,夷射是齐国的中大夫。
② "荡公"意谓蔡姬把船弄得摇晃不定。但从字面上解释,"公"是句子的直接宾语,指的是她把桓公弄得摇晃不定。
③ 当时郑国为楚军所困。齐国召集诸侯,宣称目标是要解救郑国。《春秋》三传中,只有《左传》这样理解这次会盟,《公羊传》和《谷梁传》均没有类似的说法。见《春秋传说补纂》,页 254。

见不一。换句话说,他们对于齐国伐蔡是否只是一个借口未有共识。①这里的叙事可以支持多种解释——事情发展的顺序表明两场战争有直接的因果关系,尽管这种联系可能是临时议定的,甚至可能是齐国刻意营造出来的。这个故事的"道德教训"并不明晰,这难道是个劝诫后妃顺从君主的警世故事?难道一个人被侮辱就足以成为发动战争的充分理由和合理依据?故事后来的发展,焦点并不是蔡姬的命运或蔡国的溃败,它也没有兴趣交代齐侯的动机。故事集中处理的是齐、楚两国的对阵,以及召陵陈兵时齐相管仲与楚大夫屈完的精彩言论(《左传》僖公4.1,页289—293)。《左传》把蔡姬的行为记录下来,只是因为她推动了后来的事件;《左传》根本无意要表达上述的道德教训。

聚集象征意义和推动叙事发展形成两个极端。《左传》里大部分有"细微的开端"的故事,都处于这两极之间(或许,有人会说这是隐喻和换喻的关系)。这些故事往往会结合两者的元素。郑灵公被杀的故事就是个很好的例子。《左传》把相关记载附在这则《春秋》经文之下:"夏六月乙酉,郑公子归生弑其君夷。"(《春秋》宣公4.3,页676—677)

> 楚人献鼋于郑灵公。公子宋与子家将见。子公之食指动,以示子家,曰:"他日我如此,必尝异味。"及入,宰夫将解鼋,相视而笑。公问之,子家以告。及食大夫鼋,召子公而弗与也。子公怒,染指于鼎,尝之而出。
>
> 公怒,欲杀子公。子公与子家谋先。子家曰:"畜老,犹惮杀之,而况君乎?"反谮子家,子家惧而从之。夏,弑灵公。书曰②:"郑公子

---

① 举例来说,竹添光鸿(《左传会笺》僖公 3.11)和韩席筹(《左传分国集注》,页 179)都认为齐国早于阳谷会盟开始,就打算攻伐楚国。有些注家认为,齐国先攻打蔡国,原因是蔡、楚两国是盟友;详见孙复、朱熹、张洽、汪克宽的评注,见《春秋传说汇纂》,页 356。据《韩非子》所载,齐桓公攻打蔡国是为了报仇;管仲巧妙地掩饰了这一意图,宣称齐国出兵是因为楚国对周天子不恭。由于蔡国没有支持齐军伐楚,齐军伐蔡自然也就出师有名:"此义于名而利于实,故必有为天子诛之名,而有报雠之实。"《史记》提到齐桓公恼恨蔡姬,故此南袭蔡国,管仲"因而伐楚"(见《史记·管晏列传》,卷 62,页 2133)。
② "书曰"即"《春秋》曰",这个用语标示了《左传》注释《春秋》特殊字词之处。

归生弑其君夷",权不足也。君子曰:"仁而不武,无能达也。"凡弑君,称君,君无道也;称臣,臣之罪也。(《左传》宣公 4.2,页 677—678)

在这个片段里,违反君臣之礼的情况恶化,最终演变成残暴的弑君的阴谋。一方面,子公食指不由自主地跳动,这件事相反的解释成就了弑君的契机——灵公或许只是开玩笑,或许是出于恶意,他有意要让子公落空,证明子公手指的跳动毫无意义。子公受到侮辱,恼羞成怒,决意要实现自己"尝异味"的断言。在这个过程中,子公是否取得食物就成了决定他的地位与尊严的关键时刻。《史记·十二诸侯年表》把这个故事概括为"公子归生以鼋故杀灵公"(《史记》卷 14,页 613—614)。① 这不过是其中一个讲述违礼行为如何破坏政治秩序的故事。《说苑》就是这样理解这次事件。《说苑》撮写了整个故事,并以子夏的评论作结,子夏认为"君不君,臣不臣,父不父,子不子"这个过程渐次发展,无法逆转。②《韩非子》引述这个故事,目的是要告诫君主,提醒他们在不忠萌芽时,应果断而无情地赶尽杀绝,从而避免被杀的厄运。③《左传》有不少强调子家权力的细节(例如他给晋侯的信件[文公 17.4,页 625—627],以及他在郑国伐宋时担任主帅[宣公 2.1,页 651—652]),这表明食鼋一事乃是权力斗争的巅峰。《左传》的记载暗示了这次事件背后有着无可避免的动因,但它依然有意反映弑君一事所牵涉的偶然的情状和算计。

原因与结果并不相称,这种牵强的因果关系促使论者深入研究各人的道德缺失。他们特别留意子家,因为《左传》对他的指责似乎比较含糊。④

---

① 《史记·赵世家》按《左传》记录此事,内容比《十二诸侯年表》更详细,见《史记》卷 42,页 1767。
② 《说苑·负恩》,6.27。子夏的评论能与《韩非子·外储说右上》(卷 34,页 717)互相参照。
③ 原文为"食鼋之羹,郑君怒而不诛,故子公杀君",见《韩非子集释·难四》卷 39,页 876。又,其他称引《左传》的文献"鼋"下均有"羹"字,见韩席筹《左传分国集注》,页 507。
④ 论者有时会把子家的罪责,与两年前晋灵公被杀赵盾要担上的责任相提并论。在这两件事上,一些不甚显眼的细节同样被独立出来,加以强调,可参见毛奇龄《春秋毛氏传》139.625,冯李骅:《左绣》,页 7—9;吴闿生:《左传微》,页 319;陆淳《春秋传说汇纂》,页 563。子家在死后六年才得到惩罚——他的棺木被砍碎,他的族人也被驱逐(《左传》宣公 10.13,页 709)。这似乎说明了子家对郑襄公继位起了一定作用。

从表面上看,子公率先制定了谋杀灵公的阴谋,但《春秋》经文却把子家当作弑君的人。论者或以为子家的加入非常关键,所以《春秋》才有这样的记叙。但也有可能是因为《春秋》和《左传》有着完全不同的来源,两书毫无关联,才会出现这样的区别。篇末对经传的训解是后来增补到《左传》中的文字,它试图从责任归属的考虑来调解两书的分歧。按照命名的"凡例",这里无论是君主还是臣子,都责无旁贷。① 这种从名字和称谓来检示圣人之旨的做法,在《公羊传》和《谷梁传》中非常常见。

通过统治者的称谓来表示谴责,暗示弑君合理。这做法对许多古代读者来说,实在太骇人听闻。② 书里对子家的评断似乎非常奇特。灵公的过错在于他肆意运用权力和心肠恶毒,因而令子公动了杀机。但子家的角色非常模糊,他似乎被迫成为共犯,而书里对他的评论却又巧妙地糅合了同情和轻蔑的立场,因此我们也就很难把握判断的重心。根据《春秋》的说法,评论者似乎在强调子家应当为这场谋杀负责;但与此同时,书里又认为他是个有仁德的人,即使他最终并未能遵循"仁"的原则行事。在这个故事里,子家的"仁"体现在他把一头年老的家畜与君主相提并论。③ "权不足也"一句评论,把读者的注意力转移到当时情势的动荡上去——"权"字让人想到"权衡"、"权变"和"权宜";这些都不是绝对

---

① 《左传》里常以"凡"字来标示通例,然而这些通例往往未能一概应用到所有的例子上。上述关于君臣称谓的文例,同样也有例外。其他有关弑君与称谓的文例,可参阅竹添光鸿:《左传会笺》宣公 4.26。杜预与孔颖达也曾讨论《左传》在记叙弑君时如何采用不同的称谓(《十三经注疏》6,21.19b—20b);亦可参阅杜预《春秋释例》,页 46—48。焦循(1763—1820 年)在《左传补疏》里批评杜预为弑君篡权辩护,目的是为他的内兄司马昭开脱罪名。司马昭杀了曹魏的君主曹髦,手握实权,后来获追谥为晋文王;见陈澧(1810—1882 年):《东塾读书记》,页 191—192。
② 可参看顾栋高在《春秋大事表》中的论述,其说载韩席筹《左传分国集注》,页 508。另亦有论者怀疑《左传》本身的道德标准,如朱熹(见《朱子语类》,页 2149—2150)。
③ 韩厥在拒绝参与针对晋厉公的阴谋时,曾说过类似的话:"古人有言曰:'杀老牛莫之敢尸',而况君乎!"(《左传》成公 17.10,页 903)《国语》记录此事时,提到栾书接受了韩厥的决定,并认为他的比喻合情合理:"其身果而辞顺"(《国语·晋语》6.12,页 426)。栾书的言论证明了逾矩之事可以与维系秩序的修辞结合起来。

的道德抉择。① 一方面,我们看到了对罪责明确的陈述;另一方面,危急的情境却使人认为子家的同谋是情有可原的。后面的这种说法,无疑令不少生活在封建帝制下的评论家感到惊讶,他们无法接受这样的判断。② 事实上,我们根本无法把这则记载简化成一个敦促读者遵守宴飨的礼仪的故事,甚至也无法以调整君臣关系来概括整个故事。从象征的层面上看,这个故事表现了即使人们只是稍为背离礼仪的精神,最后也可能因此陷入更大的混乱。但是,当事件接二连三地发生,一个低劣的玩笑演变成一次谋杀时,③我们也就能看出当中偶然的成分了。郑灵公似乎从来没有计划把杀人之意付诸行动,④我们对他和杀害他的人亦所知不多。篇末对经传的训解试图分清褒贬谁属,但文章所阐发的不少细节都无法在逻辑上形成必然的因果关系。我们或可推测,这段记叙的关键问题,其实是如何平衡郑国君臣之间的权力。但《左传》并没有深究这个议题——除非我们认为微不足道的"起因"在获得象征意义的过程中早已隐含了这种指涉。

模 范

上文讨论了不少有关细微的开端的例子。在这些案例里,因果关系透过叙事的过程表现出来,《左传》并没有直接言明因果的逻辑。"起因"有时可以是事情发展的线索,有时又可充当变化的原动力。每当建议、

---

① 杜预把"权"理解成"权势"或"权威",认为"子家权不足以御乱"。但正如上文所述,子家掌握了不少权力。他参与弑君的阴谋,也是不争的事实。参见胡安国、陆淳、陈傅良、张洽、吕大奎、吴澄、程端学、郑玉、金贤的评析,载《春秋传说汇纂》,页563。
② 如毛奇龄的意见,参《春秋毛氏传》,页625—626。编纂《春秋传说汇纂》的清代学者有鉴于这段文字过于反动,因此把整套内容全部删去;见《春秋传说汇纂》,页563。
③ 《左传》其他涉及食物的故事,与上述有关鼋肉的事件相比,往往更着重食物与礼的关系。这些故事以食物划定不同身份的界线,或把食物视为礼的象征,或运用食物来说明逾矩的情况。这些故事较少考虑到事情的偶然性。见《左传》宣公2.1,页652;宣公14.4,页769—770;襄公28.9,页1146。《左传》中衣着不当的记录也遵循同一种逻辑(如《左传》襄公14.4,页1010—1011)。
④ 这只是郑灵公在位第一年。

劝谏或解释历史的言辞发挥了"起因"的这些功能时,活在当下的偶然性往往会被排除在外。这些论述经常会把各种言谈举止放到发生的一瞬加以考虑,又会比较这一瞬与过去和未来的关系。他们会称引古代的典范以为仿效的对象,又会考虑现今的事例是否能充当未来的榜样。① 在这样的背景下,君主的品行往往受到周详的审视:我们不仅要从纵向的角度把君主的一言一行放到历史的脉络中去,从而判断他的言行与过去和未来的关系;而且还要横向地考察他们,考虑他们的言行会为当前的政治秩序带来怎样的后果。《左传》对秩序的构想,往往建立在我们可以验证和观察到的君主的品德上。违礼的行为之所以会产生严重的后果,是因为君王的行为具有示范的作用。我们将会看到,许多敦促君主确立典范的谏言,以及提醒君主不要违背典范的劝告,都与鲁国有关。或许这是因为鲁国拥有最深厚的传统,他们对典范与礼制之间的关系也有丰富的认识。

卫懿公沉迷于鹤,属于《左传》中提醒君王玩物丧志会招来祸端的一类故事。表面上没有害处的癖好是政治败坏的征兆,它象征了即将破坏政治秩序的问题和心态。鲁大夫臧僖伯就曾对其中的逻辑关系有过很好的阐发。在鲁隐公到棠地观察②渔人工作前,臧僖伯曾向隐公进谏,针对什么才是君主恰当的行为,发表了非常详尽的意见:

---

① 有关模仿以往的典范对解读历史有什么作用,可参阅约翰·赫伊津哈(Johan Huizinga):《人类与思想:历史·中世纪·文艺复兴:散文集》(*Men and Ideas: History, the Middle Ages, the Renaissance: Essays*),页 77—96。至于典范这个概念如何形塑文化复兴时期的阅读、写作、诠释过程和修辞风格,可参阅提摩西·汉普顿(Timothy Hampton):《从历史书写:文艺复兴时期有关典范的修辞》(*Writing from History: the Rhetoric of Exemplarity in Renaissance Literature*)。
② 《公羊传》和《谷梁传》所载的《春秋》作"公观鱼于棠",《左传》所附的《春秋》则作"公矢鱼于棠"。"矢"的意思一般指箭矢,一些注家因此认为隐公是想用箭射鱼(如朱熹《朱子语类》六,页 2161)。但这里"矢"当训为"陈",意思是陈列。全句意谓隐公想看渔人表演的壮观场面,当然也可能用他们的装备来射鱼;详见杨伯峻注,载《左传》隐公 5.1,页 39;竹添光鸿:《左传会笺》隐公 5.57—58。

"凡物不足以讲大事,①其材不足以备器用,则君不举焉。君,将纳民于轨、物者也。故讲事以度轨量谓之轨,取材以章物谓之物。②不轨不物,谓之乱政。乱政亟行,所以败也。故春蒐、夏苗、秋狝、冬狩,皆于农隙以讲事也。③ 三年而治兵,入而振旅,归而饮至,④以数军实。昭文章,明贵贱,辨等列,顺少长,习威仪也。鸟兽之肉不登于俎,皮革、齿牙、骨角、毛羽不登于器,则公不射,古之制也。若夫山林、川泽之实,器用之资,皂隶之事,官司之守,非君所及也。"公曰:"吾将略地焉。"⑤遂往,陈鱼而观之。僖伯称疾不从。书曰:"公矢鱼于棠",非礼也,且言远地也。(《左传》隐公5.1,页41—44)

臧僖伯的议论由一系列的定义推进:"轨"、"物"、"君"、"不轨不物"和"乱政"。他揭示了表面看来意义不大的行为举止如何引发重大的后果。由于国君在道德上的示范作用,有条理整个政体秩序的功能,因此国君追逐毫无意义的爱好(这里的"毫无意义"指与国家的大事——如祭祀与征战——无关)也就会破坏政治的秩序。臧僖伯把国君的行为与按规律循环着的不同时节的礼仪相提并论:一年四季分别有各种狩猎活动,也就代表军事训练只能在农务以外的闲暇进行。理想的统治并没有留下空间让君主突发奇想地进行偶然的活动,臧僖伯把统治者置入"古之制"这种无可规避的礼仪的常规之中。琐碎的逸乐抹去了贵贱少长等区别,因为这些区别的定义乃是由公开展示的礼仪所确立的。尽管隐公没有采纳臧僖伯的建议,还是用了"略地"的借口前往棠地,但他最终还是感到

---

① "国之大事,在祀与戎。"(《左传》成公13.2,页861)竹添光鸿认为这里所谓"大事"主要指最基本的军事活动(《左传会笺》隐公5.58),臧僖伯的谏言也特别强调了这些军事活动。
② 王国维和杨树达均认为"物"的本意是"杂色牛之名"。因此,"物"也引申指事物的多种颜色和多种状态。
③ 《左传》用不同的名称来称呼四季的狩猎活动:春蒐、夏苗、秋狝、冬狩,这四种活动似乎包括一定的出游仪式和军事训练。
④ 当国君遇上战争、会盟和其他使命,他们在离国或返国时都要参拜祖庙(如《左传》桓公2.7,页91;襄公13.1,页998),奖杯则赐予跟从在他身边的人(《左传》,页42—43)。
⑤ 棠位于鲁、宋两国的边陲,杜预释"略地"为"巡行",王念孙则强调其中有划定疆界的意味(高本汉《高本汉左传注释》,第13条)。换句话说,隐公声称他此行有严肃的政治目的。

悔疚的。因此,在臧僖伯逝世的时候,鲁隐公用高一级的规格厚葬他,理由正是"叔父有憾于寡人,①寡人弗敢忘"(《左传》隐公 5.9,页 47)。

这个故事究竟有多少解释力呢?在鲁隐公在位这段相对平静的时间里,《左传》反复告诉我们,隐公非常重视礼制。隐公微妙的地位或许正是他如此重视礼制的原因之一——他不过是个摄政王。真正合法的继承人是他的弟弟,亦即未来的桓公。② 因此,他并没有参加父亲惠公的葬礼,因为作为摄政王他不应擅作主张主持丧礼(《左传》隐公 1.9,页 18)。当隐公的母亲声子去世时,③他"不赴于诸侯,不反哭于寝,不祔于姑,故不曰'薨'"(《左传》隐公 3.2,页 26)。隐公要强调自己的生母不过是第二夫人,他要表明自己的地位比桓公低,桓公是将来合法的国君。同样,当桓公之母仲子的宫殿竣工时,隐公在仔细询问以后,选择以六佾(六人一排)的方式演出万舞。这种处理正是适用于诸侯或其正妻的礼

---

① 臧僖伯是鲁隐公父亲惠公的弟弟。
② 鲁惠公(隐公和桓公的父亲)先娶孟子为妻。孟子死后,惠公又娶了声子,声子生下了隐公。另外惠公又迎娶了仲子,仲子出生时掌心的手纹有"为鲁夫人"的意思(吴曾祺认为,仲子的掌纹可能看起来像古文"鲁"字,其说见韩席筹:《左传分国集注》,页 39)。后来,仲子生下桓公。孟子、声子和仲子都是宋公室之女,同为子姓。虽然桓公和隐公均非正室所生,但桓公似应为正式的继承人,因为仲子的地位高于声子。司马迁所记录的版本并不相同:据《史记》所述,隐公本来打算迎娶仲子,但仲子最终却被惠公据为己有;司马迁并未提及仲子的掌纹(《史记·鲁周公世家》卷 33,页 1528—1529)。
③《春秋》对应《左传》的一则经文本作"君氏卒"。《公羊传》和《谷梁传》"君氏"作"尹氏",认为此人是周大夫。"君"、"尹"二字字形相近,容易混淆。但依照《春秋》的惯例,每当周大夫去世,经文一般会直接称呼该大夫的名字,而不应书"某氏"。《公羊传》注意到这个问题,认为这里改称"尹氏"目的是要表达他对此世卿的批评。这再次证明《公羊传》不太考虑历史背景。公元前 519 年王子朝背叛周天子,尹氏世卿曾支持王子朝的叛乱。《公羊传》据此臆测《春秋》否定世卿(昭公 23.3,页 1443—1444)。换句话说,某位尹氏先祖的所作所为,能够成为佐证,影响二百年后《春秋》对同一姓氏之人的批评。毛奇龄提出了更令人信服的解释(《春秋毛氏传》,页 573—574):这里的尹氏可能指郑国一位尹姓大夫。当鲁隐公在郑国当人质的时候,这位郑国大夫保护了隐公,最终与隐公一起回到鲁国(此说也见于吴伟业《尹氏论》,收入《吴梅村全集》,页 587—589)。本书所关心的并不在于"尹氏"或"君氏"的确实身份。本书所关心的是,《左传》把这件事视为鲁隐公善意的表现,并把事情发展描述成一则道德寓言,尽管其中判断或有瑕疵,其道德标准或受质疑。这里的焦点是《春秋》用"卒"字代替更崇敬的"薨"字来记叙声子之死。

仪(《左传》隐公5.7,页46—47)。① 隐公特别讲究礼仪的细节是否恰当,这突出了他有把王位让给桓公的打算。

在这个语境下,赴棠之举或可说明,即使隐公表面上十分注重礼节,但他对于礼仪的内在含义却缺乏充分的认识。借用一位注家的话,他是"谨小节而昧大体"。② 讽刺的是,隐公对"大体"的忽略,恰巧是在这样一个小小的细节中体现出来。隐公被杀一事令人费解,远访棠地却为这件事提供了解释的必要线索:正是因为隐公混淆了"轨"与"物",才会使人误以为他不会仅仅满足于摄政王的地位。鲁大夫羽父怂恿隐公杀死桓公,希望以此讨好隐公,并获得太宰之位。隐公重申了自己要把王位让给桓公的意思。羽父害怕阴谋败露,因此他说服了桓公刺杀隐公(《左传》隐公11.8则,页79—80)。如果隐公更清楚地表达自己的心意,或者更早地把国君之位让给桓公,又或者以更坚决的态度反对羽父,或许他能逃过惨死的厄运。《左传》详细记叙了隐公恪守或背离礼制的各项事件。这些事件全部都是一些细节,它们全部停留在事件的表层,但它们却体现了正当的意图与错误的判断之间微妙的张力,这也就为隐公被杀提供了合理的解释。

这里建构的因果关系并不立足于精神的层面上。这里并没有战国晚期书写对"渐"的理解所反映出的内心向度,所有行为都是公开而外在的举动。一个国君的行为的后果,更多地源于他作为公众模范的示范作用,而非他本人性格的发展逻辑。《左传》有另一个例子,当鲁桓公接受宋大夫华督的郜鼎,并准备置之于太庙时,③臧哀伯④发表了一番长长的

---

① 鲁大夫众仲说:"天子用八,诸侯用六,大夫四,士二。夫舞,所以节八音而行八风,故自八而下。"每队舞者有八,让我们想起了季氏"八佾舞于庭",因而激起孔子的愤怒(《论语·八佾》3.1)。
② 吴闿生:《左传微》,页1。吴氏认为,赴棠之举表明鲁隐公判断有误,这可以解释隐公最终何以被杀(《左传微》,页3—4)。高士奇对隐公的批评更为严苛,他认为赴棠之举是隐公众多失误中的一例。隐公被弒看似十分冤枉,让人难以理解,但高士奇的解释却使人觉得隐公应有此报(《左传纪事本末》,页52—53)。亦可参见《春秋传说汇纂》(页120—121)的评论。
③ 郜的第一代国君是周文王的儿子(《左传》僖公24.2,页421)。早在春秋以前,宋国吞并了郜,因此宋国也就夺取了郜鼎。公元前713年,鲁国联合郑、齐二国攻打宋国,最终郑军攻入郜地,郜的控制权也就归入鲁国手中(《左传》隐公10.3,页68—69)。
④ 臧哀伯是臧僖伯的儿子。臧僖伯正是前文反对隐公赴棠的鲁卿。

谏言(《左传》桓公 2.2,页 86—90)。华督垂涎宋国司马孔父的妻子,最终杀死孔父,夺取他的妻子。华督害怕此事会触怒宋殇公,结果他把殇公一并杀了,另立公子冯为宋国君主(即宋庄公)。为了赢取邻国对新政权的认可,华督便着手贿赂诸侯。鲁国国君因而得到郜鼎(《左传》桓公 1.5、2.1,页 83—85)。对于鲁桓公来说,他在杀死同父异母的兄长隐公以后,也获得了宋国的认同,因此他也就欠了宋国的人情。通奸、弑杀、阴谋也标示了鲁桓公统治的终结。桓公的妻子是齐国的文姜,她与哥哥齐襄公有奸情,结果齐襄公派彭生杀了桓公。鲁国对齐国的权势有所顾忌,最后只是杀了彭生便草草了事(《左传》桓公 18.1,页 151—153)。由此可见,决定桓公命运的情势和力量都聚集到郜鼎这个象征上。

然而,事件的重复和隐喻式的联系,只会通过《左传》的叙事过程暗示出来。臧哀伯的谏言并没有考虑鲁桓公的命运,他的重点放在仪表与公开行为的意义上:"君人者,将昭德塞违,以临照百官,犹惧或失之,故昭令德以示子孙。"(《左传》桓公 2.2,页 86)"临照"意谓"从上往下观察",按照字面的意思则可解作"带来光亮"或"在上照耀"。这个词语表明了监督与启蒙息息相关,两者又联系到统治者所扮演的"典范"的角色(或可称为"象")。至于所谓"昭",它有昭示之义。这种昭示德行的逻辑使仪表和举止变得同样重要。臧哀伯从"俭"的象征意义谈起,接着转到礼服与礼器的细节上。而这些衣饰和用具,可以从外表显示出恰当的道德标准(臧哀伯用"度"这个字,它既可以指法度、度量,也有风度之义)和等级差异(即下面引文所谓的"数")。他的议论似乎越来越关注仪表和展示的器物能带来怎样的影响:

> 是以清庙茅屋,大路越席,大羹不致,粢食不凿,昭其俭也。衮、冕、黻、珽、带、裳、幅、舄、衡、紞、纮、綖,昭其度也。藻、率、鞞、鞛、鞶、厉、游、缨,昭其数也。火、龙、黼、黻,昭其文也。五色比象,①昭

---

① 《尚书·皋陶谟》有相类的篇章,以五色所绘的"象"包括日、月、星、辰、山、龙、华、虫。见刘文淇注,收入《左传》,页 88;亦可参阅高本汉《高本汉左传注释》,第 26 条。

其物也。锡、鸾、和、铃,昭其声也。三辰旂旗,昭其明也。(《左传》桓公 2.2,页 86—89)

这里的文饰、物象、声音、光泽几乎都在"自我指涉";它们与统治者的德行并没有直接的对应关系,它们只是我们所看到的奇观、所听到的声音。换句话说,这番言论从具有明确象征意义的行为和事物出发(在这个例子里就是"俭"),进而讨论一些能抽象地强化社会和礼乐秩序的伦理关系,最终归结到一些器物上。只要统治者能适当地展示这些器物,这些物品就能通过它们的"文"、"声"、"明"来表现其意义。这段文字使我们渐渐感到"外表就是意义",因为这里关注的已不再是统治者的品格,君主所扮演的角色以及他展现出来的行径才是真正的焦点:

夫德,俭而有度,登降有数,①文、物以纪之,声、明以发之,以临照百官。百官于是乎戒惧,而不敢易纪律。今灭德立违,而寘其赂器于大庙,以明示百官,百官象之,其又何诛焉?国家之败,由官邪也。官之失德,宠赂章也。郜鼎在庙,章孰甚焉?武王克商,迁九鼎于雒邑,义士犹或非之,而况将昭违乱之赂器于大庙,其若之何?(《左传》桓公 2.2,页 89—90)

臧哀伯叫人想起历史上最有名的九鼎,以及武王克商后成周如何处置它们。② 尽管天命由商转移到周的说法,多少能使"迁鼎雒邑"的举动变得合理,但"义士犹或非之"。假如我们用严苛而保守的标准来看,即使武王也不是无可非议的。而臧哀伯所赞赏的正是这套严苛的标准,他把这种标准视为建立有效和有德行的政府的基础。

---

① 这包括了衣服纹饰的高下、衣带挂饰的多寡、冠冕上流苏的装饰,以及旌旗上饰带的数目,详见王引之的训解,转引自《左传》,页 89;高本汉《高本汉左传注释》,第 27 条。《左传》在其他地方也曾以"登"、"降"二字来表示增减,这种用法可参见《左传》襄公 26.4;昭公 3.3(竹添光鸿:《左传会笺》桓公 2.16)。
② 有关九鼎的重要性,可参见《左传》宣公 3.3,页 669—672。王子满认为"成王定鼎于郏鄏"(《左传》宣公 3.3,页 671)。《尚书》并没有提及武王与经营洛邑之事有任何关系(《左传》,页 89—90)。

《左传》记录了一位周代史官对臧哀伯的赞赏,不过他没有进一步讨论鲁国公室道德败坏的问题。这与《国语》(尤其是其中《周语》的部分)相映成趣。假如君主未有采纳臣子的谏言,《国语》经常会在臣子的言辞或君臣的对话之后,说明不用谏言的恶果。虽然《左传》所记录的事件未必可以印证臧哀伯所论及的每个细节,但他认为君主无法成为典范将招来祸患,这种看法还是可以从鲁桓公被杀一事中得到证实。如上文所述,鲁桓公被杀是一种重复,各个与他登位初期接受宋国贿赂有关的关键情节,在他死亡时再次出现。

《左传》把细节嵌入时间和记忆之中。表面看来意义不大的逾礼之举可以引发无可挽回的灾难,这是因为过去具有重大的意义,而且一件事可能会在未来的回忆里发挥作用。鲁庄公准备赴齐"观社",鲁大夫曹刿劝阻他,理由是庄公的行为可能会给未来带来影响。首先曹刿提出"夫礼,所以整民也"。他认为礼有整饬民众的功能,这种功能只有通过君主恰当的行为举止才能实现。他列举了诸侯会盟、朝会、征伐、觐见天子(以汇报职守)和出外狩猎(实际上是巡视四境),认为这些才是合乎礼制的出行;"非是,君不举矣。君举必书,书而不法,后嗣何观?"(《左传》庄公 23.1,页 226)。齐国的社祭本身也有可能违背礼法,它可能与一场规模盛大的军事演习有关(《左传》襄公 24.5,页 1090),更有可能是男女淫奔的场合(《左传》,页 226)。① 《国语》的相关记叙表明,社祭场面盛大,吸引了大量的人;或者说,蜂拥而至的人本身就是一种奇观:"夫齐弃太公之法而观民于社,君为是举而往观之,非故业也,何以训民?"(《国语·鲁语》1.2,页 153)《谷梁传》认为《春秋》里"视"和"观"的用法并不一样,"视"字表示观看的举动是恰当的,而"观"的对象则并不妥当。因此

---

① 杨伯峻引述《墨子·明鬼》:"燕之有祖,当齐之社稷、宋之有桑林、楚之有云梦也",证明齐社可以与其他古代文学所描写的淫乐之地(如桑林和云梦)相提并论。

《谷梁传》以为庄公此行"以是为尸女也"。① 宋代思想家程颐（1033—1107年）推测,庄公此行的真正目的是要完成他与齐哀姜的婚约。② 王夫之进一步认为,《诗经·猗嗟》中那位英俊的射手就是庄公,他违反礼法,到齐国参加社祭,不当地展示自己的魅力和技术。③ 因此我们从《左传》的记载和其他相关的论述都可以看到类似的讨论：他们都关注观看的场合是否合礼,以及观看与被看的方式是否正确。历史的评价透过奇观的隐喻发挥作用：为了说服庄公离开不当的场合,曹刿要求庄公想象后世会如何把他的行为记录看成奇观。

过分的展示往往与不当的两性关系有关。鲁庄公把父亲庙宇的楹柱漆成朱色（《左传》庄公23.3,页227）,又在桷上刻上花纹（《庄公》二十四年1则,229页）。表面看来,这似乎是为了表达自己的孝顺,但更有可能这是要给新娘齐哀姜留下深刻的印象。鲁大夫御孙为了劝止庄公,对比了他的奢华与其父桓公的节俭（事实上,《左传》和《国语》都没有证据证明桓公节俭。但是,当一个人的行为偏离了先祖所确立的典范,几乎就代表了逾越）。④ 这里的反讽特别尖锐,因为齐襄公杀害了鲁庄公的父亲,而哀姜恰恰是齐襄公的女儿。⑤ 综观整部《左传》,从来没有其他婚礼像庄公与哀姜的结合那样受到密切的关注,这次婚礼的意义可从过去和后来所发生的事中体现出来：所谓后来的事,指的正是哀姜与庄公同父异母的弟弟庆父私通,从而导致鲁国公族巨大的混乱。当庄公准备用奢

---

① 见傅隶朴：《春秋三传比义》,页221—222。"视"和"观"的区别未能套用到整部《春秋》上。《谷梁传》采用了《公羊传》的说法,认为庄公赴齐与不正当的男女关系有关；见《春秋三传比义》,页220。

② 《春秋传说汇纂》,页295。

③ 见《诗·齐风·猗嗟》(106)。王夫之对《猗嗟》的诠释,可参看他的《诗经稗疏》,收入《船山全书》,册3,页81—82。《毛诗序》认为这位射手是鲁庄公,他在即位后不久即出使齐国；朱熹也有相似的看法；见程俊英、蒋见元：《诗经注析》,页285—288。

④ 匠师庆也曾提出类似的谏言,只是内容稍有不同。《国语·鲁语》1.3,页155）韦昭认为庆和御孙是同一个人。

⑤ 可参看《谷梁传》(傅隶朴：《春秋三传比义》,页225—226）。君主的妃嫔理应尊奉祖庙,但这里却刻意模仿并颠覆了这种尊卑关系。为了取悦君主的妃嫔哀姜,祖庙被夸张地装饰起来。而且,这位妃嫔正是杀害先君的凶手的女儿。

侈豪华的玉帛作为贽礼迎娶哀姜时,御孙就曾警告他穷奢极侈和混淆男女之别的危险。据御孙所说:

> 男贽,大者玉帛,小者禽鸟,以章物也。① 女贽,不过榛、栗、枣、修,以告虔也。今男女同贽,是无别也。男女之别,国之大节也。而由夫人乱之,无乃不可乎!(《左传》庄公 24.2,页 229—230)②

鲁庄公想巩固鲁国与齐国的关系,说明他并不在意自己父亲被杀,也就间接地成为隐瞒此事的同谋。因此庄公表面看来意义不大的逾礼之举,却为暴力和混乱的重复上演提供了基础——庄公合法的继位人会被杀死,哀姜会与庆父私通,庆父也会谋朝篡位(《左传》闵公 2.3,页 262—263)。

有关君主的模范作用的故事,非常注重奇观与展示,这表现了人如何观察、如何仿效他人的德行。例如,臧哀伯的言论就特别着重臣子如何模仿君主的品行。诚如史嘉柏所述,最常被援引的正面典范是周文王,他"站在整个仿效体系的中心位置"。③《左传》两次援引《诗经·文王》中"仪刑文王"一句。④ 第一个例子是晋大夫范宣子把统率中军的帅位让给同僚,君子称颂他的行为,认为这种行为会使恭顺和无私的精神在晋国官吏之间流传。他又认为,这种行为推动了礼仪的上行下效,最终可带来理想的社会和政治秩序,正如人们对周文王的楷模争相效仿(《左传》襄公 13.3,页 999—1000)。第二次,晋大夫叔向在写给郑国执政子产的书信里,也引用了同一诗句。叔向反对郑人铸刑书于鼎,认为美德的感染力和自然的示范作用才是更有效的治理方式,并主张以此取

---

① 杜预训"章物"为"章所执之物",意谓彰显手中所执的物件。这里笔者采用了高本汉的解释(见《高本汉左传注释》,第 67 条),把"物"视为男性的特质(以便与下文女性的"虔"对举)。
② 《国语》提到夏父展也提出了类似的谏言(见《鲁语》1.4,页 156)。《国语》还记录了一场有趣的讨论,这场讨论的内容围绕"故"(意指先例)。夏父展批评了庄公的行为没有先例,属"非故";庄公则表示自己即能开启先例("君作故")。夏父展指出"君作而顺则故之,逆则亦书其逆也",并解释说他之所以劝止庄公,是怕他的非礼之举会被记录下来流传后世。
③ 见史嘉柏(David Schaberg):《井然有序的过去》(*A Patterned Past*),页 72—73。
④ 《诗·大雅·文王》(235)。

代颁布刑书的做法(《左传》昭公 6.3,页 1276)。①

尽管这两个例子运用的道德修辞非常相似,但两者的指向其实并不一样。叔向回溯古代理想的制度,以此反对变革;相反,《左传》褒扬范宣子,目的是要为晋国正在崛起的新政权寻找合法性(《左传》在记录晋国的史事时,其描述大多与以下两方面有关:首先是卿族内部各式各样的权力斗争,另外还有各种有关执政大臣谦逊、无私的轶闻)。② "德"这个词原本用来表示君主理想的品质,后来却又用到大臣和公卿身上。③ 我们分析"臣德"概念时,不难发现当中有着潜在的吊诡:一方面"敬"、"让"、"忠"、"信"这些"臣德"全都是君臣伦理上的品行,但另一方面"德"字字义的变化却可能为君臣的差别带来威胁。我们看到的刚好是对"模仿君主德行"的颠覆和逆转。理论上,把君主之德套用到臣子身上,这种做法可以纳入仿效和道德转化的机制中;但更有可能的是,这标示了权力由君王下移到公卿大臣的历程。

当臣子要指出君主的失败,其谏言往往会利用各种定义和区分来深化自己的论述。背离规则,哪怕表面上的微不足道,都会被认为是危险的,因为这些违规之举会危及整个对应的体系。这解释了为什么进谏的臣子往往会提出一整套行为规范(例如,列举人物的角色及其使命、恰当的举措、正当的出行,又或者如何与各类人物正确地交流),又为这套规范冠上"古之制"的名义,以此创造必要的语境,批评君王未能成为民众的模范。这里对美德和恶行的衡量,都从外在的感知出发。他们会从君主公开的行为有何影响、这些行径将对整套系统秩序作出哪些可观的贡献或破坏,来判断君主的功过。从这个意义上说,这些言论与战国中晚期的论述迥然不同。战国中晚期的论述多把道德与快乐相提并论,其中隐然对人的内心非常关

---

① 史嘉柏曾精细地讨论了这个例子,可参阅史嘉柏:《井然有序的过去》,页 294—296。
② 除了范宣子外,其他大臣的轶闻还可参见《左传》僖公 27.4,页 445—457;成公 2.7,页 806;襄公 7.6,页 951—952;9.4,页 996—997。
③ 尤锐(Yuri Pines)讨论了君主的理想品德如何逐步向下渗透,成为"伦理上士大夫理想的自我形象",详见《儒家思想的基础》(*Foundation of Confucian Thought*),页 136—204。

注,诸如《论语·雍也》里即有"知之者不如好之者,好之者不如乐之者"的说法。另外,《孟子·梁惠王上》也论述了古代圣王享受苑囿和狩猎之乐的方法,认为他们的德行在于能"与民偕乐",跟民众一同分享善政的成果。《孟子·梁惠王下》又提到君主应把自己"好货"和"好色"之心推而广之,转化成更广泛的爱好,最终达到为民众追求恩泽和室家之乐的目的。但是,上面讨论的《左传》的谏言就没有触及同类的说法,它们既没有提及修养德行的乐趣,也没有提到人的内心有实践德行的动力。① 如果说,上行下效的整套逻辑建立在一套外在体系上,那么《左传》里还有其他很有解释功能的"起因",诸如音乐和女人,这些"起因"既蕴涵意图与欲望,又与一些表象有关。《左传》中不乏对逸乐的怀疑,书中有时会把快乐视为社会混乱的源头,有时又会把欲望塑造成逾越既定身份和职责的主要原因。尽管如此,《左传》也有若干论述,认为君主确实可从快乐中修养品德,施行善政。我们或可推测,这些论述都属于后来才增补到《左传》里的材料。

音　乐

细小的起因能引发重大的后果。音乐或许最能类推出这种想法背后的思维模式:一个小小的不协调的音符就能打破整个体系的和谐。《左传》和《国语》都强调了音乐调整身心的作用,②用伶人州鸠的话来说,

---

① 可参见吕祖谦的评论,见《东莱博议》,页12—13。照此逻辑推论,《左传》并不会因为某人的性格而断言其本质,继而批评苛责。比如,《左传》批评鲁桓公是因为他公开展示了受贿而来的郜鼎,并非针对其心理动机。我们可以把桓公渴望与宋国结盟一事,联系到他一年前弑兄篡位的行为。
② 《周礼·春官宗伯》、《论语》、《荀子·乐论》、《礼记·乐记》均探讨了这些主题。见徐复观:《中国艺术精神》,页1—44;李泽厚:《华夏美学》;敏泽:《中国美学思想史》,卷1。史嘉柏在讨论"感观意识"时,提出音乐代表着史学的终结,见《中国史学的基础》("Foundations of Chinese Historiography"),页497—598。有关中国古代音乐的地位,可参苏芳淑(Jenny So)编:《孔子时代的音乐》(*Music in the Age of Confucius*)、罗泰(Lothar von Falkenhausen):《乐悬:中国青铜时代文化中的编钟》(*Suspended Music: Chime-Bells in the Culture of Bronze Age China*),以及杜志豪(Kenneth DeWoskin):《为一二人作乐:中国古代音乐与艺术概念》(*A Song for One or Two: Music and the Concept of Art in Early China*)。

就是"律所以立均出度也"(《国语·周语》3.7,页132)。① 音乐既是礼乐仪式的重要元素,也与正式的飨宴、祭祀、战争和教育有关。因此,音乐也就处于道德、社会、政治和宇宙秩序的中心。古代有些乐器,它们有严格的标准和精巧的技术制造(譬如编钟就是个明显的例子),因此它们也就成为壮观的场面,以至最能彰显政治权威的象征。② 乐律的数字规范使这些乐器与算术挂钩;而算术正好是天象、占卜、划分礼制的基础,推而广之,算术体现了秩序的观念。《左传》和其他早期文献都对此有所阐发。相应而言,不当或过分的音乐恰恰能反映道德和政治的堕落,预示个人的灾难,甚至能更广泛地揭示社会的混乱和秩序的瓦解。

由于音乐的形成不可能毫无差异,因此它往往会成为调和政治分歧的隐喻。晏婴对齐景公的谏言,就运用了这套逻辑。③ 齐景公宣称唯有梁丘据与他"和",于是晏婴便分析了"和"与"同"的区别,并提醒景公不能只亲近梁丘据这种只会阿谀奉承的佞臣(即那些只会"同"而不会"和"的臣子)。④ 晏婴由烹调时的调味说起,继而转到治国的问题,接着又谈到音乐和韵律,最后再回到治国上(《左传》昭公20.8,页1419—1420)。⑤ 味道的配

---

① 韦昭(204—273年)认为"均"是一块用来测量钟的木头,长七尺,有弦系之(《国语》,页132)。《周礼·春官宗伯·大司乐》提到乐师把"成均之法"作为国家教育制度的基础(《十三经注疏》3,22.6b—7a);见徐复观:《中国艺术精神》,页2—3。徐复观认为"均"孳生出魏晋间之"韵"字。
② 可参阅贝格利(Robert Bagley)对曾侯乙墓编磬的精细分析,见苏芳淑编:《孔子时代的音乐》(*Music in the Age of Confucius*),页35—63。
③ 史伯同样用"和"、"同"两种概念分析周室衰亡:周幽王"弃和取同";"夫和实生物,同则不继。以他平他谓之和,故能丰长而物归之;若以同裨同,尽乃弃矣……于是乎先王聘后于异姓,求财于有方,择臣取谏工而讲以多物,务和同也。声一无听,物一无文,味一无果,物一不讲。王将弃是类也而与剸同。天夺之明,欲无弊,得乎?"(《国语·郑语》1,页515—516)史伯在这里把有关"和"的论述,与五行相杂"成百物"相提并论。我们将从下文看到,古人常把音乐与数字(如五声、六律、八风等)所构成的系统和多元性联系起来。其他关于"和"与"同"的讨论,见《论语·子路》13.23;《管子校正·宙合》11.59;钱钟书:《管锥编》,册1,页236—238。
④ 韩非子提出人臣崇尚君主所喜好的事物,谓之"同取";人臣毁谤君主所憎厌的,谓之"同舍"。君主必须提防这种"同取"、"同舍"的佞臣会"欺主成私",见《韩非子·奸劫弑臣》,载《韩非子史评》,册1,页474。
⑤ 晏婴在详细分析了"和"与"同"两种概念以后,接着劝谏景公。景公认为古人一定会因为长生不死而感到非常快乐,晏婴则认为这逻辑荒谬可笑——如果古人不死,那景公也就不可能保有现在的位置。这则故事劝谏景公要慎防纵情享乐而不加约束。音乐之"乐"与快乐之"乐"两者的关联,可以说明为何《左传》会把这则故事放到这个位置。《晏子春秋》把上述故事放到有关音乐的论述之前,两者顺序被颠倒过来(见《晏子春秋集释》7.4—5,页441—443)。

合、音色的和谐并不只是一种模拟手法——享用混和五味的食物、欣赏调畅五声的音乐,这些意象都能直接而迅速地影响君主的想法。

> 公曰:"和与同异乎?"晏子对曰:"异。和如羹焉,水、火、醯、醢、盐、梅,以烹鱼肉,燀之以薪,宰夫和之,齐之以味,济其不及,以泄其过。君子食之,以平其心。君臣亦然。君所谓可而有否焉,臣献其否以成其可;君所谓否而有可焉,臣献其可以去其否,是以政平而不干,民无争心。故《诗》曰:'亦有和羹,既戒既平。鬷嘏无言,时靡有争。'①先王之济五味、和五声也,以平其心,成其政也。声亦如味,一气、二体、三类、四物、五声、六律、七音、八风、九歌,②以相成也。清浊、小大、短长、疾徐、哀乐、刚柔、迟速、高下、出入、周疏,以相济也。君子听之,以平其心。心平,德和。故《诗》曰:'德音不瑕。'③今据不然。君所谓可,据亦曰可;君所谓否,据亦曰否。若以水济水,谁能食之?若琴瑟之专壹,谁能听之?同之不可也如是。"(《左传》昭公20.8,页1419—1420)

晏婴把融和各种味道置于首要的位置:由于人会为祭祀仪式准备食物,会把食物献给祖先神灵,因此食物就成了协调人神之间礼仪关系的关键因素。千差万别能互相补充,这种说法同时主导了食物和音乐的论述。但是,数字渐次递升的修辞,以及调和两极属性的陈述,都说明了音乐更贴近古人对秩序、系统以至一个完整的体系的构想。相对于食物,音乐不只是一个隐喻:由于音乐具有感发的力量,又能显示礼乐秩序存在与否,因而成为因果关系中的一环。音声的协调能"平"君主的心志,

---

① 《诗·商颂·烈祖》(302)。
② 杜预释"二体"为文、武;竹添光鸿则认为"二体"指阴、阳(《左传会笺》昭公20.33)。"三类"指组成《诗经》的"风"、"雅"、"颂"。杜预认为"四物"是杂用四方之物而成的乐器,竹添光鸿则引述了其他文献证明"四物"与四季及其他声音上的差异有关。"五声"、"六律"、"七音"都是中国古代音乐传统用来分别声音的术语。"八风"指来自八方的音乐。至于"九歌",可参看本书第108页注释④中的说明。这里数字逐步递增,表现出一种秩序感和整体性。
③ 《诗·豳风·狼跋》(160)。

继而成就政局的平稳。① "平"字有时可指平定差异,但这里却用来表现一种因听到差异互相交响而衍生出来的愉快心情。和而不同的重要性,强调了进谏者本身的角色,因此这种论述对各个持有不同理念的进谏者来说都非常有用。但是,运用音乐和食物所带来的快感,敦促为政者重视反对的声音,这种论述只能从战国时期的儒家学说中看到。

在外交关系上,音乐理应能引导强国包容弱小,为这些国家提供道德指引,使它们有令人信服的美德。② 因此,当晋大夫郤缺就晋、卫两国的事向其正卿赵盾进谏时,就运用了音乐术语来组织他的论述。当时卫国已按照晋国的要求重组政府,所以郤缺便以下面的言论劝导赵盾把晋国所吞并的领土归还卫国:

> "日卫不睦,故取其地。今已睦矣,可以归之。叛而不讨,何以示威?服而不柔,何以示怀?非威非怀,何以示德?无德,何以主盟?子为正卿,以主诸侯,③而不务德,将若之何?《夏书》曰:'戒之用休,董之用威,劝之以《九歌》,勿使坏。'④九功之德皆可歌也,谓之《九歌》。六府、三事,⑤谓之九功。水、火、金、木、土、谷,谓之六府;正德、利用、厚生,谓之三事。义而行之,谓之德、礼。无礼不乐,所由叛也。若吾子之德,莫可歌也,其谁来之?盍使睦者歌吾子乎?"

---

① "平"作为一种政治理想,可参见《孟子·公孙丑下》4.13;《离娄上》7.1,7.11;《离娄下》8.2;《荀子笺释·王制》,页 113—114;《富国》,页 137;《王霸》,页 148;《君道》,页 162—163;《致士》,页 189;以及《议兵》,页 212。
② 贝格利指出曾侯乙墓出土编钟上的铭文说明了曾国的音阶标准及术语与楚国有关(这些编钟是楚王送给曾侯乙)。因此,他推测这些铭文的意思"或与列国的政治秩序有关",见苏芳淑编:《孔子时代的音乐》(*Music in the Age of Confucius*),页 61。
③ 晋襄公已于前一年去世(《左传》文 6.5,页 550)。赵盾本来打算拥立公子雍,却转而支持夷皋(即后来的晋灵公)即位(《左传》文 6.5,页 550—552;7.4,页 558—561)。赵盾身为灵公的正卿,他对政治决策影响至巨。
④ 这里按高本汉(《高本汉左传注释》第 224 条)的解释把"休"理解为"恩赐"。"戒之用休"一节也出现在《大禹谟》里。虽然《大禹谟》也提到了"六府"、"三事",但却未有标明细目。这里统称水、火、金、木、土、谷六者为"六府"。另,这里提到的"九歌"与《楚辞·九歌》并不相同。至于《离骚》和《天问》里提到夏王启的"九歌",可能与这里的"九歌"有关。
⑤ 《左传》如何把"三事"相提并论,可参阅《左传》成公 16.5,页 881;襄公 28.11,页 1150。

宣子说之。(《左传》文公 7.8,页 563—564)

接下来那一年,晋国便把匡地和戚地还给卫国(《左传》文公 8.1,页 565)。郤缺的话从权力的考虑开始,最后以音乐颂扬道德作结。"威"和"怀"的展现,为晋国的领导地位提供了合理的依据。对赵盾来说,"务德"的要旨就是要努力平衡高压手段和怀柔政策,因为两者都对巩固晋国的盟主地位至关重要。"九歌"植根于"九功"这些具体的社会政治关怀。"九歌"既暗含由上位者发出的道德劝慰(如《夏书》所述),也包括下位者对权威的由衷接受(如郤缺对晋国霸业的考虑)。如同晏婴的故事一般,这里提到音乐,目的是要为弱势的一方争取发言权;郤缺和晏婴的分别,只在于他更倾向于维护现有的政权。郤缺提到卫、晋已"睦",指的其实是卫国已臣服于晋国。音乐的隐喻因此变成了一种手法:这种手法透过倡导互惠互利的原则,从而使大国的强权变得更合理、更正当。同样,《左传》有时也把"礼"与改善施政相提并论:"礼之于政,如热之有濯也。"(《左传》襄公 31.10,页 191)欣然臣服于他国之下,这一点可以由"乐"字双关的语义点出:"乐"既可读为"音乐"的"乐",也可读为"快乐"的"乐"。"乐"的两种意义为道德律令和霸权的现实注入了一种新的需要、新的启发、新的审美。不少讨论音乐的篇章也有类似的功能。然而,"乐"字的双重含义却也带来焦虑,因为快乐总是潜藏着放纵的可能。

列国往往以伴有音乐的飨宴,颂扬和睦共处的快乐。但音乐同时也与战争有关——既因为士兵会在战场上击打战鼓,也因为当时的人相信音阶与征战息息相关。音阶与征战的联系,可能建基于它们同时与"礼"有关(这种关联经常出现在律书和兵书之中)。①《左传》就记载了这样一

---

① 见《礼记集解》卷 19,页 1021—1029;《荀子笺释》卷 15,页 203—204。鲁威仪(Mark Edward Lewis)在《早期中国的合法暴力》(*Sanctioned Violence in Early China*)曾引述这些材料来讨论音乐与战争的关系。《史记》中《律书》也被称为"兵书"。张晏在注解班固《汉书·司马迁传》(卷 62)时,提出《史记》所亡佚十篇篇章就包括"律书"。但无论是《史记·太史公自序》(卷 130)所概述的《律书》旨要,还是传世的《律书》(很可能是后人伪托),都有讨论乐律与行军关系的内容。

个场合:楚国举办飨宴,席间所用的音乐却并不恰当,于是本来旨在赞颂和平的韵律就变成了战争的预兆:

> 晋郤至如楚聘,且涖盟。楚子享之,子反相,为地室而县焉。郤至将登,金奏作于下,惊而走出。子反曰:"日云莫矣,①寡君须矣,吾子其入也!"宾曰:"君不忘先君之好,②施及下臣,贶之以大礼,重之以备乐。如天之福,两君相见,何以代此?下臣不敢。"子反曰:"如天之福,两君相见,无亦唯是一矢以相加遗,焉用乐?寡君须矣,吾子其入也!"宾曰:"若让之以一矢,③祸之大者,其何福之为?世之治也,诸侯间于天子之事,则相朝也,于是乎有享、宴之礼。享以训共俭,④宴以示慈惠。共俭以行礼,而慈惠以布政。政以礼成,民是以息。百官承事,朝而不夕,此公侯之所以扞城其民也。故《诗》曰:'赳赳武夫,公侯干城。'⑤及其乱也,诸侯贪冒,侵欲不忌,争寻常以尽其民,略其武夫,以为己腹心、股肱、爪牙。故《诗》曰:'赳赳武夫,公侯腹心。'天下有道,则公侯能为民干城,而制其腹心。乱则反之。今吾子之言,乱之道也,不可以为法。然吾子,主也,至敢不从?"遂入。卒事。归以语范文子。文子曰:"无礼,必食言,吾死无日矣夫!"(《左传》成公 12.4,页 857—858)

郤至出使楚国,楚国却奏起不恰当的音乐来欢迎他。郤至惊而走出,表现了他的不安。各个注家都认为"金奏"是一种用钟鼓演奏的音

---

① "莫"、"暮"为古今字,因此这里当读为"日云暮矣";但其他有关这种仪式的文献多用"䁍"字,意谓日将正中之时。这里或指中午,也可能只是时间不早的意思。
② 公子重耳(即后来的晋文公)流亡之时,楚成王曾宴请他(《左传》僖公 23.6,页 408—409)。
③ 于鬯训"让"为"饟",意指用酒食款待,这里可理解为接受。郤至坚持以飨宴为喻,故用此字。
④ 享礼上的酒食必须留给神灵享用,参加仪式的人不能吃掉这些酒食,因而有"训共俭"的意义。
⑤ 郤至前后称引的两句诗句,都出自《诗·周南·兔罝》(7),然而他表明前后两句意义相反。这与《诗经》原来的意思不同。《诗经》中两句的意义相类,都是用来称颂士兵,并肯定公侯的重要性。郤至断章取义,按照自己的见解理解《诗经》,这种做法在《左传》里十分常见。

乐,周王即用这种音乐来招待诸侯。① 在郤至所处的年代,礼仪的区分似乎已有点模糊,模糊得足以让他以为"金奏"可用于诸侯会面的场合。但即便如此,这种音乐还是不可能用到接待使臣的宴会之中的。因此"金奏"一曲在这里非常不祥,正如好战的子反所述,它预示了晋、楚两国国君一旦会面,就会兵戎相见。(只有蕞尔小国的国君会走上大国的朝廷。晋、楚两国实力相当,因此两国国君根本不可能会到对方的朝廷去。)音乐本来可以暗中巩固两国的和谐,尤其是在飨宴的场合,这种作用应该更明显。但在这里音乐却反映了两国的竞争。子反和楚王把钟磬藏在地室,又在毫无预警的情况下突然奏起"金奏",希望借此震慑晋国的使者,使他无法镇定自如。郤至作为一国之宾,依礼最多只能"疾趋",但他的反应却是"走"。尽管郤至反对奏乐的理由充分,且符合礼制,但孔颖达还是认为他只是在掩饰自己的慌乱和尴尬。子反用更加挑衅的方式反驳郤至的质疑,他无情地点出了现实的形势——晋、楚两国的国君并不会以音乐为"礼",他们只会在战争中交换箭矢。子反再一次撕破礼乐的修辞,目的是要让郤至不知所措。如果说郤至在这场舌战中占了上风,那只是因为这里的叙事容许他回避现实的霸权,详尽地讲述正规的仪节。他以"世之治也"为依归,讲述理想的享、宴之礼——大概会伴以恰当的音乐——如何实现其培养德行和促进和平的功能。但是在乱世里,野心勃勃的诸侯只会滥用自己的臣民来满足个人的野心。如同子反用诸侯相会的音乐来招待使臣一般,道德界线就在这自夸自大的过程中泯灭殆尽。因此,郤至暗中把子反滥用音乐的行径,联系到政治的混乱和军事的侵略上。

音乐本来是诸侯和睦的象征,却在这里标示了敌对两国的明争暗斗。晋、楚两国刚刚达成和约,却在音乐的音义上纠缠,这显示了两国正

---

① 孙诒让认为先击钟镈,后击鼓磬,谓之"金奏"。"金奏"能奏出九种夏乐,说见孙诒让《周礼正义·春官·钟师》,转引自《左传》页 857。郤至听到的可能是《肆夏》,《左传》(襄公 4.3,页 933)也曾提及这首乐曲。当叔孙豹听到《肆夏》时,他没有拜答。至于这里,郤缺认为"金奏"过分奢华。

逐步陷入无情的战争。著名的鄢陵之战标志着两国的矛盾达到顶峰(《左传》成公 16.5,页 880—891)。颇为讽刺的是,三年前晋、楚之所以能够和解,恰巧与一名楚囚的音乐演奏有关。

> 晋侯观于军府,见钟仪。① 问之曰:"南冠而絷者,谁也?"②有司对曰:"郑人所献楚囚也。"使税之。召而吊之。再拜稽首。问其族,对曰:"泠人也。"公曰:"能乐乎?"对曰:"先人之职官也,敢有二事?"使与之琴,操南音。公曰:"君王何如?"对曰:"非小人之所得知也。"固问之。对曰:"其为太子也,师、保奉之,以朝于婴齐而夕于侧也。③不知其他。"公语范文子。文子曰:"楚囚,君子也。言称先职,不背本也;乐操土风,不忘旧也;称太子,抑无私也;④名其二卿,尊君也。⑤ 不背本,仁也;不忘旧,信也;无私,忠也;⑥尊君,敏也。仁以接事,信以守之,忠以成之,敏以行之。事虽大,必济。君盍归之,使合晋、楚之成。"公从之,重为之礼,使归求成。(《左传》成公 9.9,页 844—845)

晋侯和钟仪相遇于战后,却由此建立了和平的基础;宴请郄缺,本来是要庆贺两国缔结和约,事实上却成了战争的先兆。这里的音乐演奏非常诚恳,它建立在一步一步地自我剖白的基础上;至于飨宴的音乐却是包藏祸心,它最终与欺诈有关(因楚国背弃了和约)。在钟仪这个故事里,音乐与他的宗族(他祖先的职业)、籍贯(他的出生之地)和对掌握的往事加以分析的能力(楚王年轻时的品行)都有关系,这些关系进一步提升了

---

① 钟仪在楚、郑交锋中被俘,郑侯把钟仪献给晋国(《左传》成公 7.4,页 833)。晋国称钟仪为"郧公"。钟仪的地位变化,点明了这两条材料取材于不同的文本。
② 楚国的头冠(或许包括衣饰)与中原不同。
③ 这是说他日夜请教令尹婴齐(即子重),又日夜访问司马侧(即子反)。
④ 钟仪没有直接表彰他的君主,反而讲述了楚王还是太子时的行径。这使他的判断看来更客观、更无私。
⑤ 钟仪在晋君面前直呼楚大夫的名字,这是合乎礼制的,即使这些楚国大臣的地位或许高于钟仪自己。这种做法象征钟仪代表楚人表达对晋君的尊重。
⑥ 这里"忠"有专心致志的意思。

音乐本身的地位。相对而言,宴飨中演奏的音乐却有否定前贤、背离传统的问题。范文子同时担任这两则故事的阐释者。他作出完全相反的解释,而这些解释也可从后来发生的事件里得到证实。音乐究竟象征什么似乎很容易更改。无论是正确使用音乐,还是滥用音乐,这些故事都为晋国的做法提供了道德依据。因此,无论晋国寻求和平,乃至它准备战争,都可从音乐的角度得到合理的解释。尽管如此,我们还是可从这个时期的记录中看出对于晋国式微和衰败的负面评价(例如《左传》成公8.1,页837;成公9.2,页842—843)。

音乐能同时联系到战争与和平。除此以外,它还能同时体现最高尚的道德,以及最危险的放纵。区分两者的界线往往非常模糊,而且游移不定。这在魏绛和晋悼公的一次交谈中最为明显。郑国为了求和,向晋国献上能歌善舞的美女和乐器。晋悼公提出要与魏绛平分这些礼物,又认为这些礼物刚好可以为自己的成就加冕:

> 晋侯以乐之半赐魏绛,曰:"子教寡人和诸戎狄以正诸华,①八年之中,九合诸侯,如乐之和,无所不谐。请与子乐之。"辞曰:"夫和戎狄,国之福也;八年之中,九合诸侯,诸侯无慝,君之灵也,二三子之劳也,臣何力之有焉?抑臣愿君安其乐而思其终也。《诗》曰:'乐只君子,殿天子之邦。乐只君子,福禄攸同。便蕃左右,亦是帅从。'② 夫乐以安德,义以处之,礼以行之,信以守之,仁以厉之,而后可以殿邦国、同福禄、来远人,所谓乐也。《书》曰:'居安思危。'③思则有备,有备无患,敢以此规。"公曰:"子之教,敢不承命。抑微子,寡人无以

---

① 魏绛认为晋国与戎狄和睦相处非常重要,并以此劝说晋悼公,详见《左传》襄公4.7,页935—939。
② 语出《诗·小雅·采菽》(222)。传世《诗经》"福禄"作"万福","便蕃"作"平平"。
③ 传世《尚书》没有这句话,《逸周书·程典》里却有类似的表达:"于安思危,于始思终。"(见《逸周书汇校集注》卷12,页193)《程典》的大意是文王宣布他将率领他的子民实行德政。由于我们无法确定《程典》的写作时间,因此我们也就无从判断这一篇章是否比《左传》更早写成。详见惠士奇(1671—1741年)和梁履绳(1748—1793年)的论述,转引自《左传》,页994。

待戎,不能济河。① 夫赏,国之典也,藏在盟府,不可废也,子其受之!"魏绛于是乎始有金石之乐,礼也。(《左传》襄公 11.5,页 993—994)

从鲁襄公元年(公元前 572 年)到襄公十一年(公元前 562 年)《左传》的相关记录来看,我们很难以充满赞美的字句,总结晋悼公对其他国家所采取的政策。七年前,魏绛曾以优美的说辞,促成了晋国与戎、狄和平共处(襄公 4.7,页 935—939),但这却并未曾有效地改善晋国与中原各国的关系,达到"远至迩安"的效果。刚好与魏绛的建议相反,晋国对陈国置之不顾(襄公 5.9,页 944)。晋国与楚国在争夺郑国的控制权上长期拉锯,即使郑国在这个时候与晋国结盟,两国的关系依然短暂而不稳定。有一次,晋、郑就因为载书的盟辞而公开发生冲突。晋国要求郑国唯命是从,誓辞是:"自今日既盟之后,郑国而不唯晋命是听,而或有异志者,有如此盟。"②郑国违背了晋国的要求,把盟辞改成"自今日既盟之后,郑国而不唯有礼与强可以庇民者是从,而敢有异志者,亦如之!"(襄公 9.5,页 969)③晋国因此非常恼怒。后来,晋大夫也承认他们"实不能御楚,又不能庇郑"(襄公 10.11,页 982)。诸侯的霸业本应建立在"尊王攘夷"的前提上,但当周天子的使臣出使晋国,投诉戎人,晋国却拘禁了周使(襄公 5.2,页 942)。更宽泛地说,晋国这个时期的军事成就其实很成问题。在魏绛论乐以后不久,我们就看到秦国打败晋国(襄公 11.6,页 994—995)。晋国统帅之间的分歧也显而易见,尤其是在后来"迁延之役"中(襄公 14.3,页 1008—1010),他们彻底背离了先前篇章对他们"让"的称许(襄公 13.3,页 999—1000)。但是,音乐的隐喻提升了这番言论的境

---

① 所谓"渡河"也就是使郑国臣服。晋悼公"复霸"的两个关键,正是要降服郑国,并与戎狄和睦共处。有些注家认为,晋悼公的悼文夸大了他的成就,其他文献对他的功绩并无如此详尽的记录(如吴闿生:《左传微》,页 483)。晋军侵郑的记录,也包含了郑国大夫对晋悼公的批评。
② 如果郑国背叛了晋国,这盟书上的诅咒便会应验。
③ 按照子驷所改的盟辞,郑国所以臣服于晋国,条件是晋国实行现有的政策,而且他也预先埋下了郑国与楚国结盟的可能性。

界,它把晋国霸权的重新崛起这一可疑的说法,变成了道德使命的完成:晋悼公把诸侯会盟比喻为音乐的和谐与快乐。

魏绛进而称引《诗经》,以此描绘出一幅政通人和、邦国融洽的理想景象。接着他又考察了音乐的角色,提出音乐可以启发人们追寻这一目标,甚至可奠定这个愿景。"音乐"之"乐"与"快乐"之"乐"合二为一,这一标准做法在这里指向了和谐地领导国家的乐趣、成功重申霸业所得的礼物,以及不无计算地使享乐变得合理。魏绛一开始拒绝接受这次馈赠,因为郑国的音乐和女乐象征着放荡与沉迷。这让我们想起了孔子因"郑声淫"而想放逐郑声的说法。① 郑国的音乐非但与魏绛的官爵不相称,它甚至会诱使晋侯疏于防范(战国文献中,一个国家把"女乐"送给另一个国家是典型的阴谋,因为这个国家的目的一定是要诱使他国国君耽于逸乐,从而削弱其国力)。② 在理想的状态下,"乐以安德",音乐可以使人安于德行,但"安"亦可能使君主忘记更紧迫的事。因此魏绛提醒悼公必须把音乐之乐,转化为推进秩序和道德的动力,从而体会真正的(更大的)为政之乐。③ 当晋悼公提出"赏"也是为政的一种典则时,魏绛被说服了,他最终接受了国君的赏赐。虽然《国语》相关的记录非常简洁,但合理的赏赐也是它的重心,因为《国语》的记叙最终也以君子表扬悼公"能志善也"收尾(《国语·晋语》7.8,页443)。这段叙述很可能是为了赞扬魏氏的先祖才设计出来的。而赞扬的方式则由两方面着手:先是说明他

---

① 孔子曾这样描述治国之道:"行夏之时,乘殷之辂,服周之冕,乐则韶舞。放郑声,远佞人。郑声淫,佞人殆。"(《论语·卫灵公》15.10)"郑声"和"佞人"对举,大概是因为两者都旨在取悦他人,而没有教诲的功能。孔子还在其他地方提到"恶郑声之乱雅乐也"(《论语·阳货》17.18),并把"郑声"与鲜艳的"紫"、谄媚的"利口"相提并论。顾颉刚认为"郑声"可能是"土乐"的泛称,并引用《汉书·礼乐志》把燕、代、秦、楚的音乐归入"郑声"作为证据(见《古史辨》,册3,页646—647)。
② 据《论语·微子》(18.4)所载,齐人把歌女与乐器送给鲁国执政季桓子,季桓子沉溺其中,因此三日不上朝,孔子于是离开了鲁国。此事亦见于《韩非子释评·十过》,页393—394;《内储说下》,页1049,1054;《史记·十二诸侯年表》,卷14,页669—670;《鲁周公世家》,卷33,页1544。
③ 君主一旦能节制感官刺激,使之升华,或可把这种享受转化到德政上,变成更崇高的快乐。汉代宫廷文人经常运用这种议论方式,以赋向君主进谏。

谦卑地克制自己,又循循善诱,教导晋悼公管束自己的重要性;最后则从他获得女乐和乐器作结,表现出他在晋国享有重要的地位。或许文章提到"礼",只是为了预防别人指责晋国君臣的行为不妥。按照这里的论调,合礼或违礼取决于人们对音乐的态度,这与音乐本身的特质没有多大的关系。只要人能防止自己纵情音乐,音乐即可以为权力的增加提供依据,甚至能为权力的增加添上道德的色彩。

《左传》另有一些能预言未来的人物,他们和魏绛一样,指出音乐可能带来危险。医和在警告晋平公节制性欲时,也曾利用音乐作以下的模拟:

> 节之。先王之乐,所以节百事也,故有五节,迟速本末以相及,中声以降。① 五降之后,不容弹矣。于是有烦手淫声,慆堙心耳,乃忘平和,君子弗德也。物亦如之,至于烦,乃舍也已,无以生疾。君子之近琴瑟,以仪节也,非以慆心也。天有六气,降生五味,②发为五色,③征为五声。淫生六疾。④ 六气曰阴、阳、风、雨、晦、明也,分为四时,⑤序为五节,⑥过则为灾。阴淫寒疾,阳淫热疾,风淫末疾,雨淫腹疾,晦淫惑疾,明淫心疾。女,阳物而晦时,淫则生内热惑蛊之疾。今君不节不时,能无及此乎?(《左传》昭公 1.12,页 1221—1222)

早在《诗经》里,琴瑟之乐已经是表示夫妻关系和谐的意象。⑦ 相对于钟、鼓这些在庙堂里作公开演奏的乐器,琴、瑟是用于室内演奏的弦乐,它们

---

① 有些注家把"降"字理解成把音声调低,但这里"降"似乎指一般的音阶变化,可参看允禄等撰:《律吕正义后编》,卷 179。
② "五味"指辛、酸、咸、苦、甘。
③ "五色"指白、青、黑、红、黄。
④ "淫"指超越了五味、五色、五声的界限。
⑤ 孔颖达认为"四时"指四季;杨伯峻则认为"四时"亦可以指一日之中"晨"、"午"、"昏"、"夜"四个时段。
⑥ 注家对"五节"的理解莫衷一是:杜预认为"五节"是"五行之节",竹添光鸿则解作"五宿",杨伯峻认为"五节"是"五声之节"。
⑦ 见《诗·周南·关雎》(1)和《诗·小雅·棠棣》(164)。

是为个人享受而弹奏的。捍卫道德的人所害怕的正是这种私人空间里的愉悦,因为它们暗藏过度享乐的可能性。衡量音调的标准是"节",音乐本来有刺激感官和思想的功能,现在却变成了节制过度的享乐、约束自己的隐喻。这种隐喻很常见。医和即认为,感官的愉悦由"六气"所生;因此,只要我们能正确地节制它们,享乐就是合宜的。过度享乐意味着"六气"将要变为"六疾"——这种失序的想象可以从君主的疾病里表现出来。① 我们已经无法得知"淫声"(如郑、卫之音)实际的特质,但是我们可以推测这种音乐的节奏一定更快,乐音也一定更多。因为医和"烦手"、"淫声"的描述,正可反映出这些特征。魏文侯曾经向孔子的弟子子夏请教:"吾端冕而听古乐,则唯恐卧;听郑、卫之音,则不知倦。敢问古乐之如彼何也?新乐之如此何也?"②子夏的回答指出古乐有庄严典雅、"和正以广"的特性。它能引导君子尊重传统,使人修养身心,缔造出公平的政府。新乐则与之相反,它不但"奸声以滥,溺而不止",而且"淫于色而害于德"。快速激越的音乐之所以能联系到性欲,还不只是一种模拟。它们除了能同时指向放纵,还与其他场景扯上关系。诚如一些早期文献所述,男女淫奔、私自结合的场景,很多时候都配合了音乐演奏(有时发生在贵族的居室,有时则发生在一些似乎是"民间"的村庄里)。

沉溺于音乐的愉悦之中——特别在不正当的场合里——肯定是走向灭亡的征兆。王子颓企图篡夺兄长周惠王的王位,他用先王的大舞之乐招待了五位支持他的上卿。这件事标示了他觊觎王位的野心。③ 这里最重要的是王子颓不正当地使用音乐,这与音乐的本质没有关系。郑厉公听说此事后,便对虢叔说:

---

① 《国语》有相近的篇章,当中医和的言论就把这种联系表现得更明晰:"上医医国,其次疾人。"(《国语·晋语》8.17,页473)
② 《礼记集解》卷38,页1013。
③ 传统一般以为"大舞之乐"包括黄帝、尧、舜、禹、汤、周文王六代的音乐,见《左传》,页214。另一种读法认为"大舞"意指所有诸侯和大夫都加入到当时的舞蹈(如韦昭注,《国语·周语》1.11,页29)。前一种解释强调的是王子颓僭用了周王宴请诸侯的乐舞(程公说:《春秋分记》,卷36;秦蕙田:《五礼通考》,卷158),后一种解释则描述了篡位者不计后果的放纵形象。

> 寡人闻之：哀乐失时，殃咎必至。今王子颓歌舞不倦，乐祸也。夫司寇行戮，君为之不举，①而况敢乐祸乎？奸王之位，祸孰大焉？临祸忘忧，忧必及之。盍纳王乎！（《左传》庄公 20.1，页 215）

王子颓"失时"的音乐和欢娱，促使郑厉公尝试恢复周惠王的天子之位。②厉公把不当的音乐演奏看成是王子颓溃败的迹象，又亲自使这个征兆的意义成真。尽管厉公如此敏锐，但他最终却同样被过度的音乐所迷惑：他在击败王子颓，恢复周惠王之位以后，重蹈了王子颓的覆辙。郑厉公用各种王室之乐隆重地款待周天子。③ 我们再次看到了没有合理根据的享乐、狂妄自大的表现、虚假的安全感。周大夫原伯从郑厉公"效尤"的举动中预见其厄运。同年五月，郑厉公去世。周、郑的关系也恶化起来，因为新的郑国国君（厉公之子文公）对周天子的赏赐感到不满（《左传》庄公 21.1，页 217）。（《国语》也记叙了第一个故事，见《周语》1.11，页 28—29；但只有《左传》才把前后两段故事并置起来，以此展示郑厉公保卫天子的举措，其实与利用天子只有一线之隔。）音乐的误用再次成为政权败坏的象征。

然而，《左传》也记录了本质险恶的音乐。当周景王铸造无射钟时，乐师州鸠就曾预言景王之死：

> 王其以心疾死乎！夫乐，天子之职也。夫音，乐之舆也；而钟，音之器也。天子省风以作乐，器以钟之，舆以行之。小者不窕，大者不摦，则和于物。物和则嘉成。故和声入于耳而藏于心，心亿则乐。窕则不咸，摦则不容，心是以感，感实生疾。今钟摦矣，王心弗堪，其

---

① 参看《左传》襄公 26.10，页 1120。楚大夫申子批评楚国滥用刑罚，认为其行为与古代圣王的"畏刑"形成对比，特别是古代圣王在行刑前一般会折损膳食、撤除音乐。
② 国君于服丧之时演奏不合时宜的音乐，无一不被《左传》批评。例子见《左传》襄公 23.1，页 1072；昭公 15.7，页 1374。
③ 据杜预注所言，所谓"乐备"即"备六代之乐"，意指王子颓以往享受过的六代的音乐（《左传》，页 217）。要留意郑厉公和王子颓的相似之处，他们同样是侧室所生，也同样通过弒杀兄长而篡夺王位。有关郑厉公和郑昭公二人的权力斗争，见《左传》桓公 11.3、15.2、15.6、15.7、17.8，以及庄公 14.2。

能久乎!(《左传》昭公 21.1,页 1424)

无射钟的巨大声响本来有显示王室权力和威仪的作用,但最后却成为失衡的象征。这声响撼动了君主的心思,也就是说,它冲击着政权的和谐。不少论者怀疑这种经验的限制,但这种限制似乎是微不足道乃至是有害的。过于强烈或激越的音乐会削弱它调和的功能。音乐本应可以帮助君主和臣民沟通,因为君主应"省风以作乐",而"风"这种音乐正可传递地方风俗的知识(也是"风")。"钟鼓"之"钟"与表示"集中"的"钟"字同音,乐钟正是天子统治之下各国风俗如何集中在一起的一个可见的意象。敲击乐钟所发出的声音"舆以行之"。由此可见,这里暗藏了有关交通、集中、传播的隐喻。各地的风俗知识集中到周王室里,由此把王室转化成一个能与音乐并"行"的良好政府。由大小恰当的乐器所传达出来的音乐能带来万物的和谐,而这种和谐的声音又能融入整个道德-社会-政治的秩序之中,为人民带来安乐。在《国语》的相关片段里,单穆公和州鸠都对这个议题有更详尽的阐发。他们仔细论述了反对过于强烈的声音的原因:极端的音色显然会使感官无所适从,因此这种音乐也就毫无意义(《国语·周语》3.6—7,页 122—142)。《国语》也把铸造无射钟的记载,联系到另一则华而不实地使用金属的故事上。那就是铸造巨币(《国语·周语》3.5,页 118—122)。此后一年,周景王就去世了(《左传》昭公 22.3,页 1434—1435)。

吴公子季札观乐,是通过音乐审视因果关系的著名案例。当时季札出使鲁国,他考察了不同国家和时代的舞蹈和乐曲(包括音乐的本质与歌词)。① 季札来自吴国。《左传》有时会把吴国描写为蛮荒之地。然而,季札却熟知礼仪、传统,以及中原各国的历史。《史记》把"季札让国"的故事,与吴太伯、伯夷、叔齐的记载相提并论(《史记》卷 31,页 61),这使

---

① 史嘉柏也曾讨论"季札观乐"的故事,参见《井然有序的过去》,页 86—95。另可参见张素卿:《左传称诗研究》,页 109—115。论者探讨中国美学思想时,经常会援引这则文献记录,可见他们都把这次演奏视为重要的资料;可参《中国美学史资料选编》,册 1,页 3—4。

季札更具传奇色彩。《左传》把季札描写成一个能预知未来的人,加上他淡泊权力的性格,使他成为"观乐"的最佳人选。① 在这段非常具有风格、非常理想化的记录中,季札展示了音乐如何成为了解过去、现在与未来的发展的关键。鲁国传承了虞、夏、商、周各个时代的音乐传统(《左传》,页1161),因此《左传》在不同篇章把鲁国描写成周礼(《左传》闵公1.5,页257)、周乐(《左传》襄公10.2,页977)、周室文献(《左传》昭公2.1,页1227)的守护者。在鲁国人为季札所作的表演中,乐舞的顺序和《毛诗》的先后次序一样。虽然《鲁诗》现已亡佚,但这或可反映《鲁诗》的顺序。② 季札有不少评论都从赞赏音乐的感发力量开始:"美哉!""远乎!""洋洋乎!""荡乎!""讽讽乎!""广哉!""熙熙!""至矣哉!"审美的论述随即与道德和政治的评价合而为一。诚如杜预所言,季札"依声以参政"。③ 季札参照音声来说明政事的方式,让人想起以往解说《诗经》的传统,因为这种解经的传统也曾着意描写诗歌的社会和政治背景。季札通过观乐,把影响音乐形成的地理和历史因素变得更加神圣。同样地,他也以观乐的方式总结了各个诸侯国的起源、过去、现在和未来。

相对于其他国家,周室的命运引起了更多的关注。当鲁国人演奏出《诗经》的某些章节,季札也按照这些音乐重溯了与之相关的周代历史的重要时刻。掺杂其中的还有季札对其他国家的评论。这些评论,把回忆与预言互混为一。我们也可从中看到,季札更随意地表述了自己对这些国家的过去、现在和未来的看法。

---

① 见《左传》襄公14.2,页1007—1008;31.9,页1189—1190;昭公27.2,页1482—1485。假设公元前559年,当季札拒绝继承吴王之位时大概十多岁(《左传》襄公14.2)。那么到了公元前485年,他在《左传》里最后一次评判时事,已经是九十岁左右的人(哀公10.6,页1656)。他似乎不可能那么长寿,这种情况或许是受他的贤德和传奇形象的影响。另一个可能性是"延州来季子"指的是季札的后人(《左传》,页1656)。
② 季札观乐的顺序与传世《毛诗》中《风》、《小雅》、《大雅》、《颂》的次序相合。另外,季札观乐的顺序也与"十五国风"开首五组的次序一样。汉代传习鲁、齐、韩、毛四家《诗》,然而只有《毛诗》流传至今。关于其他三传的研究,见王先谦:《诗三家义集疏》。
③ 《十三经注疏》6,39.19a。

请观于周乐。使工为之歌《周南》、《召南》,曰:"美哉! 始基之矣,①犹未也,然勤而不怨矣。"为之歌《邶》、《鄘》、《卫》,曰:"美哉渊乎! 忧而不困者也。吾闻卫康叔、武公之德如是,是其《卫风》乎!"②为之歌《王》,曰:"美哉! 思而不惧,其周之东乎!"为之歌《郑》,曰:"美哉! 其细已甚,民弗堪也,是其先亡乎!"为之歌《齐》,曰:"美哉! 泱泱乎! 大风也哉! 表东海者,其大公乎! 国未可量也。"为之歌《豳》,曰:"美哉! 荡乎! 乐而不淫,③其周公之东乎!"为之歌《秦》,曰:"此之谓夏声。夫能夏则大,大之至也,其周之旧乎!"为之歌《魏》,④曰:"美哉! 沨沨乎! 大而婉,险而易行,以德辅此,则明主也。"为之歌《唐》,曰:"思深哉! 其有陶唐氏之遗民乎!⑤ 不然,何其忧之远也? 非令德之后,谁能若是?"为之歌《陈》,曰:"国无主,其能久乎!"自《郐》以下无讥焉。为之歌《小雅》,曰:"美哉! 思而不贰,怨而不言,其周德之衰乎? 犹有先王之遗民焉。"为之歌《大雅》,曰:"广哉,熙熙乎! 曲而有直体,其文王之德乎!"为之歌《颂》,曰:"至矣哉! 直而不倨,曲而不屈,迩而不偪,远而不携,迁而不淫,复而不厌,哀而不愁,乐而不荒,用而不匮,广而不宣,施而不费,取而不贪,

---

① 《毛诗序》也提到"始基"的概念,它把《周南》和《召南》视为"正始之道,王化之基"(《十三经注疏》2, 1A. 18b)。据《毛诗序》所云,"南"指周朝文化向南发展(这里与周公和召公相关)。有些学者以为"南"是一种音乐,见顾炎武:《日知录集释》3,页49—51;顾颉刚:《古史辨》,册 3,页 642—644。陈盘不同意《毛诗传》的说法,认为"南"指古人在南方收集了这些诗,并把诗作谱入音乐之中;详见其《周召二南与文王之化》,收入《古史辨》,册 3,页 424—439。从《左传》中诗歌出现的先后顺序来看,《周南》与《召南》在《左传》成书时已经成为"国风"的一部分。
② 武王克商以后,商的领地被三分成邶、鄘、卫。后来三地发生叛乱,周公把这些领土合并起来,建立卫国,并任命武王的弟弟康叔为卫侯。卫国以往是商的领土(亦即殷墟),可参见《左传》定公 4.1。有关以往对卫国地理位置的说法,可参阅夏含夷(Edward Shaughnessy):《孔子之前:中国经典诞生的研究》(*Before Confucius: Studies in the Creation of the Chinese Classics*),页 65—66、69。
③ 《诗·周南·关雎》是《诗经》开宗明义的第一篇。孔子认为此诗"乐而不淫",见《论语·八佾》3.20。
④ 魏国为晋国所灭。晋大夫毕万掌管魏地,后来成为晋国三大氏族之一,最终瓜分了晋国。
⑤ 尧先后封于陶、唐两地,因此古人也就以"陶唐氏"指称前代圣王尧。叔虞也获封于唐,他是周成王的弟弟,后来建立晋国(见《左传》昭公 1.12,页 1218)。

处而不底,行而不流。五声和,八风平,节有度,守有序,盛德之所同也。"(《左传》襄公 29.13,页 1161—1166)

季札在观乐的过程中反复使用"其为"、"乎"等有推测意味的字词,这表明他在听到音乐前并不知道鲁人会演奏什么乐曲。然而,他却能准确无误地判断各段音乐出自哪个地域。因此,即使他用上了这些有推测意味的词语,他对各国历史和政治的判断还是非常权威的。季札的论述经常提到起源。国家的创立或其历史中的关键事件(诸如周公东征或平王东迁),都会为某个时间点赋予意义。这些意义对我们思考整个国家的未来发展非常重要。立国者的德行依旧存在,即使一些道德和政治判断针对的是非常久远的往事,它们往往也适用于当前的时局。例如,季札认为《卫风》"忧而不困",他所指的本来是卫国的立国者卫康叔如何在周初处理管、蔡之乱,还有卫武公如何在周幽王和褒姒所造成的乱世中生存下去。但是,这样的描述,同样也能套用到卫宣公(公元前 718—前 701 在位)、卫懿公(公元前 669—前 660 在位)、卫宪公(公元前 576—前 559、前 548—前 544 在位)身上。(卫宪公曾被放逐,他在晋国的帮助下复位。宪公下葬的时间,正好是季札出使鲁国的那一年。)按照这种逻辑,当季札赞赏齐国创建者姜太公时,他也肯定了齐国的丰功伟业。同样,"夏声"表现了秦国的伟大,这也显示了秦国拥有以前周的国土。古代圣王的传说仍鲜明地保留在当时人的记忆中:晋国(虽然季札没有提到这个国名)——在这里由《唐风》代表——理应能展现帝尧的令德,因为晋国的国民本来就是帝尧所管治的人的后裔,他们都很向往那个光荣的年代。在季札所表彰的音乐当中,《魏风》是唯一的例外。季札没有把它联系到任何起源或古代的先贤。相反,季札对魏国的歌颂,只立足于当前的政策和他对未来将有明君登位的展望。①

季札对古今传承的肯定,大都采用了"甲而不乙"的句式。这种表述显示了一种强烈的情绪或一种紧张的精神状态(甲),但这种状态却又不

---

① 诚如第一章所述,姚鼐曾以此为例,证明《左传》的编者特别偏袒魏氏。

至于扭曲或过于激越(乙)。这种句式表现出节制、和谐、平衡的特质,这些都是理想的音乐应当蕴含和培养的特性。值得一提的是,季札所作的两个负面的预言,不但没有用上这种制约情感的句式,也没有提到国家的起源。先是郑国的例子,当季札论及郑国时,他提到《郑风》"其细已甚"。"细"指的可能是音乐太繁琐,也可能是歌曲的主题太细碎,又或者演奏的规则太复杂——无论如何,"细"的结果是人民的不满与郑国的迅速败亡。① 至于陈国,季札并没有评论其音乐或历史。他只是直接由当前的局势出发,得出陈国将亡的判断。②

季札在讨论《大雅》和《小雅》的时候,把制约情感和精神状态的句式直接联系到周代的历史之上。在《小雅》中,政治的衰败产生了相应的不安和怨愤,但这却没有演变成叛乱和直接的批评。《大雅》则揭示了乐声变化之下的刚健正直,从而引证周初秩序的伟大。在季札讨论《颂》的部分,制约情感的句式栉比鳞次,这说明《颂》在季札心目中享有崇高的地位。《诗经》的各个部分,似乎暗藏着高下之分。这种高低的差异既立足于写作时间的先后,又跟诗歌是否能体现周初的道德和政治体系有关。如上所述,在列国的国风中,起源的论述(很多都牵涉周初的历史和诸侯立国的过程)往往联系到季札对音乐的和谐及节制的赞许。音乐的价值和重要性按照《国风》、《小雅》、《大雅》、《颂》这样的顺序递增。由于《诗经》里的《颂》同时讲述商、周两代的往事,因此《颂》不仅有推崇周初秩序的含义,它还展现了人与先祖的理想关系。换句话说,季札对于《颂》的称许,使我们从"历史时间"转到"仪式时间"的问题上去了。

季札在评论各种舞蹈时,也显示出他有意从周初的政治秩序延伸开来,讨论更早的时代。钟惺(1574—1625 年)已经指出,具推测意味的字词在这段评论中消失,取而代之的是深刻具体的观察。这也就说明了接着下来的表演并没有留下让季札慢慢推敲的余地。③ 与其说季札从历史走到理

---

① 公元前 376 年,韩国(三家分晋的其中一家)灭郑。
② 季札的预言在 65 年后应验。公元前 478 年,楚国灭陈,见《左传》哀公 17.4,页 1708—1709。
③ 钟惺的评论,转引自洪顺隆:《左传论评选析新编》,页 753。

想的仪式之中,不如说季札在这里表现了他对理想的古代制度的缅怀与追思。

> 见舞《象箾》《南钥》者,曰:"美哉! 犹有憾。"见舞《大武》者,曰:"美哉! 周之盛也,其若此乎!"见舞《韶濩》者,曰:"圣人之弘也,而犹有惭德,圣人之难也。"①见舞《大夏》者,曰:"美哉! 勤而不德,非禹,其谁能修之?"见舞《韶箾》者,曰:"德至矣哉,大矣! 如天之无不帱也,如地之无不载也。虽甚盛德,其蔑以加于此矣,观止矣。若有他乐,吾不敢请已!"(《左传》襄公 29.13,页 1165)

舞蹈表现出来的时代往更早的方向延伸。《象箾》、《南钥》都是歌颂周文王的,但季札却因为它们"犹有憾"而感慨,大概因为当时周朝尚未得到政治上的统一,因此周初的秩序尚未完全落实。② 接着,他称颂武王之乐《大武》象征着周室的荣光。③ 当季札论及商汤(商的开国君主)之乐《韶濩》时,他提到即使是圣人也会有羞惭的时候。如果这里评论的是商汤灭夏一事,那么他为何不对武王克商提出类似的批评,这就显得很有意思了。④《大武》和《韶濩》可能把荣耀和权力相提并论,至于大禹之乐《大夏》则把大禹努力不懈地改进人类生活视为重要的品德。季札把最高的肯定,留给了帝尧和帝舜的乐曲《韶箾》。⑤ 这里呈现出来的历史观,正好与战国时期的儒家思想一样。圣王的黄金时代逐渐在朝代更替中消亡,

---

① 季札所谓"惭德",可能是指商汤通过武力把政权从纣王手中抢过来。
② "憾"表明了文王早有克商之心,《史记》亦有相似的看法(见《齐太公世家》,卷 32,页 1478—1479)。宋代学者孙甫(998—1057 年)批评季札"厚诬于圣人",参见其《文王论》(《孙明复小集》)。
③《武》是《诗·周颂》里的一篇诗作(285),楚庄王曾提到这首诗,说它是武王克商时创作的一首作品(《左传》宣公 12.2,页 744—745)。有关《武》舞的描写,见《礼记集解·乐记》,卷 19,页 1021—1029;王国维:《观堂集林》,册 1,页 104—108。鲁威仪《早期中国的合法暴力》,页 227)认为《礼记》能与《周礼》和《吴子》中对军事训练的描述互相对应。
④ 除非我们也像金圣叹别具一格的解读一样,把季札对《大武》的肯定理解成一种反讽(参《天下才子必读书》,页 165)。
⑤ 孔子在齐国听韶乐,三月不知肉味(《论语·述而》7.14)。孔子认为《韶》"尽美矣,又尽善也",而《武》(武王之乐)则"尽美矣,未尽善也"(《论语·八佾》3.25)。徐复观(《中国艺术精神》,页 14)认为,孔子的论断点明了《韶》蕴含着"仁"的精神,而《武》建立在权力和征伐之上,虽蕴含"天地之义气",但却并非"尽善"。

取而代之的是越来越无能的君主;在这种更替中,周初的政治秩序成了最后一个值得赞颂的典范。

《左传》把"季札观乐"一节放到季札评论各国大夫的记叙中。"知音"和"知人"之间固然有相似的性质。事实上,从战国晚期开始,审美和解经的传统都特别强调"知人论世"的重要性(《孟子·万章下》10.8)。人的行为和处境都跟音乐一样,有一定的规律:季札考察起源、决定性的历史时刻、理想的古代制度、和谐的礼制关系,从而评论各类音乐。相反,季札对人的判断,却只从那人所处的现实政治环境着眼;季札的注意力只集中到现在和未来上。季札的评论也透露了权力和政务往往会把臣子置于危险的境地:"祸"、"难"、"败"、"患"等字眼表现出一种克制的姿态。这些字眼都在提醒读者:人在混乱的世代更应奉行自我保全的原则。季札尤其关注善意最终可能招来祸患的问题。季札在观乐之前,就曾警告鲁大夫叔孙豹,指出他可能因"好善而不能择人",最终会死于非命。① 季札还准确无误地预言了权力将由公室下移到强势的大夫手上,不过他对旧秩序的瓦解并没有多大的感伤。季札在鲁国观乐后周游列国,这次游历使他更能把握各国的形势。

> 其出聘也,通嗣君也。② 故遂聘于齐,说晏平仲,谓之曰:"子速纳邑与政。无邑无政,乃免于难。齐国之政将有所归,未获所归,难未歇也。"故晏子因陈桓子以纳政与邑,是以免于栾、高之难。③ 聘于郑,见子产,如旧相识。与之缟带,子产献纻衣焉。谓子产曰:"郑之

---

① 这个预言在叔孙豹的私生子竖牛密谋对付叔孙豹时应验(《左传》昭公 4.8,页 1256—1260)。第三章还会进一步讨论这件事。
② 公元前 548 年,吴王诸樊被杀,余祭继位成为吴王(《左传》襄公 25.12)。到了公元前 548 年,余祭又被刺杀(《春秋》襄公 29.4)。余祭之死有可能发生季札出使之前,又或者季札出使之后。接着,夷昧即位(余祭和夷昧都是季札的兄长)。杜预认为"嗣君"这里指余祭;贾逵和服虔则认为这里指的是夷昧。假如季札知道国君新丧,那他观乐一事便于礼不合(《春秋传说汇纂》,页 789—790),特别是他后来恰恰以这一点批评孙文子。
③ 齐国的权力斗争分为两个阵营,一边是陈氏和鲍氏,另一边则是栾氏和高氏,见《左传》昭公 10.2,页 1315—1318。晏婴在这场斗争中保持了中立的态度,可谓非常谨慎。

执政侈,难将至矣,政必及子。子为政,慎之以礼。不然,郑国将败。"适卫,说蘧瑗、史狗、史䲡、公子荆、公叔发、公子朝,①曰:"卫多君子,未有患也。"自卫如晋,将宿于戚,闻钟声焉,曰:"异哉!吾闻之也,辩而不德,②必加于戮。夫子获罪于君以在此,惧犹不足,而又何乐?夫子之在此也,犹燕之巢于幕上。③君又在殡,而可以乐乎?"遂去之。文子闻之,终身不听琴瑟。④适晋,说赵文子、韩宣子、魏献子,曰:"晋国其萃于三族乎!"说叔向。将行,谓叔向曰:"吾子勉之!君侈而多良,大夫皆富,政将在家。吾子好直,必思自免于难。"(《左传》襄公 29.13,页 1166—1167)

季札预见了诸侯权力的衰微,也预言了齐、晋两国的政权将旁落到强大的卿族手上,但他并没有痛斥这种现象。相反,他认为这是无可避免的发展(如齐国),甚至是合理的趋势(如晋国的情况,季札与最终瓜分晋国的韩、魏、赵三家都有很好的交情)。季札对那些可能会卷入权力斗争的人物作出无私的建议,他倡导自我保全的艺术(晏婴显然把季札的建议铭记在心,所以他才一直保持中立,又拒绝了财富和权力的引诱。因此,晏婴才在栾氏和高氏的祸患中得以自保。详见《左传》昭公 8.5,页 1302—1304;昭公 10.2,页 1315—1318)。当季札提醒子产应该依礼行政,当季札批评孙文子不应享用"不时"之乐时,他的看法与先前"观乐"

---

① 孔子曾称许蘧瑗(即蘧伯玉)和史䲡(字子玉,故又称为史玉),认为二人正直坦率,见《论语·卫灵公》15.7。史䲡曾劝告公叔发,要求他要谨守臣礼,不要骄横跋扈,由此可看出史䲡的贤明(见《左传》定公 13.3,页 1591—1592)。孔子指出,公叔发可以"文"为谥号,原因是因为他能够把一个佣人推荐到自己的官位,与他平起平坐(《论语·宪问》14.18)。
② 梁履绳把"辩"读为"变",全句指"既为变乱,而又不德"(《左传》,页 1166—1167)。
③ 燕子在帐幕上筑巢,鸟巢随时都有可能被打翻,但燕子却没有发觉自己一直置身于危机之中。
④ 有关孙文子的流亡,以及他与卫宪公的敌对关系,见《左传》襄公 14.4,页 1010—1015;26.3、5,7,页 1113—1116。宪公死于季札访卫的同一年,但只有《春秋》提及他的死亡,《左传》对此只字不提(《春秋》襄公 29.9,页 1153)。由于琴瑟之声比钟声低弱,而孙文子终生不听琴瑟所奏的音乐。由此可见,孙文子把季子的批评铭记在心。这里的孙文子有一虚心纳谏的形象。另,《左传》在描述孙文子与卫宪公争权时,格外同情孙文子。综观《左传》全书,孙文子的正面形象可谓前后一贯。

的论点基本一致。然而,总体看来,这里的分歧更耐人寻味:季札对音乐的称许,尝试总结过去,为往事归纳出一个系统,为起源和礼仪秩序提供一理想的描述;但他对各臣子和国情的判断,则显示出他对人的限制的注重,以及他对应急权变的关注。

在季札的论述中,历史的暴力时刻,比如商汤灭夏、武王克商、周初殷商旧部的叛乱,以及那些促发"平王东迁"的战祸,都因为音乐的调解而得到美化(甚或是净化)。音乐还由此表现出一种对历史的理解,尽管有时季札也没能听到最能表现古时理想的秩序的音乐。至于季札遇到的大夫,他们所面对的暴力和不稳的政局,局势更加严峻。可以说,这里分别显示了《左传》里两种占主导地位的判断模式:一种是诉诸传统,强调理想的秩序和统一的状态;另一种则集中于危难时如何切实自保。这两种观点同时交汇在同一个人身上,也就反映了这两种模式如何紧密地交织在一起。其实,季札本人的政治选择也一样能指向这两个维度:一方面,他决定以高尚的姿态摒弃个人私利,因此他的判断也就特别权威;另一方面,他可能为了自保,所以才作出这样的抉择。季札拒绝承担自己的政治责任,最终导致吴国内部自相残杀,酿成乱局(《左传》昭公27.2,页1482—1485)。①

音乐的性质以至人们对它的态度,并不会直接"导致"个人或国家的衰败。只因音乐能直接联系到人物和政权的本质,所以音乐才能成为可被解读的征兆。我们也可从音乐征兆中看出其道德含义,析出其政治意涵,甚至借此窥探天意。在某些情况下,解读这些音乐的"征兆"本身也可以引发一连串行为,譬如郑厉公在得知王子颓享受失时之乐后,决定重新辅佐周惠王。伦理价值与审美价值的融合,成为儒家的理想。季札融合审美、道德和政治的论述正可反映这种理想。《论语》、《周礼・春官・仲伯》、《荀子・乐论》、《礼记・乐记》等文献也曾就伦理与审美价值

---

① 可参考高士奇的论断,见高士奇:《左传纪事本末》,卷49,页727。

的融合详加阐析。① 不少现代学者尝试重申儒家思想能适用于现代社会,他们也特别强调伦理观和审美观的结合:辜鸿铭曾因此建议把"礼"译为"艺术"(arts),这一点得到马一浮和徐复观的赞同。② 然而,《左传》毕竟与《论语》、《乐论》、《乐记》不同。《左传》并没有把音乐视为修养道德的方法,也并不认为音乐有能力使道德教诲变得自然、自发、无可避免。这些未见于《左传》的观点,主要建基于"乐"字的两种读法:"乐"同时可读为"音乐"之"乐"和"快乐"之"乐"。③ 《左传》的音乐停留在表意和判断的层面。正因为音乐逐渐有更广泛的影响和更深厚的象征含义,人们才会对不当和放肆的音乐产生深切的焦虑。针对这类音乐的言辞,可在不同的场合里看到:有时臣子会以进谏为名,抢先捍卫自己的立场(如魏绛的例子);有时也会有人从这类音乐预言无可避免的灾难(当然,更可能的情况是,他们在回顾以前所发生的灾祸时,尝试以这类音乐提出合理的解释,这在"周景王铸造无射钟"的记述中可见一斑)。

女　人

当医和诊断晋平公的疾病时,他曾把失当的音乐当成沉迷女色的模拟。五音、五色、五味能准确地反映天之"六气"(阴、阳、风、雨、夜、昼)。过度刺激感官会令六气逆转,化为"六疾"。"不节"、"不时"的性爱就是这类疾病的一个显例,因为"女,阳物而晦时,淫则生内热惑蛊之疾"(《左传》昭公1.12,页1222)。④ 这或许解释了为什么《左传》往往会从一个人

---

① 见徐复观:《中国艺术精神》,页1—44。
② 见辜鸿铭:《辜鸿铭文集》;马一浮(1883—1967):《马一浮集》;马一浮:《复性书院讲录》;以及徐复观:《中国艺术精神》。
③ 孔子的名言"知之者,不如好之者。好之者,不如乐之者"(《论语·雍也》6.19)或最能体现此意。
④ 据杜预注,女本属阴,这里所以称之为"阳物",是因为"女阴常随男阳"。女人属"阴"也可能是后世衍生的观念,徐复观《中国人性论史》,页516)即尝征引《礼记·王制》和《内则》,以证明女人可以暖床,故被称为"阳物"。两性关系多发生在晚上,因此沉溺于闺房之乐会导致阳盛(内热)和阴盛(蛊惑)之疾。

在性爱方面的道德操守判断他的性格和命运。

医和认为平公的病因是"好淫",这种纵情声色的心态早在六年前就影响了他的政策:当时晋平公拘捕了流亡的卫宪公,又支持驱逐宪公的卫国大夫孙氏和宁氏。直到卫国的公主被相继送入晋平公的后宫,平公才释放卫侯,"君子是以知平公之失政也"(《左传》襄公 26.12,页 1124)。这些来自卫国的夫人,必定和晋侯一样姓姬。在医和下诊断的同一年,郑大夫子产指责晋平公违反同姓不婚的禁忌,并认为这正是平公生病的原因之一(《左传》昭公 1.12,页 1220—1221)。从各种描写卫国君臣权力斗争的记录来看,卫国君臣尔虞我诈、背信弃义的例子比比皆是。晋国为了扩大它对卫国的影响力,一向都有介入这类纠纷的习惯。君子并没有评论晋平公释放卫侯背后的道德涵义,他仅仅指出了因色欲而作出的政治决策预示着晋国的衰微。

晋平公的父亲悼公是最后一个提出称霸理想的晋国国君。平公在位期间,晋国衰败的迹象随处可见,这些迹象几乎全都与女人有关。晋平公受到其母的影响,召集诸侯修筑杞的城墙。晋平公的母亲是杞国国君之女,而杞国国民理应是夏禹的后裔。修筑城墙一事激起了各国诸侯的不满,有人指责平公逼迫与周室有关的诸侯倒向夏朝的遗民(《左传》襄公 29.8,页 1158)。在晋平公与齐国少姜的婚礼,以及不久以后平公为少姜举行的葬礼上,各国诸侯都必须交纳贡赋。这为各诸侯带来不少负担,因此也就造成很多国家的不满(《左传》昭公 2.2,页 1228—1229;昭公 3.1,页 1232—1233)。晋平公不恰当的两性关系,还可联系到更广义的穷奢极欲上。虒祁宫正可反映这一点。据师旷所言,虒祁宫如此铺张浪费,又打破了天地的平衡,致使晋国的石头也能开口说话,这一切都预示了灾难即将降临晋国(《左传》昭公 8.1,页 1300)。晋国建虒祁宫以展示其权力,这必定会疏远晋国和其他盟友的关系(《左传》昭公 8.1,页 1301;昭公 13.3,页 1353)。《左传》里另一拥有霸主地位的国家是齐国。齐桓公死后,齐国国力迅速衰落。这也与齐桓公沉迷于淫乐有关。"齐侯好内,多内宠。"(《左传》僖公 17.5,页 373)齐桓公先后娶了三个夫人和六个宠姬，因此继位的顺序也就非常混乱。桓公去世以后，他的儿子展开了激烈的王位之争，齐国也因此一蹶不振（《左传》僖公17.5，页373—376；18.3，页378）。①

两性关系的仪节理应是其他礼仪的标准。楚国在泓水之战中打败了宋国。楚军回国时，途经郑国，于是郑文公的夫人就到柯泽去慰劳楚成王。楚成王派师缙把俘虏和所杀的宋军的左耳陈列出来。君子批评这一举措有违礼法：妇人到柯泽迎接楚王，已跨越了女性的界限；军事和女性两个领域本该分开，楚国把战争所得的收获展示出来，也就把军事和女性两者相混同。接着，楚成王到郑国接受飨宴。宴会以后，郑文公的夫人文芈送楚成王回军营。楚王回国时，还带走了郑国的两位侍妾。

   叔詹曰："楚王其不没乎！为礼卒于无别。无别不可谓礼，将何以没？"诸侯是以知其不遂霸也。（《左传》僖公22.9，页400）

六年之后，晋国在城濮之战中战胜楚国（《左传》僖公28.3，页452—467）。十三年之后，楚成王死在自己的长子商臣手上（《左传》文公1.7，页513—515）。对现代读者来说，楚成王在两性关系上态度散漫，这与他战败或被杀，似乎并没有必然的因果关系。但在《左传》的体系里，逾越道德礼教就意味着"无别"，"无别"会在不同的范畴里给人带来错误的决定和考虑不周的行为。我们将在第四章看到，宋襄公因为恪守"古礼"，所以才在泓水之战中战败，他称霸的理想也因而落空。君子对楚成王违礼的批评，也是在泓水之战后。由此可见，楚成王的负面评价其实也响应了《左传》对宋襄公的指摘——楚成王的故事重新肯定了传统的道德礼制，它也反驳了那种隐隐可见的对古礼的轻蔑。

处理两性关系失当在以下两种情况下特别有解释力量：第一种是当因果关系不能立刻展现出来的时候；第二种则是当因果关系并没有深刻

---

① 许多战国及汉代文献均收录了齐桓公坎坷的下场。《左传》与这些文献相比，内容较为简洁。详可见《荀子·仲尼》;《管子·小匡》《小称》;《韩非子·二柄》《外储说右下》《难二》《十过》《吕氏春秋·贵公》《直谏》;以及《史记·齐太公世家》卷32，页1493—1495。

的道德涵义的时候。郑国太子忽到陈国迎娶妫氏,他们先结婚,然后再到祖庙祭拜先祖("先配而后祖")。当时,针子负责把新娘从陈国护送到郑国。针子评论此事道:"是不为夫妇。诬其祖矣,非礼也,何以能育?"(《左传》隐公 8.4,页 58—59)在《左传》的其他章节,太子忽的英勇备受推崇,因为他曾率领士兵击退戎军。太子忽在拒绝齐人提亲的事情上,也显示出他的智谋。当时,太子忽拒婚的理由是齐国过于强大,不是郑国适合的联姻对象。这说法赢得了君子"善自为谋"的称颂(《左传》桓公 6.4,页 113—114)。总的来说,我们似乎没法为太子忽悲惨的下场找到合理的解释。太子忽在父亲去世后,被同父异母的弟弟篡夺了王位(《左传》桓公 11.3,页 132)。虽然忽后来重夺王位(《左传》桓公 15.3,页 143),但仅仅两年后他就被暗杀了(《左传》桓公 17.8,页 150)。按照《左传》的记录,太子忽唯一一次违背礼法,就是他没有在完婚前向祖庙献祭。可以说,《左传》收录这件事,目的就是要解释他那别无解释的败亡。

《左传》里的女性有时能带来不稳定的状况。因为女性的角色往往存在利益冲突:她既身为人妻,却又是别人的女儿;她既出生在娘家,却又生活在丈夫的国度。《左传》里有个难忘的故事:郑厉公对权臣祭仲有所顾忌,于是派了祭仲的女婿雍纠去杀祭仲。雍纠的妻子雍姬得知此事,便问她的母亲:"父与夫孰亲?"母亲回答说:"人尽夫也,父一而已,胡可比也?"(《左传》桓公 15.2,页 143)于是,雍姬向父亲告发了丈夫的阴谋。祭仲杀了雍纠,又放逐了郑厉公。郑厉公带着雍纠的尸首逃离郑国。他针对雍纠的失误而破口大骂:"谋及妇人,宜其死也。"(《左传》桓公 15.2,页 143)这是《左传》中一个没有明确道德界线的故事,因为故事中的每个角色都展露了他们奸诈和无情的一面。故事里的五个人全部都参与过暗杀的阴谋。祭仲权倾朝野,他甚至可以肆无忌惮地驱逐自己的君主。郑厉公本来就是个篡位者;正因为有雍氏的计谋和祭仲的配合,厉公才能登基(《左传》桓公 11.3,页 131—132)。[①] 这个故事的"教

[①] 祭仲也就是建议郑庄公必须压制弟弟野心的那位贤士(见第一章)。

训"与雍姬母亲所提出的论调无关,因为从雍姬母亲自身的利益来看,她的丈夫当然比她的女婿更加重要。事实上,这个故事的"教训"正在于郑厉公最后对"谋及妇人"的批评。

每当女性思考自己的选择时,我们总会感到事情的发展越来越变幻莫测,而且混乱的状况也似乎潜伏在这些考虑之中。有些女性为了两国结盟而嫁到其他国家,最终却因有人以为自己偏袒祖国而引发纷争。这些女性的思考,最能使人感受到以上所说的流变和混乱的感觉。正如上文所述,晋平公的母亲(即晋悼公的妻子)劝服自己的儿子为她的祖国杞修建城墙。由于晋国把修建杞国城墙的责任强加到其他国家身上,各国诸侯因此非常不满,晋国的盟主地位也因而受损。后来,晋献公的女儿穆姬嫁给了秦穆公。韩之战中,晋国被秦国打败。穆姬得知堂兄晋惠公成为战俘,于是便以自己和儿女的性命要挟秦穆公,要求秦穆公释放晋惠公(《左传》僖公 15.4,页 358—359)。《烈女传》把穆姬列入"贤明"一类;然而,她过人的勇气、卓越的见识,全部都只为晋国服务。她根本没有考虑到秦国的利益。《左传》有另一个可以相提并论的故事:秦穆公的女儿文嬴嫁给了晋文公。秦军在殽之战中战败,于是文嬴便向儿子晋襄公求情,要求他释放俘获的秦国将领。最终晋襄公把俘虏放回秦国,这个决定使晋国的将领感到非常愤怒(僖公 33.3,页 498—499)。① 当一个女人跨越了家族和国族的界限,她便变成了潜在的颠覆力量。

《左传》里还记录了不少行为放荡、野心勃勃的女人。这些记录除了说明她们如何逾越规矩、造成混乱,还展示了她们所挑起的情欲如何改变国家的命运。最典型的情况是她们超越或挑战了一些道德界线——这些界线往往是合法的继承、君权、君臣关系的基础。因此,我们会看到有些母亲为了自己心爱的儿子,不惜谋害合法的继承人,诸如郑庄公的母亲(《左传》隐公 1.4,页 10—16)、卫国的宣姜(桓公 16.5,页 145—

---

① 《左传》还有其他周旋于父亲和丈夫之间的女性。举例说,怀嬴即尝试保持中立(《左传》僖公 22.5,页 394);至于卢蒲姜则选择与丈夫一起对付自己的父亲(襄公 28.9,页 1147—1148)。

147)、晋国的骊姬(庄公 28.2,页 238—241;僖公 4.6,页 295—299)、齐国的棠姜(襄公 25.2,页 1095—1098)、宋国的弃(襄公 26.8,页 1117—1119)。有些女子则因为与人通奸,引发公室与卿族之间的对立,又或因通奸而使两个国家关系恶化。这些女子包括鲁国的文姜(桓公 18.1,页 151—152)、哀姜(闵公 2.3,页 262—263)、穆姜(成公 16.5,页 890—891;襄公 9.3,页 964—966),还有齐国的声孟子(成公 16.11,页 894;成公 17.6,页 898)、棠姜(襄公 25.2,页 1095—1098)和宋国的南子(定公 14.8,页 1597—1598)。《国语》详细记录了褒姒如何导致周朝的衰亡(《国语·郑语》,页 519)。① 另外,《国语》讲述"骊姬乱晋"的故事也比《左传》详尽。《国语》里,史苏警告各大夫要提防骊姬。他的说法使红颜祸水的论调更能广泛套用到不同的时代。按照史苏的看法,所有倾国倾城的女子似乎无一不与朝政日非和亡国之君扯上关系(《国语·晋语》1.2,页 255)。当然,《左传》和《国语》也不乏聪明贤惠的女性,但她们明智的判断影响有限,根本无法左右大局。②

《左传》中有一些例子,因果关系并非不言自明。因此《左传》刻意把美丽而放荡的女人铺写出来,把她们视作事件发生的"充分理由"。这一点从《左传》的隐含作者或预言家身上可以看到,当他们尝试看穿事情的谜团,从中把握那一结合了各种隐喻、偶然和必然的动力的符号,我们往往可以看到女性就是这个符号。或许,最能反映这一点的例子,就是声

---

① 周幽王之妃褒姒是颓靡奢逸的象征。她所代表的过度享乐,最后导致周室衰微。叔向引用《诗·小雅·正月》(192)中"赫赫宗周,褒姒灭之"一句,证明逾越的行为如何削弱政治的权威,并借此预言楚国王子围(后来的楚灵公)的败亡(《左传》昭公 1.3,页 1208)。
② 例如楚国的邓曼(《左传》桓公 13.1,页 137—138)、卫国的定姜(《左传》成公 14.5,页 870)和伯宗之妻(《左传》成公 15.5,页 876;《国语·晋语》5.14,页 407)三人都预知灾难即将发生,却又无力阻止。另外,僖负羁的妻子预言重耳必定会有远大前程,她说服丈夫不要像曹君那样怠慢重耳,反而以礼相待(《左传》僖公 23.6,页 407)。她的预言最终应验。后来当晋国攻入曹的时候,重耳特别命令部下不得进入僖负羁的家,又赦免其族人。这反而触怒了重耳的部下,最后他们纵火焚烧僖负羁的宅邸(《左传》僖公 28.3,页 454)。有关这些例子的分析,可参阅瑞丽(Lisa Raphals):《分享烛光:早期中国的女性与德行》(Sharing the Light: Representation of Women and Virtue in Early China)。

名狼藉的夏姬的故事。夏姬是不少事情的"始作俑者",但《左传》从未直接描写她。她没有说过多少话,我们只能从她挑起的情欲,以及随之而来的灾祸,来窥探她这个人。吊诡的是,她在叙事中的缺席,却象征了她巨大的权力和她身上所承担的解释能力。《左传》首次提到夏姬,背景是她与陈国的君主(陈灵公)和两位大夫(孔宁和仪行父)都有奸情。他们在朝堂上展示夏姬贴身的汗衣,又拿和她亲昵的关系开玩笑。一位大夫向陈灵公进谏,最终却在孔宁和仪行父的要求下被杀。陈灵公也默许了这次谋杀(《左传》宣公9.6,页701—703)。夏姬纵情滥欲,也令人怀疑她儿子的生父是谁。

  陈灵公与孔宁、仪行父饮酒于夏氏。公谓行父曰:"征舒似女。"对曰:"亦似君。"征舒病之。公出,自其厩射而杀之。二子奔楚。(《左传》宣公10.4,页707—708)

于是,楚庄王移兵陈国,以"恢复纲常"——夏征舒因弑君而被杀,楚国吞并了陈国,把它设置为县。然而,楚庄王不久又恢复了陈国的主权(《左传》宣公11.5,页713—716)。十年之后,楚大夫巫臣与夏姬私通。这时候《左传》回顾了夏姬如何在楚庄王伐陈以后,成为楚国君臣的争夺目标。

  楚之讨陈夏氏也,庄王欲纳夏姬。申公巫臣曰:"不可。君召诸侯,以讨罪也;今纳夏姬,贪其色也。贪色为淫。淫为大罚。《周书》曰:'明德慎罚',文王所以造周也。① 明德,务崇之之谓也;慎罚,务去之之谓也。若兴诸侯,以取大罚,非慎之也。君其图之!"王乃止。子反②欲取之,巫臣曰:"是不祥人也。是夭子蛮,杀御叔,③弑灵侯,

---

① 巫臣在这里引用了《尚书·康诰》"惟乃丕显未文王克明德慎罚,不敢侮鳏寡,庸庸祗祗,威威显民,用肇造我区夏"一句而加以撮写。
② 邲之战,晋、楚争霸,子反是其中一位楚军统帅(《左传》宣公12.1—2,页718—747)。
③ 夏姬初嫁子蛮,后嫁御叔;御叔也就是夏征舒的父亲;见《左传》,页804。

戮夏南,出孔、仪,丧陈国,何不祥如是? 人生实难,其有不获死乎!①天下多美妇人,何必是?"子反乃止。王以予连尹襄老。襄老死于邲,②不获其尸,其子黑要烝焉。巫臣使道焉,曰:"归!吾聘女。"(《左传》成公 2.6,页 803—804)

没有太多人关注巫臣的心理。究竟他说出那种肯定周初制度、强调礼法的传统论调,是否只是出于私利?还是他真的相信那种说法?巫臣精彩地论述了夏姬将破坏合法的政治权威,又提出夏姬将为他人带来厄运,但十年之后,他设计了一个骗局。他让夏姬先回郑国(借口是要找回连尹襄老的尸首),然后自己到郑国聘她为妻,随后二人再一同逃往晋国(《左传》成公 2.6,页 804—806)。子反得悉自己被巫臣欺骗,怒火中烧,于是他联合楚国的令尹子重(他与巫臣有其他过节),一起杀死了巫臣的族人(《左传》成公 7.5,页 833—834)。巫臣为报灭门之仇,请求以晋国使臣的身份出使吴国。巫臣教吴人使用战车,又向吴人传授兵法,接着还煽动吴国背叛楚国(《左传》成公 7.5,页 834—835)。夏姬对楚国分裂和吴国兴起影响至巨,可以说她正是决定《左传》后半部分权力分布的最重要的历史人物。

在夏姬的故事里,动机、情欲、机会互相影响。《左传》的其他地方把这种复杂的关系变为单纯的理论,并运用这套理论解释一个令人不安的现象:假如一个人行为正直,他的家族怎么会惨淡收场?晋大夫叔向乃羊舌氏的子孙,他素以正直和才智闻名于世。《左传》交代了羊舌氏被灭族以后,又告诉我们:"初",叔向想要娶夏姬和巫臣的女儿为妻,叔向的母亲则想从自己的家族里挑选她的媳妇。叔向害怕母亲的嫉妒之心会在自己的家庭滋长,便说:"吾母多而庶鲜,③吾惩舅氏矣。"(《左传》昭公 28.2,页 1492)于是,叔向的母亲便以正室的身份,为自己的嫉妒之心

---

① "人生实难"一句,意谓保全性命非常困难;另一种理解是生命可贵,得之不易。"其有不获死乎",也就是说假如子反娶了夏姬,他不可能会免于凶死。
② 见《左传》宣公 12.2,页 743。
③ 叔向的意思是他的母亲不会轻易让其他姬妾接近自己的夫君。

辩护：

> 初，叔向之母妒叔虎之母美而不使，其子皆谏其母。其母曰："深山大泽，实生龙蛇。彼美，余惧其生龙蛇以祸女。女敝族也。国多大宠，不仁人闲之，不亦难乎？余何爱焉？"使往视寝，生叔虎，美而有勇力，栾怀子嬖之，故羊舌氏之族及于难。（《左传》襄公21.5，页1061）

《左传》把这个预言收录到公元前552年的记录之中。同年，叔虎因卷入栾氏的阴谋，最后被晋国正卿范宣子杀死（《左传》襄公21.5，页1058—1059）。《左传》从来没有提过叔虎有什么品质可媲美"龙蛇"。他的英俊和勇力赢得了栾怀子的欢心，但当栾氏因为一场巨大的阴谋而牺牲时，叔虎也跟着被杀了（栾怀子的母亲是范宣子的女儿。她和一个家臣私通，几乎因此毁了整个家族。为了防止事情败露，她向范宣子毁谤栾怀子，说栾氏正密谋对付范氏）。一个人的品性很难解释他为何会莫名其妙地牵扯进晋国宗族间残酷的权力斗争之中。有人或会为了报复而促发这些斗争；有人或因贪图权势而挑起争端；有人或会为了自保，所以才在危机降临前先下手为强。无论如何，栾怀子和叔虎都是无辜的牺牲者。① 这些有关权力斗争的叙述，由客观地描写各人的纠纷，转而尝试寻找意义更广的道德解释。从这个意义上说，这里提供的预言非常随意。这个预言的解释能力，主要来自当时的人都意识到与晋国公室有关的宗族正面临威胁，以及他们都对美人足以倾国有所畏惧。只有美人那种神秘的破坏力，才能解释为何一个正直的人会有满门覆灭这种下场。

叔向母亲的嫉妒之心或许会左右她的判断，然而，她说的话也毫无疑问地展示了她的权威②（同样地，即使巫臣垂涎夏姬的美色，他提出

---

① 栾怀子尝试重新进入晋国，《左传》特别同情他，详见《左传》襄公23.3，页1073—1076。
② 钱钟书分析了篇中含糊不清的地方，并强调叔向之母如何以妒忌来确立自己的见解，可参阅钱钟书：《管锥编》，册1，页213—215。

夏姬之美能带来危险这个忠告却并不因而无效)。羊舌氏被灭族以后,《左传》立即回顾了她当年的预言。叔向的母亲再次以预言者的权威身份出现。她征引了无数的历史先例,借此反对叔向与夏姬、巫臣之女结合:

> "子灵之妻杀三夫、一君、一子,而亡一国、两卿矣,可无惩乎?吾闻之:'甚美必有甚恶。'是郑穆少妃姚子之子,子貉之妹也。子貉早死,无后,而天钟美于是,①将必以是大有败也。昔有仍氏生女,黰黑,而甚美,光可以鉴,名曰玄妻。乐正后夔取之,生伯封,实有豕心,贪惏无餍,忿类无期,谓之封豕。有穷后羿灭之,夔是以不祀。且三代之亡,共子之废,皆是物也,女何以为哉?夫有尤物,②足以移人。苟非德义,则必有祸。"叔向惧,不敢取。平公强使取之,生伯石。伯石始生,子容之母走谒诸姑,曰:"长叔姒生男。"姑视之。及堂,闻其声而还,曰:"是豺狼之声也。狼子野心。非是,莫丧羊舌氏矣。"遂弗视。(《左传》昭公 28.2,页 1492—1493)

"甚美必有甚恶",任何事情走到极端,都会失去平衡,从而带来危险。在所有逸乐和欲望的矛盾当中,极致的美丽最容易备受指责。周室的王子晋在劝谏周灵王不能任由自己按一己喜好行事时,曾经引用过一句话:"祸不好,不能为祸。"(《国语·周语》3.3)"好"这种欲望可以削弱一个人的意志和判断力;"好"经常标示出人如何参与了自己的毁灭。但在叔向母亲的言论中,极致的美丽代表了一种神秘的世代相传的危险,而这种危机并不一定与欲望有关。因此,即使没有任何文献提到仍氏之

---

① 杜预认为子貉就是命途多舛的郑灵公;竹添光鸿则认为子貉和灵公是两个人;详见《左传会笺》昭公 28.15。这里叔向的逻辑是夏姬身为子貉之妹,她非凡的美貌已耗尽上天的福泽,因此她的兄长才会早早夭亡。
② 弃是宋平公所钟情的女人,《左传》也曾用"尤"字形容她(《左传》襄公 26.8,页 1117—1119)。许慎谓"尤,异也",但"尤"字在《左传》中时有错误和罪咎之义。"尤物"往往用来指称那些招来灾祸的绝色美女。她们引发灾难,有时是因为她们违礼与过分的行为,有时则是因为她们诱使倾慕者做出乖戾的举动。

女私德有亏,我们也看不到她和她的丈夫夔有什么不合礼法的举措,她还是生下了邪恶的伯封。同样,《左传》也没有记录伯石的恶行或其母的美艳,它只是暗示了夏姬极致的美丽所潜藏的危险也会遗传给自己的女儿。《左传》在插叙叔向与他的母亲的这段对话之前另有一则记录,我们可以从中看到伯石(即引文的杨食我)似乎只是一个受害者。因为他的疏忽,才导致他整个宗族的覆亡。

> 晋祁胜与邬臧通室。祁盈将执之,访于司马叔游。叔游曰:"《郑书》有之:恶直丑正,实蕃有徒。无道立矣,子惧不免。《诗》曰:'民之多辟,无自立辟。'姑已,若何?"盈曰:"祁氏私有讨,国何有焉?"遂执之。祁胜赂荀跞,荀跞为之言于晋侯。晋侯执祁盈。祁盈之臣曰:"钧将皆死,慭使吾君闻胜与臧之死以为快。"乃杀之。夏六月,晋杀祁盈及杨食我。食我,祁盈之党也,而助乱,故杀之,遂灭祁氏、羊舌氏。(《左传》昭公 28.2,页 1491—1492)

叔游认为道德原则在混乱的时代不得不屈从现实的考虑。他征引了《诗经·大雅·生民》里的诗句。"孔子"曾引用同一句诗来批评泄冶,因为泄冶就夏姬之事劝谏陈灵公,结果招来杀身之祸(《左传》宣公 9.6,页 702)。从以上两个例子可见,《诗经》的那句话似乎暗示了一个人应该为了自保而调整自己的道德立场。《左传》的叙述认同祁盈有权惩罚放荡的家臣,它甚至认为祁盈惩处他们有道德上的依据。然而,当祁盈的手下采取主动,把祁胜和邬臧杀了,局势也就完全失控了。最后晋顷公以伸张正义为借口,私自消灭了祁氏和羊舌氏两族。司马迁在讲述晋国历史时,曾这样总结上述故事:

> 晋之宗家祁傒孙、叔向子,相恶于君。六卿欲弱公室,乃遂以法尽灭其族,而分其邑为十县,各令其子为大夫。晋益弱,六卿皆大。
> (《史记·晋世家》卷 39,页 1684)

六卿当中,范氏、中行氏(荀氏)、智氏三族在《左传》完结之前已经覆灭,余下的韩氏、赵氏、魏氏三家则在后来瓜分了晋国。

从叔虎的故事里,我们可以看到有关权力和政治的论述,背后总存在分歧。一方面,《左传》收录了所有的计算与妥协,同时它又尝试为这些史事提供一个道德的解释。正因为这两者之间的张力,才让《左传》与其他寓言故事有所不同。举例说,当叔向的母亲出现在《列女传》的"仁智"中,①文中并没有提及她对叔虎之母的嫉妒,也没有说明伯石可能无辜。这些没有出现在《列女传》里的细节,很可能会削弱叔向母亲的说服力。据《国语》所载,叔向的母亲在伯石和自己最小的儿子叔鱼出生时,就预言了他们的厄运(《晋语》8.3,页453)。《列女传》收录了这些预言,又补充说伯石、叔鱼"皆贪不正",但书中却始终没有提及他们卷入晋国权力斗争的背景。②

《左传》尝试着追溯往事来解释当时发生的事情,它提供的"起因"建基于一系列的先例,而这些例子则表现出一种普遍的法则:悲惨的结局与惊艳的美人有关。我们根本没有任何从道德观念出发的解释:叔向的母亲只是单纯运用历史的先例,"证明"美艳的女性会生出奸邪或不得善终的后代。《左传》甚至没有提过叔向娶回来的妻子是否真的漂亮,大概身为尤物的女儿就足以证明她会带来灾难。夏姬的女儿和她不幸的外孙体现了命运的残酷,他们使那些别无解释、无从理解的事情变得合理。在祁氏和羊舌氏覆灭以后,正卿魏戊把两族的土地分成十份,分别交由自己的亲属和属下掌管。本书的引言已经提到,晋大夫成鱄对比了新的政局和武王伐纣后的政治秩序:这就意味着魏戊的功绩可媲美"文王之德"。《左传》又征引了孔子的赞美:"魏子之举也义,其命也忠,其长有后于晋国乎。"(《左传》昭公28.3,页1494—1496)这是《左传》中修辞和现实落差最大的一个地方。此处对魏氏的赞扬显而易见,这再次提醒我们,《左传》的作者或编纂者可能与魏氏有关。《左传》把红颜祸水视为宿

---

① 《列女传》,卷3,页6a—7b。
② 有关叔向之弟叔鱼的下场,可参阅《左传》昭公14.7,页1366—1367。《左传》中叔向之母并没有在叔鱼出生时预言他的邪恶,也没有提及叔向之子伯石的罪咎,书中只记叙了叔鱼的谎言。另,《列女传》还记录了叔向之母劝其丈夫受羊一事,以此彰显其贤德。

命,有可能是为了解释晋国历史上的关键性发展——卿族最终战胜了与公室有关的各个宗族。

假如我们将有关夏姬、叔虎和伯石三人的散乱叙事,拿来与叔向母亲的言论作比较,我们就会发现,《左传》细致观察的复杂的人间现实,如何转变成征兆应验过程中对比的并置和突兀的汇聚——美丽与败亡、开端与终结、出生(伯石之生)与死亡(羊舌氏之亡)。叔向的母亲听到新生婴儿的哭声,就提出它是预示着毁灭的"狼子野心"。这里的预言变得非常玄秘。① 以前的相面术,大概都像楚国令尹子上一般,因为楚公子商臣"蜂目而豺声",所以子上就能断定商臣乃"忍人也"(《左传》文公 1.7,页 514)。但此处的预言却远远超越了这种相面术,因为伯石只是刚刚诞生,叔向的母亲就能判断他象征着灭亡。伯石象征着终结的开始,但《左传》却无意要使这象征更加逼真。如上所见,《左传》从来没有交代过伯石的恶行。叔向的母亲借红颜祸水的解释能力,才使其预言得以成立。然而,正如音乐一样,我们在并置这些叙事时,不但会留意到这些符号的效力,还会看到它们的局限。

阐释的叙事

音乐和女人都是有解释能力的"充分理由"的范例。两者都代表了人对逸乐、欲望、放纵等历史的破坏性因素有所畏惧。如上所见,音乐的象征意义非常清晰,传统的论述也对这个象征有更深入的阐发。相对而言,《左传》更有意识建构"红颜祸水"这一意象——有时我们甚至可以说《左传》一厢情愿地利用这个意象——以解释那些似乎别无其他理解方法的事件。不论是音乐还是女人,两者都指向一种对完整的因果关系的追求。我们可由此看出,人们正寻找一个能够影响整个系统的符号,一

---

① 相似的主题和叙事结构还可在《左传》的其他部分看到。如楚令尹子文在外甥越椒出生时,就作出了类似的预言。《左传》把这则预言放在越椒叛乱之前,这场叛乱几乎导致其宗族的覆灭(见《左传》宣公 4.3,页 679—680)。

个能把看似毫无关联的事件汇集起来的符号。事实上,这一章还讨论了其他与因果关系有关的概念,好像各类"细微的开端"、模范的力量、"渐"(事情逐渐发展,无可更改)的观念。这些概念都倡导了历史的必然——可以说,该发生的事总要发生。尽管《左传》中丰富的细节有时会给人一种印象,以为事情的发生纯属偶然,但是《左传》从来没有把机遇看作因果关系中的一环。

因果关系的原则和动因,主要由预言家负责分析。但由于这些原则和动因也同时决定了叙事的结构,因此它也就主导了《左传》隐含的"叙事者"的声音。《左传》有不少例子,延伸的叙事提供了多种对最终结果的预言,《左传》有时又以各种不同(乃至于矛盾)的观点反复阐释事件。由于《左传》以编年的方式著录史事,我们很可能会在不同年份的记录里,读到这些展望将来(有可能由后来的人提出)或追溯前因的片段。然而,即使我们尝试把这些分散的片段组织起来,它们互不协调的情况仍然一目了然。我们归纳出来的并不是线性的发展,这些片段亦没有什么悬念或高潮。我们只可从这些片段找到不断重复的预兆,这些预兆提示了事情的结果和起因。另外,我们也可从这些片段看到各人不厌其烦地重申这些预兆,反复地解读它们。

韩之战这个例子正可说明以上的现象(《左传》僖公 15.4,页 351—366)。在这场战争中,秦国打败了晋国,晋惠公被秦国所俘。从秦国决定支持流亡的公子夷吾(后来的晋惠公)回国继承晋侯之位开始(《左传》僖公 9.6,页 330—331),各种预示着他不得善终的征兆相继出现。从僖公九年到僖公十五年,所有与夷吾有关的记录,构成了一个连贯的叙述。这个叙述的要旨在于辨明晋国在韩地战败的原因,罗列晋国败绩的征兆。《左传》隐含的叙事者有感于夷吾战败和他一脉绝后都是无可避免的,因此他觉得自己似乎有必要解释他当初为何可以成为晋国的国君。从表面上看,最明显的原因当然是秦国的支持。而秦国之所以选择帮助夷吾,正因为秦国看准了他的势力较弱。秦国大夫公孙絷早已预言夷吾无法为晋国带来安定,因为"其言多忌克"。秦穆公也考虑到夷吾的缺

憾,因此才决定扶持他回国继位:"忌则多怨,又焉能克?是吾利也。"(《左传》僖公 9.6,页 331)①

夷吾的举止反映了他的命运:当他接受意味着周天子承认其诸侯地位的瑞玉时,他的表现是"惰"(《左传》僖公 11.2,页 338)。对于这种态度,史过曾向周王汇报说:

> 晋侯其无后乎!王赐之命,而惰于受瑞,先自弃也已,其何继之有?礼,国之干也;敬,礼之舆也。不敬,则礼不行;礼不行,则上下昏,何以长世?(《左传》僖公 11.2,页 338)

正是夷吾即位时的态度,预示了他的血脉将遭逢厄运。

人为错误能与自然灾害互相对应。在韩之战发生的前一年,沙鹿山崩塌。晋国的卜偃看出了凶兆,说:"期年将有大咎,几亡国。"(《左传》僖公 14.3,页 347)夷吾的怠惰与这次山崩互相照应,两者同时成为晋国衰败的征兆。当然,《左传》并没有这样描述韩之战,它只是提供了各种有关这次战果的预言和解释。在战争的前夕,《左传》不断重申夷吾的道德缺陷,并把这些缺陷视为秦、晋交锋的原因。夷吾缺乏信誉,也没有正确的判断力。而且,他还背叛了国外(主要是秦国)和国内(支持他登位的臣子)的支持者。

> 晋侯之入也,秦穆姬属贾君焉,②且曰:"尽纳群公子。"晋侯烝于贾君,又不纳群公子,是以穆姬怨之。晋侯许赂中大夫,既而皆背

---

① 在《国语》中,公孙絷同时向重耳(后来的晋文公)和夷吾吊丧,并观察他们兄弟的行为举止有何区别。秦穆公一开始从道德上来考虑问题:"吾与公子重耳,重耳仁。再拜不稽首,不没为后也。起而哭,爱其父也。退而不私,不没于利也。"但公孙絷却从秦国的实际利益立论:"君之言过矣。君若求置晋君而载之,置仁不亦可乎?君若求置晋君以成名于天下,则不如置不仁以猾其中,且可以进退。臣闻之曰:仁有置,武有置。仁置德,武置服。"他最终说服了秦穆公,见《国语·晋语》2.8,页 313。
② 宪公娶于贾,贾女却无所出(《左传》庄公 28.2,页 238—242)。杨伯峻采用了唐固、惠栋和洪亮吉的意见,认为与夷吾有奸情(即所谓"烝",上淫曰烝,意谓与比自己地位高的女性发生不正当的性关系)的贾姬并非宪公的原配,而是申生的寡妻。至于宪公的原配贾女则是夷吾的继母,她比夷吾更年长。(《左传》,页 351—352)。

之。赂秦伯以河外列城五,东尽虢略,南及华山,内及解梁城,既而不与。晋饥,秦输之粟;秦饥,晋闭之籴,故秦伯伐晋。(《左传》僖公15.4,页351—352)

《左传》在罗列了所有导致战争发生的原因之后,立即交代了一次有关这场战争结果的占卜。这次占卜的结果十分含糊,含糊得足以使秦穆公感到害怕。但最终占卜者还是从占卜的卦象看出了晋国战败的预兆。这次战争的记录以占卜的结果迅速应验开始:"三败及韩"。这次战争结合了人为的失误与天降的异象。这一点引起不少人讨论天人之际的问题,论者都希望从这次战争中分析命运与人力之间的张力与平衡。在韩之战以后,我们得知晋国失利早在有关伯姬(晋室的长女,即夷吾的姐姐,也就是上文的穆姬)和秦穆公的婚事的一则预言中,就已经有所暗示。但是,当晋惠公指责他的父亲晋献公没有遵循占卜的结果而反对这门婚事时,随侍的韩简责备了晋惠公。他强调了人的作为才是决定成败的关键:

初,晋献公筮嫁伯姬于秦,①遇归妹䷵之睽䷥。② 史苏占之,曰:"不吉。其繇曰:士刲羊,亦无衁也;女承筐,亦无贶也。③ 西邻责言,

---

① "伯姬"意谓"晋室长女"。她在嫁给秦穆公以后,也被称为"穆姬"。"穆姬"这个名称结合了秦国国君死后的谥号(穆),以及她本来的姓氏(姬)。
② 按照字面理解,这句话的意思是"他遇上归妹卦变为睽卦"。归妹是传世《周易》里第54卦,睽则是第38卦。归妹的上爻是阴爻,假如它转为阳爻,就成了睽卦。我们将会在下一章讨论变爻的问题。《左传》的预言往往最关心的就是变爻,因为它体现了事情变动不居的本质。有时占卜者必须同时考虑本卦和变卦两个卦象。尽管这类文字一般有不少注释,但是我们似乎还未能掌握这些神秘的卦象应当如何理解,还不知道这些预言有什么含义。另,林理彰(Richard John Lynn):《易经:以王弼注为基础的新译本》(*The Classic of Changes*: *A New Translation of the I Ching As Interpreted by Wang Bi*)把"归妹"译为"出嫁之女子"(marrying maid),把"睽"译为"乖离"(contrariety)。
③ 传世《周易》里两句的先后次序不同,原文为"女承筐无实,士刲羊无血",史苏称引时又加上了"亦"字。

不可偿也。① 归妹之睽,犹无相也。"② 震之离,亦离之震。③ 为雷为火,为嬴败姬。车说其輹,④ 火焚其旗,不利行师,败于宗丘。⑤ 归妹睽孤,寇张之弧。⑥ 侄其从姑,六年其逋,⑦ 逃归其国,而弃其家,明年其死于高梁之虚。及惠公在秦,曰:"先君若从史苏之占,吾不及此夫!"韩简侍,曰:"龟,象也;筮,数也。物生而后有象,象而后有滋,滋而后有数。⑧ 先君之败德,及可数乎? 史苏之占,勿从何益?《诗》曰:'下民之孽,匪降自天。傅沓背憎,职竞由人。'"⑨(《左传》僖公 15.4,页 363—365)

史苏的预言一字一句都得到了应验:晋国在韩之战中败北,秦国扣押了晋惠公的儿子圉作为人质,长达六年,这也就印证了所谓"从姑"之说(《左传》僖公 17.2,页 372)。后来,晋惠公去世,圉逃出秦国回到晋国,并遗弃了他在秦国所娶的公主(僖公 22.5 则,页 394)。圉的继位非常短暂(僖公 23.4,页 402—403),他在一年之后就在高梁被重耳杀死(《左传》僖公 24.1,页 414)。

预言的精准强化了宿命论的色彩。但是,秦、晋联姻与晋国战败两者,并没有什么必然的关系。从僖公十年(公元前 650 年)到僖公十五年

---

① 从这句开始,史苏把占辞套用到秦、晋的关系之中。
② 不仅归妹卦的上爻预示着凶灾,睽卦的上爻也是不祥之兆。
③ 震是归妹的外卦,离是睽的外卦。当归妹变为睽时,震也相应变成了离。按传统的解读方式来说,"震之离"并不能改换成"离之震"。但在这里,震与离分别对应的"雷"与"火",由于两者都有灾祸之义,因此卦象也就能互换了。
④ "说",今作"脱"。归妹和睽的内卦都是兑,脱离之义或从兑卦衍生出来。这个意象既可从字面上理解(指战事失利,战车分崩离析,车輹脱落),又可视为一种隐喻(指将军阵法大乱)。
⑤ 杜预训"丘"为"邑","宗丘"的意思也就是"宗邑",指祖先聚居之地。杜预在《左传》其他地方提到"宗丘"是"韩原"(韩国的平原)的别名;见《春秋土地名》,转引自竹添光鸿:《左传会笺》僖公 15.85。
⑥ "睽孤"和"寇张之弧"均是睽卦上爻的爻辞。
⑦ 夷吾之子圉(即怀公)在秦国做了六年人质(也就是说,他跟从姑母穆姬)。据竹添光鸿所述,震卦阳爻在下,代表少男,而离卦阴爻居中,代表长女。震变为离,因而有"侄从其姑"之义(竹添光鸿:《左传会笺》僖公 15.85)。
⑧ 从历史角度说,以龟甲的裂纹预言吉凶似乎比使用蓍草占卦时间更早。
⑨《诗·小雅·十月之交》(193)。

(公元前645年),有关夷吾的缺失和过错的记录,充分解释了韩之战的结果。事实上,真正把晋献公拯救出来,使他免受秦国无尽的扣押和羞辱的人,正是他的姐姐穆姬。没有穆姬竭力求情,没有她以自己和儿子的性命苦苦相逼,晋献公很可能还要受更多的苦。如果晋献公决意要反对伯姬和秦伯的婚事,那么晋国就会失去这个调停者,整个国家很可能会蒙受更大的损失。从这个角度说,反对秦、晋联姻的预言没有好好应验,它形成了一个吊诡的情况。韩简的谏言强调,晋献公的罪孽并不会因为一次没有遵从占卜的结果而加深。按照这种逻辑,占卜揭示了事物潜在的倾向;占卜的结果仅仅反映了人物品性和外在局势两者的趋势,占卜根本不能引发这些趋势。换句话说,史苏的预言关注的并不是伯姬的婚姻,而是晋国这个政体的整个状态。他借用了没有成果的联姻作为隐喻,表明这桩婚事根本无法逆转由晋侯父子(献公和惠公)败德的行为所造成的恶果。《左传》在叙述韩之战的后果时,人为的责任以及人受制于无法控制的力量的困局,同时决定了整个叙事的性质。尽管穆姬模棱两可的角色和韩简精彩的谏言,都使我们觉得人应负最终的责任。

另外,《左传》还从另一层面补入了一种超自然的因果关系:秦穆公表示要"从晋君而西"(即把晋侯带回秦国作为俘虏),认为这"亦晋之妖梦是践"(《左传》僖公15.4,页357)。这里的"妖梦"指的是晋大夫狐突遇上晋国太子申生的鬼魂(申生被骊姬诽谤、中伤,最后又因她的阴谋而自杀身亡。骊姬是申生之父晋献公的宠妃)。以下让我们看看这段奇特的文字:

> 晋侯改葬共大子。① 秋,狐突适下国,遇大子。② 大子使登,仆,③而告之曰:"夷吾无礼,余得请于帝矣,将以晋畀秦,秦将祀余。"

---

① 晋献公以为申生谋反,申生因此自缢而死,晋国或没有正式下葬他。后来,夷吾准备以正式的礼仪改葬他(或为了巩固自己的合法地位)。据《国语》所述,当晋人打开申生的棺木时,申生的尸体发出了刺鼻的臭气。晋人于是唱道:"贞之无报也,孰是人斯,而有是臭也?"这首歌谣认为申生的尸首之所以会腐朽如此,原因是夷吾的态度并不诚恳。这也为夷吾失势,重耳即位诸事埋下伏笔(《国语·晋语》3.2,页316—317)。
② 申生早在六年前自杀身亡。
③ 狐突在申生生前是他的车夫。

对曰:"臣闻之:神不歆非类,民不祀非族。君祀无乃殄乎?且民何罪?①失刑乏祀,君其图之。"君曰:"诺。吾将复请。七日,新城西偏将有巫者而见我焉。"许之,遂不见。及期而往,告之曰:"帝许我罚有罪矣,敝于韩。"(《左传》僖公10.3,页334—335)

申生要求狐突为他驾车,这延续了人物生前的角色及关系。然而,申生生前本来是道德的楷模,死后却变成了恶鬼。因为他自己一个人被冒犯(有的论者把晋惠公的"无礼"解释为他与申生的寡妻贾姬私通),申生的鬼魂就要毁灭整个国家。即使狐突最后劝止了他,但申生的考虑不过是私人的利益(如果秦国灭了晋国,他将无人祭祀)。②狐突在这里提出,鬼神只能享用自己族人的祭祀。但《左传》在其他地方却又提到,不论献祭者是些什么人,只要他们人品端正,鬼神就可以享用他们的祭品(例见《左传》僖公15.8,页309)。两种说法似乎互相矛盾。狐突的说法却也可从《左传》另一些片段中得到印证。在这些片段中,个别的神灵负责的范围较小,他们只需眷顾特定的宗族。这些神灵只能接受自己的宗族献祭,似乎也很合理。③

狐突遇上申生的鬼魂,似乎是众人皆知的事情。秦穆公抓住这个事件,以此解释晋国战败的原因,使晋国败绩显得更合理。这里把与鬼相遇当成"梦",也就表明当时的人可以把私人的经历或鬼神的现象当成公共的事件,尤其当这个经历或现象与国家的命运有关时。我们无法追查

---

① 申生的鬼魂因为惠公的罪行而惩罚所有晋国人,他的气量似乎比秦穆公更小。秦穆公曾在晋国陷入饥荒时,两次把粮食输送给晋国(《左传》僖公13.4,页344—345;15.8,页367)。由此可见,秦穆公认为国民不应因国君之罪而受到惩罚。
② 据马戎所述,"无礼"或指改葬申生之事,竹添光鸿亦同意这种说法(《左传会笺》僖公10.58)。有些注家则认为这里指的是夷吾与申生的寡妻通奸,又或者指夷吾与其父晋襄公的寡妻通奸,见《左传》,页351—352。
③ 譬如宁武子即曾反对卫成公祀相,见《左传》僖公31.5,页487。《左传》也曾提到某人的鬼魂因子孙灭绝,而无人祭祀(《左传》宣公4.3,页680),又或者是鬼魂拒绝接受子孙的献祭(《左传》襄公20.7,页1055)。臧文仲使国人向停留在鲁国东门的海鸟献祭,这做法被展禽批评。展禽详细地论述了祭祀的条件,认为除非有特殊功绩,否则只有同族之人才能举行祭典(《国语·鲁语》1.9,页165—170)。这种看法也见于《礼记·曲礼》:"非其所祀而祀之,名曰淫祀,淫祀无福。"另《论语·为政》(2.24)也提到:"非其鬼而祭之,谄也。"

这则记录的源头,但显而易见的是,这个梦的内容并没有考虑过申生这个人本身的性格。这则记叙的主旨是要教读者留意夷吾逾越礼制的举动,以及他如何招致鬼神的厌恶。这里表明了晋国的战败是无可避免的。然而,当秦穆公宣布他要践行晋国的"妖梦"时,表现出来的却是人如何操纵所谓"必然发生"的征兆,借此获取政治利益。

有些预言家似乎有能力回避灾难,但他们的建议是注定不会被采纳的。事实上,正是他们预言的能力,才是他们沮丧而无力的根源。这一点进一步强化了宿命的力量。在每一个关键时刻,庆郑都向晋惠公进谏。他所有的预言都应验了,但他的分析也带来了他的毁灭。庆郑愤恨晋惠公不用忠言,二人渐渐不和时,预言也就自然而然地应验了。庆郑被困在一个窘局里:一方面他知道自己的预言不可更改;另一方面他有尽忠的责任,他必须努力令这些预言无效。当秦国因为饥荒而向晋国请求援助的时候,庆郑运用了令人信服的道德言辞劝说晋惠公答应秦国的请求,但他的建议最终还是没有被采纳。当秦国攻打晋国时,他向晋惠公夸耀自己的先见之明。这进一步惹怒了惠公:

> 三败及韩。晋侯谓庆郑曰:"寇深矣,若之何?"对曰:"君实深之,可若何!"公曰:"不孙。"卜右,庆郑吉,弗使。(《左传》僖公15.4,页354)

当晋惠公决定骑着郑国的马(而不是晋国本国的马)参战时,庆郑再次以精彩的谏言劝阻,但晋惠公再次对他的建议置若罔闻。在庆郑的滔滔雄辩中,他以连串的排比对照,把策略的错误(错误地选择了战马)联系到道德上的缺陷。

尽管庆郑一直努力想改变晋国战败的命运,但他自己却造成了晋国最终的败局。

> 壬戌,战于韩原。晋戎马还泞而止。公号庆郑。庆郑曰:"愎谏、违卜,固败是求,又何逃焉?"遂去之。梁由靡御韩简,虢射为右,辂秦伯,将止之。郑以救公误之,遂失秦伯。秦获晋侯以归。(《左

传》僖公15.4,页356)

无论是晋惠公被俘,还是秦穆公逃脱,庆郑都有责任。然而,即便是他亲手实现了自己的预言,他后来还是想拯救惠公,希望借此反抗命运。反讽的是,因为他这样做,反而让他的敌人逃脱了。晋惠公回到晋国后处死了庆郑(《左传》僖公15.8,页366—367)。庆郑精准的谏言带来了他力图规避的灾难,可以说他成为自己预言的牺牲者。庆郑的悲剧充满了反讽。《国语》讨论了庆郑的罪责,借此呈现出他那充满矛盾的角色(《国语·晋语》3.8,页332—334)。

如果夷吾的故事取材于晋国的编年史,那我们大可推测,编纂这些记录的人应该是在晋国的权力斗争中获胜的人。我们推断,这里的叙述经过修饰,目的是要解释重耳为什么要谋杀自己的侄儿(夷吾的儿子圉),并说明重耳最终成为晋国国君乃天命所归。因此,这里的叙述才会如此努力地把晋国在韩之战中的战败,归咎于夷吾道德上的缺憾。但如此一来,我们如何解释晋大夫对夷吾的忠诚?我们又如何说明为什么夷吾回到晋国后仍能担任国君呢?当秦军在战场上俘获夷吾时,"晋大夫反首拔舍从之"(《左传》僖公15.4,页357)。夷吾被俘也触发了晋国政治和军事组织上的重大变化。

> 晋侯使郤乞告瑕吕饴甥,且召之。子金教之言曰:"朝国人而以君命赏。且告之曰:孤虽归,辱社稷矣。其卜贰圉也。"众皆哭。晋于是乎作爰田。吕甥曰:"君亡之不恤,而群臣是忧,惠之至也,将若君何?"众曰:"何为而可?"对曰:"征缮以辅孺子。诸侯闻之,丧君有君,群臣辑睦,甲兵益多。好我者劝,恶我者惧,庶有益乎!"众说,晋于是乎作州兵。(《左传》僖公15.4,页360—363)

注家对晋国政治和军事重组的本质,说法不一。但大部分论者都同意,这次重组的结果是令大夫的土地增多。晋国的军队也因这次重组变得更有规模、更有效率,他们所配备的武器也变得更加精良。这些全都是晋国日后称霸的要素,但《左传》并没有因此而称许夷吾。夷吾的谦恭和悔恨只是在瑕吕饴甥精妙的言辞中一闪而过。除了互惠互利的言辞外，这里似乎透露了一点：夷吾把一些特权赏赐给晋国的大夫，以换取他们的忠诚和支持。或许，这也就解释了为什么他会被冠以"惠"的谥号。

总而言之，夷吾在位期间的事件，既显示了他的道德缺陷，也表明了他应该对晋国在韩的战败上负责。但是，即使夷吾曾经战败，他对晋国的崛起也贡献不少。如上文所言，夷吾因为晋国战败而受到指责，但在晋国复苏的过程中，《左传》却把他描写成一个毫不起眼的角色，认为他的影响有限。《左传》反复记叙各种有关韩之战的预言和解释，因为这满足了贬抑夷吾的需要。故此，《左传》刻意把这次战争放到重耳即位和晋国称霸的大叙事里，夷吾的继位也就因此显得不太妥当了。尽管人为因素已足以解释韩之战的结果，但这些"大叙事"似乎还有加入一些超自然征兆的需要。各个层面的因果关系聚集在一起，使晋国在韩之战惨败中看似比注定的更夸张。我们已然看到，《左传》每次把宿命引进叙事，都会暗中以各种方式去试验或讨论它。《左传》对人力有所偏好，它倾向于认为人应该对自己的事负责。《左传》之所以提到各种预兆，只是想把这些征兆看成人为因素的投射，又或是希望借此表现出那些潜藏的力量，以便解释后来的局势。

第三章　征兆的解读

《左传》是个密集的象征系统。在这个系统中,表意与阐释在各个层面运作。《左传》有时会把诠释的过程嵌入叙事之中,有时则会借用预言家或"君子"明确地把诠释的过程呈现出来。《左传》对征兆的解读,乍看来与金斯伯格(Carlo Ginzburg)所提到的凭着感知去推测和寻找证据的方法有些相似。用金斯伯格的话来说,这种方法"偏于分析那些只能通过迹象、征兆、线索才能重组出来的特殊事件"。① 这种运用推测或直觉建立起来的知识领域"按照知识的形式,可应用于过去、现在或未来。针对未来,我们有狭义的预言;对于过去、现在和未来,我们有两套医学上的符号:一套是诊断,另一套是预后;针对过去,我们还有法理学"。② 据金斯伯格所言,尽管我们可从众多由推测构成的知识领域中,找到占卜、医学、历史学等作为这套知识体系的根源,然而这套知识体系到了19世纪末才正式出现。这套知识的应用涵盖了心理分析、艺术鉴赏、侦探小说等各种领域。假若我们再细致分析这个问题,我们会发现把"推测"与"预言"两类知识区别出来其实很有意思。《左传》把预言、医学上的诊断

---

① 见卡洛·金斯伯格(Carlo Ginsburg):《线索、神话与史学方法》(Clues, Myths and the Historical Methods),页96—125。
② 同上书,页104。

和预后、军事策略、外交上的算计全都视为重要的知识范畴。《左传》的某些片段甚至会暗地里把凭借直觉而作的应对之策拿出来,与撰写史书的方法相提并论。《左传》并没有把从直觉获取的知识,视为推想或预测的结果。因为在《左传》这部中国文献里(相对于金斯伯格所举的例子),特殊的案例与普遍的系统并不矛盾。《左传》也不觉得这种知识会比"真理"(柏拉图)或"科学"(伽利略)逊色。相反,《左传》对征兆的解读充满自信。这些解读不但把原因与结果联系起来,它也引领我们由个案出发,从而思考整个体系。

解读征兆在《左传》里是个常见的现象。它既能组织事件,区分叙事单位,又可以从编年的记录里抽取模式和意义。我们可以按照内容、意象、表意的方式、诠释的结构来区分征兆。其中一种最基本的区分方法,就是划分人事的征兆与超自然的异象。人事的征兆,包括了一个人的举止,乃至一句简单的评语。它们能把握一个人的本质,从而解释他的性格和命运,昭示道德训诫,并突出人力对历史的影响。至于超自然的异象,它既可能配合人事,也可能与人为的因素无关。诚如第二章所述,假如超自然的力量会因人的行为而产生变化,这能引发人们深思宿命的限制。当人间的征兆与超自然的异象有重大分歧,超自然的异象就会显得很反复。这些无常的异象,引导我们思考一些在道德解释以外的力量,这些力量甚至可能已然超越了人的理解。《左传》同时利用人间和超自然的征兆思考两个问题:先是"道德意义",这些意义体现在人的力量之上。另外还有"泛意义"。每一个征兆与行为——无论与人有关还是无关——都有可能会触发一些超越人类理解和控制的后果,而"泛意义"指的就是这些征兆的含义。只有那些掌握特殊知识的人才能明白这些"泛意义",例如有些人有能力"解读"占卜结果、大自然的异象、星宿的移动、梦境的意义等。尽管这两种意义有时会互相排斥,但它们同样建立在模拟的思考方式上——"道德意义"与社会政治、礼仪、宇宙的秩序互相对应;"泛意义"则暗示出一些玄奥和广泛的对应关系。

迹　象

《左传》有不少叙述，往往假设人间的情势有迹可寻。只要人能够把握这些迹象，他的行为就会变得更有效用。当金斯伯格讨论由线索建构出来的知识体系时，他开玩笑说："也许，真正的叙事观念（不同于魔咒、符箓或祝祷）源于以狩猎为生的社会，因为两者都与辨认痕迹的经验有关。"① 当然我们无法验证金斯伯格的假设，但《左传》却与他的说法相映成趣。辨认痕迹的做法，除了与狩猎的过程相似，它还在战争的环境下再现。《左传》里有些例子，战争本身的叙述非常简洁。这些叙述只交代了统帅饶有深意的命令和战争的结果。整篇叙事真正的重心在于战争之后的解释——解释统帅或谋臣如何把握线索和征兆，从而作出军事上的决定。

例如长勺之战，鲁军的曹刿一直没有进攻。直到齐军三鼓以后，他才发动攻势。他在下令追击之前，还认真地观察了齐军败走的痕迹。他后来解释说：

> 夫战，勇气也，一鼓作气，再而衰，三而竭。彼竭我盈，故克之。夫大国，难测也，惧有伏焉。吾视其辙乱，望其旗靡，故逐之。（《左传》庄公10.1，页182—183）

对垒双方互相猜度为这场战争的描写营造出紧张的气氛，两军对对方的解读与误读也令这则记叙更具张力。楚军进攻郑国，却在面对郑国敞开的内城城门前裹足不前。他们最终决定撤退。由于郑国根本没有足够的物资抵抗楚国，郑军只能装腔作势。② 郑人本来已经准备逃走，但

---

① 卡洛·金斯伯格（Carlo Ginsburg）：《线索、神话与史学方法》（*Clues, Myths and the Historical Methods*），页103。
② 《三国演义》第九十五回中的诸葛亮"空城计"，可说是中国文学传统中运用这种计谋的最著名的例子。诸葛亮在城墙上弹着古琴，假装城内守备森严，吓退了前来攻城的魏军。其实，城里空无一人。

直到郑国的间谍回报说"楚幕有乌",他们才作罢。"楚幕有乌"四字总括了整个情势的逆转:因为只有驻军的帐篷已然荒废,乌鸦才会聚集。诸侯救援郑国,援兵在前一天的晚上已经到达郑国境内,因此楚军就在夜里溜走了(《左传》庄公28.3,页242)。

在许多例子里,制造假象和解读征兆的能力,可以决定战争的胜负。这一点屡见于兵法之中。《左传》里有不少著名的战争,胜败的关键往往取决于两军的心理。也就是说,他们能否正确判断敌我双方的形势,是这些战争的重点。因此,《左传》的叙事往往把焦点放到这些猜度上,它并不关心道德的问题。平阴之战正好说明这种叙事的倾向。这场战争意味着齐国拒绝承认晋国的霸主地位,其中:

> 齐侯登巫山以望晋师。晋人使司马斥山泽之险。虽所不至,必旆而疏陈之。使乘车者左实右伪,以旆先,舆曳柴而从之。① 齐侯见之,畏其众也,乃脱归。丙寅晦,齐师夜遁。师旷告晋侯曰:"鸟乌之声乐,齐师其遁。"② 邢伯告中行伯曰:"有班马之声,齐师其遁。"叔向告晋侯曰:"城上有乌,齐师其遁。"③(《左传》襄公18.3,页1038)

晋军统帅成功利用了齐灵公的畏惧心理。之前,晋国的将领就曾到处宣扬晋国及其盟友的军事实力。当时,齐国大夫晏婴已经留意到"君固无勇,而又闻是,弗能久矣"④(《左传》襄公18.3,页1037)。

齐、晋两国交锋以晋国称霸为背景。一方面,礼乐的氛围一直萦绕整个晋国称霸的过程。当晋侯在温地宴请诸侯,齐国使臣却赋《诗》失

---

① 晋军在城濮之战中运用了相同的策略,见《左传》僖公28.3,页461。
② 《孙子·行军》:"鸟集者虚也。"(转引自竹添光鸿:《左传会笺》襄公18.17;《左传》,页1038)在上文提及的例子(《左传》庄公28.3)里,当郑国预测敌军形势时,乌鸦也同样出现了。
③ 竹添光鸿考察了这些观测的具体时间:"曰'鸟乌之声乐',则清晨时也;曰'班马之声',溯其宵时也。'城上有乌',则当时所见也。"(见《左传会笺》襄公18.17)
④ 这句话不但点明了齐灵公会战败,也似乎预示了他将于不久之后死亡(《左传》襄公19.5,页1049)。

当,这件事也就戏剧性地表现了齐国的不满(《左传》襄公 16.1,页1027)。① 与之相对的是,当齐国侵犯鲁国时,鲁国派人出使晋国求援。当时,鲁国使臣娴熟地引《诗》与晋国大夫唱和。借着这些端庄得体的应答,鲁国使臣既确保了晋国将支持鲁国,又肯定了晋国的盟主地位。(《左传》襄公 16.5,页 1028—1029)换言之,齐国尝试违抗晋国,乃至晋国成功地捍卫了自己的霸主地位,整个过程都由赋《诗》这一共有的传统表现出来。齐灵公犯下了不断进犯邻国的罪责(《左传》襄公 2.2,页 920;6.7,页 947—948;17.3,页 1030—1031)。② 他死后的谥号"灵"也说明了后人对他的统治多持负面评价。③

然而,从另一层面出发,我们并不能从战争本身的记录看出任何明确的道德判断。《左传》往往在记叙两军实际交锋的时候,把各种试探、算计,乃至临阵应变的权宜措施同时描写出来。甚至在齐灵公已然中了晋军的计谋时,晋军仍毫无和解的诚意,他们的军纪也非常散漫。当绝望的齐灵公坚持要逃到远方的郵棠时,齐太子即提出:"师速而疾,略也。将退矣,君何惧焉?"(《左传》襄公 18.3,页 1040)

三位晋国大夫在阐释自己何以得出"齐师其遁"的结果时,展示出微妙的差异。固然,乌鸦的出现和马匹的叫声都可显示齐国已经撤军。但从乌鸦的叫声中解读出它们的情感,这属于一种"更高层次"的占卜术,这种占卜术只有师旷才能掌握。《左传》另有一则故事,同样描写了各大夫如何在战场上衡量敌军。在这里,预言与推测的思考模式并置在

---

① 《左传》并没有解释为何齐国使臣高厚赋《诗》会冒犯晋国:"晋侯与诸侯宴于温,使诸大夫舞,曰:'歌诗必类。'齐高厚之诗不类。荀偃怒,且曰:'诸侯有异志矣。'"或许是高厚的诗不能配合他的舞蹈,或许是高厚所赋的诗和其他诗作不协调,也可能是他所赋的诗与整个场合相违。无论如何,听到高厚诗句的人,似乎都知道齐国的意图是要否定晋国的盟主之位。"不类"一词说明高厚的诗内容不合常规。按理说,所有使臣与大夫都会知道这些规矩。因此,当高厚逃到秦国时,诸侯一致要"同讨不庭"。
② 可参考其他注家对《春秋》"同围齐"一句的解释,见《春秋传说汇纂》页 741—742;不少注家都认为诸侯联合起来对付齐国,目的是要诛灭有罪的齐灵公。
③ 参见《左传》襄公 2.2,页 920:"齐侯伐莱,莱人使正舆子赂夙沙卫以索马牛,皆百匹,齐师乃还。君子是以知齐灵公之为'灵'也。"

一起。

> 晋人闻有楚师,①师旷曰:"不害。吾骤歌北风,又歌南风。南风不竞,多死声,楚必无功。"董叔曰:"天道多在西北。② 南师不时,必无功。"叔向曰:"在其君之德也。"(《左传》襄公 18.4,页 1043)

这些"预言"出现在楚国失势的各种记录之前:楚将子庚并不愿意领兵伐郑,可是楚康王却错误判断了当前的局势。子庚在楚康王的猜疑下,迫不得已率兵攻打郑国。子庚的疑虑,以及郑国对楚军进犯早已严阵以待,都引导我们从人事的角度解释楚军的败退。晋人的预言不过是为这些从人事出发的解释增加了一些超越人力的因素而已。师旷的占卜术屡见于《左传》,这次他从音律的角度展示了自己的预知能力。③ 董叔所谓"天道"指的是岁星的移动,公元前 555 年岁星在西北的位置(十二地支的"亥")。董叔可能是著名的史官董狐的后人——古代史官多掌管天文历法,在这里,董叔展现出他作为史官的能力。《左传》经常把叔向描绘为睿智的进谏者,他往往从人为因素切入。叔向与卜祝和史官不同,他提出了判断的原则,而非具体的论断(即使《左传》里有大量反例,有些品德败坏的诸侯也能在战争中取得胜利)。南风力微、岁星移位、楚王德行的败坏错综交叠,一起预示了楚国的败亡。然而,《左传》把叔向的判断放到最后,他的说法因而显得特别权威。即使叔向所述未必精确,但整段文字似乎因他的观察而一锤定音。

姿 势

除了叔向那一类说法,战场上的判断往往会把"人"消解,使之成为

---

① 郑大夫子孔想借用楚国之力,来夺取其他郑国大夫的权位。自萧鱼之会后,郑国与晋国结盟(《左传》襄公 11.5,页 991)。在《左传》后半部分,郑国一直在楚、晋两国之间周旋。
② 这里董叔说的是岁星(即木星)的移动,见竹添光鸿:《左传会笺》襄公 18.23。
③ 引文中的"风"当理解为"曲调",但这也与风雨之"风"有关,因为这种以音乐占卜的方法又关涉"风角之术",而"风角之术"正是利用风向来预言吉凶。见李零:《中国方术考》,页 52—57。

155

某种集体的因素,我们再也不能从这些判断中辨清每个人的面目。这些判断很多都以观察战场上的痕迹,利用某种与人的举止相应的现象(如自然界的反应),来追踪人的动机和行为。但解读一个人的性格及命运与此不同,因为这些解读只集中在个体之上。《左传》经常会按照一个人的举止是否符合礼仪来建立因果关系,为往事提供解释。一则典型的记录多会描述某人不合礼法的行为,以及其他人对其恶果的准确预测。既然评论的标准是"行为是否恰当",那么《左传》难免会特别关心放纵、失衡、疏忽等议题。预言者在一瞬间作出观察,继而评估那些塑造一个人外表、行为和姿态的力量,借此预测国家和个人的未来。

我们在第二章里已经讨论过史官如何从夷吾受瑞玉时的"惰"预示他的"自弃"。但这里并没有从夷吾的心理或性情解释他的失态,《左传》把他公然展示出不敬的态度视为因果关系的一环。因为他的"惰"违反礼节,扰乱了政治秩序的尊卑上下,所以引发后来的结果。命运并非全然由性格决定。更确切地说,有些外在力量决定了个人的命运。或者说,有些姿势透露出一个人能否做出恰如其分的选择,有些姿势能让我们观察某人能否在礼仪体系中发挥功能。命运正由这些外在的姿态显示出来。

命运可由外在的姿态把握。我们可从《左传》另一个不合礼法的例子验证这个看法。晋侯召集诸侯会盟,准备讨伐秦国。在会盟中,周大夫成肃公在社神庙接受祭肉的时候,表现出"不敬"。当时,刘康公与成肃公同行。有见于此,他预测成肃公将有大难:

> 吾闻之:民受天地之中以生,所谓命也。是以有动作礼义威仪之则,以定命也。能者养以之福,不能者败以取祸。是故君子勤礼,小人尽力。勤礼莫如致敬,尽力莫如敦笃。敬在养神,笃在守业。国之大事,在祀与戎。祀有执膰,戎有受脤,神之大节也。今成子惰,弃其命矣,其不反乎!(《左传》成公13.2,页860—861)

从刘康公对礼的讨论来看,一个人如何实践天地所赋予的使命往往显示了他的命运;因此我们在各种表现礼仪的场合(如祭祀祖先、因准备征战而献祭等),特别容易界定和观察人的命运。这里的表述结合了"命"字的两个含义。① 诚如竹添光鸿所述:"命有二焉。一谓天付人以五常之德,此'所谓命也'。一谓天付人以吉凶祸福,子夏曰'死生有命,富贵在天'是也。"竹添光鸿释"命"为"五常之德",大概是根据《左传》另一篇篇章立说。在那篇文章中,《左传》以"五教"和"五典"②指称理想的教化——父义、母慈、兄友、弟恭、子孝(《左传》文公 18.7,页 638)。尽管刘康公并没有明确地说出"命"的内容,但我们可以肯定,"命"指的是人如何身于道德和宇宙的秩序之中。从出生的那一刻起,"命"就隐然出现。人们透过遵从行为举止的标准,就可"定命"(实践或证实命运)。一个人的生命("命")取决于他能否成功地实现天命("命")。对刘康公来说,成肃公的"惰"预示了他迫在眉睫的厄运——既然成肃公已放弃了自己的天命,那么他的生命也自然相应地缩短。同一年,成肃公在讨伐秦国时死去(《左传》成公 13.3,页 866)。③

过于谦卑也可能招来祸患。尤其对于一个国君,太过谦逊可能与缺少威仪一样危险。郑悼公前往晋国,确认一年前签署的和约。当他在东楹的东边进献宝玉,晋大夫士贞伯断言:"郑伯其死乎!自弃也已,视流而行速,不安其位,宜不能久。"(《左传》成公 6.1,页 826)几个月后,郑悼公就去世了。诸侯之间地位平等,"授受玉"的仪式理应在东楹与西楹之间的"中堂"举行。即使我们考虑到晋国的霸主地位,认为郑悼公的地位较低,上面的仪式仍然是不合礼的。因为当客人的地位比主人低,客人也应向东挪至中堂和东楹之间的位置。郑悼公走得太快,又走得太远,最终越过了东楹。

---

① 史嘉柏(David Schaberg)曾讨论"命"的多重含义,参见史嘉柏:《命令与传统的内容》(*Command and the Content of Tradition*)。
② 原来的语境是太史克代表(引言中提到过的)季文子向鲁宣公进谏,反对他收留莒太子仆。仆杀害了自己的父亲,又带着莒国的财宝逃到鲁国。太史克在这篇说辞中引用了《虞书》对舜的称许:"慎徽五典,五典克从。"这一句也见于传世《尚书·尧典》,《尚书》还提到了舜曾向契强调"五教"的重要性。《孟子·滕文公上》(5.4)也提到舜"使契为司徒,教以人伦:父子有亲,君臣有义,夫妇有别,长幼有序,朋友有信"。
③ "不敬"一词经常预示灾难迫在眉睫。晋使赵同献狄俘于周(《左传》宣公 15.7,页 765),以及蔡侯在郑国飨宴上表现不敬(《左传》襄公 28.6,页 1142)都有类似的用例。

如此一来，郑悼公就把自己的身份贬低到臣子的地位了。① 士贞伯认为郑悼公的举止不妥。其实，这些行为不过是反映了郑国的处境不稳。郑国周旋于晋、楚两个强国的竞争之中，郑悼公有足够的理由感到惶恐，他表现得特别谦卑也是人之常情。但是，当古人从礼仪的角度作出评论，他们完全不会考虑政治权力或个人心理。这些评论要求一个人的行为举止无论如何都要符合他的地位和整个场合的礼仪。这段故事的作者或编者希望展现礼乐制度的必要性。如果《左传》尝试降低评论的标准，那么礼乐的必要性或会因而削弱。

综观上面三个例子，《左传》每次都以"弃"字表述人物的负面态度。一个人放弃了他的使命（包括其地位），这个被放弃的"命"是完整而不可分割的。我们可以捍卫、肯定、拒绝或忽略礼仪的义务，但整部《左传》却没有一套语言可以表达守礼的层次或努力。即使一个人只是轻微地违背礼制，他都已经失败了。因为古人常以空间的形式明确界定一个人在礼制中所扮演的角色，所以他们很容易判断违礼的行为。诸侯会盟时，晋大夫叔向从周室使者单成公所注视的方向和位置，准确地预测了单成公离死不远。

> 单子其将死乎！朝有着定，会有表，衣有襘，带有结。会朝之言必闻于表着之位，所以昭事序也；视不过结襘之中，所以道容貌也。言以命之，容貌以明之，失则有阙。今单子为王官伯，而命事于会，视不登带，言不过步，貌不道容，②而言不昭矣。不道，不共；不昭，不从。无守气矣。（《左传》昭公 11.6，页 1325）

古人熟知有关空间的论述，叔向评价单成公的言语和目光用的就是这套

---

① 一个人的地位越高，他的步子就应当越加缓慢。季平子去世时，季氏家臣阳虎打算用玙、璠随葬，另一位家臣仲梁怀却拒绝了阳虎的要求，原因是"改步改玉"。也就是说，步伐改变了，佩带的玉器也应随之改变（《左传》定公 5.4，页 1550）。悼公流亡期间，季平子摄政，他佩戴着玙、璠在宗庙里举行祭祀。悼公死后，灵公继位，季平子也就不再佩带这些玉器，因为玙、璠两者只与君主的步调相合（大概步调不同，玉佩也会产生不同的声音）。
② 王引之（1766—1834 年）认为"貌不道容"一句有误，当作"视不道容"，因为全句话以"视"、"言"对举，其说见竹添光鸿：《左传会笺》昭公 11.33。

概念。首先,叔向指出了朝会和集会在礼仪上的分别。接着,话锋一转,他提出人在装束上也应作相应的区分。他阐明了公共和私人场合两者在功能上属于一连续的体系。即使是单成公,他的声音亦应传到显赫的人所坐的位置上,他注视的方向亦应在衣服交叉和衣带交结之间的地方。单成公的身份是周天子的使者,因此他的声音和目光代表着天子的使命与命令——礼仪的功能再次联系到使命之"命"。单成公最后死于同一年的冬天(《左传》昭公 11.9,页 1327)。单成公的死亡别无其他解释的方法——"命"在这里指无法控制的命运。而只有通过追踪单成公未曾完成的使命,才能合理地解释他的死亡。同一种论调在赵武身上表现得更为强烈。赵武身为晋国正卿,晋人都期望他行事能有长远的计划和明确的目标。但是他却有负众望,因而有损晋国称霸的理想。或许,为了质疑晋国霸主的地位,《左传》才会把赵武描写成一个在执政期间说话唠叨、毫无主见、容易妥协、缺乏远见、行事悲观的大臣。由于这些原因,数名与赵武对话的人都预言了他的死亡(《左传》襄公 31.1,页 1183—1184;昭公 1.5,页 1210—1211;昭公 1.8,页 1215;昭公 1.12,页 1222—1223)。而且,这个预言很快便应验了(《左传》昭公 1.15,页 1225)。

《左传》在思考姿势和命运的关系时,并未深究"内在自我"的问题。因此,《左传》在两个例子里把"视燥"(四处张望,烦躁不安)和"足高"(举足过高)视为野心过大的征兆(《左传》桓公 13.1,页 136—137;襄公 30.6,页 1172—1173),但《左传》却没有进一步考察人物的动机。书中只显示了发觉别人有反叛的意图是刻不容缓的事。假如有人无法看出别人有意背叛,那么他就要为接下来的乱局担上责任。同样地,《左传》在判断别人的情绪时,往往把重心放到他们能否适当地表现自己的感情,以及他们公开展示了自己的情绪会带来什么影响。当卫定公的夫人定姜看到太子(即后来的卫襄公)在父亲的丧礼上并不悲伤,她不禁为即将降临到自己和卫国身上的厄运感到哀痛。卫国大夫听到定姜的判断后,无不感到恐惧。其中孙文子更预先对卫国将出现的乱局做好了准备(《左传》成公 14.5,页 870),他最终废黜了卫襄公(《左传》襄公 14.4,页

1010—1015)。与其说这则叙事旨在解释一个人的性格,不如说这是在阐释一个人内心的意向怎样推动事件的发展。

因此,丧礼上的情绪可以决定一个人的政治生涯能否延续下去。至于他是否真的孝顺父母,这似乎无足轻重(丧礼之所以成为《左传》关注的焦点,可能是因为它代表着权力和统治权的中断与延续)。在另一个例子里,叔孙豹向季武子进谏,劝他不要扶植公子裯(即后来的鲁昭公)继位,理由是他"居丧而不哀,在戚而有嘉容,是谓不度"(《左传》襄公31.4,页1185—1186)。季武子最终没有听取叔孙豹的劝告。在鲁襄公的葬礼上,后来的昭公"三易衰,衰衽如故衰。于是昭公十九年矣,犹有童心,君子是以知其不能终也"(《左传》襄公31.4,页1185—1186)。

鲁昭公在母亲齐归的葬礼上,同样也没有表现出应有的哀伤。昭公的举措引发了史赵的预言,随后叔向又从人为因素进一步解释史赵的论断。

> 九月,葬齐归,公不戚。晋士之送葬者,归以语史赵。史赵曰:"必为鲁郊。"①侍者曰:"何故?"曰:"归姓也,不思亲,祖不归也。"叔向曰:"鲁公室其卑乎!君有大丧,国不废蒐,②有三年之丧,而无一日之戚。国不恤丧,不忌君也。君无戚容,不顾亲也。国不忌君,君不顾亲,能无卑乎?殆其失国。"(《左传》昭公11.7,页1326—1327)

史赵按照昭公母亲的名字预言他必遭流放。至于叔向则依据昭公和鲁国三卿的权力是否均衡,以此断言鲁国公室的衰微。鲁昭公的母亲姓"归","归"有返回之义。史赵利用这个姓氏预言昭公无法回馈先人的恩德,因此他也就无法得到祖先的庇护。对于叔向来说,昭公与亲人的分离预示了(或可说是导致了)他与整个政体之间的断裂。后来,三卿的领袖(季孙或季、孟孙或孟、叔孙)要求君主检阅他们的军队,这个命令并不

---

① 意谓昭公必被放逐到鲁国之郊(参杜预注,转引自《左传》,页1326)。史赵似乎根据占卜作出这个判断。章炳麟提出另一种解释,认为这是说昭公死后将在鲁国郊外接受祭拜(《左传》,页1326—1327)。
② "蒐"有阅兵之义,这是指同年(公元前531年)鲁国于比蒲阅兵;见《春秋》昭公11.6,页1321;《左传》昭公11.3,页1324。《左传》所载特别点明这次阅兵"非礼也"。

是鲁昭公自己发出。事实上,鲁国上下并没有人反对这次检阅,这说明鲁国国民非常支持三卿,反而对鲁昭公没有什么敬畏之心。① 鲁昭公尝试从季氏手里夺回政权,最终却以失败收场。随着昭公逃亡到齐国,所有的预言都得以实现(《左传》昭公 25.6,页 1460—1466)。《左传》之所以收录这些针对昭公的负面预言,很可能是为了使他的流亡显得更合情合理。《左传》早在鲁桓公在位时便流露出同情三卿的态度(当时三卿逐渐控制了鲁国国政)。不过,与此同时,《左传》对三卿的僭越之举也时有批评。

人可能在亲属的葬礼上表现得不够悲伤。与之相反的情况是,人在没有充分的理由下表现得过度哀痛。这种情况在后来的传统中,往往标志着慷慨激昂的情感,而这些情感经常都带来浪漫的想象。因此,司马迁在《刺客列传》中这样描述荆轲与狗屠及高渐离在燕市饮酒的情形:"酒酣以往,高渐离击筑,荆轲和而歌于市中,相乐也,已而相泣,旁若无人也。"(《史记》卷 86,页 2528)后来的阮籍经常独自一人驾着他的马车,随意乱走。他并不遵循任何道路,等到穷途末路时便号啕大哭,然后再折返。② 但在《左传》里,心血来潮并非美德;假如一个人在不恰当的场合特别悲伤,这一定是个凶兆。③

在一次宴饮上,宋元公和鲁大夫叔孙昭子相饮甚欢。宋元公让昭子坐在自己的右边。两人说着说着就开始相对而泣。当时,宋大夫乐祁帮忙主持宴会。他见到这情况便退席而出,并告诉别人说:"今兹君与叔孙其皆死乎! 吾闻之:哀乐而乐哀,皆丧心也。心之精爽,是谓魂魄。魂魄去之,何以能久?"(《左传》昭公 25.1,页 1456)事实上,飨宴的过程中,宋元公和叔孙昭子赋《诗》唱和,二人言行都符合礼仪的规范。这也是《左传》里下判断和被判断的场景紧密相连的一个例子。叔孙昭子就在与元

---

① 参李贻德:《贾服注辑述》,转引自《左传》页 1321。
② 《晋书·阮籍传》卷 19,页 1359—1369。
③ 有时有些行为乍看来只是一时冲动,背地里却可能经过深思熟虑。譬如楚庄王在得知宋人斩杀楚使时忽然发怒,投袂而起。其实庄王刻意挑衅宋国,目的是要为楚、宋交战铺路(《左传》宣公 14.3,页 756)。

公会面之前,展示了他经常用上的预言能力。他从一位宋大夫的态度断言此人必将逃亡。其实,我们很容易理解这次飨宴中悲喜交集的情绪——一方面,鲁国正卿季平子与宋元公的女儿即将举行婚礼,为了庆贺这次婚事,所以宋元公才会设宴招待叔孙昭子;另一方面,鲁国正面临危机,因为季平子与鲁昭公之间发生冲突。宋元公和叔孙昭子同时都在那一年死去;他们都因为鲁昭公逃亡的事而被杀(《左传》昭公25.6,页1466;25.8,页1467)。乐祁并没有考虑他们都因能预见未来而感到极度痛苦。乐祁选择从他们的举止是否与场合相称来作判断,他没有兴趣考虑复杂的情绪和矛盾的心理。后来,有人跟乐祁说季氏掌握鲁国的实权时(《左传》昭公25.2,页1456—1457),乐祁毫不同情鲁昭公,因为他认为这种同情根本是错误的,而且即使同情也不能改变以后的祸患。由此可见,乐祁对举止是否得体的判断,其实建立在政治派系的斗争上。

《左传》里有许多例子,刻画一个细节如何反映一个人的本质,继而解释了他的性格与命运。以上几个故事不过是这些案例中的一小部分。《左传》假设每个场景都有相关的行为准则,包括礼仪场合中有指定的道德规范,或运用更重要、更古老、更权威的文献时有一定的法则。所有对细节的分析都建立在这个假设之上。这些准则中比较特别的一项,是引用《诗》来表达自我、互相交流,以至"观志"。① 赋《诗》是外交场合和各国精英交流所用的典雅语言的一部分。赋《诗》的习惯往往是断章取义(更常见的是摘取《诗》中的一句),借此表达自己对某一情境的情感、心境和意见。② 这要

---

① 郑简公宴请赵孟时,赵孟曾要求七位跟从简公的臣子赋《诗》,说:"武亦以观七子之志。"(《左传》襄公27.5,页1134—1135)。
② 有关《左传》称《诗》赋《诗》的研究,可参阅范佐仁(Steven Van Zoeren):《诗与个性:传统中国的阅读、注释和诠释》(*Poetry and Personality: Reading, Exegesis, and Hermeneutics in Traditional China*),页37—44。范佐仁又提到古人借用了《诗经》中的句子来表达自我,与人交流。这些人多对道德的诠释非常熟练。他们形成了所谓"性格的诠释学"(hermeneutic of character)(同上,页52—79)。另,有关《左传》对《诗经》的运用,可参见史嘉柏:《平复内心:〈左传〉中〈诗经〉的使用情况》("Calming the Heart: the Use of *Shijing* in Zuozhuan Narrative");曾勤良:《左传引诗赋诗之诗教研究》;张素卿:《左传称诗研究》;林玫仪:《〈左传〉赋诗之剖析》。又,史嘉柏提出赋《诗》表明了周文化的一体性,也是各国士人的常识。其说翔实可信,详参《井然有序的过去》。

求听众更换诗句的背景,重新定义诗句的意义。当时的人已经知道,这有可能会造成听众的误会。《左传》有一著名的例子:卢蒲癸准备迎娶庆封的女儿,当时有人质问他为何无视同姓不婚的禁忌(卢蒲癸和庆封都是姜姓)。他把自己作出这个决定与赋《诗》的习惯相提并论,突显两者都是有意为之,两者都是因应自己的需要而作出的决定:"宗不余辟,余独焉辟之?赋诗断章,余取所求焉,恶识宗?"(《左传》襄公 28.9,页 1145—1146)但在大多数例子里,《左传》会立刻解释这些隐喻般的指涉,从而帮助我们判断赋《诗》者的性格、意图和命运。这个阐释的过程确立了一种共享的语言:当一个人用这种古雅的语言来表述自我时,这种私人表述也就化为整个赋《诗》系统的一个组成部分。也就是说,这种私人表述因赋《诗》而获得了史嘉柏所谓"大众的关注"。即使是那些故意误读诗句的例子,也肯定了众人希望能建立一个毫无问题的共享的体制。

一字一词,举足轻重,仪止的细节也有重大的意义。这可以让我们更集中地考察人力的问题。但在《左传》里,人力与宿命之间并非截然对立。有时,《左传》在解释一些人为的征兆时,整个解读就有宿命的意味。譬如有人会把初生婴儿的哭声当成邪恶和灾难的预兆(详见第二章子文针对窦焦的预言,以及叔向母亲针对伯石的评论)。无论这些预测有多神秘(从音乐预言未来即特别玄妙),由于事情的发展最终都会引证所有的预测,我们渐渐难以分清推测所得的知识和占卜的结果有何区别。《左传》里有些人能从细微的开端预知重大的结果,这种能力几近魔法。柳宗元(773—819 年)在《非国语》中对《国语》有不少批评,针对的正是这些现象。即使我们把柳宗元的批评放到《左传》上,他的许多观点也一样能成立。①

一旦我们承认外在表现与内心想法未必一致,行为的准则也就没那么可靠了。例如,一个卑劣的人也可心假装自己实践了礼仪上的功能。

> 晋侯驷程郑,使佐下军。郑行人公孙挥如晋聘,程郑问焉,曰:

---

① 柳宗元对预言和占卜的批评,可参看《柳宗元〈非国语〉评注》,页 105、119、138、159。

163

> "敢问降级何由?"子羽不能对,归以语然明。然明曰:"是将死矣。不然,将亡。贵而知惧,惧而思降,乃得其阶。下人而已,又何问焉?且夫既登而求降级者,知人也,不在程郑。其有亡衅乎!不然,其有惑疾,将死而忧也。"(《左传》襄公 24.12,页 1093—1094)

第二年程郑就死了(《左传》襄公 25.14,页 1108)。程郑所问的问题可以显示出他不矜不伐、深谋远虑、淡泊权势。但这些问题却泄露了他的惶恐,预示了厄运即将降临到他身上,因为他的问题与他的身份显然并不一致。因此,尽管预言未来与追溯前因两者往往都依靠一个井然有序的基础,但这两种判断终究是种推测。这些判断十分随意,它们会依照特殊的情况而改变。

我们也可以在《左传》的少数地方听到疑惑的声音。这种疑问往往让我们思考纯粹的推测和确切的占卜之间的界线何在。其中有一个例子,我们对预言的判断感到不安,很可能是因为孔子对其中的修辞有所质疑。当时,邾国国力弱小,国君邾隐公到鲁国朝见定公时,孔子的弟子子贡留意到二人交换玉佩的情形。

> 邾子执玉高,其容仰;公受玉卑,其容俯。子贡曰:"以礼观之,二君者,皆有死亡焉。夫礼,死生存亡之体也。将左右、周旋、进退、俯仰,于是乎取之;朝、祀、丧、戎,于是乎观之。今正月相朝,而皆不度,心已亡矣。嘉事不体,何以能久?高、仰,骄也;卑、俯,替也。骄近乱,替近疾,君为主,其先亡乎!"(《左传》定公 15.1,页 1600—1601)

子贡的判断看起来很有道理。但在几个月后,当鲁定公辞世时,孔子评论说:"赐不幸言而中,是使赐多言者也。"司马迁很可能找到了战国时期流传的传说,所以他把子贡和其他游说之士相提并论,认为他好像苏秦和张仪那样,通过高超的游说能力改变了诸国的命运(《史记·仲尼弟子列传》卷 67)。《左传》的某些片段已经为这一想象提供了一点基础(《左传》哀公 7.3,12.3,12.4,15.4)。(反讽的是,子贡本人也对这种修辞有所怀疑。他批评鲁哀公为孔子所作的悼辞言过其实、虚情假意,并暗中夸耀自己[《左传》哀公 16.3,页 1698—1699]。)礼仪的秩序透过具体的修辞模式得以确立,而《左传》预言未来与追溯前因的言论往往蕴含了这种秩序,恰恰是这种秩序把宿命的意味加诸言辞和态度上。然而,这种对修辞的依赖也引起焦虑:《左传》不断提醒我们这里的预言很可能非常武断,这些判断很可能压抑了某些元素,而且提出这些判断的动机有时也非常可疑。

《左传》评估某一姿态是否切合礼乐制度,或可与《史记》中举止和命运之间的关系形成对比。虽然《左传》和《史记》都把仪止视为建立因果关系和提供解释的手段,但《左传》往往从礼制角度去评估一个人的姿态,至于《史记》则会把它联系到性格上。在《左传》与《史记》两部典籍的成书时间里,人们开始讨论内在的问题。有关"心"、"性"、"我"、"内外"、修养自我、转化自我等论述相继涌现,这都必定会影响当时呈现人物性格的方式。单从最明显的层面来说,《史记》的"列传"部分采用纪传体的方法,本身就意味着司马迁把人物的经历看作意义的单位和观察的基础。司马迁相信一个人具有统一连贯的内在本质,也就表示一个人的行为举止可以成为他性格的象征。一件事可能对推动情节发展没有多大意义,但同一件事却可以有重大的象征意义。我们可以回忆一下张汤小时候一丝不苟地劾鼠掠治(《史记·酷吏列传》卷 122):在拷打与讯问老鼠的过程中,可以看到他自以为是地施加暴力,以及他享受暴力的一面。这种心态最终使他成为"酷吏"。另一个例子是李斯年轻时的感慨:他既看到了厕中鼠龌龊不安,又看到仓中鼠自足安逸。他从两者的比较中看到自身所处的环境比贤愚不肖的本性更为重要。因此,李斯便修习"帝王之术"(《史记·李斯列传》卷 87)。从这种凝聚象征的逻辑推论,事件对于因果关系的运作并不重要,因果关系大多会从性格的层面展开——因此,张良在桥下替神秘的老人拾鞋,之后又长跪着替他穿履,整件事的意义并不在于老人授予他太公兵法(理论上,这可以解释张良后来辅佐刘邦建立汉朝时何以如此料事如神),更重要的是要营造出张良能够完全克制自己的形象，刻意为张良添上神秘的气息，从而解释他的命运（《史记·留侯世家》卷55）。

假设一个人有着怎样的本质是个逻辑上的难题，因为我们难免会追问叙事者如何知道这个人的性格。《史记》中有些人物的行为让人莫测和惊讶，有时甚至掺杂矛盾的因素——我们可以回想一下荆轲（《史记·刺客列传》卷86）和韩信（《史记·淮阴侯列传》卷92）早年所表现出来的怯懦。恰恰是因为知人的过程困难重重，又可能带来危机，司马迁才会如此推崇这种能力——他认为知人的能力与政治上的成就同样重要，甚至有可能知人的能力更加重要（这一点可从《史记·管晏列传》卷62对管仲、晏婴两位春秋时期齐国大夫的品评中看出）。即使司马迁不一定认同那些对人物的评价（如《史记·伯夷列传》卷61中孔子对伯夷和叔齐的评论），他依然肯定知人的尝试。司马迁把知人的行径嵌入叙事之中，使之成为一种能把意义赋予历史事件和人物的行为（如《史记·刺客列传》卷86中各个任用刺客的人都曾阐释刺客的行为，又如《屈原贾生列传》卷84贾谊对屈原的理解）；司马迁又把知人和他自己对历史的探求相提并论，认为两者非常相似。

表里不一有时会使知人变得非常困难。表里不一既意味着一个人内心对自身命运的把握与他坚守的信念未必一致，也意味着一个人的情感、抱负、意图可能与他生命的轨迹互相矛盾。一个人的生命往往受到各种环境和事件的限制。某些举动会因为这些条件而被排除在外，这些多余的举动往往就变成了徒劳无功的行为。著名的例子有伍子胥掘楚平王墓，鞭尸三百；项羽对虞姬唱"垓下歌"，以及他最终为残存的八百余人所作的英勇之举；当刘邦意识到自己已无力控制由谁来继承自己的帝位时，他为戚夫人歌唱楚歌。假如一个举动对事情的发展没有任何影响，这一举动不过是个手势。但徒劳无功的行为却能使情感变得更加强烈，更能感染读者。我们甚至可以想象，司马迁的历史书写正是采用了这种徒劳的姿态，才突出他独力发愤的伟大。因为他不断提醒我们：他正运用"空言"和"无能之辞"来寻求归宿和不朽。

异　象

　　阐释人为的征兆既可以肯定道德价值，又能为往事提供理性的解释。这些解释把世界看成一个复杂而井然有序的体系，在这种世界观之下，每个事物都保持着微妙的平衡。至于对异象的解读，则一方面表现出人有必要解释每样事物，另一方面却又对此不无怀疑。神秘的天人感应显示了"泛意义"。"泛意义"既能使人更容易把秩序套进流变的事情上，同时也会削弱人的这种赋予秩序的能力。因而这对人来说非常有吸引力，却又暗藏威胁。① 古代的史官往往要负责解释星体运转，制定历法，说明自然界的异象，以至诠释占卜的结果——这种专门的知识和技巧有时会与道德礼制互相配合，有时却会独树一帜。②《左传》记录了一些争辩，内容包括讨论预言是否有效，讨论凶兆和异象的意义，以至讨论寻求这类意义是否合理。这些争论都表明人们对"泛意义"这个概念感到不安。下面这个例子正可以说明这一点。

　　　　十六年春，陨石于宋五，陨星也。六鹢退飞，过宋都，风也。周内史叔兴聘于宋，宋襄公问焉，曰："是何祥也？吉凶焉在？"对曰："今兹鲁多大丧，明年齐有乱，君将得诸侯而不终。"退而告人曰："君失问。是阴阳之事，非吉凶所生也。③ 吉凶由人，吾不敢逆君故也。"
　　　　（《左传》僖公 16.1，页 369）

---

① 有关《左传》对异象的态度，可参看张端穗：《左传思想探微》，页 9—48；尤锐（Yuri Pines）：《儒家思想的基础》(Foundation of Confucian Thought)。
② 李零曾对中国古代方术中的知识和技能作过翔实的研究，详见其《中国方术考》。
③ 徐复观（《中国人性论史》，页 513）相信："这里所说的阴阳，乃继承《诗经》时代，以阴阳言天候；所谓阴阳之事，系说天侯失调之意。"孙广德（《先秦两汉阴阳五行说的政治思想》，页 14）则认为《诗经》只是以"阴阳"来代指暗明，叔兴所说的"阴阳"可能比《诗经》更抽象。有关《左传》与当时刚发展的阴阳五行学说的关系，见孙广德：《先秦两汉阴阳五行说的政治思想》，页 13—16；李汉三：《先秦两汉之阴阳五行学说》，页 30—35；徐复观：《中国人性论史》，页 513—525；陈锡勇：《宗法天命与春秋思想初探》，页 111—128；史嘉柏：《井然有序的过去》。有关阴阳五行学说的起源和发展，参见顾颉刚等编：《古史辨》，册 5，页 343—745。

《春秋》这样记录当年自然界的异象:"十有六年春王正月戊申朔,陨石于宋五。是月,六鹢退飞,过宋都。"(《春秋》僖公 16.1,页 368)而《左传》之所以提到"陨星"和"风",目的正是要对《春秋》所述的异象提供一"自然"的解释。这些直接的"起因"很可能来自后来的注文。这些注文写得非常直白,理论上是为了满足人们进一步解释这些异象的需要。

这段文字的意义含糊。内史叔兴以阴阳的作用解释这些现象,并否认这些现象是预兆。他所谓的阴阳似乎只是指气象上的变化。他的预言最后一一应验——那一年季文子和戴伯在鲁国去世;第二年齐桓公逝世,其子为争夺王位而争斗不断,最后伤亡惨重;宋襄公为了实现自己称霸的野心,在鹿上召集诸侯会盟(《左传》僖公 21.1,页 389),继而在泓之战中被楚国打败(《左传》僖公 23.8,页 396—397)。叔兴可能依据其他征兆预言未来。然而,从后来所有预言都应验的情况来判断,这一篇章似乎在否认人可以解读异象的同时,也证实了这种探求的可能性。换句话说,天人感应在各个层面运作,但假如这些现象与人类行为没有直接因果关系,人应该敬而远之。从这意义上说,反常的自然现象并不能预示或决定未来;这些现象只是显示过去、现在、未来同时存在的象征。宋襄公与这些征兆不同,他活在时间的制约之下。他应该关注的是人类行为的可能性与局限性,不应探究命运如何决定人类的行为。孔颖达引申服虔的见解,认为宋襄公应该反思自己的错误如何导致这些异象发生——换言之,他应该反省自己的过去,不应预测自己的未来。① 这段叙事的重心从预兆的意义,转移到解释征兆是否正当、如何平衡泛意义与人的责任上去了。相对于内史叔兴所揭示的异象的意义,我们更能从宋襄公不自量力地提出问题,看出他的败亡,乃至他称霸之梦的幻灭。

内史叔兴认为宋襄公应该对反常的自然现象敬而远之。事实上,《左传》中的确有些例子,人类正确的反应取代了异象的意义,成为更重

---

① 参看孔颖达的疏解,见《十三经注疏》6,14.15a—15b。一般来说,孔颖达并不相信人可以借由诠释自然界的异象去预知未来。

要的议题。

> 梁山崩,晋侯以传召伯宗。伯宗辟重,曰:"辟传!"重人曰:"待我,不如捷之速也。"问其所,曰:"绛人也。"问绛事焉,曰:"梁山崩,将召伯宗谋之。"问将若之何,曰:"山有朽壤而崩,可若何? 国主山川,故山崩川竭,君为之不举、降服、乘缦、撤乐、出次、祝币,史辞以礼焉。其如此而已。虽伯宗,若之何?"伯宗请见之,不可。遂以告,而从之。(《左传》成公 5.4,页 822—823)

因为押送重车的人毫不在意官阶和地位的区别,又实事求是,注重效率,且对礼制非常熟悉,所以伯重才会特别注意他。他最终谢绝了伯宗的引荐,表明他是个典型的隐居的圣人。这种形象在后来的文学作品中非常普遍。"平平无奇"的人提出明智的建议,我们可以从《左传》里看到数个例子,这正是其中之一。① 他首先提出一自然的解释:土壤腐朽导致山的崩塌。他并没有把山的崩塌当成国君或政权溃落的象征。尽管重人装出一副"破除"凶兆的样子,但他也假设人类与自然之间互相对应、互相影响。然而,自然灾害并非无情的宿命。人类有一套处理这些灾害的方法:国君应该纡尊降贵,太史应该发挥他们沟通人神的作用。换句话说,与其深究自然灾害的特殊寓意,人类更应强调或恢复正常的礼乐秩序,以此作出恰当的回应。

然而,《左传》更多的时候会单纯地假设自然界的异象与人类的不幸有直接的因果关系,因此有人会尝试攻击凶兆以回避灾难。例如,"有蛇自泉宫出,入于国,如先君之数。② 秋八月辛未,声姜薨。毁泉台"(《左传》文公 16.3,页 616—617)。由于宫内出现特殊数量的蛇,因此当时的人才会把它当成凶兆。他们把这个预兆联系到鲁文公的母亲声姜的辞

---

① 《左传》把明智而平凡的人比拟为隐居山野的圣贤,相关讨论可参阅史嘉柏:《井然有序的过去》。
② 鲁国自伯禽到僖公共有十七位君主,因此杜预注认为这里共有十七条蛇。竹添光鸿《左传会笺》文公 16.30)指出了僖公之死与《左传》此处的记叙相距十七年。

世,或许是因为他们认为声姜入宫与蛇的举动非常相似。当时的人尝试进一步响应这个凶兆,因此他们才会拆毁泉台这个蛇的聚居地。换句话说,虽然当时的人承认超自然的征兆能有效地反映未来,但是他们并不相信未来是无法改变的宿命。

《左传》也表达过另一种立场:反常的自然现象是人类行为的结果,而非灾难降临的预兆。以下这则讨论就是一个最好的明证。这段文字出现在郑国权力斗争的记录之后。此前郑厉公曾篡夺王位,后来又被放逐。他的支持者杀死了继任的子仪(厉公之弟)和子仪之子,于是他再次回到郑国,重登君主之位。

> 初,内蛇与外蛇鬬于郑南门之中,内蛇死。六年而厉公入。公闻之,问于申繻曰:"犹有妖乎?"对曰:"人之所忌,其气焰以取之。妖由人兴也。人无衅焉,妖不自作。人弃常,则妖兴,故有妖。"(《左传》庄公 14.2,页 196—197)

公元前 701 年,郑庄公逝世。他的儿子为继承君位互相争夺,郑国从此陷入了持久的政治斗争。随着郑国国君子仪被人谋害,郑厉公在公元前 680 年回到郑国。这场斗争总算告一段落(《左传》桓公 11.3,页 132)。当年,厉公放逐其兄世子忽,正式即位。从公元前 701 年(《左传》桓公 11.3,页 132)到公元前 697 年(《左传》桓公 15.2,页 143),他都是郑国的国君。后来,他被权臣祭仲罢黜,祭仲迎接忽回国复位。忽即位为郑昭公,统治郑国两年(公元前 697—前 695),就被不忠的臣子杀害。历来对于申繻所提到的对应关系有各式各样的理解。杜预以《尚书》里"焰"字的含义为例,把闪烁不定的火焰视为郑人反复无常的模拟。孔颖达则把"焰"联系到失败的统治上,专指子仪对厉公的恐惧和摇摆不定。① 另一种解读认为不可思议的征兆因应人间的不和。② 或者说,人们的恐惧和

---

① 《十三经注疏》6,9.8。
② 林尧叟:《左传杜林合注》卷 6。

怨恨促使他们把蛇的打斗推想成凶兆。① 我们可以把"妖由人兴"的假设理解成精神力量的具体展现,又或者是有人刻意制造谣言和凶兆。虽然后者似乎显得更"理性"一些,但这两种可能性其实都有意祛除事件的神秘因素。从来没有人从宿命的角度着手,把"外蛇"取得胜利与郑厉公复位相提并论。也就是说,论者都把异象视为人间力量的体现。

当人们把异象视为人间混乱的体现,异象的发生也就标明了进谏的时机。公元前538年,鲁国下冰雹,季武子的家臣申丰便借此批评朝廷用冰失宜(《左传》昭公4.2,页1248—1250)。

一般来说,没有人会质疑自然界与人间的呼应,即使有时孰因孰果或不一致。事实上,《左传》有意要把它对自然异象和天文现象的解读,当成最权威、最系统的知识。典型的情况是一个具有预言能力的人(往往是史官)观测到星体的运动,于是他提出预言,而最终他的预言总会应验。就好像以下这个例子:"有星孛入于北斗。周内史叔服曰:'不出七年,宋、齐、晋之君皆将死乱'。"(《左传》文公14.7,页604)接下来数年,周内史叔服的预言成真,宋昭公(《左传》文公16.5,页620—622)、齐懿公(《左传》文公18.2,页629—631)、晋灵公(《左传》宣公2.3,页655—663)相继被杀。

另外,《左传》还在某些例子中提供了更详尽的解释。我们可以由这些解释瞥见他们推论的逻辑。

> 二十八年春,无冰。梓慎曰:"今兹宋、郑其饥乎!岁在星纪,而淫于玄枵。以有时菑,阴不堪阳。蛇乘龙,龙,宋、郑之星也,宋、郑必饥。玄枵,虚中也。枵,耗名也。土虚而民耗,不饥何为?"(《左传》襄公28.1,页1140—1141)

公元前1世纪,西汉刘歆整理出三统历。此前,古人都误以为岁星的公转周期是十二年。② 他们把十二年配以十二地支。星纪(天蝎座)和玄枵

---

① 参阅竹添光鸿的解释,见《左传会笺》庄公14.40。
② 岁星的公转周期应该是11.86年(《左传》,页1140)。

(宝瓶座)是岁星周天十二个坐标中的两个。梓慎因岁星不规则地移动,由此建立了他的预言,而这凶兆又与玄枵有关。他揭示了各个星体有什么寓意,又分析了星名的词义。玄枵由二十八宿中的女、虚、危三宿组成。虚、危与蛇有关,而岁星又对应了五行中的木和青龙。当岁星太快移到玄枵时,大自然的秩序就会颠倒,这意味着蛇骑在龙的身上。玄枵意为"虚中",因为其中一个组成它的星宿是虚,虚有虚空之义。玄枵名尚有"枵"这个字,"枵"有饥饿或消耗的意味。因此,梓慎把象征阴阳失衡(阴不堪阳)的"无冰"异象,与岁星过快移到"玄枵"联系起来。换言之,他认为"玄枵"所附有的凶兆正体现在"无冰"这个异象上(诚如叔兴评论宋国的异象一般,这里的"阴阳"比暗明、冷热有更宽广的意义,但它们还没有变成可以包罗万象的概念)。第二年,宋国和郑国果然发生饥荒,但叙事的重点却转移到人的反应上来。没有人特别评论预言应验一事;相反,《左传》详细地记叙了郑国和宋国正卿如何处理国内的灾情。郑国罕氏和宋国乐氏慷慨地开仓济民,这获得了晋大夫叔向的称许。透过这一赞许,两族在国内掌权也就更加合理(《左传》襄公 29.7,页 1157—1158)。

但是,这些阐释的原则有时也渗透出不确定的气息。或许,正因为有例外存在,人是否可以解读征兆这个问题才变得更有意思。宋国发生大火以后,宋大夫子罕沉着应对救灾工作。他既组织了实际的应急措施,又举行献祭仪式,充分展现了自己的能力。后来晋悼公向晋大夫士弱请教:"吾闻之,宋灾于是乎知有天道,何故?"这里的"天道"似乎既指涉天文现象,① 同时又有点抽象的意味。"天道"似乎与命运和道德戒律相关,因为士弱接着讲述了古代的"火正",以及它如何同时掌管星体移

---

① 参见《左传》昭公 9.4(页 1310)和 11.2(页 1322),其中对"天道"有相同的理解。在这些篇章里,岁星周期与善恶报应相关,因而决定了楚、蔡两国国君的命运。因此,周大夫苌弘说:"岁及大梁,蔡复,楚凶,天之道也。"(《左传》昭公 11.2,页 1322)

动、国家的疆域与历史:①

> "古之火正,或食于心,或食于咮,以出内火。② 是故咮为鹑火,心为大火。陶唐氏之火正阏伯居商丘,③祀大火,而火纪时焉。相土因之,故商主大火。商人阅其祸败之衅,必始于火,是以日知其有天道也。"公曰:"可必乎?"对曰:"在道。国乱无象,不可知也。"(《左传》襄公 9.1,页 963—964)

宋国国君乃商王之后。如果商人可以从大火的征兆预视灾难的降临,那么宋国也应该继承了这方面的知识,并对此保持警惕。我们可用两种截然不同的方法理解士弱的解释。一方面,他假设星体运行和国土所发生的事有所联系。他相信过去一直延伸到现在,与现在相关。他认为宋、商都对"大火"献祭,两者一脉相承。另一方面,他又提出他根本无从确定这些一点一滴搜集回来的对应关系是否可信。过去与现在的联系,确保了人能预知未来。换句话说,宋国继承了商代对"大火"的祭祀,显示大火有着决定宋国命运的意义。然而,"国乱无象",政局混乱会打破这种对应关系,令人不能确定这种认识是否准确("国乱无象"的另一种读法,是没有任何天文征兆可与恶政所造成的混乱相对应)。知识系统的完整并不能保证这个系统能随时应用到当下来。在这个特殊的例子里,子罕管治有方,宋国的政局实际上非常稳定。所谓无从解释的征兆根本不适用于宋国。其实士弱的论述重新界定了悼公的问题——他的意思是由于宋国发生大火,因此宋国知道自己的命运如何与大火星相连。然

---

① 晋史蔡墨曾提及五行由五个相应的官员掌管,这些官员同时也会像神明一般接受祭祀(《左传》昭公 29.4,页 1502)。班大为(David Pankenier)曾英译以下一节《左传》的引文,可参《周代的应用分野星占学:晋文公与城濮之战(前 632)》["Applied Field-Allocation Astrology in Zhou China: Duke Wen of Jin and the Battle of Chengpu (632 B. C.)"]。(译按:此文的中译本收入班大为著,徐凤先译:《中国上古史实揭秘——天文考古学研究》,上海:上海古籍出版社,2008,页 252—286。)
② 各注家对此有不同解释,但是他们大多同意用火(治陶和冶铁)要依据这两个星宿的位置来决定。杜预把"出内火"训为"放火"和"禁放火",陆德明则认为这是指把火提到室外和带回屋内。
③ 古人认为阏伯是高辛氏之子,商人因袭了他创立的祭祀(《左传》昭公 1.12,页 1218)。

而，士弱以"在道"归纳这种对应关系，说明宋大夫处理火灾的方法已显示出他们对天道的理解。

否定天象能完全主导命运，肯定其中有晦涩难解的地方，这都为人力左右事情的发展预留了一点空间。当晋国大夫士文伯解释日蚀的含义时，他的论述就从宿命论转移到人的责任上。

> 晋侯问于士文伯曰："谁将当日食？"对曰："鲁、卫恶之。卫大，鲁小。"公曰："何故？"对曰："去卫地如鲁地，①于是有灾，鲁实受之。其大咎其卫君乎！鲁将上卿。"公曰："《诗》所谓'彼日而食，于何不臧'②者，何也？"对曰："不善政之谓也。国无政，不用善，则自取谪于日月之灾，故政不可不慎也。务三而已：一曰择人，二曰因民，三曰从时。"（《左传》昭公7.4，页1287—1288）

士文伯首先预言日蚀如何体现灾难和死亡，这里提到的祸患看似十分武断。但当晋平公引《诗》时，整个讨论的焦点就转到人的"不臧"之上。士文伯进一步阐明了各类罪行的恶果："不善政"会招来惩罚，不祥的征兆（诸如日蚀或月蚀）也会随之而来。③

随着卫襄公和鲁国的季武子去世，士文伯的预言应验了。此时，晋平公向士文伯请教：日蚀的预兆能否应用于"常"？士文伯回答说：

> "不可。六物不同，民心不壹，事序不类，官职不则，同始异终，胡可常也？《诗》曰：'或燕燕居息，或憔悴事国。'④其异终也如是。"公曰："何谓六物？"对曰："岁、时、日、月、星、辰，是谓也。"公曰："多

---

① 这里指的是"分野说"，也就是古人会利用星宿和地域之间的对应关系来划定各国的疆界。详见班大为：《周代的应用分野星占学》。
② 语出《诗·小雅·十月之交》（193），今《诗》"彼日"作"此日"。这里把"于何不臧"一句理解成"哪里有错误呢"；此句还可理解为"如何尚不戒惧改悔而向善乎"（见屈万里：《诗经诠释》，页359）。
③ 《左传》认为日蚀是更险恶的凶兆。
④ 语出《诗·小雅·北山》（205），今《诗》"憔悴事国"作"尽瘁事国"。

语寡人辰而莫同,何谓辰?"对曰:"日月之会是谓辰,故以配日。"①
(《左传》昭公 7.14,页 1296—1297)

没有一种固定的解读规则能够解读自然界的异象。这里论列的自然体系建立在很多变量之上。正如士弱所述,这里既表现出掌握一套系统的意欲,却也认识到其局限性。可以说,这种做法增加了这套系统的权威,因为自然现象和人类命运之间可能存在的联系,可以与建立在人力之上的因果关系合而为一。竹添光鸿认为这个含糊的答案非常重要,他说:"但神道可以助教,不可专以为教。神之则惑众,去之则害宜。故其言若有若无,其事若信若不信,期于大通而已。"②竹添光鸿以为人们有意借用神道来完成教化和有效管理的目的(神道设教)。或许,比较保险的说法是,这个含糊的答案只是反映了当时对于天人关系有着各式各样的见解。

《左传》也留意到建立对应关系有时会存在误差。古人反复占卜同一件事的结果,正好证明了这种不确定性。《左传》有时会以实录的方式把互不兼容的解释全部记录下来。梓慎认为公元前 521 年的日蚀是无害的。但当叔辄为日蚀而哭,叔孙昭子便因为他"非所哭也"而断言叔辄的死期不远(《左传》昭公 21.5,页 1426—1427)。对梓慎来说,公元前 518 年的日蚀是洪水的预兆,但对叔孙昭子来说,却是旱灾的先兆(《左传》昭公 24.4,页 1451)。梓慎曾在《左传》其他地方解释说:"阳不克也,故常为水。"(《左传》昭公 21.5,页 1427)叔孙昭子运用相同的逻辑,却得出了相反的结论:"日过分而阳犹不克,克必甚,能无旱乎?"(《左传》昭公 24.4,页 1451)《左传》在第二年的记录里提到了严重的旱灾和两次为祈雨而举行的雩祭(《左传》昭公 25.5,页 1460)。梓慎在《左传》中是个能预知未来的人,他的预言在其他地方几乎全部应验(《左传》襄公 28.1,页

---

① "辰"字在先秦文献中有不同含义,这里"辰"是十二地支之一。古人按照农历十二个月每一个月的第一日太阳的位置来定义十二地支。如果把十二地支与十天干(这里或单纯指"日")相配,便产生了六十年的周期。
② 竹添光鸿:《左传会笺》昭公 7.59。

1140—1141;昭公15.1,页1369;昭公17.5,页1390—1391;昭公18.3,页1394—1397;昭公20.1,页1406—1407;昭公21.5,页1426—1427)。①即使《左传》承认解读征兆可能会出现误差,这也并不等同于否定天人之间的对应关系,它只会把我们的焦点转到人的力量和责任上去。

因此,我们不能只用相信或质疑天人感应,来概括《左传》对异象的态度。问题的关键在于人间的秩序(往往建立在礼仪的基础上)能够迎合自然界反常的现象。我们甚至可以把人间的秩序扩展为人力所能控制的事情,那么,《左传》表明了人其实可以顺应异象,至少人能够与自然和平共处。当代学者往往把郑大夫子产吹捧为一个理性主义者和怀疑论者。②《左传》有不少故事都支持了这种论调。子产依据他对星象的观察,预言宋、卫、陈、郑将有大火。裨灶请求子产以玉器献祭,借此避开火灾,子产却拒绝了(《左传》昭公17.5,页1390—1392)。第二年郑国发生大火,裨灶又提出了同样的请求,子产再次拒绝了裨灶。后人经常引用当时子产的回复:"天道远,人道迩,非所及也,何以知之?"(《左传》昭公18.3,页1395)火灾没有再发生。有一次,郑国发生水灾,有龙在时门外的洧渊里打斗。郑人要求子产向龙献祭,子产回绝说:"我斗,龙不我觌也;龙斗,我独何觌焉? 禳之,则彼其室也。吾无求于龙,龙亦无求于我。"(《左传》昭公19.10,页1405)然而,即使同意不同领域的现象和知识互不相犯,也并不妨碍子产在适当的时候运用其诠释异象的能力。因此,子产在其他地方讨论鬼神的权威,分析梦境的意味,这些做法都不会与他前面的观点相悖(《左传》昭公7.7,页1289—1290;昭公7.9,页1291—1293)。③ 不论我们拒绝解读异象,还是尝试诠释它们,这些做法都以划定人力所能控制的范围为本。接着我们将会看到,当征兆显得模

---

① 《左传》有另一个例子,梓慎为鲁昭公解释他的梦境。书中并列了梓慎和其他人的诠释,最后梓慎的预言并没有应验(《左传》昭公7.3,页1286—1287)。
② 可参考周立升等编:《春秋哲学》,页155—181;丁祯彦、吾敬东:《春秋战国时期观念与思维方式变革》,页170—171。
③ 以下我将会在"解析的梦"一节讨论这些故事与梦境的关系。

棱两可,似乎有意误导人,又或者征兆本身的权威受到质疑时,解读征兆的行为就会变得问题重重。

反复无常的神灵、模棱两可的征兆

晋国可以说是《左传》中最突出的国家。这个国家以欺诈的手段,在反复无常的神灵的协助下称霸。虽然晋国在春秋时期以霸主的姿态出现,但它本来只是以曲沃伯(即后来的武公)为首的一个王室小宗。他杀害了继位为侯的晋室大宗,取而代之。后来他的儿子献公(公元前676—前651年)为了预防其他宗族分支的发展,又铲除了各系的公子以巩固君权(《左传》桓公2.8,页95;桓公3.1,页97—98;庄公16.5,页203;庄公23.2,页226—227;庄公24.3,页230;庄公25.4,页232)。晋国要扩张其领地,首先就是要讨伐虞国和虢国。虞国一直是虢国的盟友,但因为它收取了晋献公的贿赂,所以虞国也就转而对付虢国了。晋献公两次借用虞国的道路来攻打虢国,最终吞并了虢国。后来晋军在回国的时候,又顺道把虞国消灭了(《左传》僖公2.2,页281—283;僖公2.5,页283—284;僖公5.8,页307—312)。

虞、虢两国的国君误以为神灵会庇佑自己,这促成了献公的成功。早于晋国首次进犯虢国三年之前,"神降于莘"(《左传》庄公32.3,页253)。周史过曾向周惠公解释这件事,认为此事可以有两种完全相反的意义:

"国之将兴,明神降之,监其德也;将亡,神又降之,观其恶也。故有得神以兴,亦有以亡,虞、夏、商、周皆有之。"王曰:"若之何?"对曰:"以其物享焉。其至之日,亦其物也。"①王从之。内史过往,闻虢请命,反曰:"虢必亡矣,虐而听于神。"神居莘六月。虢公使祝应、宗

---

① 干支纪年法由十天干和十二地支相配而成。古人用干支纪日,每一日也会有相应的献祭之物和服饰。《礼记·月令》所述正与这个概念有关,不过内容可能是较晚近的,形式似乎也更标准。可参考杜预注和孔颖达疏,见《十三经注疏》6,10.21b—22a。

区、史嚚享焉。神赐之土田。① 史嚚曰:"虢其亡乎！吾闻之:国将兴,听于民;将亡,听于神。神,聪明正直而壹者也,依人而行。虢多凉德,其何土之能得？"(《左传》庄公32.3,页251—253)

由于过往的记录并没有提及如何向这未知的神灵献祭,因此史过建议周王依照他降临的那一天献上相应的祭品。他似乎提议周王不要全心侍奉此神,反而应该敬而远之。史过认为神灵是中立的观察者,而史嚚则相信神有恒常如一的特性。但是,即便史嚚相信神有聪明正直的品德,他依然提醒周王不应盲目听命于神。另外,神与人之间隐含着一种对立的状态:国君过于注重其中一方,相对地他就不能好好回应另一方。这些神灵在这则记录中反复无常,勾起了虢君的贪婪之心,又用自己的福泽来误导他。"虢公败犬戎于渭汭。舟之侨曰:'无德而禄,殃也。殃将至矣。'遂奔晋。"(《左传》闵公2.1,页262)② 当虢国再次于桑田打败犬戎时,卜偃预见了虢国的厄运。晋卜偃曰:"虢必亡矣。亡下阳不惧,③而又有功,是天夺之鉴,④而益其疾也。必易晋而不抚其民矣,不可以五稔。"(《左传》僖公2.5,页283—284)如同降于莘的神明一样,上天麻痹了虢国国君,使他盲目自矜,最终无可避免地走向败亡。

《国语》所载的相关记录对神灵流露出更复杂的情绪。周史过所描绘的神灵更积极、更活跃。施行德政的国家散发着馨香,荒废朝政则会发出腥臊之气。这些气味会引导神灵降临,并相应地赏善罚恶。《左传》中神秘而身份不明的神灵在《国语》里变成了不祥之兆,甚或有点邪恶的

---

① 钱钟书(《管锥编》,册1,页183)留意到《左传》中鬼神欲降罚于人,却假装自己将赐福于人,甚至阳赐土地以阴速其亡。他们的行径与战国时期的说客(或许还有兵家)无异。
② 周代的文献一般会把犬戎与鬼方、昆夷相提并论;战国以后,犬戎又称为胡、匈奴。见杨伯峻注(《左传》,页261—262)。
③ 虢国的宗庙社稷在下阳。这一年年初,晋国曾攻伐虢国,吞并下阳。"灭"字一般指毁灭他人的宗庙,使后世无法对先君的宗庙献祭。这里专指晋军侵占下阳(《左传》僖公2.5,页283)。王夫之曾讨论这里"灭"字的异常用法,转引自《左传》,页283。
④ "监"指虢公的判断能力和自知之明,这也可能包括他从历史中汲取教训的能力。以史为鉴的概念,可参考《诗·大雅·荡》(255):"殷鉴不远,在夏后之世。"

味道:

> 王曰:"今是何神也?"对曰:"昔昭王娶于房,曰房后,实有爽德,协于丹朱,丹朱凭身以仪之,生穆王焉。是实临照周之子孙而祸福之。夫神壹不远徙迁,若由是观之,其丹朱之神乎?"(《国语·周语》1.12,页 32)

房后有"爽德",她因为接受了传说中的圣王尧帝之子丹朱的神魄而怀孕,这隐约有通奸的意味,因这次结合而出生的孩子就是穆王。穆王以穷奢极欲和肆意远游而闻名。因此,丹朱之神也就成了凶兆。史过在确认了神灵的身份之后,提出当由丹朱的后人狸姓来进行恰当的祭祀仪式。他也预言虢国必定会在五年之内灭亡,因为丹朱是尧帝的儿子,而尧帝每隔五年会巡视各国。尽管史过也在这里阐述了与《左传》相类的原则,认为人类自有其责任——"道而得神,是谓逢福;淫而得神,是谓贪祸"——但是身份不明的神灵变成了邪恶而不祥的力量。

《国语》的记录把虢国国君的盲目和罪责表现得更加清晰:

> 虢公梦在庙,有神人面白毛虎爪,执钺立于西阿,公惧而走。神曰:"无走!帝命曰:'使晋袭于尔门。'"公拜稽首,觉,召史嚚占之,对曰:"如君之言,则蓐收也,①天之刑神也。天事官成。"公使囚之,且使国人贺梦。(《国语·晋语》2.3,页 295—296)

在《左传》的记载里,上天为虢公带来了胜利,又把一些好处赐给他,最后把他欺骗了。但在《国语》中,他一意孤行,对梦中的警示视而不见。

反复无常和尔虞我诈的主题再次在人世的层面上演。晋献公通过贿赂相邻的虞国,借路击败了虢国。他送给虞国国君的礼物是稀有的宝马和珍贵的玉石,这恰好与神灵送给虢公的土地互相对应。晋献公扮演

---

① 少皞氏是传说中的圣王,蓐收即其弟。《左传》提到五行各由相应的官员掌管,蓐收即掌管五行中的金(《左传》昭公 29.4,页 1502—1503)。《礼记·月令》提到蓐收是秋神(《礼记集解》册 2,页 465、471、477)。据孔颖达疏所言,"蓐收者,言秋时万物摧蓐而收敛"(转引自《国语集解》,页 283),因此这里把他与刑罚相连。

了易变的神灵的角色,背弃了虞国国君的信任。晋国在消灭了虢国之后,吞并了虞国。如同虢君一样,虞叔对神灵的庇佑也非常自信:"吾享祀丰絜,神必据我。"(《左传》僖公5.8,页309)大夫宫之奇不同意他的看法,说道:

> "鬼神非人实亲,惟德是依。故《周书》曰:'皇天无亲,惟德是辅。'又曰:'黍稷非馨,明德惟馨。'又曰:'民不易物,惟德繄物。'①如是,则非德,民不和,神不享矣。神所冯依,将在德矣。若晋取虞,而明德以荐馨香,神其吐之乎?"(《左传》僖公5.8,页309—310)

宫之奇想象神灵"惟德是依",这个描述与《左传》的其他地方非常不一样。《左传》中属于某些地域的神灵或其他特殊的神灵只能在地域与血缘的限制下行事,他们只会接纳相关人士的献祭(也就是说,他们只能接受一些在历史上和地理上跟他们有联系的人献祭)。② 如果宫之奇是对的,那么神灵背弃虞叔和虢公一事,体现了神灵能施行适当的赏罚,实践天道的公义。然而,虢公的错误在于他向未知的神灵求取福惠,而虞叔的罪责纯粹是他容易受骗和判断错误。而且,晋献公亦非贤德之人。诚如宫之奇所言,他立意要剪灭虢国,而虢国与晋国的公室同为姬姓(虞国国君也是姬姓)。不仅如此,晋献公还无情地除去了晋国公室中的曲沃桓叔和庄伯一族。

假如我们把以上一节和《左传》其他反对依赖鬼神的论述相比照(如《左传》桓公6.2,页111—112;庄公10.1,页182—183;昭公20.6,页1415—1419),宫之奇的言论所隐含的道德标准显得分外模糊。比如说,齐景公有疾,他的宠臣建议他诛杀祝、史,因为祝、史理应代表君主与神明沟通,他们显然没有恪尽职守。齐景公打算采纳,把想法告诉了晏婴。于是晏婴便以人神之间互惠互利的关系作答:一个贤德的君主把朝政处理得井然有序,他就能够获得神灵的庇佑。相反,一个刚愎自用的昏君

---

① 这些引文又见于伪古文《尚书》中《蔡仲之命》、《君陈》、《旅獒》三篇;见《左传》,页309。
② 见《左传》僖公10.3,页334;31.5,页487;哀公6.4,页1636。

挥霍无度,无视人民的要求,就会招来神灵的愤怒。这与祝、史的祭祀无关(《左传》昭公 20.6,页 1415—1419)。晏婴表达出清晰的政治理念,景公也接纳了他的谏言。至于宫之奇,他的话似乎具有前瞻性,预先为晋国最终会战胜虞国提供一合理的解释(如果我们把他看作是史传作者的代言人,那么他的话或可以说是一种回顾)。因为他把得胜者视为有品德的一方,同时把战败者看成是道德有缺憾的人,即使这里并没有任何证据显示晋国的德行或虞国的亏缺。

因此,这里提及晋国的"明德",着眼于虞叔和虢公的短视无知,这一切或许都是晋国的宣传而已。鬼神所显示出来的模棱两可的征兆把我们的焦点集中到人的责任上,然而这些征兆也掩藏了失序的乱局和虚张的正义。当然,虞叔和虢公不幸的收场成为整件事的结局。晋史偃解析神秘的童谣,预言虢国灭亡的具体时间和相关情势。这些预测准确无误,一一应验,越发使人感到此事已成定局。① 这个融合无知、贪婪、盲目、误信神灵诸元素的故事就此完结。但这里的结束,同时也是个开端。《左传》并没有像《国语》的相关篇章一般把无知和国难之间的因果关系截然二分。《左传》最后一次提到虞叔,是因为当晋献公把女儿许配给秦穆公时,他担任了陪嫁的侍从。后来,我们会看到史苏以《易》卦为这次秦、晋联姻占卜,结果并不吉祥(如上文所述,晋国在韩之战中败给秦军,晋献公之子惠公即把这场败仗归咎于这次婚姻)。《左传》的叙事也就从征兆的误读,逐步走进忽略征兆的问题中。

对于得胜者来说,预兆本身模糊不清,使得自己能成功地欺诈他人。晋献公作为一开疆拓土的征服者,他呈现出狡黠、残忍的形象。但这个形象又与他宠信佞臣、轻易被爱妃骊姬所欺骗的形象并存不悖,甚至融为一体。《左传》受编年体形式的制约,读者不难发现献公在同一时间呈

---

① 史偃预言晋国将于"九月、十月之交"消灭虢国。《左传》提到"冬十二月丙子,朔,晋灭虢"。两者日期不一,原因是《左传》采用的是周正,而晋国所用的则是夏正。"十二月丙子"恰好是夏正十月初一。关于童谣和其他谣谚的使用情况,可参阅蒲安迪(Andrew Plaks):《中国文化中的歌谣与谜语》("Riddles and Enigma in Chinese Civilization"),页 227—236。

现出的这两种倾向：公元前661（闵公三十二年）至前655年（僖公五年），献公攻克了虞、虢两国；公元前666（庄公二十八年）至前656年（僖公四年），骊姬密谋陷害太子申生，最终导致申生自杀身亡。献公在这段时间所做的正是刻意误读征兆。然而，正如虞叔和虢公的情况一样，征兆本身非常含糊，甚至具有误导性。献公想立骊姬为夫人，用蓍草筮占的结果是吉利，而龟卜的结果却是不祥。卜人认为"筮短龟长"，①并警告献公他与骊姬的结合可能会产生可怕的后果。正因为两种互相矛盾的征兆同时存在，无论献公怎样做，他都可以找到一种超越人事的依据。《左传》以"初"字引入这次占卜，随即又记录了骊姬密谋对付申生和申生自杀一事（《左传》僖公4.6，页295—299）。《左传》把献公的无知与申生悲惨的结局联系起来，这是再清楚不过的了。至于献公的愚昧是否"宿命"的一部分，《左传》并没有清晰交代。书中把将发生的灾难写成不祥之兆，又设下了误导人的吉兆。这些"吉兆"终于确保了这些灾难不得不发生。

《左传》把晋献公攻下虞、虢两国，与他迷恋骊姬的祸患两事并排在一起，表明了奸邪愚昧最终会带来恶果。即使如此，文中却没有类似的情节来说明具有品德的人可以获取相应的回报。鬼神神秘莫测，反复无常，解释了《左传》何以没有这些情节。我们几乎可以说，鬼神的世界似乎受人间感染，变得背信弃义。晋献公面对的占卜结果互相矛盾，这也促使我们思考以下几个问题：占卜的实际应用与它在叙事上的功能有何

---

① 据《周礼》所述，凡国之大事，古人先用蓍草占筮，然后再用龟卜（杨伯峻曾转引这些材料，见《左传》闵公2.4，页264）。但是，《左传》也有一些例子说古人会先采用龟卜。除了上述例子，还可参见《左传》僖公25.2，页431；哀公9.6，页1653—1654。韩简在劝诫惠公时，提到先有龟卜之"象"，然后再有蓍策之"数"（见《左传》僖公15.4，页365）。高本汉以《周礼·春官》为据，提出有更多官员以龟甲占卜，因此龟卜应该更具权威。不过，孔颖达和杨慎等学者却认为，没有明确的证据可以表明某种占卜方法比另一种方式优胜。竹添光鸿曾综合上述的讨论，并节录了《尚书》和《礼记》中的例子，详参竹添光鸿：《左传会笺》僖公4.20。总而言之，这两种占卜方法中何者为优，其实还有商榷的余地。情况并不像上面所说的这么肯定。又，可参考顾炎武对《周礼》和《尚书》中占卜方式的讨论，见"卜从筮逆"一条，载《日知录集释》，卷2，页35—36。

关系？占卜的不确定性有多大？假如古人对占卜结果有不同的解释，这些解释意味着什么？古人对命运、人事、道德和修辞的理解，如何体现在这些解释之中？

占　卜

《左传》和《国语》有不少占卜的记录，其中最主要的是蓍占和龟卜。学者往往会用这些文献材料来重构古人占卜的过程。① 战争、祭祀、出行、聚会、结盟、婚嫁、出生、封侯、任官、选定城址，还有许多场合，古人都会先行占卜。从古代文献可知，占卜几乎无处不在。从另一个角度出发，占卜作为一种叙事手法也值得注意。占卜把各种事件串连起来，令人相信某些事情必然会发生，同时也为记录的事件提供了原因。运用《周易》来进行的占卜尤其如此。《左传》中用《易》占卜的片段标志着道德和哲学的解释原则正在转变。相对而言，《国语》较少利用《周易》占卜的记载。② 这里我必须承认我的偏见：占卜非常常见，这一点毋庸置疑；但即使我们承认有些占卜的结果和预兆是当时的实录，我依然相信有更多预言、卦象及其解释都要到了后来撰写史书时，才被编进叙事之中。事实上，占卜的结果越准确，预言及其应验的时间相距就越远，这则记录也就越有可能是后来追溯进去的。

以下我想先考察三个预言。占卜者在公元前672至前660年作出这些预言，到了公元前6世纪初和前5世纪初，这些预言才应验。《左传》在庄公二十二年（公元前672年）第一次提到占卜。当时，陈完（敬

---

① 这方面有很多重要的研究，其中可参考夏含夷（Edward Shaughnessy）:《〈周易〉的编纂》("The Composition of the *Zhouyi*")；苏德恺（Kidder Smith, Jr）:《从〈左传〉看〈周易〉的诠释》("*Zhouyi* Interpretation from Accounts in the *Zuozhuan*")；李镜池:《〈左传〉中〈易〉筮之研究》；高亨:《〈左传〉〈国语〉的〈周易〉说通解》。从更广阔的角度研究中国古代的占卜，可参阅基德炜（David Keightley）:《商代史料》(*Sources of Shang History*)；李零:《中国方术考》；刘玉建:《中国古代龟卜文化》。
② 《左传》援引《周易》的修辞或以《周易》占卜合共有19处，而《国语》引《易》则只有3处；详见高亨:《〈左传〉〈国语〉的〈周易〉说通解》。

183

仲)为了避开陈国的混乱和权力斗争,逃奔齐国寻求齐桓公的庇护。陈完态度谦虚、恭敬、谨慎,表现令人称许。陈完宴请齐桓公,桓公非常高兴。到了晚上,桓公邀请他继续喝酒,他辞谢说:"臣卜其昼,未卜其夜,不敢。"然而,谨言慎行的最终结果,却是他的后人篡夺了齐国国君之位。《左传》把篡位一事当成陈完命中注定的荣耀来记录。书中一早便把占卜的结果告诉了我们,让我们预先知道陈完的子孙日后将在齐国壮大起来。

> 初,懿氏卜妻敬仲。其妻占之,曰:"吉,是谓'凤凰于飞,和鸣锵锵。有妫之后,将育于姜。五世其昌,并于正卿。八世之后,莫之与京。'"(《左传》庄公 22.1,页 221—222)

陈氏当是舜的后人,妫姓;而齐国的王室则姓姜。陈完的五世孙陈无宇(桓子)是齐国大夫,地位显赫。他与公族栾氏、高氏争夺权力,最后陈无宇以胜利者的姿态出现。同时楚国正在杀戮陈氏一族(《左传》昭公 8.5,页 1302—1304;昭公 8.6,页 1304—1305;昭公 10.2,页 1315—1318)。陈完的八世孙陈常(成子)在公元前 481 年把齐简公杀了(《左传》哀公 14.3,页 1683—1686;哀公 14.5,页 1689)。

下列据《周易》占卜以作的预言最终得以应验:

> 其少也,周史有以《周易》见陈侯者,陈侯使筮之,遇观之否。曰:"是谓'观国之光,利用宾于王',此其代陈有国乎?不在此,其在异国;非此其身,在其子孙。光,远而自他有耀者也。坤,土也;巽,风也;乾,天也。风为天于土上,山也。有山之材,而照之以天光,于是乎居土上,故曰'观国之光,利用宾于王。'①庭实旅百,奉之以玉帛,天地之美具焉,故曰'利用宾于王'。犹有观焉,故曰其在后乎!风行而着于土,故曰其在异国乎!若在异国,必姜姓也。姜,大岳之

---

① 刘用熙认为"利于宾于王"是衍文,因为上文只解释了"观国之光"(《左传》,页 223)。

后也。山岳则配天。物莫能两大。陈衰,此其昌乎!"及陈之初亡也,①陈桓子始大于齐。其后亡成,②成子得政。(《左传》庄公 22.1,页 222—224)

如果观卦(从下至上)的第四爻是阳爻而非阴爻,那么它就变成了否卦;因此这则预言以观卦第四爻的爻辞开始——"观国之光,利用宾于王"。③这句话一般预言外交的成功,也就是说,敬仲将在周廷受到礼待。假如周史真的这样解释上述卦象,陈厉公(陈完之父)应该会感到非常不安。一个国家的公子不会在其他国家寻求自己的前途,除非他们被放逐在外。后来,厉公被兄长的儿子(庄公)所杀,④陈完在陈国也就不再拥有任何权力了。到了陈庄公之弟宣公把陈国太子杀死,陈完由于与太子过从甚密,他只有逃奔齐国以免受到牵连。

要从观卦的第四爻一跃而下,谈到两个世纪之后所发生的事情,《左传》有必要进一步联系两者。《周易》本身的性质就有可能把前后的事情串联起来。我们通过变爻来寻找最重要的爻辞,也可以从不同层面去参考这两个卦象的各个组成部分来作出预言。我们或可推测一种从细节概括理论的过程。姜氏是太岳之后;我们可以通过卦象的组成部分来寻找"山"的意象:坤(地)是观卦和否卦的外卦,乾(天)是否卦的内卦,巽(风)是观卦的内卦。杜预认为我们可以把否卦的第二、第三和第四爻抽取出来,得出艮卦,艮卦是"山"的代表。然而,《左传》里从未用"互体"这种方法来解释《周易》的卦象。陈完的子孙在齐国前程远大,其时间与地理上的距离都需要适当的隐喻;因此,卦象的解释特别着重"光"从远方照耀而来,又特别提到"观"异国于后代之所为。《左传》很少会像上文一

---

① 公元前 534 年,楚国灭陈,但晋史赵依据岁星的位置,预言陈将会复国(《左传》昭公 8.6,页 1305)。
② 公元前 478 年,楚国再次吞并陈国(《左传》哀公 17.4,页 1708—1709)。三年前,陈恒弑杀了齐简公。
③ 观卦在传世《易经》中是第二十卦,否卦是第十二卦。林理彰的《易经》英译本把"观"译成"观看"(viewing),把"否"译成"阻碍"(obstruction)。另,亦可参阅夏含夷所译的《易经》。
④ 厉公除去其兄陈桓公,又把原来的太子杀掉,才得以即位为君。

般简要地交代预言的应验。考虑到主导《左传》这部分的叙述其实是齐桓公将成为春秋第一个霸主,这里预言姜氏未来将会衰亡,显得格外直率和严肃。

占卜者曾预言毕万一族将变得繁荣昌盛,这会对晋国公族带来一定的影响。由于《左传》受编年的体例制约,书中以分散的方式记录了这段史事。这种处理方式正好与上述有关陈完的记载相似。晋献公为了确保本宗至高无上的地位,铲除了其他宗族的旁系,又吞并虞、虢两国以扩大其领土。除此之外,他还把土地和爵位赐给赵夙和毕万,因为他们辅助太子申生讨伐耿、霍、魏有功。赵夙的封地是耿,毕万则得到魏地。这次胜利不但为太子申生带来更多危难,更把赵氏和毕氏(即后来的魏氏)带入权力核心。卜偃预言毕万的子孙将有显赫的地位,他的依据是毕万的名字,因为"万"有充盈之义;另外,毕万刚得到的封地"魏"也有盛大的意思:

> 毕万之后必大。万,盈数也;魏,大名也。① 以是始赏,天启之矣。天子曰兆民,诸侯曰万民。今名之大,以从盈数,其必有众。(《左传》闵公1.6,页259)

蓍占也确认了这些预言。

> 初,毕万筮仕于晋,遇屯䷂之比䷇。② 辛廖③占之,曰:"吉。屯固、比入,吉孰大焉?其必蕃昌。震为土,车从马,足居之,兄长之,母覆之,众归之,六体不易,合而能固,安而能杀,公侯之卦也。公侯之子孙,必复其始。"(《左传》闵公1.6,页259—260)

最关键的变爻在传世的《周易》中,爻辞是"盘桓,利居贞,利建侯"。

---

① "魏",《说文》本作"巍",意思是高大。
② 屯卦是传世《周易》中的第三卦,比卦则是第八卦。
③ 杜预注认为辛廖为晋国大夫。刘炫袭用服虔的说法,并举辛甲、辛有等周大夫为据,以为辛廖亦应该是周大夫(《左传》,页260)。辛氏大概世代都是史官:辛甲是太史(襄公4.7,页938);辛有的次子史董到了晋国,于是晋国世代都有"董史"(昭公15.7,页1373);辛有也与《左传》的其他史官一样善于预言未来(僖公22.4,页393—394)。

象曰:"虽盘桓,志行正也。以贵下贱,大得民也。"上述内容包括有利于建立公侯,坚守志行,将得到人民拥戴;这些说法似乎都证明了毕万子孙将繁荣昌大的预言。但辛廖并没有引述这些句子,他甚至没有提到比卦的卦象:"地上有水,比。先王以建万国,亲诸侯",即使这个卦象会引导他提出相似的结论。相反,辛廖利用组成重卦的各个单卦立说,讨论它们之间的关系。或许,这种转折的方法更能说明卦象需要解释:当屯卦变为比卦时,屯的外卦震也就变成了坤。辛廖利用两个外卦所对应的物象,得知这是公侯之象,而且这在逻辑上不能更替(足居于土代表君权,车、马均象征公侯的行装)。他把其他意象补充进来:"兄"(对应震)、"母"(对应坤)和"众"(对应坎卦,亦即屯和比的内卦),这些人的支持和保护也使毕万的后代掌权变得合理。

三家分晋,魏氏是其中一家。但是没有人从道德的角度反对魏氏篡权夺位,因为毕万的子孙不过是把重卦和单卦的意象实践出来。此外,"公侯之子孙,必复其始"。这种循环论也使魏氏篡权显得更正常。毕万是毕侯高的后代,他的后人注定会恢复毕氏最初公侯的地位。这段记录与陈完在齐国的故事一样,当晋献公在庆祝晋国权势日盛时,《左传》早已点明晋国将君权旁落,藉此提醒读者注意各种相反相成的力量在时间的变动中其实密不可分。我们很难确定历史发展的方向和意义。盛衰分合互为因果,我们无法轻易描绘出历史的轨迹。

最后一个例子是鲁桓公的小儿子季友的故事。

> 成季①之将生也,桓公使卜楚丘之父卜之,曰:"男也,其名曰友,在公之右;间于两社,为公室辅。季氏亡,则鲁不昌。"又筮之,遇大有䷍之乾䷀,②曰:"同复于父,敬如君所。"及生,有文在其手曰"友",遂以命之。(《左传》闵公2.4,页263—264)

---

① "成"是季友死后的谥号。
② 大有是《周易》的第十四卦,乾卦是第一卦。

如同辛廖一般，卜楚丘之父并没有引用《周易》里的爻辞（大有卦的第五爻）。① 他关注的是从离（大有的内卦）到乾（乾卦的内卦）的转化。离代表臣、子，乾则是君、父的象征。因此这里的转化表明儿子在德行上与父亲相同，不改其道；臣子为君主分忧，同时也分得君主的光荣。这种解释也可以用相反的方式来呈现。父子二人平起平坐，君臣之间互相抗衡，这个意象或有危险的颠覆意味。最终，公元前661至前659年之间，鲁国因君主的继承权而纷乱不休，最终季友拥立了僖公，成为平息这个乱局的关键。② 但是，自从季平子驱逐鲁昭公开始，季氏的权力就不断膨胀。公元前510年（昭公三十二年），鲁昭公于放逐期间死去。鲁国国君与季氏之间的权力斗争，一直持续到《左传》一书的结束（哀公27.4，即公元前468年），甚至比这时间更晚。这里的占卜显然是为季氏在鲁国得到主导权寻找依据。《左传》这样称许季氏，又把他们的行为合理化，但同时书中也严厉地批评了季氏。《左传》把这些片段全都并置在一起了。

这三个例子全都有辩护的意味，因为这些预言全都说明了《左传》在最后五十年至六十年间所记录的政治局面是合乎情理的。《左传》把玄妙深奥的预言与道德的论述合而为一，藉此解释权力与威信何以从一个家族转移到另一个家族。一般来说，龟卜会先说明要占卜的事情，由此推算即将发生的事情的"实际"情况。而占卜者在用蓍草占卜时，多会引用《周易》或其他卜筮之书的语句，藉此分析左右事件的力量，并解释事件背后的逻辑。因此，周史用"山"和远处的"光"的意象来解释姜氏将被陈完的子孙取代；卜偃把公侯之象嵌入毕万仕晋的预言之中；卜楚丘之父为季友占卜，最后出现臣、子将与君、父等量齐观的意象。这些预言或许只是一种宣传的手段，目的是要使新的政权显得更为合理。事实上，

---

① 或许，正如苏德恺所言，《周易》里的爻辞似乎略嫌严苛，而且也有一点凶险的意味；参看苏德恺：《从〈左传〉看〈周易〉的诠释》。大有卦第五爻的爻辞是"六五；厥孚交如，威如；吉。"
② 《左传》在记叙季友的言行时，评价非常正面。有些注家认为在鲁国公子争夺继位权一事上，季友的道德价值或有问题；可参看朱熹：《朱子语类》。吕祖谦即指出，季有和僖公之母成风结盟，为后世企图操纵继承权的士人和后宫立下了不良的先例（《左传传说》，卷五）。

不少注家都曾经引用卜偃为毕万所作的占卜来证明编纂《左传》的人或与魏国有关。由于这些家族的壮大是命中注定的,我们也就可以想象《左传》在讲述齐国、晋国和鲁国的权力斗争时,立场往往有所偏袒。这些取向并不一致,这也再一次证明了《左传》的文本有着不同的来源。

预言通过使用《周易》的修辞而变成了解释和论证。假如预言有辩护性质,它每每为事情的发生带来一丝无可避免的气息。从理论上说,古人把占卜的原则套用到修辞上,预言的意义似乎显得有点不太明确。为季氏专权而辩解的预言也促使以后其他人运用《周易》的修辞。晋定公知道鲁昭公在流亡期间死去时,他曾经询问史墨应该如何解释国内外都对昭公的遭遇感到漠然。我们将在第五章看到,史墨通过昭公的命运来阐述自然的无常以及社会阶级的多变。大壮卦震居乾之上,因此也就有君臣易位的意味(《左传》昭公 32.4,页 1519—1520)。杜预认为"乾为天子,震为诸侯,而在乾上。君臣易位,犹大臣强壮,若天上有雷"(《左传》,页 1520),简单地说,雷在天上有上下位置颠倒、尊卑不分的意味。史墨似乎认为大壮卦的存在本身就证明了君臣关系逆转其实亦是天道的实践。

《左传》曾六次运用《周易》的修辞,从时间的顺序上说,史墨的论述是这六个例子中的最后一个(公元前 510 年)。第一个例子出现在公元前 603 年(《左传》宣公 6.6,页 689—690)。《左传》运用《易》卦来占卜与它利用《周易》的修辞在结构上有相似之处,因为两者同样都是建立在爻辞、单卦、卦象、变爻等分析之上的。运用《周易》的修辞,往往包含道德、政治和哲学的原则。这说明《周易》和《诗》、《书》有同等的地位,都属于古人智慧的宝库。《左传》能省去《周易》的很多细节,表明当时的士人普遍都非常熟悉这部文献。古人引《诗》来说明自己的意图、情感和判断时,他们只需把诗名和章数引出来,对方就能明白当中的含义。《左传》引用《周易》也有类似的情况,他们不一定会直接引用某一爻的爻辞,有时他们只需间接提到某个卦象。当王子伯廖批评郑公子曼满野心太大时,他说:"无德而贪,其在《周易》丰䷶之离䷝,弗过之矣。"(《左传》宣公

6.6则,页689—690)伯廖认为自己没有必要引用相关的文献,显然是因为他的听众已经十分熟悉这句爻辞:"丰其屋,蔀其家,窥其户,阒其无人,三岁不觌,凶。"雄伟的外表和空虚的内心形成对比,宏大的志向也与迫在眉睫的厄运造成很大的落差。这个外强中干的意象勾勒出曼满的性格和命运。两年之后,郑侯便把他杀了(《左传》宣公6.6,页690)。

我们不难想象,《左传》可以把《周易》的修辞运用到占卜的记录之中,但反过来说,如何使占卜的结果符合《周易》的修辞,这一点可能问题更大。预言有可能与《周易》所倡言的道德、政治、哲学的论述合而为一,但也有可能与此相违。假如我们比较以《易》为依据的军事分析和相关战争的预言,就会发现两者的论述未必重合。公元前597年,晋、楚两国战于邲,当晋国中军副将先縠不顾同僚的反对,率军渡河作战时,晋大夫荀首预言灾难将至。

> 此师殆哉!《周易》有之,在师䷆之临䷒,曰:"师出以律,否臧,凶。"①执事顺成为臧,逆为否。众散为弱,川壅为泽。有律以如己也,故曰律。否臧,且律竭也。盈而以竭,②夭且不整,③所以凶也。不行之谓临,④有帅而不从,临孰甚焉?此之谓矣。果遇,必败,彘子尸之,虽免而归,必有大咎。(《左传》宣公12.2,页726—727)

荀首一开始便解释了师卦第一爻的爻辞。这里师卦的第一爻正是变爻,也就是卦象变为临卦的关键。他把爻辞中的古语解释出来以后,接着便分析了组成师卦的单卦:师卦的外卦坎有众多之义,也能代表河川;临的外卦兑则可对应少女、虚弱、沼泽。当师变为临,坎卦也就变成了兑卦,

---

① 这是师卦(《周易》第七卦)第一爻的爻辞。如果这一爻由阴爻变为阳爻,那么师卦也就变成了临卦(《周易》第十九卦)。
② 河水充盈,但沼泽里的水却很容易干枯。同样,军队出发前有充足的力量,但一旦军队的律法不行,他们的力量也就会穷竭消亡。
③ 我们在这里再次看到了泽中之水的隐喻:水因"夭"而无法进入正常的水道。竹添光鸿把"夭"理解为微弱,并认为这与少女的意象有关。
④ 水无法在沼泽中流动;这与临卦的外卦兑的意象有关。

"众散为弱,川壅为泽"的意象由是而生。这些对应的意象暗示了晋军指挥混乱,军力薄弱,最终将会溃败。第二年,先縠大败,荀首的预言应验。可以说,这里引用《周易》的目的是要解释晋军为何在邲之战中战败,并说明这次战败对他的霸主之位有何影响。苏德恺(Kidder Smith)点出了荀首的分析与一般的蓍占有何相似之处。① 事实上,我们很容易把这段叙事重塑成荀首对某次占卜结果的解释。

相对而言,《左传》中有些预言的片段集中描写某神秘莫测的占卜,而省略卜辞与解释之间有何因果关系。鄢陵之战中,晋厉公以蓍草占卜,决定是否要攻打楚军。

> 史曰:"吉。其卦遇复☷,曰:'南国蹙,射其元王,中厥目。'国蹙、王伤,不败何待?"(《左传》成公 16.5,页 885)

这个预言通过梦境得到确认。晋国的吕锜梦见自己以箭射月,虽然他射中了月亮,但却退入了泥潭之中。释梦者预言吕锜会射中楚王,但是自己也必定会失去性命。吕锜果然射中楚王之目,事情也像预言一般展开,但《左传》并没有解释占卜者如何从复卦得出这么精确的预言。有可能占卜者并没有参考《周易》,他从其他卜筮书中得出这个预言。更有可能的是,史家刻意为这个场景创作了上述神秘的预言。《左传》在描述鄢陵之战时,同时批评了交战双方,即使晋国取得胜利,但最终也陷入绝境,与战败无异。占卜者的预言并没有把晋国打败楚国联系到任何道德判断上,这种处理似乎特别适合鄢陵之战的语境。我们受现代人理性主义的偏见影响,难免会认为占卜的结果是含糊而偶然的,这与刻意利用修辞来论述某种观点并不一样。然而,占卜作为一种叙事手段,《左传》有可能只是在回溯史事时才把占卜的结果补入,以解释其立场。这样一来,占卜与论述其实发挥着类似的功能。假如说,占卜的记录只是利用玄奥的权威来塑造出一种无从回避的感觉,那么修辞的运用往往反映出

---

① 苏德恺:《从〈左传〉看〈周易〉的诠释》,页 444。

一种说服别人的需要和欲望。鄢陵之战的记录表明,假如《左传》没有从道德的角度呈现占卜的结果,那么它也就无需把预言联系到其解释上。

不过,纯粹的预言毕竟比较罕见。当史家和卜者利用《周易》的体系,解释重卦和单卦的意象,从而为某事占卜,他们往往会把道德、政治、哲学等论述融入其中。我们要分析这种解说策略的复杂性,也就是要划定修辞的功能。我们不难发现《左传》在襄公(公元前572—前542年)和昭公(公元前541—前510年)在位期间大量运用《周易》的修辞,而所有有关占卜结果的争议恰好也在同一段时间发生。① 不论是修辞上的应用,还是占卜结果的争议,史家与卜者都会从《周易》中抽取出因果关系和解释原则,并思考自己是否能套用这些原则来诠释当时的情势。当史家与卜者借用《周易》的修辞时,他们往往会从具体的意象或爻辞谈起,继而转到套用这些意象的原则。魏襄子与史墨讨论龙的性质却是个例外(《左传》昭公29.4,页1500—1502)。在这个案例中,史墨用乾卦来证明古时龙真的存在过。

《左传》记录了四则涉及占卜结果的争议,其中有一个例子与字义的诠释有关。卫国大夫孔成子和史朝梦见卫国的先祖康叔,康叔命令他们立元为国君(《左传》昭公7.15,页1298)。随后卫国即围绕"元"的含义而展开争辩:"元"到底指的是人名(卫襄公和宠姬婤姶所生的儿子名"元"),还是指长子(即元的哥哥孟絷)?

> 孟絷之足不良能行。孔成子以《周易》筮之,曰:"元尚享卫国,主其社稷。"遇屯。又曰:"余尚立絷,尚克嘉之。"遇屯之比。以示史朝。史朝曰:"'元亨',又何疑焉?"成子曰:"非长之谓乎?"对曰:"康叔名之,可谓长矣。孟非人也,将不列于宗,不可谓长。且其繇曰:

---

① 有关占卜结果的争议,参见《左传》襄公9.3,页964—966;襄公25.2,页1095—1096;昭公7.15,页1298;昭公12.10,页1337。至于《左传》援用《周易》修辞的例子,可参见《左传》宣公6.6,页689;宣公12.2,页726—727;襄公28.8,页1143;昭公1.12,页1223;昭公29.4,页1502—1503;昭公32.4,页1520。

'利建侯。'①嗣吉,何建？建非嗣也。二卦皆云,子其建之！康叔命之,二卦告之,②筮袭于梦,武王所用也,弗从何为？弱足者居。侯主社稷,临祭祀,奉民人,事鬼神,从会朝,又焉得居？各以所利,不亦可乎？"故孔成子立灵公。(《左传》昭公 7.15,页 1298)

两次占卜都得到了同一个卦象屯。第二次占卜时,《左传》还交代了具体的爻辞。卦辞和爻辞都提到"利建侯"。史朝认为,这里的吉兆只适用于"元"上。他强调"建"字的本意:长子继位是理所当然的事情,谈不上"建"。史朝从字义立说,这是一种标准的修辞策略。至于"长"的意思,他认为祖先能把"长"这荣誉授予后人。当一个人身体有缺憾,他就称不上"长"。卦辞里的"元亨"本来指年长者优先,史朝却有意无意地把这一句曲解为"元应当优先"。辛廖曾借用〈屯〉卦变为〈比〉卦的变爻爻辞来预言毕万的子孙将繁荣昌大。反讽的是,这里完全没有提及此前用来辩护权势日盛的卿大夫的爻辞。最后,孔成子立灵公为君——《左传》习惯用死后的谥号来称呼君侯,而"灵"字只会用来指称愚昧的君侯。这无意中提醒我们,即使灵公继位时出现了不少吉兆,这位国君的言行却极不公允。这则记录可能如实反映了围绕继承权的争议,也有可能是后人为了确立元的公侯之位才编造出这则记录。这也反映出含糊的征兆具有开放的特质,它可以容纳了不同的解释。这些征兆正好划定了修辞策略的运作范围。

在上述例子中,即使古人不太确定如何诠释占卜的结果,但他们还是会相信这些占卜。至于《左传》的其他例子,古人甚至会怀疑占卜的结果是否能应用到当前的情况上来。例如,弑杀齐君的齐国大夫崔杼打算娶东郭姜为妻,他先以蓍草占卜,得到了困卦变成大过卦。困卦的第三爻包含俘虏和灾难的意象:"困于石,据于蒺藜,入于其宫,不见其妻,凶。"史官不敢得罪崔杼,所以都说此卦吉利,只有贤士陈文子认为这是

---

① 这是屯卦(《周易》第三卦)第一爻的爻辞。假如这一爻由阳爻变为阴爻,屯卦也就变成比卦(《周易》第八卦)。
② "利建侯"一句同时出现在屯卦的卦辞和第一爻的爻辞之中。

个凶兆。尽管陈文子的诠释凿凿有据,崔杼却拒绝接受这种说法,一厢情愿地以为凶兆已经应验到东郭姜的前夫身上:"嫠也。何害?先夫当之耳。"崔杼就这样摒弃了妨碍自己追求欲望的占卦结果,这与晋献公的情况非常相似。当年,晋献公面对前后矛盾的占卦结果,他选择相信支持他娶骊姬的征兆,最终酿成大祸。

在崔杼的故事中,占卜结果是整个道德体系里的一个环节。预言谴责了崔杼的僭越之举,也展露出他的愚昧无知。《左传》有另外两个例子,古人在运用修辞劝谏他人和自我定义的过程中,建立在《周易》基础上的占卜都受到质疑。古人相信占卜的解释是否有效,必然受语境的限制,而这个观念令他们对诠释行为有特别强烈的自我意识,如鲁成公之母穆姜被关押,她占得随卦,史官预言她即将获释,但她却一反自己的作风,以自我归罪的方式反驳这个预言:

> 穆姜薨于东宫。始往而筮之,遇艮之八。① 史曰:"是谓艮之随。随,其出也。君必速出!"姜曰:"亡!是于《周易》曰:'随,元、亨、② 利、贞,无咎。'元,体之长也;亨,嘉之会也;利,义之和也;贞,事之干也。体仁足以长人,嘉会足以合礼,利物足以和义,贞固足以干事。③ 然,故不可诬也,是以虽随无咎。今我妇人,而与于乱。固在下位,而有不仁,④ 不可谓元。不靖国家,不可谓亨。作而害身,不可谓利。⑤ 弃位而姣,不可谓贞。⑥ 有四德者,随而无咎。我皆无之,岂

---

① 这里把"遇艮之八"理解成"遇艮之随"。有关"八"的各种推测,见《左传》,页964—965;竹添光鸿:《左传会笺》襄公9.1015—1016;《十三经注疏》6,25b。传世《周易》里艮是第五十二卦,随则是第十七卦。
② 随卦的卦辞"元、亨、利、贞"可以理解成"元首之人享受奉献;有人因坚贞而得利",亦可理解成"元始、亨通、利益、坚贞"。"亨"、"享"本来是一字异体,穆姜这里利用了二字的联系立说。
③ 以上八句也见于《周易》第一卦乾卦的《文言传》,唯当中有两处异文。
④ 即使穆姜出身贵族,但由于她是女性,因此她的地位相对较低。她和她的情人叔孙侨如一起密谋驱逐季氏和孟氏。成公是穆姜的儿子;穆姜以废黜成公的君位要挟他,要求他铲除季氏和孟氏(《左传》成公16.5,页890—891)。
⑤ 季氏和孟氏掌握鲁国的政权,穆姜密谋对付他们,最终使鲁国不得安宁,自己也被幽囚到东宫之中,因此她才说自己"作而害身"。
⑥ 穆姜身为寡妇,本应不加装扮。但她却背弃了自己作为君侯之母的本分,与叔孙侨如私通。

随也哉？我则取恶，能无咎乎？必死于此，弗得出矣。"（《左传》襄公9.3，页964—966）

穆姜去世时，人们想起了她的这些话。穆姜本来和叔孙侨如私通，叔孙侨如因觊觎季氏和孟氏的家财，所以想除去他们。穆姜要求成公铲除季氏和孟氏，成公却犹豫不决。她以罢黜成公的君侯之位相要挟，后来成公便把她软禁到东宫（《左传》成公16.5，页890—891）。这次占卜发生于她刚刚被囚禁之时，到她在东宫死去，《左传》才记叙此事，占卜的灵验程度显而易见。穆姜占得"艮之八"，史官解释为"艮之随"。所谓"八"令人费解，这个字在《左传》和《国语》中只出现过一次（《国语·晋语》4.11，页362）。参考《国语》的用例，当重耳占卜自己能否成为晋侯时，他"得贞屯、悔豫，皆八也"。韦昭注认为"震下坎上"为屯卦（第三卦），"坤下震上"为豫卦（第十六卦），两卦都由震卦的阴爻组成；"八"即指震卦的阴爻不动。

阴爻不动的观念也能套用到穆姜的占卜中来。艮卦和随卦的第二爻同样都是阴爻，而其他爻则完全相反。艮卦的卦象主要指停止不前、去路不通。① 这似乎呼应了穆姜被囚一事。这一种对应关系还能从第二爻的爻辞中看出："艮其腓，不拯其随，其心不快。"这描写了一种停滞不前的不安状态：小腿不动，因此无法举足（即所谓"其随"），结果是心里恼恨自己不能前行。随卦第二爻的爻辞也不吉利："系小子，失丈夫。"这暗示了由于错误的选择而失去关键的支持。穆姜卷入叔孙侨如和强大的季氏之间的权力斗争，她选择支持自己的情人，最后铸成大错，为自己带来灾难。这似乎与随卦第二爻的描述相应。当艮卦变为随卦时，除了第二爻不动，其他五爻都发生变化。即便如此，我们还是无法确定"八"是否为艮卦或随卦的第二爻赋予了特殊的意义。② 穆姜接下来的论述侧重于随卦的卦辞，而非艮卦或随卦的第二爻。我们可以猜想，《左传》并不希望穆姜同意不祥的占卜结果能准确地描述自己的命运。相反，穆姜对

---

① 王弼注："艮者，止而不相交通之卦也。"参《王弼集校释》册2，页479。
② 见张文虤的评议；转引自毛奇龄《春秋占筮书》，收入《四库全书》，册41，页534。

史官的反驳更符合《左传》的目的。

穆姜解释了随卦卦辞里的每一个字,以此证明这个卦象完全不适用于自己。她的论述正好代表了道学家的声音。由于穆姜博学多闻、意志坚毅、肆意妄为,她很容易被视为社会政治秩序的一大威胁,因此《左传》强行为她安排了这样一段自我反省的话。《左传》里只有两名女性称引《诗经》,穆姜便是其中之一。而且,她还是唯一一位在公开场合引《诗》的女性。①伯姬是穆姜的女儿、成公的姐姐。② 季文子护送伯姬出嫁到宋国,鲁成公在他回国的时候宴请了他。季文子称引了《韩奕》的第五节,穆姜即从自己的房间走出来,赋了《绿衣》的最后一章作回应(《左传》成公 9.5,页 843)。③季文子以赋《诗》的方式,借用韩公与韩姞的美满生活,来颂扬宋共公与伯姬的婚姻。穆姜得体地向季文子致谢。接着,她引《诗》来表达她对已故丈夫鲁宣公的爱恋。这些《诗》句看来有点不太切合当时情境:

　　　絺兮绤兮,凄其以风。我思古人,实获我心。

各家注释均同意《绿衣》的叙事者是一个寡妇或被抛弃的女子(也可能是男性)。这个叙事者藉由描写绿色的衣衫及服饰,表达她对爱人的哀悼和思忆。④ 我们可以把"古人"理解为先人,如此一来,穆姜的意思是古人的智慧慰藉了自己的哀伤。当然,"古人"也有"故人"之义,意思是死者、老友、爱人,穆姜可能以此指称她的丈夫。穆姜向季文子致谢的方式,为这种联系提供证据——她感谢季文子继续效忠宣公,甚至把自己对宣公的

---

① 许穆曾称引(甚至是写作)《载驰》一诗,以悼念其祖国卫国的灾难,见《诗·鄘风·载驰》(54)。《左传》并没有交代她赋诗的语境;见《左传》闵公 2.5,页 267。
② 宋伯姬(或称宋共姬)因恪守礼仪而著称。当她的家里发生火灾时,她因坚持要等待自己的保姆,不肯离开闺房避火,最终被烧死(《左传》襄公 30.7,页 1174)。《左传》中的"君子"质疑宋伯姬的行为,批评她不懂随机应变。这与《谷梁传》(见傅隶朴:《春秋三传比义》,页 864)和《列女传·正顺》里对宋伯姬的称颂形成强烈对比。
③ 见《诗·邶风·绿衣》(27)和《诗·大雅·韩奕》(261)。
④《毛传》以为卫庄公被嬖妾迷惑,夫人庄姜因哀叹自己被丈夫疏远,所以写下此诗(见朱熹:《诗经集注》,页 13—14)。闻一多则认为:"妇人无过被出,非其夫所愿。他日,夫因衣服旧所制衣,感而思之,遂作此诗。"有些学者认为这是哀悼亡妻之作(见程俊英、蒋见元:《诗经注析》,页 65—68)。

忠诚扩展到宣公的太子和寡妻身上。① 假如这是事实,那么穆姜走出来表达自己的情感,这做法似乎略嫌鲁莽,不合礼节,隐然有僭越的意味。②

《左传》中古人引用权威的文献,往往象征着他们参与一种共享的传统。然而,穆姜称引《诗》、《易》,意思却非常含糊。或许,《左传》认为女性的才能有潜在的危险——穆姜对经典的掌握显示了她的僭越,同时也说明了经典能控制她的命运,修正她的缺憾。她解释随卦如何不适用于自己的命运,可能是因为她后悔先前曾经反对季氏,而《左传》却有许多地方特别称许穆姜反对季氏的做法。无论如何,哪怕她否定自我,其实也是一种挑衅。因为当她宣告随卦卦辞不适用于自己,她已经否定了占卦的权威。即使道德的修辞好像驯服了她,她同时挪用了这种修辞来展现她定义自身的能力。③

《左传》还有一则纪录能与上述例子相提并论,因为两个故事同样质疑预言的原则。当时南蒯准备发动政变以推翻季氏,鲁国贵族子服惠伯警告他,希望他不要轻举妄动。因为子服惠伯认为"坤之比"(坤卦的第五爻)这个吉兆是否应验,取决于南蒯的动机和举止(《左传》昭公 12.10,页 1336—1338)。南蒯声称要推翻季氏,目的是为了重建鲁国公室的权威,但真正的原因其实是他怨恨季平子。坤卦第五爻的爻辞"黄裳元吉"给予南蒯很大的希望。他在枚筮时占得这个卦象,也就是说,即使我们不提出任何指控或疑问,这个非比寻常的占卜过程本身就为占卦结果是否能适用于当前的情势留下了斟酌的余地。④ 当南蒯把枚筮的结果拿给

---

① 鲁宣公乃侧室所生。他的母亲与鲁国大夫东门襄仲勾结,合谋杀了正室所生的公子恶与公子视,从而把宣公扶上君位(《左传》文公 18.4—6,页 631—633)。季文子默许了这场阴谋。鲁宣公在位期间,季氏的权势日盛。穆姜感谢季文子的方式,或许间接说明了他在鲁国的政局中占有领导地位。
② 见周轶群:《绿衣:中国古代的女性、赋诗与美德》(Ode 27: Women, *Fushi*, and Virtue in Early China)。
③ 除了穆姜之外,《左传》里还有另外两位女性曾解释占卜的结果。她们是卫定姜(《左传》襄公 10.5,页 978—979)和懿氏之妻(《左传》庄公 22.1,页 221—222)。
④ 《左传》还有另一个"枚筮"的例子,见《左传》哀公 17.4,页 1709。那一次,吉祥的占卜结果同样没有获得采纳。

子服惠伯看，并隐约提到自己想做的事情，子服惠伯即警告他这个吉兆可能并不适用：

> 惠伯曰："吾尝学此矣，忠信之事则可，不然，必败。外强内温，忠也；和以率贞，信也，故曰'黄裳元吉'。黄，中之色也；裳，下之饰也；元，善之长也。中不忠，不得其色；下不共，不得其饰；事不善，不得其极。外内倡和为忠，率事以信为共，供养三德①为善，非此三者弗当。且夫《易》，不可以占险，将何事也？且可饰乎？中美能黄，上美为元，下美则裳，参成可筮。犹有阙也，筮虽吉，未也。"（《左传》昭公 12.10，页 1337—1338）

尽管子服惠伯假装自己对南蒯对付季氏的计划一无所知，但我们还是能看出，子服惠伯其实知道南蒯的计谋。子服惠伯企图劝阻南蒯，但南蒯并没有听取他的警告。一如所料，南蒯最终事败。据子服惠伯所述，《周易》是一套含有道德前提和律令的因果系统。这套系统是否有效，取决于占卜者是否对整个体系心存敬畏；随意挪用《易》的语句，这套系统当然会失效。因此，子服惠伯的论述旨在解释蕴藏在卦象和爻辞里的道德原则。他先从构成比卦的单卦说起，论述其单卦所对应的事物——比的外卦为坎，内卦为坤。坎卦意味着困难和危险，要求人用力应对；坤卦有柔顺的德性。因此整个卦象合起来有"外刚内柔"之义，刚柔的平衡可从忠、信两者定义。坎对应"土"，坤象征"水"，"水"、"土"混合也就意味着和谐，因此就有"和以率贞，信也"的说法。接着，子服惠伯集中解释了爻辞"黄裳元吉"。这条爻辞看似吉祥，而子服惠伯的叙述策略则是利用一连串的对应："黄"、"裳"、"元"分别代表了"忠"、"共"、"善"。这些品德又与"倡和"、"奉信"、"养德"有关，继而可转化为"中美"、"下美"、"上美"。这些联系可能是循环论证，流于臆断，但它们证明了《周易》作为一套完整的体系有其内在的条理。一旦南蒯缺少需要的

---

① 惠栋认为"三德"分别指"黄"、"裳"、"元"所代表的品德，杨伯峻则认为："三德谓忠、信、极。"见《左传》，页 1337。

品德,他也就无法成为这套体系的一部分,不能再运用这套体系中的任何论述。考虑到季氏有意颠覆鲁国公室,我们或可追问季氏是否真的值得效忠或尊重。这个问题促使我们进一步思考子服惠伯的说法。除非我们单纯地把这段文字视为支持季氏的宣传,否则子服惠伯的内在逻辑似乎是:僭越不能通过僭越来纠正,"家臣而君图"本来就非常荒谬(《左传》昭公 12.10,页 1336)。①

无论是穆姜还是子服惠伯,他们都很自觉地讨论解释的原则,其中讨论的关键是如何运用传统的智慧来处理身边的事物。一个人宣称占卦的结果与现实的状况不符,这不但不会破坏《周易》的系统,反而会肯定《周易》体系的内在逻辑和条理。因为占卦行为的偶然性消解了,原则的规律得以变得更加纯粹。在这两个例子里,修辞都对确定占卜的含义和后果起了关键的作用。

修辞这么重要,让我们留意到占卜其实与揭示永恒的真理不太相关。更重要的是,占卜能演绎出新的意义范畴。人不一定要消极地把占卦的结果视为命运。反之,我们可以巧妙地解读卦象,以此改变事态的发展。诠释成为一种介入的方法,一种行为的模式。《左传》中蹶由讨论吉兆究竟由什么构成,这个例子最能说明上述的观点。

> 吴子使其弟蹶由犒师,②楚人执之,将以衅鼓。王使问焉,曰:"女卜来吉乎?"对曰:"吉。寡君闻君将治兵于敝邑,卜之以守龟,③曰:'余亟使人犒师,请行以观王之疾徐,而为之备,尚④克知之!'龟兆告吉,曰:'克可知也。'⑤君若骤焉好逆使臣,滋敝邑休息,而忘其

---

① "家臣而君图"一句是南蒯的族人听说南蒯准备叛乱时的评语。
② "犒师"是春秋战国时期的一种战争礼节,指我军赠送物资给敌军以犒赏士兵,或称为"劳师"。这样做的真正目的在于刺探敌军的意图,以及缔造和谈的契机。
③ 杨伯峻认为"守龟"指周天子和诸侯用于占卜的龟甲。
④ "尚"字常用于占卜,有指示和命令之义。另可参阅《左传》昭公 7.15,页 1298;昭公 17.6,页 1392。
⑤ "克"字有成功之义,这里把句子理解为"你能成功料想到自己的胜利";另一种读法则把"克"解释为克服,全句意谓"你将成功克制敌人"(见竹添光鸿:《左传会笺》昭公 5.1438)。

死,亡无日矣。今君奋焉震雷冯怒,虐执使臣,将以衅鼓,则吴知所备矣。敝邑虽羸,若早修完,其可以息师。难易有备,可谓吉矣。且吴社稷是卜,岂为一人?使臣获衅军鼓,而敝邑知备,以御不虞,其为吉,孰大焉?国之守龟,其何事不卜?一臧一否,其谁能常之?城濮之兆,其报在邲。① 今此行也,其庸有报志?"乃弗杀。(《左传》昭公5.8,页1271—1272)

这里的状况和争辩方式很容易让我们想起战国时期的策士和说客。蹶由凭着三寸不烂之舌,透过界定"吉兆",捡回了一条性命。他的牺牲可以增加吴军的士气,使他们更有胜算,这就是他所谓的"吉兆"。当楚王问蹶由是否曾经占卦,他确信自己能压倒蹶由:因为假如蹶由占得凶兆,他可以使之应验;相反,假如蹶由占得吉兆,他也可以嘲弄蹶由。然而,蹶由却展示了另一种可能性:征兆的意义取决于整体环境与观察角度;占卜的结果既不会自然而然地发生,也不是永远能适用的。因为预兆及其应验之间,可能存在着时间和地理上的距离。诠释者强调了这种弹性,强调自己也扮演了重要的角色。蹶由通过自己的诠释和修辞技巧,最终为自己和吴国推绎出一个吉祥的占卜结果。

占卜建基于对未来的不确定,也假设了未来存在不同的可能。② 占卜的描写,除了可以反映古人如何实践这类行为,也可以用来检视动机、选择,以及性格和命运之间的关系。《左传》往往用较长的篇幅来解释占卜的结果,或描写古人接受占卜结果的过程。当古人争论占卜的结果该如何解释,又或者他们否定占卜适用时,《左传》的记录尤其详尽。有时候,人们会拒绝回避预言的恶果,人类的力量与责任也得以由此确立。邾文公迁都于绎,正是其中一例:

---

① 城濮之战(公元前632年),楚国占卜的结果吉祥,最终却被晋军打败。我们或可反驳说,这个吉兆最后也应验了,只是应验的时间更晚一些;当楚军在邲之战(公元前597年)中打败晋国,这个预言也就实现了。"报"字之所以能用于征兆的实践,原因是这个字暗含报仇的意思。
② 楚大夫斗廉曾提出:"卜以决疑。不疑,何卜?"(《左传》桓公11.2,页131)

> 邾文公卜迁于绎。史曰："利于民而不利于君。"邾子曰："苟利于民,孤之利也。天生民而树之君,以利之也。民既利矣,孤必与焉。"左右曰："命可长也,君何弗为?"邾子曰："命在养民。死之短长,时也。民苟利矣,迁也,吉莫如之!"遂迁于绎。五月,邾文公卒。君子曰:"知命。"(《左传》文公 13.3,页 597—598)

邾文公并没有消极地接受占卜出来的不祥后果。他是按照自己的意愿,放弃无常的"命"(生命)来达成"命"(使命)。他认为自己的使命,正是要完成君主的角色,并充分发挥君主的功能以"利民"。① 在这个过程中,邾文公把"利"和"吉"重新定义为履行自己的使命。这些字眼不再与个人利益或规避灾祸有关。当君子称赞他"知命"的时候,他赋予了"命"(使命)一种不可阻挡的意味,即使这有可能损害"命"(生命)。

《左传》在记录楚昭王之死时,邾文公的逻辑再次出现。吴军攻打陈国时,楚昭王打算出兵救援陈国,于是他"卜战,不吉;卜退,不吉"。他想到,既然自己难免一死,那么他宁可因杀敌而死。不久,他就在战事中染疾而亡。他预知自己有无可回避的厄运,这一点解放了他,让他可以按照自己的意愿行事。这个不祥的占卜结果,或许正因为他早先曾追求这种自由:

> 是岁也,有云如众赤鸟,夹日以飞三日。楚子使问诸周大史。周大史曰:"其当王身乎! 若禜之,可移于令尹、司马。"王曰:"除腹心之疾,而寘诸股肱,何益? 不穀不有大过,天其夭诸? 有罪受罚,又焉移之?"遂弗禜。初,昭王有疾。卜曰:"河为祟。"王弗祭。大夫请祭诸郊。王曰:"三代命祀,祭不越望。江、汉、睢、漳,楚之望也。祸福之至,不是过也。不穀虽不德,河非所获罪也。"遂弗祭。孔子曰:"楚昭王知大道矣。其不失国也,宜哉!《夏书》曰:'惟彼陶唐,帅彼天常,有此冀方。今失其行,乱其纪纲,乃灭乃亡。'又曰:'允出

---

① 史嘉柏曾在他精彩的论文《命令与传统的内容》中分析过这个故事。

兹在兹。'由己率常,可矣。"(《左传》哀公 6.4,页 1635—1636)

当楚昭王承认自己应该对灾病降临负责时,他也就赦免了自己的罪责。周大史也许是对的,昭王之死或可看成是他拒绝接受神秘的预言的结果。但是,尽管他们能洞悉这些冥冥之中运作着的神秘力量,这些力量本身却根本不了解德政的原则和礼仪的秩序。于是,为了要矫正天道不公,修正这种有德之君早夭的难解命运,孔子肯定了昭王知"天常"。因为昭王知道恒常的天道;他才会指斥占卜的结果毫不道德、毫不重要。此外,评论把我们的注意力从楚王的早亡转到他的辩解之上——他刚即位时平安地度过了一个重要的危机(《左传》定公 4.3,页 1542—1548;定公 5.7,页 1553—1554),《左传》称引这件事来证明上天已经承认了他的功绩。①

《左传》在最后数十年的记录里,提到有人从纷陈的占卜结果中作出选择,却没有解释这些决定的依据(《左传》哀公 9.6,页 1652—1654);也有人批评占卜的结果不合理,要求改卜(昭公 17.6,页 1392;哀公 17.4,页 1709);有人把龟焦理解成占卜者可以按自己的计策行事,用龟焦来使自己的决策显得合理,甚至把龟焦当作赏罚的依据(定公 9.4,页 1574;哀公 2.3,页 1613);有人认为只要自己"知志",其实不必占卜(哀公 18.2,页 1713)。占卜的重要性似乎逐渐下降。这反映了一种历史趋势,更准确地说,这证明了古人在讲述这些故事时,更愿意从人的动机去呈现他们的选择,而不希望以占卦的结果来说明他们的决定。

解析的梦

梦境的描写与占卜的记录不无相似之处。它既可以用来组织事件,也为人类的经验赋予秩序。有时,古人要通过占卜的方法来寻找梦境的

---

① 伍员(一般称之为伍子胥)为报父兄之仇,策动吴国攻打楚国。楚军在著名的柏举之战中战败了。

意义。① 如同占卜一样，诠释和界定因果关系的需要推动了梦境的描写。在《左传》里，梦能确立因果关系——从象征层面上说，梦是个符号，有待完成、解释，或者背离；从字面上说，梦以建议和警告的形式出现，这些提醒或被采纳，或被忽视。控制和秩序（甚至是失控和失序）是最关键的主题。因此，当人梦到礼乐败坏，或梦到人与鬼神之间有不当的关系，梦的解析可以重新建立礼乐秩序。通常梦的"信息"会与做梦者的死亡有关。即使有时这些"信息"难以理解，我们还是可以从梦境和释梦的过程中，看到古人试图掌控梦境的意义。有时梦中会出现毫无根据的预言，有时梦境含糊不清，这些情况促使人们以各种方式解说梦境，以避开失控的状态。尽管这些难以捉摸的梦境往往会得到巧妙的诠释，但这些状况还是会引导我们思考：我们可以在多大程度上怀疑这些论述，以及这些疑虑的意义。

如此一来，《左传》里梦的解析，其实也展示了解析的梦。这些材料指向一系列的问题：为什么要释梦？解释的依据是什么？解释的结构如何展开与整合？我们可能把握历史吗？这些把握的局限是什么？换句话说，我们可以在多大程度上怀疑历史？这些疑虑有意义吗？《左传》如何再现诠释的行为？为什么要描写释梦的情境？在《左传》这个密集的象征世界里，梦同时是人事与天道的符号。我们可以从造梦者的动机、期望、恐惧拆解梦境，也可从更普遍的角度，以天人感应的具体系统切入梦境。这样一来，梦境正好体现了本章开头提到的道德解释与"泛意义"之间的平行关系。

《左传》里的梦境和解析，往往有公开表演的意味。书中有时会用"同梦"的情况来证明梦境是"客观"而准确的。因为梦境有这种公开的

---

① 一般来说，《左传》里梦的意象越是难解，占卜的结果就越是精细。例如赵简子梦见小儿赤身裸体，载歌载舞，第二天便出现了日蚀。由于这些异象（尤其是日蚀）都是凶兆，赵简子大概也害怕灾难会降临到自己或晋国之上，所以便请史墨占卜。史墨解释了占卦的结果，预言六年之后吴军将进入楚国的都城郢，最终却没有征服楚国（《左传》昭公 31.6，页 1513—1514）。《左传》并没有交代含糊的征兆与清晰的预言之间有何关联。有关古代文献中占梦的记载，可参李零：《中国方术考》，页 68—71。

奇观的性质,人们也就有可能诠释它。晋大夫荀偃梦见自己的脑袋被人砍去,这个梦境的意义恰恰是由他的同梦之人解释出来的:

> 中行献子将伐齐,梦与厉公讼,①弗胜。公以戈击之,首队于前,跪而戴之,奉之以走,见梗阳之巫皋。他日,见诸道,与之言,同。巫曰:"今兹主必死。若有事于东方,②则可以逞。"献子许诺。(《左传》襄公18.3,页1035—1036)

巫皋之所以能充当解释者,他的权威不仅建立于他曾在荀偃的梦中出现,还因为他做了同样的梦。而巫皋作为旁观者,他贯穿于荀偃和自己的梦,这也使荀偃的梦显得特别客观,特别有说服力。这里并没有刻意为这个梦赋予任何道德寓意。是不是因为荀偃杀害了前任君主厉公,所以他才会遭到报应,行将就木(《左传》成公18.1,页906)?厉公意图诛灭荀氏,这会不会使人觉得荀偃无辜(《左传》成公17.10,页900—903)?我们可不可以为一个杀害昏君的臣子辩护?"讼"这个字表明荀偃是否有罪其实颇具争议。③荀偃重新戴上自己的首级,这是否意味着他是无辜的呢?巫皋没有深究这些往事,他只是预言了未来的事态发展。尽管荀偃梦中有斩首的凶兆,巫皋仍然从中看出了吉祥之兆。他预言荀偃死前齐军将会获胜。巫皋是否因为知道荀偃将死才鼓励他作最后的努力,④这一点我们无从稽考。但无论如何,荀偃庄重地接受了这个预言。

---

① 荀偃弑杀了晋国的前任国君厉公(《左传》成公18.1,页906—907)。荀偃是否有罪值得商榷,原因是厉公曾威胁他说要诛灭荀氏全族。我们或许可以说,荀偃只是为了自保才有这样的举动。

② 即攻伐齐国。

③ "讼"字或可表示法律上的诉讼,但《左传》在这则记录里把荀偃塑造成一个值得同情的角色。由他向河神祈祷以至他死不瞑目,书中处处展现出他关心国家的命运(对齐的战争)更甚于自己的生死(《左传》襄公18.3,页1036;19.1,页1045—1046)。相反,《左传》把厉公描绘成残暴不仁的君主。他试图剪灭晋国的卿族,使国家权力更集中,但却误入歧途。《左传》强调君臣关系中的互惠原则,特别同情主政的(尤其是晋国的)卿大夫;厉公的反面形象与这些取向吻合。童书业对这个现象有精辟的分析,可参阅童书业:《春秋左传研究》,页59—61、72、270。

④ 见杜预:《春秋经传集解》,页943。

最后这些预言也一一应验(《左传》襄公 18.3—4,页 1035—1043;襄公 19.1,页 1045—1046)。

　　这里还有个含糊的地方:这段叙事假设荀偃的过去与他最终的成就和死亡有关,藉此解释荀偃死亡的情况和原因。但这则记录并不关心荀偃的心理状况,也没有评价他的性格。相反,《左传》里同梦的情况是一个公开的奇观,这种奇观决定了人们的行为和选择,而这些行为和选择往往又形塑了政体的命运。《左传》强调同梦有公开和客观的性质,这与后世的文学作品形成对比。因为,后人往往用"同梦"这个主题来歌颂完美的内心交流,肯定情感投射的力量。①

　　当梦的解析带有历史连贯性,梦境的公开性质也就更为突出。举例来说,鲁昭公准备出访楚国时,"公将往,梦襄公祖"(《左传》昭公 7.3,页 1286)。(这次出访特别重要,它意味着鲁国将承认楚国的霸主地位。即使现在没有任何出土的证据,但中原国家往往把楚国视为蛮夷之地,而鲁国则浸润在周代文明之中。)鲁国大夫争相解释梦的含义。梓慎认为昭公不应该出访,原因是当鲁襄公远赴楚国前,他曾梦见周公,又曾祭祀路神。② 周公是周初天子的贤师,又是鲁国的先祖。也就是说,只有像周公这样的圣人才能授权鲁侯出访楚国,其他人并没有这个资格。此外,周公访问楚国,本意是要昭示周室有领导楚国的权威。③ 鲁国国君赴楚,或有鲁国臣服于楚国的嫌疑,而周公的认可正可以免除这种担忧。子服惠伯不同意这种说法,他认为:襄公实际上取代了周公的位置,因为襄公曾访问楚国,又曾祭祀路神,他可以引导自己的儿子(《左传》昭公 7.3,页

---

① "同梦"有时指二人一同做梦,并非指二人做同一个梦,如《诗·齐风·鸡鸣》(90):"甘与子同梦。"中国文学史中二人做同一个梦,最著名的例子或许是贾宝玉与甄宝玉于梦中相见(《红楼梦》第五十六回)。《太平广记·梦游》亦有不少例子值得注意,如《独孤遐叔》、《元稹》和《张生》;详见《太平广记》,卷 281,页 2244—2245;卷 282,页 2246、2250—2251。
② 《左传》也曾提到襄公出访,但却没有记载他的梦,详见《左传》襄公 28.12,页 1151—1152。
③ 孟子在解释鲁颂时曾经提及周公攻打楚国,但《尚书》却没有这类战事。《逸周书》提到征伐熊族,熊族指的可能正是楚国(见《逸周书·作雒解第四十八》,载《逸周书汇校集注》册 1,页 552—553)。竹添光鸿曾讨论这些文献问题,见《左传会笺》昭公 7.57。

1287)。鲁襄公的权威,可能源于他在访问楚国时展现了自己对礼仪的把握。当时,襄公还未到达楚国,楚康王去世了,因此襄公最终只参加了康王的葬礼。楚国大夫想让襄公把康王的衣服放到他的棺木上。这种仪式只适用于邻国使臣,其他国家的国君这样做,并不切合他们的身份。襄王听从了叔孙昭子的建议,让巫师先用桃棒和笤帚在棺木上扫除不祥——这是君侯参加邻国大臣葬礼的仪式,鲁国的声誉得以挽回(《左传》襄公29.1,页1154)。鲁国大臣讨论两个赴楚的先例,考虑梦中人物的权威,构想梦中人物替换的原则。这些做法都从不同的层面建构了过去和现在的连贯性,奠定了诠释的基础。

鲁国大夫争论昭公之梦有何含意,这点明了古人其实并不肯定自己应该用什么礼仪来应对梦境。但毫无疑义的是,恰当地诠释梦境可以恢复礼乐秩序。《左传》在记叙事件时往往对这种诠释非常自信。因此,尽管郑大夫子产被当代学者塑造成理性主义者和怀疑论者,但他还是会诠释梦境,还是会解说鬼神的存在。我们无需感到惊讶。子产只是把理性、逻辑、礼乐等知识,延伸到远离人类意识所及的领域。子产出使晋国时,晋大夫韩宣子迎接他。当时,晋平公有病,韩宣子梦见棕熊进入寝宫的门。于是,韩宣子便向子产询问两者的关联。韩宣子怀疑棕熊可能象征复仇的恶鬼。子产向他解释说,棕熊应该是治水失败的鲧的神灵。

> 以君之明,子为大政,其何厉之有?昔尧殛鲧于羽山,其神化为黄熊,以入于羽渊,实为夏郊,三代祀之。晋为盟主,其或者未之祀也乎!(《左传》昭公7.7,页1290)

鲧是大禹的父亲。大禹治水,建立夏朝,也开始了对鲧的郊祭。夏、商、周三代一直奉行这种祭祀仪式。子产提醒韩宣子:晋国作为诸侯盟主,有责任继承三代君主在礼仪上的职能。于是,韩宣子到夏郊祭祀鲧,晋平公的病果然渐渐痊愈。我们可以从《左传》其他地方得知,晋平公的病预示着晋国无法履行霸主的职能。子产的诠释会不会只是又一次提醒我们晋国应当担负起自己领导中原的责任?正如第二章所述,晋平公的母亲来自杞国,杞国国民理应是夏禹的后裔。晋平公要求其他国家一起维修杞国的城墙,最终惹来众人的怨恨,削弱了晋国的霸业(《左传》襄公29.8,页1158)。《左传》会不会刻意利用这则记录来证明晋国与夏朝的后裔有关?从《左传》自身的逻辑来看,上述的记录说明了一个人如何利用"历史"知识来诠释神秘的梦境,并藉此恢复礼乐秩序。然而,《左传》出现的这则故事也证明了礼制的混乱:子产表明晋国应该向夏的先祖献祭,①但与此同时,晋、夏之间的联系招惹了不少争执,晋国与其他诸侯之间的关系亦因此而受到影响。

子产阐述他如何安抚伯有的灵魂,也与上述事例如出一辙。伯有是郑国的大夫,他在郑国宗室斗争中遇害。后来,他在郑国人的梦中出现,声称要杀掉他的仇人。这些预言一一成真。于是,子产重新立伯有的儿子为大夫,使他拥有向父亲献祭的资格。子产解释道:"鬼有所归,②乃不为厉,吾为之归也。"(《左传》昭公7.9,页1292)梦境成为鬼神发泄不满的场所。同时,这也揭露了礼制的混乱,其中人间与神鬼的世界之间有种不安的张力。然而,我们可以抑制这些梦,因为包括鬼神在内的所有事物,都有他们应有的位置。只要我们把这些事物放到他们的位置,就能通过祭祀仪式安抚他们。我们在这里再次看到了控制和秩序的主题。

礼乐秩序的恢复,说明梦境与清醒的状态之间有着潜在的连续性。同样,人间与鬼神的世界之间也有着流动的边界。子产认为,伯有可以化为厉鬼,原因是他的宗族三代都掌握着国家的政权。而且,他用物精多,魂魄也就更加强大(《左传》昭公7.9,页1292)。家族历史和生前的物质条件决定了鬼神的威力,包括他们在梦中所显示出来的力量。因为过去与现在连续不断,梦境与现实互为因果,所以《左传》中的梦才有可

---

① 按照这种逻辑,王夫之批评子产受"博物"之名所负累,勉强求取异说。另,王夫之又认为子产的言论倡导了"夏郊之淫祀";见王夫之《春秋左传博议》,《船山全书》册5,页588—589。
② 据杨伯峻所述,"鬼"、"归"古音属同一韵部,声母亦非常接近(现代汉语两字都读gui,只有声调的差异);见《左传》,页1292。

207

能被解读。正因为如此,《左传》总是从祖先和起源论述梦境。书中记载与劝谏有关的梦,总是由死去的父亲或先祖提出规劝和提醒。至于有预示意味的梦(比如,公室的覆灭)往往会触及起源;有时我们必须利用起源来解释这类梦境的含义。例如,有个曹国人梦见一群君子讨论曹国的灭亡,曹国的先祖振铎请求众人先等待公孙强。于是,那个曹国人告诫儿子必须在公孙强当上执政时离开曹国,而他的儿子最后也遵从了父亲的嘱咐。《左传》在曹国灭亡前一年以倒叙的方式回溯了这一场梦(《左传》哀公7.5,页1644—1645)。

　　曹国先君在梦里提出了明确的警告。但即使梦里的意象非常隐秘,《左传》也可以自信地解说它们的意义,因为古人假设了现实生活的各种符号也能应用到梦的诠释上。举例来说,阐述礼制的文献往往特别注重位置和方向。《左传》有一个例子,位置和方向恰恰决定了梦的意义。"得梦启北首而寝于庐门之外,已为乌而集于其上,咮加于南门,尾加于桐门。曰:'余梦美,必立。'"(《左传》哀公26.2,页1730—1731)得和启都是宋景公的养子。景公死后,二人为争夺王位,反目成仇,得最终获胜。根据一些阐释礼制的文献材料所述,南面意味着生命、地位的提升、君主之位等,而北向则代表屈从和死亡。这些文献材料往往与《左传》同时,有些则在后来编撰成书。① 到了更晚近的时候,不少传说都把乌鸦联系到大火和太阳的意象。这些传说把乌鸦塑造成吉祥之兆:红色的三足乌鸦预示着武王克商。凭借这些文化符号的影响,这里的诠释得以变得更具效力。

　　《左传》还有另一个例子同样以文化符号为基础来解释梦境。晋军的将士吕锜梦见自己在鄢陵之战中用箭射中月亮,但却在后退时陷入了泥潭之中。占卜者解释了这些神秘的意象有何含义:"姬姓,日也;异姓,

---

① 见《周礼·夏官·司士》和《礼记》之《檀弓下》、《礼运》、《郊特牲》(《礼记集解》,页259、587、682)。《周易》传统的世界观把南方联系到日、明、万物相见、圣王之治,见《周易王韩注·说卦》,页2a;还有《周易》第30卦离卦的意象,见《周易王韩注》,页11b—12a。傅正谷也曾提到这些材料,见《中国梦文学史》,页210。

月也,必楚王也。射而中之,退入于泥,亦必死矣。"(《左传》成公 16.5,页 886—887)吕锜确实射中楚共王之目,最后自己也被射死。姬是周王室的姓氏。有些与周室有血缘关系的诸侯,比如晋国的国君,他们都是姬姓。占卜者的解释假设姬姓和其他"异姓"诸侯之间有尊卑之别,这可以模拟为日月之间的关系。这种诠释无疑肯定了周室的权威,并假定了其他国家应当效忠和服从周天子。我们不难想象,得的梦确立了他继位的合法性,吕锜的梦则证实了楚国应当服从晋国。《左传》所涵盖的时间跨越二百多年,尽管在这段时间里,位置和方向的文化意义没有太大变化,但周天子与诸侯之间的关系却有很大变化。很多人争论姬姓国家与其他异姓国家之间应当如何相处。因此,现实与梦境之间的对应关系看似清晰易懂,其中却可能已包含了个人的立场与想法。

每当有人在梦中或释梦时清晰地表达自己的立场,现实与梦境之间的对应关系就会变得问题重重。当人梦到死亡的信息——尤其当做梦者梦到自己的死亡,他们很可能会质疑现实与梦境之间的对应关系。他们甚至会尝试操控梦境的意义,制约其预示的力量(假如叙事的重心没有集中在做梦者身上,上述情况未必会发生。上文提到荀偃和吕锜的事例,两个故事的焦点都集中在即将发生或正在发生的战争,以及参战国家的命运上)。有关死亡的梦境使诠释的行为变得更加迫切。就好像古人要在诠释梦境时,重新掌控自己的梦境一般。其中一个生动的例子是晋景公的梦。他梦见自己所消灭的一个宗族的祖先化为厉鬼。梦中复仇的鬼魂力压晋侯,预示着晋侯难逃一死。这则预言可能只是再次证明《左传》的叙事曾经受到晋国卿族的影响。这里所谓晋国卿族,指的是赵氏。

>晋侯梦大厉,被发及地,搏膺而踊,曰:"杀余孙,不义。余得请于帝矣!"坏大门及寝门而入。公惧,入于室。又坏户。公觉,召桑田巫。巫言如梦。公曰:"何如?"曰:"不食新矣。"公疾病,求医于秦。秦伯使医缓为之。未至,公梦疾为二竖子,曰:"彼,良医也。惧

伤我,焉逃之?"其一曰:"居肓之上,膏之下,若我何?"医至,曰:"疾不可为也,在肓之上,膏之下,攻之不可,达之不及,药不至焉,不可为也。"公曰:"良医也。"厚为之礼而归之。六月丙午,晋侯欲麦,使甸人献麦,馈人为之。召桑田巫,示而杀之。将食,张,如厕,陷而卒。小臣有晨梦负公以登天,及日中,负晋侯出诸厕,遂以为殉。(《左传》成公10.4,页849—850)

晋侯的两个梦分别与巫、医的说法互相印证,他的死也对应了小臣的梦,这一切都确立了梦和梦的解析其实是公开的公务。晋侯的两个梦恰恰相反,互相对照。他的第一个梦牵涉复仇,另一个梦却与保护自己的阴谋有关。复仇的鬼魂打破了一扇又一扇的门,逐步闯入了晋侯认为自己所拥有的空间之内。这里的动作方向朝内。另一方面,两小儿以外化的方式显示了晋侯的疾病。他们由身体的内部向外移动。他们本身隐藏在晋侯之内,外物无法到达。可以说,他们都是晋侯身体的一部分。与外在的破坏力相比,一个人似乎更易接受自己梦见破坏的因子从身体内部扩散开来。这里仍留下一丝控制的意味,晋侯似乎"拥有"自己的疾病,甚至自己的死亡。晋侯极力重申这种自主性,于是他努力逃避鬼魂的威胁,拒斥桑田巫的预言,却接受了医缓的诊断结果。这种强调人的力量,也与小臣之梦互相呼应。晋侯企图逃避噩梦,最后却让别人梦见自己奇异的死状。

梦的解析使《左传》里的诠释行为更具戏剧性,这些诠释的记叙也因而由"私"变为"公"。一旦有人把梦境的意象破译成判断的文字,梦的意味和信息就再也无法逆转了。鲁大夫声伯做了一个梦,梦境似乎预示着自己即将死亡。他尝试控制这个梦的含义,但当他鼓起勇气去为这个梦占卜时,他的尝试也就瞬间失败了。《左传》在他去世的那一年记叙了这个故事:

初,声伯梦涉洹,或与己琼瑰食之,泣而为琼瑰盈其怀,从而歌之曰:"济洹之水,赠我以琼瑰。归乎归乎,琼瑰盈吾怀乎!"惧不敢占也。还自郑,壬申,①至于狸脤而占之,曰:"余恐死,故不敢占也。今众繁而从余三年矣,无伤也。"言之,之莫而卒。(《左传》成公17.8,页899)

声伯之所以认为他的梦预示自己死期将近,原因是古人一般把琼瑰放进死者嘴里。三年后,当他的部属逐渐壮大,他以为这个梦已经应验。他以为琼瑰代表自己的部下,自己从属日渐增长,也就意味着他梦中的景象成为事实。他遵从这种逻辑试图控制梦的含义。但是,当他自信已经能把握自己的梦时,命运却嘲弄了他。一旦声伯寻求占卜,梦境的意义化为实体,死亡的征兆化为言辞。这样一来,梦的意义也就公之于世,成为无从逃避的命运。

当梦的寓意模糊不清,梦的内容昭示了各人对礼制有不同的看法时,诠释行为也就变得困难重重,控制和秩序的观念也可能因此而瓦解。有些人看似极有权威,但他们也可能在梦中发出不符合礼制的命令。

> 冬,狄围卫,卫迁于帝丘,卜曰三百年。② 卫成公梦康叔曰:"相夺予享。"公命祀相。宁武子不可,曰:"鬼神非其族类,不歆其祀。杞、鄫何事?不享于此久矣,非卫之罪也,不可以闲成王、周公之命祀,请改祀命。"(《左传》僖公31.5,页487)

启建立了夏朝,而相则是夏启的孙子。相本来在帝丘居住,帝丘后来成了卫国的都城。因此,他是否有资格享用卫国的祭祀也就成为问题。宁武子认为只有继承夏朝血统的国家(杞国和鄫国)才有责任向相献祭。这件事的关键在于:鬼神和先祖的主权到底应该由血缘决定,还是取决于领土的地理位置?两种选择都限制了某一方的力量,因此也就留下了争辩的余地;梦中康叔的命令也就没有确定的权威。

---

① 杨伯峻指出,那一年(公元前574年)十一月并没有壬申日。见《春秋》17.10,页896。
② 这里我们看到了《左传》里一个没有实现的预言。卫国的国祚还维持了420年。有时论者会引用这件事来证明《左传》成书时间早于公元前3世纪。随着卫国灭亡,帝丘也不再是卫国的首都。

《左传》有些事例中,误导人的梦似乎会强调人的力量和责任。晋大夫赵婴与侄媳赵庄姬私通。他的兄弟赵同和赵括想把他赶到齐国。赵婴认为自己虽然犯错,但只有他能够保护赵氏免受其他宗族的攻击。他的兄弟并没有理会他的说法。

> 婴梦天使谓己:"祭余,余福女。"使问诸士贞伯。贞伯曰:"不识也。"既而告其人①曰:"神福仁而祸淫。淫而无罚,福也。祭,其得亡乎?"祭之,之明日而亡。(《左传》成公 5.1,页 821—822)

这一则叙事支持了两种解释。一种解释是个人行为最终会决定人的命运,这与上天承诺的庇佑没有关系。另一种解释则认为上天的征兆含糊不清:"福"也可能指得到放逐,因为这样他才可以逃避更严重的惩罚。错误的行为得到惩罚,这一点似乎说明了梦中超越人类的正义其实暧昧不明,甚至毫不重要。假如我们把赵婴的故事置入上下文中,我们会发现这则记叙有更复杂的反讽意味。赵婴的预言变成事实。他过去的情人赵庄姬诬陷赵同、赵括密谋反叛,赵氏一族几乎全数灭亡(《左传》成公 8.6,页 838—839)。这样一来,不惩处赵婴,确实对赵氏更加有利。

当语焉不详的梦误导了品行正直的人,这种梦也就更加令人不安。鲁国大夫叔孙豹聪明贤达,但却被自己的梦摧毁了。《左传》在他去世的那一年追溯了这个故事:

> 初,穆子去叔孙氏,及庚宗,遇妇人,使私为食而宿焉。问其行,告之故,哭而送之。适齐,娶于国氏,生孟丙、仲壬。梦天压己,弗胜,顾而见人,黑而上偻,深目而豭喙。号之曰:"牛!助余!"乃胜之。旦而皆召其徒,无之。且曰:"志之!"及宣伯奔齐,②馈之。宣伯

---

① 士贞伯在公开场合表示自己并不知情,拒绝作任何判断。但他在私下与人交谈时,却提出了自己的看法。我们可以在卫出公的使者与子贡的对话中,看到相同的情况(《左传》哀公 26.3)。

② 正如上文所述,穆姜是鲁成公之母。叔孙侨如与穆姜私通,企图推翻掌权的季氏(《左传》成公 16.5—6,页 890—891)。后来,他的阴谋败露,于是他逃到齐国(《左传》成公 16.11,页 893—894)。

曰："鲁以先子之故，将存吾宗，必召女。召女，何如？"对曰："愿之久矣。"鲁人召之，不告而归。既立，所宿庚宗之妇人献以雉。问其姓，对曰："余子长矣，能奉雉而从我矣。"召而见之，则所梦也。未问其名，号之曰"牛"，曰："唯。"皆召其徒使视之，遂使为竖。有宠，长使为政。公孙明知叔孙于齐，归，未逆国姜，子明取之，故怒，其子长而后使逆之。(《左传》昭公 4.8，页 1256—1257)

庚宗之女把自己的儿子命名为"牛"，这确认了其生父的身份。同时，叔孙豹也借此证明了梦中之人正是自己的儿子。这里的梦境也同样有"公"、"私"两个面向。叔孙豹向自己的手下描述了梦中人的形象，又要他们牢记此事。当他遇见自己的儿子时，他把自己的手下召集起来，一起看他。这样做似乎是为了证实自己的梦，使他"使为竖"的任命更加合理。叔孙豹与地位卑微的女子私通，偶然诞下了牛。牛制造谣言离间了叔孙豹和他的儿子孟丙、仲壬之间的关系。最终，牛设计杀害了孟丙，又驱逐了仲壬，并在叔孙豹病重之时截断其饮食，从而使他饿死。梦中之人非但没有成为叔孙豹的得力助手，反而最终毁灭了他。

然而，即便这里的梦有误导的性质，它也建立了一种新的因果关系。因为这个梦建立在诠释的动机上，它试图解释一个善良正直的人为什么会败落。在《左传》的其他地方，叔孙豹因品格正直、广博多闻、多谋善断而闻名。人们可以通过《左传》的上下文重新构想此梦的道德意旨。是否因为叔孙豹与庚宗之女私通，所以他才受到惩处？但是，这种放荡行为似乎不应招来如此严重的后果。行为与后果之间不成正比，尤其当《左传》把叔孙豹和他的兄长叔孙侨如相提并论时。侨如的身影围绕着这个梦境：叔孙豹离开自己在鲁国的宗族，原因是他预见了叔孙侨如与成公之母穆姜私通的恶果。后来，他回到鲁国，目的是替代兄长的位置，继承叔孙氏。叔孙豹离开齐国时并没有通知侨如，大概是他不满兄长又与齐灵公之母声孟子私通。

这个含糊的梦既说明了诠释的局限，也显示了古人相信有必要为每件事情提供解释。如果没有这个梦,《左传》就无法解释叔孙豹何以会有如此粗疏的判断。《左传》把这个含糊的梦置入叙事之内,既解释了他的行为,同时也有不去解释他的行为的意味。可以说,这个梦说明了叔孙豹为何会误信自己的私生子。但另一方面,这也使得人物的缺点(缺乏判断力)变成了一种可能以"外在原因"(这个梦)来说明的东西。这(非礼的惩罚)在道德体系中也就更加合理,即使这种道德的原则有时并没有一致地套用到叙事上(考虑到他那更荒淫无度的兄长不但没有受到任何惩罚,还可以继续过着富足的生活)。

"初"字是一个表示倒叙和提供解释的时间标记。《左传》在记叙叔孙豹去世的那一年,就用了"初"字来开始叙事。到了牛被打败,秩序得以恢复时,《左传》再次用上"初"这个字来引入叔孙豹出生时的预言。当叔孙豹出生时,他的父亲用蓍草为他占卜,得到明夷卦变为谦卦(即明夷的初爻由阳爻变为阴爻,整个卦象即变成谦卦)。明夷初九爻的爻辞这样说:

> 明夷于飞,垂其翼。君子于行,三日不食,有攸往,主人有言。

这一爻的爻辞很可能是后人回溯往事时刻意加进去的。因为"三日不食"与"有言"的说法都很符合叔孙豹的死亡。卜楚丘的预言是:"是将行,而归为子祀。以谗人入,其名曰牛,卒以馁死。"他的诠释扩充了垂翼、饥饿、谗言、毁灭的意象。太阳在低位(旦日为三)能与卿大夫之位相提并论,两者又与"三日不食"有关。明夷和谦的内卦分别是离和艮。离代表火,艮象征山,因此卦象有山被火焚毁的意味。艮又象征语言,谗言在叔孙豹的家种下了不和的契机。叔孙豹通过寻找和命名"牛"来控制梦的寓意,但这个预言表明"牛"这个字从他出生的那一刻开始就决定了他的命运。明夷和谦的外卦是坤,坤与牛的意象相连。① 正因为叔孙豹的死看起来太不合情理,所以《左传》增加了这则预言,利用命运的观念

---

① 《周易·说卦》,《十三经注疏》1,页95。

来作解释。

当《左传》指向超越人所能够理解的神秘感应,这种误导人的梦也就成为随意的宿命的一部分。人在其中,不过是鬼神的玩物。吊诡的是,由于《左传》引入或允许有不同的诠释方法,难以解释的梦也就显示了人如何操控因果、意义和解释行为。因此,对于如何理解天人之际,我们可以从意义含糊的预兆衍生出两种截然不同的观念。古人如何掌控征兆,这个问题是称霸的关键。我们将在下一章集中处理称霸的论述。另外,我们也会在下一章继续讨论这两个寓意有争议的梦,分析这些梦如何为君主的霸业服务。

在《左传》的大多数例子里,梦的意义清晰可见,解释了事件的起因,构成了秩序井然的体系。尽管如此,《左传》同时也对扑朔迷离、随意任性的梦很感兴趣。这些梦的诠释,探讨了宇宙的秩序与随意的宿命之间的界限,也分析了天道和人力之间的分野。因此,诠释的行为本身就体现了控制意义的尝试。换句话说,天命与人力相对这耳熟能详的说法,既可以套用到《左传》所描写的行为,也能够适用于书中所载的诠释上。解释的权威有时来自某些现成的模拟(如棕熊象征鲧的神灵,又如口含琼瑰即代表死亡),这些模拟促使礼乐制度和宇宙秩序变得更为严密。有时古人也会刻意塑造事物的对应来确立解释的权威。这种做法,可能源于他们要令某件事情更符合道德规范,也有可能是出于政治利益的考虑。我们将在下一章看到这类事例。《左传》在诠释时展示出不同的假设和态度,这也说明了这部文献有不同的来源,又或者掺杂了不同时地的文本。

第四章　征兆的运用

　　人可以运用两种截然不同的做法应对无常的鬼神和含糊的征兆。有些人会选择反求诸己，从自己内心找寻道德价值；有些人则会利用表意过程的含糊之处，创造事物与意义之间新的对应关系。申生和重耳分别是这两种选择的代表。晋献公打算迎娶骊姬，他先为此而占卜，却得到了矛盾的占卜结果。龟卜呈现的是凶兆，蓍筮却显示了吉祥的预兆。襄公按照自己的欲望选择相应的占卜结果，骊姬也就成为他最宠爱的姬妾。骊姬有意让自己的儿子成为太子，于是便设计除去襄公的其他儿子——太子申生、夷吾和重耳。她陷害申生，说他企图毒害襄公，申生因而自杀。夷吾和重耳也被她迫害，最后逃亡国外。襄公死后，有些晋国大夫为了拥立流亡在外的公子继位，杀了骊姬的儿子和骊姬妹妹的儿子。夷吾回国，即位为晋惠公。第二章提到过晋国于韩之战中大败，这可以说是晋惠公在位期间最重要的事件。惠公死后，重耳回到晋国，结束了他十九年的流亡生涯。重耳杀死了惠公之子圉（即他的侄儿晋怀公），即位为晋文公。他在城濮之战中大败楚军，又替陷入危机的周襄王解围，巩固其天子之位。因此，晋文公确立了晋国的霸主地位。

　　申生专心致志，超然世外，一心追求崇高的道德，并没有留意现实环境的预兆。《国语》在记录骊姬如何诬陷申生时，提供了更多细节。骊姬与优施私通,优施曾经解释申生为什么是个更易谋害的目标:"其为人也,小心精洁,而大志重,又不忍人。精洁易辱,重偾可疾,不忍人,必自忍也。"(《国语·晋语》1.6,页268)卜人以往曾预言骊姬乱晋。这与骊姬对申生的诬陷,同时使龟卜的繇辞显得更加完整。申生似乎无力改变这则繇辞:

> 专之渝,攘公之羭。一薰一莸,十年尚犹有臭。(《左传》僖公4.6,页296)

即使臭气会盖过香气,申生还是会变成"羭"这种祭品。《左传》在骊姬诬陷申生之前追忆这则繇辞。申生遵照骊姬的指示,①向自己的生母齐姜献祭。申生把祭肉送给献公。骊姬偷偷在祭肉里下毒,藉此诬告申生谋反。

> 或谓大子:"子辞,君必辩焉。"大子曰:"君非姬氏,居不安,食不饱。我辞,姬必有罪。君老矣,吾又不乐。"曰:"子其行乎?"大子曰:"君实不察其罪,被此名也以出,人谁纳我?"十二月戊申,缢于新城。(《左传》僖公4.6,页298—299)

当申生面对道德的两难时,他选择了自杀。这可以说是《左传》中的道德典范。申生可与下列人物相提并论:卫公子急子和公子寿因为服从昏庸的父亲而争相赴死(《左传》桓公16.5,页145—147);②楚国的贤士弃疾因为忠、孝的冲突而自缢身亡(《左传》襄公22.6,页1069—1070);③尽管

---

① 骊姬说襄公梦见申生的生母齐姜。古人梦见先人,自然会以食物向先人献祭(《左传》,页296)。
② 卫宣公娶了父亲的姬妾夷姜,生下急子(男性与比自己地位或辈分更高的女性通奸,这种情况又称为"烝")。数年后,宣公拟为急子迎娶齐国女子(即后来的宣姜)为妻,因为齐女很美,宣公就自己娶了她。宣姜生了寿和朔。《左传》桓公十六年的记载解释了惠公(朔)为何被逐。宣姜和朔在宣公面前诬陷急子,因此宣公派遣急子出使齐国,又派人假装盗贼,准备在边境上杀死他。他同父异母的弟弟寿把这个阴谋告诉急子,急子却拒绝逃亡。他说:"弃父之命,恶用子矣?有无父之国则可也。""及行,饮以酒。寿子载其旌以先,盗杀之。急子至,曰:'我之求也,此何罪?请杀我乎!'又杀之。"朔继位为君,是为卫惠公,但以往支持急子和寿的人最终把他赶走。
③ 楚康王计划处死权倾朝野的令尹子南,但是他想赦免子南的儿子弃疾。王每见之,必泣。弃疾曰:"君三泣臣矣,敢问谁之罪也?"王曰:"令尹之不能,尔所知也。国将讨焉,尔其居乎?"对曰:"父戮子居,君焉用之?泄命重刑,臣亦不为。"后来康王处死了子南;既葬,其徒曰:"行乎?"曰:"吾与杀吾父,行将焉入?""然则臣王乎?"曰:"弃父事雠,吾弗忍也。"遂缢而死。

伍尚知道自己的父亲伍奢是被迫召他回去,他还是决定回到楚国慷慨赴死,即使自己的死毫无价值,他也不愿意争取时间报仇(《左传》昭公20.2,页1408—1409)。① 在这些例子里,自杀或赴死都是一种回应邪恶和道德两难的方法。无从更改、无可回避的尊卑之分(尤其是父子的关系)是道德价值的前提,决定了他们的行为。②

申生拒绝为自己的清白辩护,消极地响应决定自己命运的征兆,可谓重复了前人的行径。当献公让申生率领一半晋国军队,又要他掌管曲沃时,晋大夫士蒍预言灾难将至,建议申生离开晋国,以保存自己的性命和声誉:"不如逃之,无使罪至。为吴太伯,不亦可乎? 犹有令名,与其及也。"(《左传》闵公1.6则,页258—259)吴太伯是太王的长子,姬昌的伯父(姬昌是周武王的父亲,后尊为周文王)。他为了让自己的弟弟季历和季历的儿子姬昌率领周族,远走他乡,逃到吴国。吴太伯成为自我流放的代表,也成为谦让的典范。③《左传》并没有提到申生对士蒍的建议有何反应。事实上,《左传》除了记叙申生自杀前的一段话,鲜有记录他的言语。相对来说,《国语》里申生更清晰地表达了自己对命运的理解,以及他如何接受自己的宿命(见《国语·晋语》1.7,页274;1.9,页281;2.1,页291—292)。他认为自己无德无才,根本不能效仿吴太伯这么崇高的人物。《左传》的世界往往以雄辩滔滔、旁征博引的言辞呈现出道德原则,但《左传》同时也利用言辞来摆布暧昧不明的事物,辩护阴险狡诈

---

① 伍奢是楚太子建的老师。楚平王敌视太子建,原因是他本来要为建娶妻,结果自己却抢去了儿子将要迎娶的人。后来,平王听信谗言,以为建要谋反,于是便拘禁伍奢。接着,他又传召伍奢的儿子伍尚和伍员(大家更熟悉的是伍子胥一名)。他们身在吴国,而平王谎称只要他们回国,就会释放他们的父亲。伍尚向弟弟解释自己为什么要执意回国:"尔适吴,我将归死。吾知不逮,我能死,尔能报。闻免父之命,不可以莫之奔也;亲戚为戮,不可以莫之报也。奔死免父,孝也;度功而行,仁也;择任而往,知也;知死不辟,勇也。父不可弃,名不可废,尔其勉之! 相从为愈。"(《左传》昭公20.2,页1408)由于《史记》更关注复仇的心态,因此在《伍子胥列传》(卷66)里,伍尚的言论比较简短,也没有这么大的感染力。
② 《左传》没有提到"孝"与"忠"两者有互通的地方。相反,《礼记·祭义》、《吕氏春秋·孝行》、《孝经》、《史记·太史公自序》卷130都曾讨论到"孝"与"忠"的关联。
③ 见《史记·吴太伯世家》卷31。

的观点,甚至解决权力与政治的危机。申生正好说明了一个人如何在建立自己的道德标准的时候刻意回避言辞。

当献公命令申生讨伐东山皋落氏时,他让申生穿上左右颜色不同的偏衣,佩带金玦(形状如环而有缺),以显示自己的统帅身份。申生的亲信纷纷揣测这些礼物的含义,又为他出谋献策。所有人都以为取得这些礼物是件好事,只有一个人觉得这是凶兆。这个人正是狐突,他认为这些物件有恶毒的含意。狐突的诠释比其他人详备可靠,文辞也最为整饬。他以类比论证铺陈自己的说法:

> 时,事之征也;衣,身之章也;佩,衷之旗也。故敬其事,则命以始;服其身,则衣之纯;用其衷,则佩之度。今命以时卒,闷其事也;衣之尨服,远其躬也;佩以金玦,弃其衷也。服以远之,时以闷之;尨,凉;冬,杀;金,寒;玦,离;①胡可恃也? 虽欲勉之,狄可尽乎?
> (《左传》闵公 2.7,页 270—271)

申生的亲信争论他应该何去何从——究竟他应该逃亡,还是赴战? 抑或他应该自愿赴死?《左传》再次省去了申生的反应。我们只知道申生"将战",狐突进谏劝阻他,但申生似乎没有听从狐突的建议(《左传》闵公 2.7,页 272)。② 申生选择遵从献公之命。虽然申生或许可以从这些礼物中看出献公的用意,但即使他能"正确"地解读献公的冷漠,知道献公意欲疏远自己,这也不代表他只有一种正确的方法来响应此事。申生以

---

① 中国古代一般用玉玦来表示绝交,它有远离和抗拒之义。因此《荀子·大略》云:"绝人以玦,反玦以环"(《荀子笺释》,页 365);《大戴礼记·王度记》云:"人臣赐玦则去";班固《白虎通·谏诤》云:"臣待放于郊,君赐之环则反,赐之玦则去"(《左传》,页 271)。王国维认为"环"由数片玉组成。这些玉片各有一孔,只要把它系于绳上,连成一个圆形,就成为玉环。至于"玦"则缺少了其中一片(《观堂集林》册 1,页 160)。

② 据《国语》所载,申生选择参战,并打败了狄国(《国语·晋语》1.8—9,页 277—281);但《左传》并没有提及此事。《国语》里记录了申生的下属解释襄公的命令及礼物,整段叙事的重心在于评价这些谏言。仆人赞(《左传》里并没有出现这个人物)认为这些奇特的礼物和夸张的命令必定暗藏危机。君子许他"知微"(《国语·晋语》1.8,页 278)。里克试图以正面的态度理解襄公的礼物,君子称许他"善处父子之间矣"(《国语·晋语》1.9,页 280)。狐突建议申生违抗命令,不要出兵攻打狄国,君子又称许他"善深谋也"(《国语·晋语》1.9,页 281)。

自杀的方式完成了自己的道德责任。这表明了他反求诸己，从自身寻找仁德的实践。他并没有尝试解释外在的征兆，改变外在的世界。

称霸的论述

重耳是申生同父异母的弟弟，他采用了另一种方式面对恶毒的诡计、矛盾的征兆、无常的未来。重耳和他的随从有能力重新定义事物所对应的意义，这一点最后成就了晋国的霸业。这在重耳流亡时尤其明显。

> 过卫，卫文公不礼焉。出于五鹿，乞食于野人，野人与之块。公子怒，欲鞭之。子犯曰："天赐也。"稽首受而载之。(《左传》僖公23.6，页406)

子犯建议重耳接受土块，让他把这件事看作征服五鹿的预兆。十二年后，晋国攻打卫国，最终真的吞并了五鹿(《左传》僖公28.1，页451—452)。① 由此看来，这个羞辱的象征变成了预示权势和统治地位的标志。

重耳流亡期间，曾在楚国逗留一段时期。重耳与楚王交谈时，他曾重新定义"报"这个字的意义。

> 及楚，楚子飨之，曰："公子若反晋国，则何以报不穀？"对曰：

---

① 这一事件虽然收录在僖公二十三年(即公元前637年；见《左传》僖公23.6，页406)，但实际上应该发生在僖公十六年(公元前644年)。公元前655年，重耳逃到狄(《左传》僖公5.2)，在那儿逗留了十二年。他后来途经卫国离开，继续他的漂泊生涯。司马迁在《史记》里谈到了这件事，见《史记·卫世家》卷37，页1595。在《国语》的相关记叙里，子犯的预言更详实具体："天赐也。民以土服，又何求焉！天事必象，十有二年，必获此土。二三子志之。岁在寿星及鹑尾，其有此土乎！天以命矣，复于寿星，必获诸侯。天之道也，由是始之。有此，其以戊申乎！所以申土也。"(《国语·晋语》4.1，页338—339)十二年后，当岁星(木星)运行到寿星的位置时，晋文公攻打卫国。到了正月戊申日(九日)，晋国占领五鹿(《左传》僖公28.1，页451—452)。(古代文献有时会用"天道"来指称天文现象，尤其是岁星的运动，以及它与诸侯命运的对应关系，见第三章注38。)《国语》插入了子犯神秘莫测的预言，目的显然是要展示晋文公称霸是命中注定、无可避免的。《左传》里子犯的反应比较沉寂，这表明了进言的人正努力面对当前难堪的局势，试图扭转其意义。

"子、女、玉、帛,则君有之;羽、毛、齿、革,则君地生焉。其波及晋国者,君之余也;其何以报君?"曰:"虽然,何以报我?"对曰:"若以君之灵,得反晋国,晋、楚治兵,遇于中原,其辟君三舍。若不获命,其左执鞭、弭,右属櫜、鞬,以与君周旋。"①(《左传》僖公23.6,页408—409)

这里的"报"字没有感恩之义,并非指回报别人对自己的帮助。"报"字显示得到帮助的人最终会身居高位,可以把恩德赏赐给自己的恩人。楚王巧妙地索取好处,却被重耳断然拒绝。报恩的假设消失了,取而代之的是微妙的侵略。

人有能力把难以预料的言语、毫无关联的行为变成预兆,就能成就霸业。他们必须有灵活的思维、高超的语言技巧,有时他们还需要熟知礼制、传统,以及流传的典籍——这类知识全都属于"文"的范围。重耳流亡期间,秦穆公宴请重耳,狐偃认为赵衰比自己更适合出席这次宴会:"吾不如衰之文也。"各人在宴会上赋诗言志,重耳赋《河水》,秦穆公则赋《六月》。②

赵衰曰:"重耳拜赐!"公子降,拜,稽首,公降一级而辞焉。衰曰:"君称所以佐天子者命重耳,重耳敢不拜?"(《左传》僖公23.6,页410—411)

《六月》描写一位诸侯帮助周天子整顿政治秩序。赵衰和重耳趁机把这

---

① "周旋"一词字面的意思是"前后运转"或"环绕盘旋"。这个词语又引申指交际应酬的礼仪,以及行礼时进退揖让的动作(《左传》昭公25.3,页1457),有时还指战场上的应对之策。见《高本汉左传注释》,第136条。
② 传世《诗经》并没有《河水》这首诗。韦昭在注释《国语》的相关部分时,提出"河"是"沔"字之误;《沔水》有"沔彼流水,朝宗于海"一句,可参《诗·小雅·沔水》(183)。重耳的意思是假如他重登晋国国君之位,他将会听从秦国的命令。韦昭注提到《诗·小雅·六月》(177):"《六月》,道尹吉甫佐宣王征伐,复文、武之业。其诗云:'王于出征,以匡王国。'二章曰:'以佐天子。'三章曰:'共武置服,以定王国。'此言重耳为君,必霸诸侯,以匡天子。"(《国语·晋语》4.10,页360—361)。这是《左传》中第一次"赋诗"的记录。《国语》的相关部分记录了更多诗句(《国语·晋语》4.10,页360)。

次交流变成重耳称霸的预兆,又认为穆公将会协助重耳实践上述的预言。重耳在流亡期间,就展示了他称霸的抱负。① 他即位为晋文公以后,便逐步实现自己的目标。

一个理想的霸主必须做到尊王攘夷,维系列国的秩序,成为诸侯的盟主。② 不少人都以较工整的篇章总结晋文公的功绩,称许他完成称霸的理念。其中,当晋国准备攻打楚国时,我们可以留意到这种说法:

> 晋侯始入而教其民,二年,欲用之。子犯[按:即狐偃]曰:"民未知义,未安其居。"于是乎出定襄王,入务利民,民怀生矣。将用之。子犯曰:"民未知信,未宣其用。"于是乎伐原以示之信。民易资者,不求丰焉,明征其辞。公曰:"可矣乎?"子犯曰:"民未知礼,未生其共。"于是乎大蒐以示之礼,作执秩③以正其官。民听不惑,而后用之。出谷戍,释宋围,一战而霸,文之教也。(《左传》僖公 27.4,页 447)

狐偃的建议、文公的举动、国人的反应之间,形成了紧凑简练的因果关系。上文三次用"于是乎"来标明这一点。诚如艾朗诺(Ronald Egan)所言,上述文字把晋文公的形象描绘得特别理想,加上其公式化的叙述、重

---

① 上述例子表明,重耳及其左右非常熟悉如何制造称霸的预兆。《左传》和《国语》里有关重耳流亡的记叙充斥着大量的预言;这些预言利用了重耳的祖先、他的支持者、他的行为举止,来推断重耳将有伟大的前途。这在《国语》里尤为明显。因为《国语》的记载比较详细,它收录了更多神秘的占卜。论者曾比较《左传》、《国语》、《史记》如何记叙重耳出亡以及返回晋国,详参王靖宇:《中国早期叙事文论集》,页 51—90;李龙瀛:《晋文公复国定霸考》。

② 狄人攻打邢国。管仲要求齐桓公出兵救援邢国,因为戎狄好比"豺狼",贪得无厌。另外,中原国家与周室有密切的血缘关系,不应轻易丢弃(《左传》闵公 1.2,页 256)。狐偃留意到,帮助周襄王的表现确能保证诸侯拥护自己(《左传》僖公 25.2,页 431)。由于狄人支持周襄王的对手王子带,因此晋国为了勤王,还必须抵御狄人(僖公 24.2,页 419—426)。这亦可参看《公羊传》僖公四年的记载:"桓公救中国,而攘夷狄。"(《春秋三传比义》,页 299)汉代文献把这些看法改写成更工整的对句:"外攘夷狄,内尊天子,以安诸夏。"(见《汉书·刑法志》卷 23,页 1084)

③ 孔子曾比对今昔,以过去的辉煌映照当前的衰微。他评论道:"文公是以作执秩之官,为被庐之法,以为盟主。"(《左传》昭公 29.5,页 1504)但是,《汉书·刑法志》颜师古注转引应劭的说法,提到"执秩"可能是刑法之名,而非官职(《左传》,页 447)。

复的结构,使得这段文字在编年的叙事中格外突出。① 在这则记录里,国君树立典范,感化人民,朝政因而变得平顺。德行与权力的论述轻易地变得翕合无间。"义"、"信"、"礼"等品德全都发挥效用——人民知道这些品德,就能安于生计,交易时不会谋取暴利,不会惑于是非,最终为晋国称霸服务。这段自足的叙述总结了先前三段往事,预示了晋国的文教将会带来胜利。或许,这也语带双关,隐然指涉晋文公的谥号"文"。②

这段工整的文字呈现了"文之教"的效用,表明称霸不过是义、信、礼等品德的实践。但是,《左传》这个段落还叙述了其他事件,所反映出来的却是文公持续关注自身的权力,他操控德行的辞藻,并以表里不一的姿态获利。晋文公称霸的第一步便是"勤王"。当时,周襄王被其同父异母的弟弟王子带赶出周室的领地,于是晋文公出兵协助襄王。我们可以从上述颂扬文公之德的篇章里看到狐偃建议文公须使人民"知义",因此文公才会"出定襄王"。然而,《左传》在此前的记录中,强调的却是文公如何通过表面的礼仪来满足自己的野心,使自己的称霸显得更加合理。

> 秦伯师于河上,将纳王。狐偃言于晋侯曰:"求诸侯,莫如勤王。诸侯信之,且大义也。继文之业,③而信宣于诸侯,今为可矣。"使卜偃卜之,曰:"吉。遇黄帝战于阪泉之兆。"公曰:"吾不堪也。"对曰:"周礼未改,今之王,古之帝也。"公曰:"筮之!"筮之,遇大有之睽,④

---

① 艾朗诺认为,这篇文章是一则有示范作用的故事,也是有道德教化意味的历史轶闻。《左传》有不少文章都从这类文体中取材,参见艾朗诺:《〈左传〉的叙事》(Narratives in Tso chuan),页341—352。艾朗诺认为这篇文章表达了高尚的道德情操,这一点无疑是正确的。但是,这个故事的教诲并不一定与整个综述的结构和情节发展有关。《韩非子·外储说右上》也曾记载晋文公和狐偃之间的交谈,其中的结构与引文非常相似。狐偃指出,即使君王节俭克己,体谅民众,对人民慷慨宽容,也不足以使国民做好作战的准备。最终,只有君王公平的赏罚,尤其是"不辟亲贵,法行所爱",才能诱使人民参战(《韩非子释评》,页1292)。
② 孔颖达释"文"为"文德",见《十三经注疏》6,10.13a—b。但是"文"也可能是人名,如"文之伯也"(《左传》昭公9.3,页1309)。
③ "文"指晋文侯仇。周平王迁都洛邑时,晋文侯曾帮助平王稳定周室,因此他得到周天子的嘉许;见《尚书·文侯之命》。
④ 大有是传世《周易》里第14卦;睽则是第38卦。

曰:"吉。遇'公用享于天子'之卦。战克而王飨,吉孰大焉?且是卦也,天为泽以当日,天子降心以逆公,不亦可乎?大有去睽而复,亦其所也。"(《左传》僖公25.2,页431—432)

襄王的弟弟王子带联合周大夫颓叔、桃子,带领狄人发动叛乱,把周天子赶出洛邑。周襄王向鲁、秦、晋三国求援,秦穆公也已准备发兵帮助襄王。由此可见,事情的关键其实是晋文公与他昔日的恩人秦穆公二人在暗中较量。两国出兵勤王,并非基于道德责任,而是希望藉此巩固自己的权势。《国语》在相关记叙里就把这一点表现得更加清楚:"若不纳,秦将纳之,则失周矣。"——出兵的目的是要"启土安疆"(《国语·晋语》4.15,页373)。至于《左传》,文公在占卦的过程中泄露了自己复杂的动机。自古对谁与黄帝战于阪泉,众说纷纭;有文献说是蚩尤,也有材料认为是炎帝(有时也称为赤帝)。① 黄帝在这场神话般的战争中得胜,而晋文公则谦虚地否认了自己能与黄帝相提并论。这表明了文公当时把这个预言套用到自己身上,甚至暗示了黄帝应当与文公等量齐观。可以说,晋文公在保护周室免遭篡夺的同时,不经意地流露出取代周天子的野心,至少我们可以从象征层面上看到晋文公的企图。卜偃纠正了他的误读:因为"周礼未改",古代神话中的帝王应该指周襄王,其对手应该与王子带相应。

《国语》把卜偃称为郭偃。不少先秦文献都把他视为重耳的得力助手,把他当作法家的先驱,把他看成晋国得以称霸的关键性人物。② 虽然

---

① 这些文献包括《大戴礼记》、《逸周书》、《国语》、《史记》(《左传》,页431)。
② 《国语》把卜偃称为郭偃。从《国语》的记述可见,郭偃是个谏官(《国语·晋语》1.2,页257—258;3.1,页315;3.2,页316—317;3.3,页319;4.23,页386)。他似乎负责推行重大的法律改革,《韩非子·南面》提到:"管仲无易齐,郭偃无更晋,则桓、文不霸矣";"故郭偃之始治也,文公有官卒……戒民之备也"(《韩非子集释》,页298)。《商君书·更法》提到:"郭偃之法曰:论至者不和于俗,成大功者不谋于众。"(商鞅:《商君书解诂》第二章)《战国策·赵策》也提到了"郭偃之法"(册2,页759)。《墨子》又把郭偃写作高偃,而《吕氏春秋》则写作郄(或郤)偃。这两部文献提到晋文公"染于"高偃和狐偃,所以才能称霸;可参《墨子集解·所染》页17;《吕氏春秋·当染》页95、102。

卜偃提到周室的命运未改,但这并不代表周天子与诸侯之间的等级实际上没有颠倒过来。卜偃解释《周易》的卦象时正好说明了这一点。大有卦第三爻的爻辞"公用享于天子"直接预示了文公帮助襄王复位后,自然会备受尊崇。这也表明了文公将有更大的权力。① 卜偃还利用了组成大有卦和睽卦的单卦离、乾、兑来预言周天子将会主动放弃权力,屈尊于文公之下。两个卦的外卦离是"火"和"日"的象征,因此也就与诸侯有关。当大有卦变成睽卦,乾或"天"这代表周天子的内卦也就变成了象征"泽"的兑卦。这也就说明天子到达更低的位置,亦即"天为泽以当日"。换句话说,尽管卜偃提醒文公不要把黄帝的预言套用到自己身上,但他却利用占卜所得的两卦,重新拟定了未来的权力关系,其中尊崇周天子的前提是权力将会转移。回归大有暗示了周襄王将会恢复天子之位,因为卦象的字面意思也与王位相关。但大有包含了离这个诸侯的象征,而他的位置刚好就在代表天子的乾卦之上。换言之,天子复位的同时,诸侯也会拥有更大的主导权。

晋文公杀死篡位的王子带,护送周襄王返回洛邑。一如蓍占所言,他得到了周天子的宴请。晋文公试图把自己的地位提升到周天子之上,就好像要落实卜偃的预言一般。文公请求死后可以隧葬,②这再一次暴露了他的野心。周襄王回绝了文公的请求,指出这与他的地位并不相称:"王章也。未有代德,而有二王,亦叔父③之所恶也。"(《左传》僖公25.2,页433)

---

① 可参王弼注:"公用斯位,乃得通乎天子之道也。"(《周易王韩注》卷2,页5);林理彰(Richard John Lynn):《易经:以王弼注为基础的新译本》(*The Classic of Changes: A New Translation of the I Ching As Interpreted by Wang Bi*),页255。
② 古代天子葬礼有隧。"隧"指地下通道,古人会利用隧道把天子的灵柩放入墓室。天子理应在死后七个月才下葬,因为准备工作非常繁复(《左传》隐公1.5,页16—17)。然而,《左传》里也有不符合这个规定的事例(见李新霖:《从〈左传〉论春秋时代之政治伦理》,页34—35)。修建隧道也可能是天子葬礼的一项准备工作。
③ 周天子往往尊称同姓诸侯为"叔父"。

周襄王把阳樊、温、原、攒茅的土地赐给晋文公。① 但这些地区之中却有人不愿意接受晋国的统治：

> 阳樊不服，围之。苍葛呼曰："德以柔中国，刑以威四夷，宜吾不敢服也。此，谁非王之亲姻，②其俘之也？"乃出其民。(《左传》僖公25.2，页434)

即使晋侯有所退让，晋国最终还是吞并了阳樊的土地。

上文曾引用综述文公之德的一段篇章(《左传》僖公27.4，页447)。其中，晋文公为了教民以信，于是出兵攻打原地。《左传》在两年前即记叙了晋军包围原地的故事：

> 冬，晋侯围原，命三日之粮。原不降，命去之。谍出，曰："原将降矣。"军吏曰："请待之。"公曰："信，国之宝也，民之所庇也。得原失信，何以庇之？所亡滋多。"退一舍而原降。(《左传》僖公25.4，页435)

原人是否因晋文公的"信"而投降？还是因为他们意识到晋军后退并不代表战事结束，明白自己战败无可避免，所以才选择投降？《左传》并没有清楚交代个中的原由。

综述晋文公称霸的那段叙述，还提到他"大蒐以示之礼"。"蒐"也就是春狩，而每季的狩猎其实也就是军事演习(《左传》隐公5.1，页42)。文教和礼仪演变成军人的纪律，以至他们的备战状态。正是这个时候，楚国围攻宋国的都城，宋国向晋国求援。重耳的亲信晋大夫先轸意识到

---

① 《国语》有相应的记载，其中所赐的土地还包括州、陉、絺、组。董增龄引用《水经注》和应劭的说法，证明这些土地原本又名南阳，是周室的领土(《国语正义》10.42a—b)。但是，当周桓王从南阳之地割取一部分(包括阳樊、温、原、攒茅、州、陉)交给郑庄公，以"交换"郑国的土地时，"君子是以知桓王之失郑也。恕而行之，德之则也，礼之经也。己弗能有，而以与人。人之不至，不亦宜乎？"(《左传》隐公11.5，页77)君子的评论说明了这些"赐"给晋国的土地从一开始就不完全服从周室的管治。

② 《国语》有相应的记载(《国语·晋语》4.16，页374—375)；其中，苍葛强调的是阳人与夏、商、周三朝也有渊源。

这是个绝妙的机会。

> 先轸曰:"报施、①救患、取威、定霸,于是乎在矣。"狐偃曰:"楚始得曹,而新昏于卫,若伐曹、卫,楚必救之,则齐、宋免矣。"②于是乎蒐于被庐,作三军,谋元帅。赵衰曰:"郤縠可。臣亟闻其言矣,说礼、乐而敦《诗》、《书》。《诗》、《书》,义之府也;礼、乐,德之则也;德、义,利之本也。《夏书》曰:'赋纳以言,明试以功,车服以庸。'君其试之!"(《左传》僖公 27.4,页 445—446)

晋国选择在这个时候举行春狩,实际上有策略上的考虑。因为这正是适当的时机,让晋军攻打楚国的盟友,藉此抑制楚国的势力。赵衰称许郤縠的德行,认为德与义是利益的基础,这都是《左传》里反复讨论的主题——德行是否带来效益?然而,晋国备战时,最关心的并非晋人是否遵守礼义,也并非礼义对于晋国整体是否有益。他们只关注如何争取最大的收益,以及如何才能有效地运用道德的修辞。如同晋文公护送襄王和围攻原地的记录一般,这段文字仔细刻画了各种背景细节,并审视了行为背后的动机、事情发生的原委和结果。因此,在这些记录里,我们更容易看到各人如何考虑自身利益,更容易看到权力和策略如何运作,也更容易看到偶然发生的事情如何影响大局。相对而言,公式化的那段叙事也就隐晦得多了。

因此,《左传》用两种并行不悖的角度去描绘晋文公:一个由霸主的理想出发,另一个则揭示出实践这个理想时会面对微妙、复杂、矛盾的现实世界。前者以综述文公称霸的公式化描写为代表,这一角度运用的是有关礼义的论述。礼义的论述之下,言行与意义之间的关系固定不变;

---

① 流亡期间,重耳及其左右曾途经宋国,宋襄公把二十匹马送给他们(《左传》僖公 23.6,页 408)。
② 流亡期间,曹、卫两国的国君曾对重耳及其左右无礼,至于齐、宋两国则为他们提供支持。狐偃的建议其实是要一雪前耻,同时报答昔日的恩人。楚国围攻宋国和齐国的城池,此事见于《左传》僖公 26.6,页 441—442。值得注意的是,最终晋文公所采用的政策,与先轸和狐偃的提议并不一样(《左传》僖公 28.3,页 457—458)。

事物都显得非常谐调，秩序井然。后者分布在《左传》的各个地方，分别记录了那段综述所提及的各个事件。这是一种权力的论述，目的是要定义新的行为模式。权力的论述经常会利用尔虞我诈、口是心非、重新界定字词、操控征兆等手段。我们可以从文公协助周襄王复位，以及他准备称霸的过程中看到这些手段。我们也可以从城濮之战中看到这一点。在这场奠定晋国霸业的战役中，两军一方面争取胜利，同时却又关注自己是否比敌军拥有更优越的品德。至少，表面看来，军事与道德的考虑密不可分。

公元前632年，晋、楚两国战于城濮。这是春秋时期最重要的战役之一（《左传》僖公28.3，页452—467）。最终，晋军报捷，晋文公成为诸侯的首领；楚国不敢向北或向东进军。城濮之战中，各人争论战略决策，尝试掌控事物的意义，可以说是这则叙事中最突出的一幕。两军开战之前，楚军的统帅子玉提出了一个方案，希望两国可以和解。因此，晋国的将领仔细考虑了各种应对之策。他们在这次讨论中各自阐述了自己对礼的理解。

> 子玉使宛春告于晋师曰："请复卫侯而封曹，臣亦释宋之围。"子犯曰："子玉无礼哉！君取一，臣取二，不可失矣。"先轸曰："子与之！定人之谓礼，楚一言而定三国，我一言而亡之。我则无礼，何以战乎？不许楚言，是弃宋也；救而弃之，谓诸侯何？楚有三施，我有三怨，①怨雠已多，将何以战？不如私许复曹、卫以携之，执宛春以怒楚，既战而后图之。"（《左传》僖公28.3，页457—458）

狐偃斥责子玉"无礼"，因为子玉提出了两个条件，却只答应了晋侯的一个请求。狐偃认为"礼"的意思是君臣必须按照自己的地位行事。当然，这种说法未免有点武断，毕竟恢复卫侯的君位、把土地封给曹国这两个举动，不一定比停止围攻宋国重要两倍。因此，这未必是一则不平等的

---

① 也就是说，楚国将赢得曹、卫、宋三个国家的感激之情，而晋国将会惹来这三个国家的怨恨。

交易,我们很难说子玉对晋侯不敬。狐偃这样生硬地定义"礼",反映的其实是他急于与楚国开战。先轸对"礼"的理解并不相同。他认为"礼"是一种道德秩序,这种秩序建立在互惠互利的基础上,各国应该尊重其他国家的领土,维持其他国家的稳定。先轸一开始即敦促晋文公接受楚国的提议。他以熟悉的道德辞令来阐释自己的观点。但是,最终他为晋文公所作的一系列建议,只是虚有其表,实际上与他界定的"礼"完全无关。(晋文公立即采纳了先轸的建议。)晋国的目的是要使楚国的盟友疏远楚国,并激怒楚国,诱使楚军攻打自己。同时,晋国却可以维持自己恪守礼义的姿态。表面上,晋国的举动全都是为了照顾宋国的利益;如此一来,晋文公就能证明自己的信义,争取其他诸侯的支持。① 晋国暗中答应恢复曹、卫二国,这样就能取代楚国在其盟友之间的地位。(后来,晋国还是废黜了卫成公;另外,晋国只是在被迫的情况下才恢复曹公的君位。)② 楚国曾帮助重耳回国即位。但此时此刻,晋国装出一副想要和解的姿态,事实上却拒绝出兵救助他的盟友宋国,又拘捕楚国使臣,企图诱导楚国开战。

"礼"的各种定义,说明当人要按照情势判断道德价值时,"道德"本身只是个模糊不清的概念。城濮之战的前夕,狐偃无视军吏的反对,命令晋军向后撤退,他所考虑的也是"道德"的问题。

> 子玉怒,从晋师。③ 晋师退。军吏曰:"以君辟臣,辱也;且楚师老矣,何故退?"子犯曰:"师直为壮,曲为老,岂在久乎?微楚之惠不

---

① 先轸在《国语》里还提出了另一种考虑——假如宋国向楚国投降,那就意味着楚国的兵力将会更加强大:"宋众无乃强乎!"(《国语·晋语》4.18,页378)。
② 晋国暂时恢复了卫成公的君位(《左传》僖公28.5,页469)。但是,卫大夫元咺后来控诉卫成公滥用武力和贪求权势,晋国决定支持元咺(《左传》僖公28.8,页472—473)(原文用"讼"字来表明这是法律上的诉讼。这次诉讼由晋文公主持,他必须考虑当事人和辩护者的陈述)。晋文公本来准备毒死卫成公,后来因为鲁僖公为卫成公求情,加上卫国又把美玉送给文公以贿赂他,因此他最终赦免了卫侯(《左传》僖公30.2,页478—479)。晋文公生病,曹共公贿赂了为文公得病而占卦的卜史,卜史替曹国求情,文公才恢复了曹共公的君位(《左传》僖公28.12,页474)。
③ 一如先轸所料,楚军解除了宋国的包围,转而追击晋师。

> 及此,退三舍辟之,所以报也。背惠食言,以亢其雠,我曲楚直,其众素饱,不可谓老。我退而楚还,我将何求?若其不还,君退、臣犯,① 曲在彼矣。"退三舍。楚众欲止,子玉不可。(《左传》僖公28.3,页458)

"退避三舍"兑现了文公流亡楚国时他对楚王的承诺。这里狐偃履行了文公的约定,表面上好像是一种退让,但他真正的目的是要诱使楚军出击。这样一来,晋国击败楚国,也可以以仁义之师自居。狐偃仔细地分析"壮"、"老"②、"直"、"曲"的含义,藉此确立自己的看法。表面上的退让隐含侵犯的意图,这让我们想起楚王询问重耳他会如何回报楚国的恩情。狐偃再次重现了重耳的行径。他们同样扭转了"报"的意义——当晋国追逐权力和荣誉时,他们以"报"的名义背叛了自己的恩人。

晋文公和他的亲信操控词语和征兆的各种含义,藉此完成称霸的梦想。当晋人从各种预兆中判断城濮之战的战果时,这种情况最为明显。城濮之战的记录其实由两个梦架构起来。战争前夕,晋文公梦见自己与楚王搏斗,楚王伏在自己身上吮吸了他的脑浆。文公因为这个梦而感到非常惶恐,但狐偃却从中得出一个吉利的解释:"吉。我得天,楚伏其罪,吾且柔之矣。"(《左传》僖公28.3,页459)不少注家引用古代的医书,证明古人认为脑藏于阴,具有柔软的特性。③ 因此,晋文公的脑子可以"软化"楚王刚强的牙齿。这也意味着阴谋诡计与外交手段最后会压倒刚健的力量,取得成功。兵法与道家文献就经常提到以退为进的作战方法。而且,当侵略者脸部朝下,姿势也就无异于低头伏罪;受害者脸部朝天,样子就似在仰首接受恩泽。我们可以从中国古代的墓地看到,以仰身的

---

① 因为晋军的统帅同时是晋国的国君,而楚军只是由楚国的大臣率领。
② "老"本来指年老。这里用其引申义,有疲惫不堪的意思。也就是说,楚军长年在外征战,因此感到力竭筋疲。
③ 可参考焦循和杜预的注释,见《左传》,页459。竹添光鸿(《左传会笺》僖公28.20--21)提到今人在鞣制皮革时会利用猪脑使皮革柔软。他还引用医书的记载,提到有人好食动物的脑部,手足柔痪,最终瘫痪。他又援引《礼记·内则》为例,规定人应戒食猪脑(郑玄注指出猪脑不利于人,见《礼记集解》,页749—750)。

方式埋葬的人往往有较高的社会地位。① 狐偃再次展现了他能灵巧地操纵语言及其意义。事实上,当狐偃面对模棱两可的征兆时,他总是处理得游刃有余。譬如说,当重耳回到晋国即位为君时,狐偃把一块玉璧送给重耳,并请求重耳批准自己离开。他认为自己与重耳流亡诸国期间,自己曾犯下不少罪过。② 重耳把玉璧投进河中,然后请求河神作证,见证他与狐偃"同心"(《左传》僖公 24.1,页 412—413)。③ 献玉的举措本来有断绝关系的意味,最后却成就了二人的盟誓。

晋文公的梦表面看来似乎预示着灾难降临,但狐偃却把它解释成一种吉兆。④ 这种表里不一的情况体现了人在历史中的力量。《左传》把这个梦放到城濮之战以前,似乎意味着后来发生的事全都是命中注定的。然而,互不兼容的解释暗中为人提供了不同的选择,人仍然可以决定未来,事情的结果仍有变数。城濮之战之后,《左传》告诉我们另一个梦。这次是子玉的梦:

> 初,楚子玉自为琼弁、玉缨,未之服也。先战,梦河神谓己曰:"畀余!余赐女孟诸之麋。"⑤弗致也。大心与子西使荣黄谏,弗听。荣季曰:"死而利国,犹或为之,况琼玉乎?是粪土也。而可以济师,将何爱焉?"弗听。出,告二子曰:"非神败令尹,令尹其不勤民,实自

---

① 杨伯峻提到,西安半坡的考古遗址有一公共墓地,其中仰身葬者会有殉葬物,表明其地位较高;至于俯身葬者则没有任何东西陪葬(《左传》,页 459)。
② 重耳及其左右流亡到齐国。重耳在齐国生活得十分满足,不愿离开。狐偃和重耳的妻子——齐桓公的女儿设计把重耳灌醉,接着把他送出齐国。重耳酒醒后,拿起戈追赶狐偃(《左传》僖公 23.6,页 406—407)。《国语》里,姜(重耳的妻子)的谏言更加详尽;当重耳责备狐偃时,狐偃提出了有力的反驳;详见《国语·晋语》4.2—3,页 342—345。
③ 《礼记·檀弓下》提到赵文子批评狐偃"见利不顾其君,其仁不足称也"(《礼记集解》,页 304)。司马迁把狐偃希望得到认可与介之推漠视权力两者相提并论:介子推知道文公对狐偃发誓以后,决意隐居山林(《史记·晋世家》卷 39,页 1660—1662)。一些注家认为,实际上狐偃正在勒索文公,因此《史记》才会比较狐偃和介之推,藉此贬低狐偃。可参阅吴曾祺和吴闿生的评论,见《左传分国集注》,册 1,页 270。
④ 《国语》有一记载可与这个故事互相发明:重耳占卜的结果看似不祥,司空季子却以正面的方式解释它,藉此批驳筮史的预言(《国语·晋语》4.11,页 362)。
⑤ 孟诸是宋国的薮泽。宋国毗邻楚国,后来楚军将会包围这个国家。

败也。"(《左传》僖公 28.4，页 467—468)

尽管以上两个梦都发生在晋、楚交锋之前，但《左传》却把两者放在不同的叙述时间里。两者的位置决定了它们有不同的阐释。晋文公的梦是个含混不清的符号，难以捉摸的谜题游走于表象及其意义之间。因为读者还置身于战争的前夕，一切还未发生，我们不知道表面的征兆实际有何含义。这种张力暗示人仍能作出不同的选择，未来还是可以改变的。《左传》并没有清楚交代：文公的梦是否"真的"预示了晋会取胜；还是狐偃的解释激励了文公，从而影响到最后的战果。相反，《左传》把子玉的梦记录在战争结束之后，目的是要追溯往事，为城濮之战的结果提供解释。这个梦有总结的作用。

我们可以说这两个梦前后照应，结构对称，内容却恰恰相反。狐偃解释晋文公的梦，强调的是人的力量，表现了人如何操控表意的过程。至于子玉，他违抗梦中河神明确而率性的指令。这与他的梦似乎都说明了：假如鬼神心血来潮，人类只能默默等待宰割。假如子玉拒绝交出琼玉真的导致他的失败，那么我们面对的就是随意的宿命。《左传》的编纂者并不能接受这种看法，因此，荣黄才把子玉的失败归咎于他的傲慢，以及他不以国民为重。① 当然，子玉的梦也有可能是晋国为了宣传自己而杜撰出来的。晋国可能刻意设计这个故事来点明楚军败阵既是命中注定，同时也是将领失德所造成的。② 子玉的梦结构简单，不过是他违拒了梦中的命令。不过，这对于子玉来说，或许是一个比较合适的结局。子玉一心追逐自己的目标，这使他产生了一种自由的幻觉，以为自己不受任何力量限制。他并没有意识到自己无法掌控所有事物，最终他被批评为"刚而无礼"。子玉拒绝遵从梦里的指示；对他来说，人的意欲和他的

---

① 子玉作为统帅，为人苛刻，蒍贾早已预言他的败亡，见《左传》僖公 27.4，页 444—445。但是，子玉应该也有非凡的能力，否则，我们就很难解释为什么晋文公听到子玉自杀的消息之后那么高兴(《左传》僖公 28.4，页 468)。
② 局势对子玉不利，很容易使人联想到命运的问题。楚成王不同意与晋国开战，只把小部分的军队分给子玉(《左传》僖公 28.3，页 456—457)。

实际行为是一致的。相反,晋文公和他的亲信总是表里不一,孔子就曾用"谲而不正"来评论晋文公。① 同时,他们总是娴熟地操纵各种征兆。

晋文公和他的臣下把问题重重的征兆转化成自己的机会,利用这些征兆为自己的行为提供道德依据。因此,狐偃解释文公之梦时,他所关注的是如何定义这个情势的道德价值。《左传》尝试以文章的先后铺排来解释文公为什么会有这样的梦境。以下这个顺序说明了文公做梦前的心理状态:《左传》讲述文公的梦之前,记录了一句歌谣:"原田每每,舍其旧而新是谋。"(《左传》僖公 28.3,页 458)文公对这首歌谣充满了疑问,书中也没有再申明这句话的含意。但我们可以猜想,这句话可能意味着晋国将要背弃旧日的恩人(如同荒芜的原野将会被舍弃),谋求新的力量。(另一种读法可以把晋国"过往"的血亲看成刚荒废的田地,晋国的"新谋"正是要重新开垦这些荒原,使它变得适合耕种。)因此,当文公提出"若楚惠何"这个问题时,晋国大夫栾枝回答说:"汉阳诸姬,楚实尽之。思小惠而忘大耻,不如战也。"(《左传》僖公 28.3,页 459)文公的梦紧接在这些讨论之后,这场梦难免会指向当前形势下道德的暧昧之处。晋国不念旧恩,背叛楚国;晋人不得不把这个梦塑造成晋军得胜的预兆,甚至是借用这个梦为晋国争取仁义之名:晋文公仰首得天,楚侯则俯首认罪。晋人有能力掌控表意的过程,把临时发生的事件和言辞转化为预言。晋国正是依靠这种能力,才能成就霸业。人的行为本来有偶然、随意、主观的一面,但因为他们有这种精妙的诠释技巧,这些面向都变成了有条不紊的符号。这些符号支配了礼义等价值,使事情发展看似无可避免。

狐偃对文公之梦的解释展示了这些获胜的预兆并非单纯的记录。这些预兆其实是由人建构出来的,目的是要使自己的行为显得更加合理。相对而言,子玉梦见那个任性(且贪婪?)的河神则表明了梦里的人物或鬼神并不一定可信,他们的权威非常可疑。在一个充斥鬼神的世

---

① 《论语·宪问》14.15。

界,我们并不清楚他们有没有阶级之分,也不知道为什么一定要遵从他们在梦中传达的指示(因此,单是子玉违逆鬼神一事,根本不足以解释他的败阵;荣黄不得不转而讨论他身为将领却有不少缺点)。本书在第三章已经提到,在《左传》的其他地方,鬼神也会有失偏颇,反复无常,甚至背弃誓言,发出不合礼义的命令,无视合情合理的请求。有时梦境会出现率意的指令,有时含糊的梦境容许各人提出完全不同的解读。这两种情况都引导我们思考《左传》中怀疑论的范围和意义。从晋文公和子玉的梦来说,《左传》对于梦境是个象征的过程并没有任何疑问;书中质疑的是:在一个价值观变动不居、权力纷争没有止息的世界,梦的解析背后隐藏的政治含义其实很成问题。

晋文公觐见周襄王,确立了晋国击败楚军的意义。晋文公把楚国的俘虏和战车献给周天子;周天子则把"策命"授予文公,承认文公是诸侯之首,同时又把各种礼物赏赐给他。[①] 历史的重复把其中的断裂隐藏起来——这些礼节遵循了一百多年前周平王(公元前770—前720年在位)接见晋文侯的旧例。而且,这两次仪式都由郑国国君主持。正因为周室的权力越发衰弱,"尊王"的礼节才变得越来越详细。周天子运用了简练古雅的语言来称许晋文公,文公也以同样的方式表达了自己对周室的尊奉:

> 曰:"王谓叔父,'敬服王命,以绥四国,纠逖王慝。'"晋侯三辞,从命,曰:"重耳敢再拜稽首,奉扬天子之丕显休命。"受策以出。出入三觐。[②](《左传》僖公28.3,页465—466)

庄严肃穆的措辞强调了天子与诸侯首领之间的理想关系。晋国击败楚军,理应可以使列国更团结、更和谐。

[①] 天子授命诸侯的仪式(书于竹书之上的任命或指令)称为"策命"或"赐命"。天子一般会在策命的时候送上各种赏赐。有关这类仪式的研究,可参见齐思和:《中国史探研(古代篇)》,页51—54;李新霖:《从〈左传〉论春秋时代之政治伦理》,页36—43。

[②] "三觐"的解释众说纷纭,见《左传》,页466。杨伯峻认为,文公进献楚国俘虏为一觐,天子亲自宴飨文公为二觐,晋文公受策受赏为三觐(《左传》,页466)。

> 王子虎盟诸侯于王庭,要言曰:"皆奖王室,无相害也!有渝此盟,明神殛之,俾队其师,无克祚国,及而玄孙,无有老幼。"君子谓是盟也信,谓晋于是役也,能以德攻。(《左传》僖公 28.3,页 466—467)

君子直接颂扬文公之德,似乎不认为称霸的理念与现实之间会有任何不协调的地方。但事实上,晋国的胜利与道德的修辞有更大的联系,这与道德的实践根本没有丝毫的关系。这次结盟对以后的事件也没有太大的影响。

君子认为晋国之所以能战胜楚军,原因是他们"能以德攻"。换句话说,晋国因为能够在道德上感化自己的国民,所以才会取得军事上的成功。如上所述,礼义教化与军事演习重迭在一起(《左传》僖公 27.4,页 447)。其实,开战之前,晋文公就曾登上古莘国的废墟检阅部队,说:"少长有礼,其可用也。"(《左传》僖公 28.3,页 461)。这里"礼"指士兵的军阶和年纪长幼。文公肯定他们有礼,这也就代表晋军已经作好上阵杀敌的准备。礼义的常规经常会在实际应用时变成"律"与"刑"。(在后来的思想论著中,"礼"与"法"的界线同样模糊。尤其是《荀子》和《管子》二书,这种情况特别明显。① 我们还可以从子产的言行和政策中看到相同的问题;子产是郑国的执政,他是《左传》后半部的主要人物。)《左传》在记录城濮之战时,列举了三个"正义"的举措。晋文公杀死颠颉,因为他违背军令,放火焚烧曹国大夫僖负羁的住所;因为祁瞒丢失了军旗而把他杀了;最终还因为舟之侨太早回到晋国而把他处死(《左传》僖公 28.3,页 454;28.6,页 470—472)。②

---

① 见《荀子》之《儒效》、《王制》、《富国》、《礼论》、《性恶》;《管子》之《牧民》、《权修》、《枢言》、《法法》、《心术上》、《心术下》。梁启超认为,荀子强调礼制能精确地建立度量分界,重申礼制得到外界的认许,不可违抗(见《先秦政治思想史》,页 107—115)。另,有关《荀子》和《管子》中礼仪与刑法的分野,见萧公权《中国政治思想史》,册 1,页 100—125,194—225。
② 舟之侨本来是虢国大夫。虢君打败犬戎,他预言这将会带来灾祸,因此出奔晋国(《左传》闵公 2.1,页 262)。《左传》中能预知未来的人物偶尔也会有错误的判断,这就是其中一例。

> 君子谓文公"其能刑矣,三罪而民服。《诗》云,'惠此中国,以绥四方',①不失赏、刑之谓也。"(《左传》僖公28.6,页472)

如此一来,通过明确的刑罚和军纪的伸张,礼义得以实现。这些对文公的谏说,可以与城濮之战以前那段公式化的综述相提并论。两者在理解"礼"的时候,都带有法律和军事的偏见。两者在表述晋文公称霸以及晋与周室的关系时,都运用了道德和礼义的修辞。但是,即使这些篇章可以从礼义的角度去理解法律和刑罚,当文公召请周襄王到温地参加诸侯会盟时,我们已能看清现实中新的权力格局已经形成。文公这一行为极不恰当,因此他只能用"冬狩"这种委婉的说法,甚至"孔子"也探讨了这段文字的微言大义,分析了其中间接呈现出来的观点。

> 是会也,晋侯召王,以诸侯见,且使王狩。仲尼曰:"以臣召君,不可以训。"故书曰:"天王狩于河阳",言非其地也,且明德也。(《左传》僖公28.9,页473)

论者经常引用上述这段话,来证明《左传》的作者或编者——至少他们其中一人——相信孔子编订了《春秋》。《左传》的评论表明:孔子为了要谴责晋文公的无礼之举,为了抒发自己的不满,所以才刻意在《春秋》里标出狩猎的地点。周天子被迫离开自己的领地,但《春秋》最后却没有直接声明这一点,这种处理强调了周襄王被王子带驱逐时,晋文公曾经予以协助,出兵护送襄王回国。然而,我们也可以重新标点这段文字,孔子的话或可停在"且明德也"一句上。这种标点方式同样符合情理。如此一来,孔子或许只是在评论《春秋》中已有的句子。无论如何,《春秋》讳言晋文公违礼一事,似乎是考虑到他曾立下大功,成功恢复了周天子的君位。

重耳流亡国外,即位为君,最终称霸。这一系列的叙述都有意营造了一种平衡的感觉,使人觉得晋文公在道德上并没有犯错。这些感觉全

---

①《诗·大雅·民劳》(253)。

都基于"报"这个概念。"报"可以指报答、报恩,也可以指报仇。重耳即位为晋文公,尔后又成为霸主,他已经有能力对流亡时侮辱自己的人报复,也可以报答昔日的恩人,向追随自己的忠臣报恩了。然而,晋国已经证实了我们不可能把"报"这个概念运用到各国的关系上。一方面,重耳流亡时,曹、卫、郑三国对他十分"无礼",后来他向这三个国家报复了。但另一方面,楚、宋、秦三国对他有恩,重耳却无视这些恩人的利益。我们已经看到晋人必须运用修辞来操控"报"这个字的意义,藉此使自己侵袭楚国的行为显得更为合理。当宋国被楚国围攻,晋国试图摆出一副支持宋国的姿态,但他们真实的目的并非救援宋国,而是要在齐、秦两国的默许下与楚国交锋。因此,晋国才会一方面把曹、卫(皆为楚国盟友)两国的土地赐给宋国,另一方面又要求宋国向齐、秦两国送上财物,请他们劝说楚王退兵(《左传》僖公 28.3,页 455)。

从个人层面上看,"报"的原则更难以实践。重耳意欲复仇,却不得不抑制自己——当重耳逃出晋国时,寺人披急于追捕他,用刀砍去了重耳的衣袖(《左传》僖公 5.2,页 305)。后来惠公又命令寺人披搜索重耳,要求寺人披把他杀死,披丝毫没有怠慢(《左传》僖公 24.1,页 414)。但当重耳返国之后,他不得不接受披的论点:忠诚与个人的恩怨无关,忠诚代表的是臣子有义务遵从拥有君主之位的人所下达的所有命令(《左传》僖公 24.1,页 414—415)。晋军入侵曹国时,重耳煞费苦心地保护曹国大夫僖负羁的家族。因为重耳流亡之时,僖负羁曾慷慨地招待他。但这种"报施"的行为最后却引起重耳部下魏犨和颠颉的不满。他们认为自己的忠诚没有得到充分的回报,因此放火烧毁了僖负羁的居所。由于他们违抗军令,最后颠颉被文公处死,魏犨也失去了戎右之职(《左传》僖公 28.3,页 454—455)。僖负羁、魏犨和颠颉三人都曾帮助重耳,重耳理应报答他们。但因为他们对报答的方式有不同的理解,最终反而深受其害。回报并非理所当然——如上所述,狐偃对自己曾冒犯重耳耿耿于怀,于是他以一种断绝关系的姿势,换来重耳发誓与自己"同心"。当文公把禄位赏赐给追随自己逃亡的人时,介子推却自成一格,拒绝了这些赏赐，原因是要避免"贪天之功以为己力"（《左传》僖公 24.1，页 418）。事实上，假如有人认同个人的进步是命中注定，或是授命于天，那么人力也就无关紧要了。因此，重耳的故事根本与赏罚分明、矫正过失无关，这个故事其实更着重于如何产生新的秩序，如何为这种新的秩序辩护。在这个新的秩序下，人们只需要表面上遵守"报"的原则。

《韩非子》曾引述一句谚语："筑社者，撅而置之，端冕而祀之。"①羞辱、妥协、欺诈构成了新的秩序，但当人们要从礼义的角度歌颂这种新秩序时，他们必须把这些手段遮盖起来。城濮之战的叙述充斥着对重耳德行的赞许。这些赞誉重申了道德的效用，也表现出他能够称霸乃是上行下效的必然结果。晋人以"仁义之师"之名出兵，号称自己崇奉周室，这构成了他们的一种道德宣言。而称霸的概念正好反映了权力算计与道德宣言两者之间的张力。礼义讲求内心与外表的对应，而霸道则会从礼义的根本破坏这种关系，另外产生出道德宣言与礼义表征之间的对应。但是，即便晋人强调军队纪律，晋国实际操控周室，也不一定会揭穿晋文公虚伪的本质。《左传》这里只是肯定了表里不一和含糊其辞对于成就霸业是必不可少的。我们已经看到晋人并非单纯地接受胜利的征兆，他们通过创造这些预兆来使自己的行为更加合理。这样一来，称霸的记录引导我们叩问世界的秩序和随意的宿命之间的联系，也帮助我们探究天命与人事之间的分野。

齐桓公是春秋时期的第一位霸主。关于齐桓公的记录虽然显示了称霸背后所隐含的两种观点，但呈现的方式却有所不同。这些记录并没有自觉地利用礼义与现实之间的裂缝，这些缝隙似乎只是无意间流露出来的。尽管《论语》和《孟子》都称许齐桓公是位杰出的霸主，但文献对他的记载其实比晋文公更少。② 假如我们比较齐桓公与晋文公的叙述，就

---

① 《韩非子·外储说左上》，《韩非子释评》，页 645。
② 崔述认为这可能仅仅是因为《左传》的编纂者只收集到有限的材料；其说可参见《考古序说》，卷 2，页 12，收入《考信录》。换句话说，那些详细记载齐桓公和管仲事迹的文献（很可能出自齐国）或许并不存在，又或者《左传》的编纂者根本不知道那些文献。

会发现桓公的记录较少称许表里不一的行为,也较少运用修辞去获取政治利益。同时,当文章先以高雅的修辞叙事,转而批评不加掩饰的野心或倡言霸权的重要时,我们会看到这些转折显得更加突兀。齐桓公的宰相管仲与追随晋文公的人并不相同,他并不讨论策略和权力政治。相反,他在《左传》中不断倡言道德与有效的管理。当狄人攻打邢国时,管仲就曾要求齐桓公出兵救邢。

> "戎狄豺狼,不可厌也;诸夏亲昵,不可弃也。宴安酖毒,不可怀也。《诗》云:'岂不怀归,畏此简书。'①简书,同恶相恤之谓也。请救邢以从简书。"齐人救邢。(《左传》闵公1.2,页256)

这可说是《左传》为霸权辩护最清晰的一段文字:霸主必须维系列国的稳定。中原诸侯往往与周初的政治秩序有关(他们往往也有血缘关系),霸主有责任保护他们,防范贪得无厌的化外之民(戎、狄、蛮、夷)。② 霸主为了完成这个目标,就必须努力不懈,不能骄傲自满。管仲称引了《诗经·出车》里的句子,描写一位将士不知倦怠,勤于"王事":这人为了"简书"而克服休息和归家的渴望。王国维认为《出车》这首诗描述了宣王在位期间南仲出征猃狁之事。他进一步推测,猃狁与春秋时期的戎有关联。③ "简书"可能载有天子的命令,要求将士参加征战;也有可能是周天子与诸侯之间有关抵御猃狁的盟书。④ 如此一来,管仲巧妙地把霸主领导之下列国间的秩序联系到周初的政局之上。管仲同时美化了这两种政治秩序。后来邢国迁移至夷仪,《左传》里就曾两次记录这件事:第一次是要称颂诸侯救援邢国,赞许他们为夷仪修筑城墙(《左传》僖公1.2—3,页

---

① 《诗·小雅·出车》(168)。
② 据《礼记》(《曲礼》、《王制》、《明堂位》)所述,东夷、南蛮、西戎、北狄与中原各国相对,是居于四方的外族(《礼记集解》,5.136;13.359;31.840、845)。《左传》和其他先秦文献显示,《礼记》的描述尝试使各个部落杂居这种复杂的情况显得更规整,尝试使华夷的分野更清晰。崔述认为,戎、狄为国名,蛮、夷乃通称,泛指边疆之民,参《丰镐考信别录》,卷3,页7—9,收入《考信录》。
③ 见王国维:《观堂集林》,册2,页583—606。
④ 有关这类盟书是否存在,可参阅程俊英、蒋见元:《诗经注析》,册2,页473。

278);另一次则是要概述齐桓公的霸业,肯定他的成就——"僖之元年,齐桓公迁邢于夷仪。二年,封卫于楚丘。邢迁如归,卫国忘亡。"(《左传》闵公 2.9,页 273)卫、邢两国都因狄人的侵犯而溃散。我们曾在第二章讨论过卫国的情况:卫懿公对鹤的迷恋最终带来灾难。卫国和邢国的国君都与周室有血缘关系,因此都是姬姓。这里把两国相提并论,目的是要强调齐桓公保卫中原、抵抗外族的功绩。① (这个联盟并不持久。桓公死后,邢国立即勾结狄人,攻打卫国[《左传》僖公 18.4,页 378;《春秋》僖公 19.5,页 380]。后来,齐国也曾与邢、狄连手,合力对付卫国[《左传》僖公 19.4,页 383]。最终,卫国以诡计毁灭了邢国的宗室[《左传》僖公 24.7,页 428;25.1,页 430]。)②

齐人声称维护周初的政治秩序,有时只是为了侵略他人和自我吹捧。管仲在齐国攻打楚国前,就曾利用先君的传统来为齐国出兵寻找理由:

> 四年春,齐侯以诸侯之师侵蔡。蔡溃,遂伐楚。③ 楚子使与师言曰:"君处北海,寡人处南海,唯是风马牛不相及也,④不虞君之涉吾地也,何故?"管仲对曰:"昔召康公命我先君大公⑤曰:'五侯九伯,女实征之,以夹辅周室!'赐我先君履,东至于海,西至于河,南至于穆

---

① 齐桓公的母亲来自卫国。杜预认为卫国可能在桓公流亡的时候施予援手(《左传》,页 1352)。或许,齐桓公想通过这种方法报答卫国的恩情。
② 卫国大夫礼至及其弟在邢国做官。邢国的将军国子看守城墙,礼至及其弟出其不意地杀死了他。礼至为了纪念自己的功绩,铸造铜器,并在铜器上刻上铭文:"余掖杀国子,莫余敢止。"(《左传》僖公 25.1,页 430)
③ 在这件事发生前,齐桓公的夫人蔡姬曾把船弄得摇晃不定,使齐桓公十分惊惧。有关这一连串事件的先后顺序,可参看第二章。
④ "风"训为"放",见《左传》,页 289;竹添光鸿:《左传会笺》僖公 4.12—13。这句话的意思是放养牛马或会侵入别国的边境,但齐、楚两国相距甚远,即使牛马能够疾走,也不会扰乱对方。由于放养动物的目的是要方便交配,因此,有人提出另一种合理的解释:物种不同的动物并不会互相交配。
⑤ 召康公姬奭是周王室的宗亲。武王克商之后,他受封于北方的燕国。见《史记·燕召公世家》卷 34,页 1549。大公意谓伟大的先祖,这里指太公望,是第一位受封于齐的国君。

陵,北至于无棣。① 尔贡苞茅不入,王祭不共,无以缩酒,②寡人是征。昭王南征而不复,寡人是问。"③对曰:"贡之不入,寡君之罪也,敢不共给?昭王之不复,君其问诸水滨!"④师进,次于陉。(《左传》僖公 4.1,页 288—291)

管仲用典雅庄严的语句断言齐国称霸的时间和空间。召康公授命齐国先君太公可协助周室,奠定了周室与齐国的历史渊源。管仲把两国的关系理解成齐国可以向四方征战。回想一下《诗经》里曾描述周天子有绝对的统治权:

> 普天之下,莫非王土。率土之滨,莫非王臣。⑤

昭王于公元前 11 世纪南征楚国,也就是说,这比管仲要早四个多世纪。他因那次南征,一去不返。这里管仲把齐国攻打楚国,描述成自己要延续和完成昭王的做法。楚国的使臣反应敏捷,他深知没能按时进贡只是小事,因此他承认楚国在这一方面犯错。对于昭王南征不返一事,他否认楚国要负任何责任。不过,即使进贡的问题不太重要,但文章也可能刻意提到这种失职,让齐国得到象征性的胜利:楚国承认他们在处

---

① 《高本汉左传注释》第 86 条提出"履"有"幸运"、"资财"、"尊贵"之义,杜预训"履"为"所践履之界"。根据杨伯峻的考证,穆陵位于今河南省光山县,这个地方靠近楚国的边界。管仲的说法似乎重点是齐国的领土曾在历史上延伸到楚国里。
② 苞茅(即茅草)可用来滤酒。过滤的过程中,以酒自上浇下,流过茅草,正像神明饮用美酒(参看《周礼》郑玄注,转引自郑昌琳:《楚国史编年辑注》,页 83)。苞茅也可能是王室献祭之物,见刘正浩:《周秦诸子述〈左传〉考》,页 43—44;《左传》,页 290;竹添光鸿:《左传会笺》僖公 4.15。根据《国语》和《管子》的记载,楚国的贡品还包括丝,见《国语·齐语》6;《管子·王言》,页 136。
③ 有关昭王南征不还,以及他神秘的死亡,参见《史记·周本纪》卷 4,页 134—135;夏含夷(Edward Shaughnessy):《西周史》,《剑桥中国上古史》(*The Cambridge History of Ancient China: From the Origins of Civilization to 221 B.C.*),页 322—323;许倬云:《西周史》,页 181—185。
④ 杜预和孔颖达认为,昭王时汉水并不是楚国领土,因此楚国无须因为昭王失踪而受到苛责,见《十三经注疏》6,12.12a。有些青铜器铭文和后来的记载都提到昭王南征一事,详可参《左传》,页 291。又,参见《竹书纪年》;何光岳:《楚灭国考》,页 5—6。
⑤ 《诗·小雅·北山》(205)。

理自己与周室的关系上犯错,这也就使齐国"服楚"的说法显得更合情合理。不论这场战争有什么结果,齐国也有了出兵的理由。①

齐桓公统领诸侯的军队到达召陵。当楚军与他们相遇时,桓公的言辞先表明自己对礼义的关注(齐国效忠周室,自己会承袭周室与齐国在历史上的关系,而且他也关心其他诸侯是否认可周室的权威)。接着,他巧妙地把话题转到僭越和赤裸裸的侵略上。

> 夏,楚子使屈完如师。师退,次于召陵。齐侯陈诸侯之师,与屈完乘而观之。齐侯曰:"岂不穀是为?先君之好是继,②与不穀同好如何?"对曰:"君惠徼福于敝邑之社稷,辱收寡君,寡君之愿也。"齐侯曰:"以此众战,谁能御之?以此攻城,何城不克?"对曰:"君若以德绥诸侯,谁敢不服?君若以力,楚国方城以为城,汉水以为池,虽众,无所用之。"屈完及诸侯盟。(《左传》僖公 4.1,页 291—293)

"不穀"本来是楚王和"天子"的自贬之称;齐国完全把自己认同为周室,因此桓公也就称呼自己为"不穀"。③ 理论上,桓公代表周天子攻打楚国,所以这种称呼并不违礼。但是,我们也能从中看出齐桓公正暗示自己拥有极大的权力。这里更多是修辞上的唇枪舌剑,而非军事上的针锋相对。屈完勇敢地反驳桓公,他的说法强而有力。随后,他又与诸侯订立了和解的盟约。管仲和桓公的问题本来彰显了齐国出师有名,但屈完透过界定什么是符合道德的权威,成功地把齐、楚两国的道德地位逆转过来。召陵之盟似乎是要确认齐、楚两国各自拥有自己的势力范围,而不是要肯定齐国的霸主地位。楚国在召陵之盟后,击败(有时甚至是吞并)

---

① 可参看明代文人陈继儒的评论,转引自竹添光鸿:《左传会笺》僖公 4.15。
② 齐桓公声称自己的功德不足以召集诸侯组成联军,诸侯出兵只是为了继承先人之间的友好关系。
③ "不穀"一词在《左传》中出现了 21 次,楚国国君用了这个词 16 次。周襄王也曾在流亡期间使用这个称谓(《左传》僖公 24.5,页 427)。王子朝自立为王后,也自称"不穀"(《左传》昭公 26.9,页 1478)。由此可见,"不穀"是天子自谦所用的"降名"(《左传》,页 291—292)。《国语》里,吴王和越王均自称为"不穀"。

了不少小国,其中包括弦(《左传》僖公 5.7,页 306—307)、黄(僖公 11.4,页 339;僖公 12.2,页 340—341)、徐(僖公 15.1、15.3,页 351;僖公 15.6,页 356)。屈完巧妙地反驳了管仲和桓公,令人怀疑召陵之盟这段记录可能来自楚国的史料;这段文字把一场没有结论的冲突描绘成楚国在外交辞令上的胜利。①

《左传》里有数处把管仲倡言道德和桓公追逐权力并置在一起。齐国与诸侯于宁母会盟,本来目的旨在控制郑国,但管仲却用同样高雅的言辞劝导齐桓公——"臣闻之:招携以礼,怀远以德。德、礼不易,无人不怀。"②于是齐桓公依礼接待诸侯,诸侯的官员也接受了齐国的土特产。(《左传》僖公 7.3,页 317)在这次会盟中,郑国太子华答应会当齐国的臣属,希望藉此换取齐国的帮助,以铲除郑国的三大家族。管仲劝阻桓公,他的论述由内心的道德出发,逐渐转到公众的观感上去。齐桓公依靠礼、信这两种德行来建立威信,召集诸侯;但子华却违反了这两种价值,因为他辜负了出使的使命,僭越了父亲的位置。如果桓公参与了子华的阴谋,那么,齐国将无法把自己的意愿施加到郑国身上。

> 公曰:"诸侯有讨于郑,未捷;今苟有衅,从之,不亦可乎?"对曰:"君若绥之以德,加之以训,辞,而帅诸侯以讨郑。郑将覆亡之不暇,岂敢不惧?若揔其罪人以临之,郑有辞矣,何惧?且夫合诸侯,以崇德也。会而列奸,何以示后嗣?夫诸侯之会,其德、刑、礼、义,无国不记。记奸之位,君盟替矣。作而不记,非盛德也。君其勿许!郑必受盟。夫子华既为大子,而求介于大国以弱其国,亦必不免。郑有叔詹、堵叔、师叔三良为政,未可间也。"齐侯辞焉。(《左传》僖公

---

① 见崔述:《考诂序说》卷 2,页 12—13,收入《考信录》。崔述所用的证据,还包括楚王往往自称"不谷",而齐桓公也在自己的言辞中使用"不谷"一词。
② 《国语》批评齐桓公利用丰厚的礼物来确保诸侯效忠自己(《国语·晋语》2.6,页 300)。杜预对此有不同的理解:"诸侯官司,各于齐受其所当贡天子之物也。"(《十三经注疏》6,13.3b—4a)关于外交关系之中礼物的作用,参见史嘉柏(David Schaberg):《井然有序的过去》(A Patterned Past),页 207—221。

7.3,页 318—319)

管仲特别关心公众如何理解桓公的举措,他们如何记忆桓公的行为,以至历史如何记载这次会盟。霸主的道德威信建基于历史将来的评价。我们曾在第二章提到,典范的论述往往要放到实际的政治环境中才有效用。管仲先讨论德、礼、信的道德标准,最后却以实际的考虑作结——如果其他人认为桓公参与了子华的叛逆之举,这会损害齐国的领导地位;子华的阴谋很可能会失败,因为他的地位并不牢固,而且郑国大夫的势力亦非常强大。这里的建议把道德宣言和现实的政治考虑合而为一,这正是全篇的特点。

管仲的建言要求桓公考虑道德的效益,这显然只是一种辩护。宁母之会以后,郑国随即派人到齐国订立盟约,支持齐国领导诸侯(《左传》僖公 7.4,页 319;僖公 8.1,页 321)。如果我们仔细审视个中情形,不难发现郑国之所以摇摆不定,主要与现实的权力政治有关。其实,郑国很少会考虑齐国的道德感染力。郑国不过是一个小国,它必须周旋于众多的强国之间。它时而倾向齐国,时而倾向楚国,这与后来郑国在晋、楚之间摇摆如出一辙。齐、楚两国的对峙只是一种象征,他们的交锋也停留在修辞层面上。相对而言,齐国与郑国的关系也切实地标示了齐国试图获取霸主的地位。齐桓公与周惠王之间的紧张关系,间接造成了郑国听命于齐的局面。周惠王鼓励郑国和楚国结盟,一起对抗齐国(《左传》僖公 5.6,页 306),原因是惠王与桓公对谁继承天子之位有不同看法:齐桓公支持太子登基,而周惠王却想废嫡立庶,让年幼的王子带即位为天子。周惠王恰好于宁母之会后不久便去世了,而太子则顺利即位,是为周襄王。郑国转而向齐国投诚,也就暗示了自己已接受新的秩序:齐桓公是真正的立王者。

一个人宣称自己尊崇周室,才有可能得到霸主之位。但《左传》在记叙齐桓公"尊王"的言论时,也同时揭露了众人在这个观念下互相计算,尔虞我诈。王子颓追逐天子之位,后来他出奔卫国,寻求庇护。齐国因此出兵伐卫(《左传》庄公 27.6,页 237),周惠王也把天子的策命赐给桓公。第二年,齐师打败了卫国,他们试图从中谋利。于是,桓公"数之以王命,取赂而还"(《左传》庄公 28.1,页 238)。但是,到了周惠王想废除太子,并把王位传给王子带时,桓公为太子召集诸侯于首止会盟(《左传》僖公 5.4,页 305)。周惠王派宰孔煽动郑国,要求他反对齐国,又游说郑国转而追随楚、晋两国,寻求两国的保护(《左传》僖公 5.6,页 306)。

周惠王去世时,襄王没有立即发表,反而暗中通知齐桓公,希望先确认桓公会支持自己继位(《左传》僖公 7.5,页 319;僖公 8.1,页 321)。襄王继位以后,他派使臣宰孔把胙肉赐给桓公,又赐予他更高的爵位,以感谢桓公的支持。① 但正当桓公准备下阶跪拜时,宰孔制止他,并传达天子的旨意:襄王顾念桓公年事已高,特别恩准桓公不用行礼。桓公认为襄王无需多虑。紧接着这礼节性的交谈之后,《左传》记录了宰孔对桓公的严厉批评:

> 对曰:"天威不违颜咫尺,小白,余敢贪天子之命,无下拜?——恐陨越于下,以遗天子羞。敢不下拜?"下,拜;登,受。② 秋,齐侯盟诸侯于葵丘,曰:"凡我同盟之人,既盟之后,言归于好。"宰孔先归,遇晋侯,曰:"可无会也。齐侯不务德而勤远略,故北伐山戎,南伐楚,西为此会也。东略之不知,西则否矣。③ 其在乱乎!④ 君务靖乱,⑤无勤于行。"晋侯乃还。(《左传》僖公 9.2—3,页 326—328)

---

① 周天子刚刚祭祀文王和武王,把刚用于祭祀的胙肉分给桓公。分赐胙肉表明襄王对桓公的尊重,因为只有与天子同姓的诸侯,以及夏和商的后裔,才可以分得胙肉。见竹添光鸿:《左传会笺》僖公 9.48。
② 据《国语·齐语》(7)、《史记·齐太公世家》(卷 32,页 1490)、《管子·小匡》(页 126—127)所述,桓公本来已准备接受宰孔的提议。他听了管仲的劝谏后才庄重地拒绝宰孔。
③ 刘正浩把"否"读为"臧否"之"否"(pǐ),意谓"不顺利"或"失败"(《左海钩沉》,页 133)。
④ 按照高本汉《左传注释》第 104 条,我把这句话理解为"齐国一定会陷入内乱之中"。杜预注提出了另一种读法:"晋将有乱。"
⑤ 宰孔指的是晋宪公的宠妃骊姬将会引发国家内乱,挑起斗争。这也暗示齐桓公与晋宪公二人非常相似。晋宪公碰到宰孔以后,不久就去世了(《左传》僖公 9.4,页 328—329)。宪公死后,齐桓公带领诸侯的军队平息了晋国的内乱(《左传》僖公 9.5,页 330)。

245

这里用了"下"、"拜"、"登"、"受"四个字简洁地描述了桓公接受天子赏赐时的举动,展示了桓公刻意营造出庄严的气氛。周天子与齐桓公暗地里互相竞争,使得整个仪式进行得更富有戏剧性。襄王把特权赐给桓公,暗示自己已接受了新的政治局面。桓公表现得特别谦卑,以此说明新的政治秩序其实也延续了旧有的制度。但是他身为"伯舅",并没有资格分得胙肉。因此,他接受赏赐似乎暗示了这种延续不过是权宜的假象。他坚持要下阶跪拜,完成全套仪式,也就意味着他比周天子更熟知礼节。《左传》把周室的认许与葵丘之会并置在一起,表面上完全符合称霸的道德论述——周天子与诸侯盟主之间的关系合乎礼制,能够令各国和平共处。可是,宰孔已尖锐地指出,葵丘会盟不过是桓公要实现野心的一层伪装而已。① 这个出使齐国赏赐胙肉的使臣还强调了桓公称霸其实非常反讽:他一方面宣称自己要恢复世界的秩序,另一方面自己的国家却又酝酿着混乱失序的政局。② 宰孔宣称自己秉持修德养心的原则,认为齐桓公显然不能企及。但是,宰孔的立场既可能有道德的考虑,也可能反映了派系斗争的问题。他支持周襄王的弟弟王子带竞逐天子之位,齐桓公则支持周襄王继位。先前,周惠王就曾为了让王子带继位,派遣宰孔挑拨郑国与齐国之间的关系(《左传》僖公 5.6,页 306)。③ 周王室内部的权力斗争,表明众人可以公开争夺天子之位。"尊王"一词往往只是指一个人能够决定谁会当上天子。葵丘之会过了两年,王子带出奔齐国(《左传》僖公 12.3,页 341),齐桓公试图为王子带求情,却并不成功(《左传》僖公 13.1,页 343—344)。王子带与周襄王的权力斗争纷扰不

---

① 宰孔的言论在《国语》的相关记录里有不同的侧重点:"夫齐侯好示,务施与力而不务德。"(《国语·晋语》2.6)《公羊传》(僖公九年)则认为齐桓公因为自己的傲慢而疏远了其他诸侯,而且葵丘之会亦非常失败(《春秋三传比义》,页 324)。司马迁的看法也与《公羊传》一样,见《史记·齐太公世家》卷 32,页 1490;《晋世家》卷 39,页 1648—1649。
② 齐桓公死后,他的五个公子争相抢夺君位,齐国陷入内乱(《左传》僖公 17.5;18.1;18.3)。不少战国文献详细地铺写了齐桓公不甚光彩的结局,如《庄子·徐无鬼》、《管子·戒》、《吕氏春秋·贵公》、《吕氏春秋·知接》、《韩非子·十过》(可参看《左传》,页 375—376)。
③ 可参考竹添光鸿的评论,见《左传会笺》僖公 5.28;9.50。

休,最终导致襄王被逐,周室再次陷入危机。上文已经提到,周襄王重登天子之位,乃是晋文公称霸的一个关键。

孔子曾提出"晋文公谲而不正,齐桓公正而不谲"这个著名的论断(《论语·宪问》14.15)。① 假若我们比较《左传》中晋文公和齐桓公的史料,确实会留意到齐桓公的记载很少会因诡计得逞而沾沾自喜。或许是因为《左传》很少记载齐桓公讨论自己的策略,谋划自己的政策,所以我们才会有这种感觉。而只有这些有关谋略的细节,才可揭示礼义与德行的论述如何与利益和权势的考虑重叠在一起。齐桓公的史事反复提到称霸的理念,其中齐人往往会用这个理念来抑制个人野心。这正好体现在鲁国因君位继承权而内讧,齐桓公准备从中谋利之时。齐国使臣仲孙湫劝阻桓公,他的论述正是诉诸道德:

> 公曰:"鲁可取乎?"对曰:"不可。犹秉周礼。周礼,所以本也。臣闻之:'国将亡,本必先颠,而后枝叶从之。'鲁不弃周礼,未可动也。君其务宁鲁难而亲之。亲有礼,因重固,间携贰,覆昏乱,霸王之器也。"(《左传》闵公1.5,页257)

仲孙湫与管仲不同,他的注意力纯粹集中在周礼的权威上。他并没有提及当前的局势。桓公听从了他的建议,帮助鲁僖公继承君位。

《左传》从道德层面讨论称霸的问题,说明了人如何熟练地运用礼义的修辞(诸如桓公接受胙肉[《左传》僖公9.2,页326—327];周天子以上卿之礼接待管仲,管仲却谦逊地辞谢了[僖公12.4,页341—342]),又把桓公的事迹理想化(诸如迁邢于夷仪,恢复卫国等),后文更一再以感伤

---

① 为了说明二人的分别,郑玄(127—200年)提到晋文公以"冬狩"的名义把周襄王召到河阳,马融(79—166年)则提到齐桓公与楚军于召陵对峙的例子(许英:《论语会笺》,页205)。郑玄训"谲"为"诈";事实上,"谲"字并不一定带有贬义,这个字有时也有"权"(权衡)的意思,参刘宝楠(1791—1855):《论语正义》,卷17。《论语》曾称许齐桓公和管仲(14.9、14.16、14.17),有时又对他们有负面的评价(3.22)。袁枚(1716—1797年)认为这是因为《齐论》(齐国的本子)和《鲁论》(鲁国的本子)有无法调和的差异(《小仓山房文集》,卷24)。

的语调怀缅齐桓公的成就。① 这些片段全都讲求权力与礼义的完美结合,而这种论述使齐国的贤臣(如管仲)变成了传奇。但是,这种论述并不能统摄《左传》所有有关齐桓公的记录。举例说,他消灭了小国谭②(《左传》庄公10.4,页184—185)和遂(《左传》庄公13.1,页194),出兵的借口往往是这些国家"不礼"或"无礼"——也就是说,这些小国没有恰当地表达自己对齐国的敬意。③ 还有,郑国断断续续地归附齐国,楚国的扩张并没有受到质疑,以至周天子的继承问题背后存有阴谋,这些片段也是例外,显示权力与礼义不一定能合而为一。齐桓公晚年不得好死,他死后齐国的霸业迅速瓦解,这也使称霸的道德修辞显得苍白无力。

《国语》把桓公塑造成理想的霸主,又把管仲描写成贤明的臣子。《国语》相信他们代表了权力与德行的完美结合。《左传》里的记录虽然简略,却为齐桓公勾画出更加复杂的形象。我们或可推测,《国语》的记录有单一的来源,这些故事旨在阐发管仲的贤德和远见,说明管仲对桓公有重要的影响;至于《左传》的取材范围则更加广泛。因此,《国语》认为葵丘之会非常成功(《国语·晋语》7,页245),宰孔的批评也没有出现在《齐语》之中。④ 齐、楚两国的交锋只出现在齐国南征获胜的一段记录里:"使贡丝于周而反。"(《国语·齐语》6,页242)《国语》甚至把桓公消灭谭、遂两国一事描写成大公无私的行为:齐国把两国的土地分封给各国

---

① 建言者经常会在自己的谏言里提到桓公。他们会把桓公塑造成理想的诸侯盟主,藉此批评国君的行为并不符合称霸的理念;见《左传》僖公19.3,页382;26.3,页439—440;28.13,页474;成公2.3,页798。他们又会引述桓公这个典范,要求国君仿效他(昭公4.3,页1251;10.2,页1318;11.10,页1328);还会借用桓公的先例,说明庶子或比嫡子更适合继承君位(昭公13.2,页1352)。
② 这是《左传》里第一次提到"灭国"。
③ 桓公流亡之时,谭国对他非常无礼。因此,报复是齐桓公攻打谭国的原因之一。后来,报复这一主题再次在晋文公身上出现。他出兵讨伐曹、卫二国,这个决策本身也是要为自己报仇(《左传》僖公28.1,页451—452;28.3,页453—455)。
④ 宰孔的批评可见于《国语·晋语》2.6,页300。《管子·小匡》中有关葵丘之会的记录,与《国语》的内容有部分重叠。《管子》多出来的细节,强调管仲纠正了桓公的傲慢和错误判断。

诸侯,诸侯因此称许齐国的宽厚(《国语·齐语》8,页247)。我们已然看到,《左传》也尝试把管仲理想化,但书中仍有不少记录暴露了桓公追逐权力和利益的野心。那么,我们应如何理解这些分歧呢?除了可以归因于《左传》有不同的文献来源之外(例如,屈完在召陵之盟中雄辩滔滔,这一节的内容就有可能来自楚国),我们还可以推测,《左传》有意使武力显得更合理,也有意探讨诸侯如何平衡道德的修辞和国家的利益,有意使"称霸"这一概念显得更加复杂。

霸主必须平衡礼义和武力的论述。宋襄公尝试仿效以往的霸主,最终却惨淡收场,这正好印证了这种平衡的重要性。宋襄公沉溺于效法前代的典范:他身为太子,就曾恳请父亲宋桓公让自己的庶兄子鱼取代自己继承君位,因为他"长且仁"。宋襄公如此谦让,目的可能是为了追步古代圣王的典范。然而,子鱼对国君之位不感兴趣。他推辞了父亲的任命,又反驳宋襄公说:"能以国让,仁孰大焉?臣不及也,且又不顺。"①(《左传》僖公 8.5,页 323)到了战场上,仿效古人很可能会带来灾难:

> 楚人伐宋以救郑。宋公将战,大司马固②谏曰:"天之弃商久矣,君将兴之,弗可赦也已。"弗听。冬十一月己巳朔,宋公及楚人战于泓。宋人既成列,楚人未既济。司马曰:"彼众我寡,及其未既济也,请击之。"公曰:"不可。"既济而未成列,又以告。公曰:"未可。"既陈而后击之,宋师败绩。公伤股。门官③歼焉。国人皆咎公。公曰:

---

① 虽然子鱼比较年长,但他由侧室所生,而襄公(当时还是太子子服)则由正室所生。关于"让国"的思想,可参考今本《尚书·尧典》和《尚书大传》;又可参考崔述:《唐虞考信录》,卷 2,页 25—28,收入《考信录》。顾颉刚认为战国时期受到墨家思想的影响,"让国"的思想变得特别突出。
② 《左传》早前提过子鱼是"司马"(《左传》僖公 19.3,页 381)。司马迁认为这是子鱼的言论(《史记·宋微子世家》卷 38,页 1626)。顾炎武赞同司马迁的看法,认为"固"并非人名,只是一个副词,意谓"坚决"(见《日知录集释》卷 27,页 644)。但在《国语》里,鼓励宋襄公学习重耳的是大司马公孙固,并不是子鱼(《国语·晋语》4.6,页 348)。
③ 沈钦韩认为"门官"即门子,是护卫公侯的卿大夫子弟(《左传》,页 397)。

"君子不重伤,不禽二毛。古之为军也,不以阻隘也。寡人虽亡国之余,①不鼓不成列。"子鱼曰:"君未知战。勍敌之人,隘而不列,天赞我也;阻而鼓之,不亦可乎?犹有惧焉。且今之勍者,皆吾敌也。虽及胡耇,获则取之,何有于二毛?明耻、②教战,求杀敌也。伤未及死,如何勿重?若爱重伤,则如勿伤;爱其二毛,则如服焉。三军以利用也,③金鼓以声气也。利而用之,阻隘可也;声盛致志,鼓儳可也。"④(《左传》僖公22.8,页396—398)

这段战争记录的张力建基于时间标记"既"与"未"之上。这两个字标示了宋军能够取胜的两个时机(一次是楚军还没有全部渡过河来;另一次则是楚军刚刚渡河,却还没有排成战阵)。宋襄公拒绝出兵,却又语焉不详。他想效法其他战争中常见的杰出的战略家,这些战略家一般会作出令人惊讶的决定,但却不会立即解释自己的做法。例如,鲁国大夫曹刿拒绝追赶逃跑的齐军,到了后来他才说明自己的顾虑(《左传》庄公10.1,页183)。但在这次战争中,宋襄公最后战败。他尝试在战事之后解释自己的决定,但他的说法显然是个错误,充满矛盾。他宣称自己要追随古代的圣贤,遵循战争中宽厚与克制的原则。子鱼有力地反驳宋襄

---

① 由于宋国是商的后裔,因此他们在礼制上享有一些特权(《左传》僖公24.4,页427)。但同时又由于商代已经败亡,宋国因此没有资格落实自己的野心。《左传》和《国语》还在其他地方提到宋国为商人之后,参《左传》襄公9.1,页964;昭公8.4,页1302;哀公9.6,页1653;哀公24.3,页1723;《国语·吴语》6,页604。又,《尚书》、《左传》、《国语》、《礼记·乐记》均提到宋国位于"商丘",又认同宋就是商,详见王国维:《观堂集林》,册2,页515—518。
② 如《吴子》即提到:"凡制国治军,必教之以礼,励之以义,使有耻也。夫人有耻,在大足以战,在小足以守矣。"(《吴子》,页190)至于《吴子》是否吴起的著作,参见《吴子》,177—181。
③ 这里按照顾炎武(《左传杜解补正》卷上)和高本汉《左传注释》第128条,我把"利"理解成锐利的兵器,而非优势(杜预之说)。
④ 襄公与子鱼的对话说明了《左传》如何表述和并置两种对立的立场。尽管这次对谈以子鱼的话一锤定音,但襄公仍有机会阐释他的观点。这与《公羊传》和《谷梁传》里明确的褒贬产生了一个非常有趣的对比:《公羊传》肯定襄公"临大事而不忘大礼",认为他足以媲美周文王;《谷梁传》则批评襄公愚蠢、虚伪和无知。详见《春秋三传比义》,页371—372。

公,他表明这些宣言非常虚伪,而且前后抵牾。① 这与《左传》里其他劝谏的场景一样,一位聪敏的大臣或进言者分析了当前的局势,他的意见令人信服,措辞亦精湛无比。子鱼的论述似乎十分无情,但这却表明了战争的迫切性如何衍生出一套针对战事的礼义和概念。②

宋襄公虽然谦称自己是"亡国之余",但却心高气傲,认为自己不可能不追随古代的战争典范——他认为有些战争原则更加高尚,而他的先祖也坚守这些原则。大司马公孙固却以另一种方式理解商与宋之间的传承关系:上天抛弃商已经很久了,如果宋国打算恢复商朝往日的光辉,结果一定会酿成灾难。换句话说,公孙固认为,宋国自诩是商朝的后裔只会令宋国的野心显得更不合理。相反,当宋襄公在战场上表现出宽厚与克制的一面时,他似乎预见了宋国将变得更加强大。论者有时会把宋襄公的考虑视为误用仁义之心。③ 事实上,仁义并不是这里的关键。宋襄公攻打滕、曹两国,藉此扩张领土(《左传》僖公 19.2,页 381;僖公 19.5,页 383—384),又与楚开战,更怂恿邾文公牺牲鄫国国君来祭拜土

---

① 襄公引述古代的楷模,但《左传》认为子鱼才能真正理解古代圣王如何看待战争。襄公围攻曹国,以讨伐曹国对宋不顺服。子鱼进谏说:"文王闻崇德乱而伐之,军三旬而不降。退修教而复伐之,因垒而降。《诗》曰:'刑于寡妻,至于兄弟,以御于家邦。'今君德无乃犹有所阙,而以伐人,若之何? 盍姑内省德乎,无阙而后动。"(《左传》僖公 19.5,页 384)子鱼认为,文王仁厚的表现与他的反躬自省密不可分,这与他追求相称的德与力也有关联。相反,宋襄公只是盲目地坚守古代的战争原则,他并没有检视自己的动机和假设。子鱼称《诗》以说明示范作用如何能促成德政。相对而言,宋襄公仿效前人,却并未留意到自己也是别人的楷模。吕祖谦比对僖公 19.5(页 383—384)和僖公 22.8(页 396—399)两则谏言,认为两者是子鱼之言,并赞许他"与变推移,不主固常"、"知子鱼之善学文王,则知宋襄之不善学文王矣"(《东莱博议》,页 192—193)。
② 《左传》另有其他篇章讨论战争中的礼节,其中也表现了支持务实的取态。例如,宋、郑两军交锋,郑国士兵掉进井中,宋大夫狂狡用戟把他救出,结果却被自己所救的郑国士兵捕获。君子曰:"失礼违命,宜其为禽也。戎,昭果毅以听之之谓礼。杀敌为果,致果为毅。易之,戮也。"(《左传》宣公 2.1,页 651—652)吴国的夫槩王趁楚军正在渡河的时候攻击他们,结果取得胜利(《左传》定公 4.3,页 1543—1544)。钱钟书曾引用《韩非子》和其他兵书(如《吴子》、《孙子》),发现这些书籍都倡导这种特殊的战略和诡计(见《管锥编》,册 1,页 187—188)。《墨子·非儒》批评儒家对待敌人过于宽大,见《墨子集解》,页 253—254。
③ 《韩非子·外储说左上》曾引用泓之战来说明"此慕仁义之祸";见《韩非子释评》,册 2,页 1145。

地神，希望此举能迫使东夷归附自己(《左传》僖公 19.3，页 381—382)。子鱼每一次都会提醒襄公，要求他控制自己的野心，不要太过放纵(《左传》僖公 19.4—5，页 383—384；僖公 21.1，页 389；僖公 21.3，页 391)。当宋襄公尝试召集诸侯会盟时，鲁国大夫臧文仲以毋庸置疑的权威断言："以欲从人则可，以人从欲，鲜济。"(《左传》僖公 20.5，页 387)宋襄公在战争、会盟，甚至用人牲来献祭，这些举动似乎都在仿效前人——有时是要模仿齐桓公称霸的典范，有时则效法古人以血祭来昭示权威。而且，宋襄公做出这些举动，全因自己有过度的欲望，难怪子鱼会提到"君欲已甚"(《左传》襄公 20.3，页 391)。襄公没法分清礼义的论述与武力的论述，最终走向败亡。他之所以会追求霸主之位，可能是因为齐桓公曾委托他保护自己的继位人(《左传》僖公 17.5，页 374)，也可能因为他曾带领宋军平息了齐国的乱局(《左传》僖公 18.1，页 377)。但是，当他盲目地仿效一系列前代的模范，企图实现自己的野心时，他并没有能力区分称霸理念所隐含的各种不同的表意层次。

霸主与天子的争持，权力与道德的对立，这些似乎都属于战国时期的思想。例如，孟子坚决反对霸道——"仲尼之徒无道桓文之事者"(《孟子·梁惠王上》1.7)；"五霸者，三王之罪人也"(《孟子·告子下》12.7)。霸主并没有合理的道德权威使用兵力："是故天子讨而不伐，诸侯伐而不讨。"(《孟子·告子下》12.7)孟子倡导人类本性中的道德价值，称颂这些价值的实践，他认为霸主不过是假借道德的名义行事——"尧舜，性之也；汤武，身之也；五霸，假之也。"(《孟子·尽心上》13.30)因此，圣王和霸主有截然不同的处事方式："以力假仁者霸，霸必有大国；以德行仁者王，王不待大。"(《孟子·公孙丑上》3.3)[①]但是，只要我们仔细考察，还是会发现他们也相信霸者有可能实践德行。假借"道德"之名或可以弄假成真："久假而不归，安知其非有也。"(《孟子·尽心上》13.30)从历史退化观来看，霸主不可能弥补圣王的消失，但对于后来的诸侯和臣子而言，

[①] 有关圣王与霸主之间的分野，可参萧公权：《中国政治思想史》，册 1，页 119 注 68。

这些霸主已经是难以企及的典范。因此,孟子称许齐桓公是最早的霸主,并认为他在葵丘之会中订立的训诫,为家庭、国家,乃至列国关系的秩序打下了基础。

> 今之诸侯皆犯此五禁,故曰,今之诸侯,五霸之罪人也。长君之恶其罪小,逢君之恶其罪大。今之大夫皆逢君之恶,故曰,今之大夫,今之诸侯之罪人也。(《孟子·告子下》12.7)

相反,荀子并没有把圣王和霸主绝对地分割开来。他制订了一个道德的等级标准(或者说,他从道德价值有多淡薄立论):"故用国者,义立而王,信立而霸,权谋立而亡。"①在《荀子》里,霸主尝试通过公平的赏罚建立"信",藉此争取其他诸侯的支持,换取国民的信任(见《王霸》和《王职》)。《商君书》则强调称霸与施行刑法之间的关系:"五霸以法正诸侯。"②韩非子推崇"霸王之道",可以说他真的抹煞了王道与霸道的区别。他认为有效的朝廷必须集中权力,因此君主和国家必须把自己的权力扩充到最大(往往会牺牲其他国家的利益),这也就没有可能倡导道德的修辞。《韩非子》里的许多篇章都与《左传》有关,可以说,《韩非子》从《左传》中抽取出其中有关霸权政治的教训。

以往有不少注家受到《孟子》对齐桓公和晋文公的批评启发,他们发现《左传》以反讽的方式记叙霸主的事迹。然而,正如我们所看到的那样,即使《孟子》暗中也希望称霸的理念能够同时包容道德价值。换言之,道德并不一定总是与武力和利益相对。《荀子》也曾酌情称许霸道。我们可以把这些看法与《左传》阐释称霸的理想联系起来。另外,《左传》讨论称霸过程中各人如何考虑政治权力,算计利害关系,思考赏罚的效用。从这个角度看,这些讨论与《商君书》和《韩非子》中的观念有不少共通之处。

《左传》似乎也认同,在道德价值变动不居的岁月里,圣王难再(无论

---

① 《荀子笺释·王霸》,页138。
② 《商君书解诂·修权》,14.50。

如何,《左传》对圣王是否存在其实兴趣不大),只有霸主才可以重建秩序,即使这种秩序并不持久。因此,《左传》对称霸的理念和实践有着浓厚的兴趣。尤其当《左传》以怀旧的语调追溯往事时,书中提到霸主曾经领导诸侯,辅佐周天子,"勤而抚之,以役王命"(《左传》成公 2.3,页 798)。霸主使人反思我们应当如何解释历史:他标榜自己会在礼义的基础上建立政治秩序,但他所使用的力量却会破坏这种秩序。《左传》从各种视角审视霸道,书中掺杂着对称霸理想的称许与批评,同时也阐述了残酷的权力斗争和策略计算的各个细节。正因为霸者宣称自己的权力建基于礼仪之上,有些编撰《左传》的人一直在思考霸者如何落实这些宣言。《左传》的叙事焦点自然就集中在霸主能否实践自己的承诺。《左传》对霸主的观感有时互相矛盾,这可以说明《左传》或有不同的来源,也可能是文本累积了不同时期的文献材料。有些坚守传统的人为了捍卫周室,为了倡导以礼治国的理念,或许会批评霸主的野心和虚伪。另外,《左传》有些内容把霸业联系到礼义的论述,尝试使当前的权力斗争与理想的政治局面显得更一致,这些材料可能实际用于传授阴谋和修辞。或者说,儒家尝试挽救传统的政治权威,重新界定理想的政局,而这些材料则似乎有意反抗儒家的思想。《左传》关注前人如何强化纪律,集中权力,利用过去改变现状;这些思想可能是法家的先驱。另外,《左传》对战略非常感兴趣,试图探讨军事与朝政的关系,又考虑战争是否需要特别的礼节;这也符合兵家的论述。《左传》揭示称霸的论述如何产生,同时却又呈现出各种不同的立场,这一点非常值得关注。

称霸的反面

《左传》在描述齐桓公(《左传》庄公 15.1,页 200;闵公 1.5,页 257)和晋文公(《左传》僖公 27.4,页 445、447)的成就时,都直接用上"霸"字来称许他们。这些用例既把"霸"视为一种简单、不言自明的称号,同时也说明了称霸的理想模式。① "霸"字的其他用例大都是用来指称某人只实现了称霸理想的一部分,又或者他最终无法完成这个理想。举例说,当宋襄公准备以人牲迫使东夷归顺自己时,宋大夫子鱼就用这个字来批评襄公野心太大(《左传》僖公19.3,页382)。② 尽管楚国打败了宋国,但楚成王在战事后沉迷女色,"诸侯是以知其不遂霸也"(《左传》僖公22.9,页400)。《左传》提到秦国"遂霸西戎"(《左传》文公3.4,页530),其中也没有触及中原的情况。

前人在讨论战略和外交谈判时,经常会提到"霸"的定义。例如,在邲之战以前,晋国的将领就曾讨论假如国家要维持霸业,他们应该坚持用兵,还是及时退兵,冷静地等待时机(《左传》宣公12.2,页725—726)。伍子胥敦促吴王夫差在打败越国之后,不要对越国心慈手软:"介在蛮夷,而长寇雠,以是求伯,必不行矣。"(《左传》哀公1.2,页1606)我曾在引言中提到,小国的使臣往往会策略性地运用道德修辞,以抵御强国的要求和侵犯。而强国往往有更大的诱因对小国展示宽宏大量的一面,原因是"道德"之举有助于自己完成称霸的理想。例如,展喜追忆齐、鲁两国昔日的和睦关系,特别称许齐桓公的功劳,藉此说服齐军撤兵(《左传》僖公26.3,页439—440)。晋国在韩之战中战败,晋惠公被秦军掳去;晋国使臣阴饴甥游说秦穆公放回晋侯,他提出这种宽大而正直的举动可以成就霸业(僖公15.8,页366—367)。季文子提出霸主应该奉行一贯的道德标准,处事也应该要有信用,藉此要求晋国执政把汶阳之田还给鲁国(成公8.1,页837)。子产引述晋文公和晋襄公的典范,藉此批评晋侯

---

① 史德奈·罗森(Sidney Rosen)也曾在《先秦时期称霸概念的更革》("Changing Conceptions of the Hegemon in Pre-Chin China")一文讨论齐桓公和晋文公,见芮效卫(David Roy)、钱存训编:《古代中国:早期文明研究》(*Ancient China: Studies in Early Civilization*)。
② 子鱼的谏言指出,一个人以威胁的手段,借用"淫昏之鬼"的力量来成就霸业,这种做法愚昧荒唐。他批评襄公利用人牲献祭:"祭祀以为人也。民,神之主也。用人,其谁飨之?"(《左传》僖公19.3,页381—382)这与《左传》经常重复的观点如出一辙。有关《左传》对人牲的态度,可参见张端穗:《左传思想探微》,页49—80。有关中国古代的人牲,可参阅鲁威仪(Mark Edward Lewis):《早期中国的合法暴力》(*Sanctioned Violence in Early China*),页26—28、205—209。

对诸侯无礼(襄公31.6,页1186—1189;昭公3.1,页1231—1233)。上述众人都在言辞中运用称霸的概念,这再次提醒我们,人们可以轻易地把道德标准化为自我保护的策略,化为追逐权力的依据。

各人对谁才是霸主有不同的看法。《左传》有一个著名的例子能够说明人们如何利用修辞策略来操控道德论述:晋国在鞌之战中大败齐国,齐国派宾媚人出使晋国;他阐发了"四王"和"五霸"所代表的理想,藉此说服晋国减轻要求(《左传》成公2.3,页798)。据《白虎通·号》和《左传》杜预注,"五霸"指的是夏朝的昆吾氏、商朝的大彭氏、豕韦氏,以及周朝的齐桓公、晋文公。但孟子提到"五霸者,三王之罪人也;今之诸侯,五霸之罪人也;今之大夫,今之诸侯之罪人也"(《孟子·告子下》12.7),表明"五霸"指的是春秋时期的五个国君;假如我们按照道德高下来排序,这些霸主位居夏、商、周三代圣王之下,却比战国的诸侯和大夫更加优秀。上古先王立下道德典范,后来的人却渐渐背离这些规范。历来对春秋五霸确指哪五个国君说法不一,各人都认同"五霸"包括齐桓公和晋文公,这一点并没有异议。《荀子》和《吕氏春秋·当染》补入了楚庄王、吴王阖庐和越王勾践。① 《经典释文》则和《孟子》赵歧注一样,加入了宋襄公、秦穆公和楚庄王。颜师古注《汉书·诸侯王表》提到秦穆公、宋襄公、吴王夫差是另外三个霸主。② 我们把楚、吴、越三国国君视为霸主是否恰当? 这个问题牵涉到我们如何理解他们"蛮夷"的身份。

如何界定蛮夷? 如何划定政策抵抗蛮夷? 称霸本来就与这些问题息息相关:晋悼公继位时,《左传》就曾把他的统治概括为"所以复霸也"(《左传》成公18.3,页908—911)。然而,《左传》提到晋悼公要与魏绛平分歌女与乐器时(见第二章),表明了所谓"复霸"与悼公的实际成就还是有出入的。魏绛认为晋国与其攻打"蛮夷",不如与戎人和平共处,因为这也可以确保晋国与其他中原国家更融洽友好(襄公4.7,页935—

---

① 另,可参见《淮南子·人间训》卷18;司马迁:《史记·越世家》卷41,页1746。
② 顾炎武、竹添光鸿、杨伯峻都曾引述这些材料,详见《左传》,页798;竹添光鸿:《左传会笺》成公2.12;顾炎武:《日知录集释》,册4,页96。

939)。晋侯起初质疑道:"戎狄贪而无亲,不如伐之。"魏绛随即解释怎样的做法更加重要:"劳师于戎,而楚伐陈,必弗能救,是弃陈也。诸华必叛。戎,禽兽也。获戎失华,无乃不可乎!"接着,魏绛援引历史先例,劝谏悼公不要沉迷于狩猎。这部分看似离题,魏绛之所以联想到狩猎,可能是因为他在前面把戎人形容为"禽兽"。魏绛本来只是劝导悼公与戎人和平相处,但后来却变成敦促悼公克制自我以消解纠纷。这种新的称霸模式以安抚外族为基础,戎人也就一直被排斥到社会边缘,甚至被去人性化。吊诡的是,晋国也强调自己与戎人为邻,偶尔甚至会勾结戎人反抗周室(《左传》昭公 9.3,页 1307—1310;15.7,页 1371—1372)。事实上,晋国更勇于改革,可能是因为他们受到戎人的影响,也因为他们与周室的传统有较少联系。这些改革成就了晋国的霸业,使晋国能一直称霸。《左传》就提到晋国的始祖曾"启以夏政,疆以戎索"(《左传》定公 4.1,页 1539)。①

诸侯与蛮夷有何关系?这又如何联系到称霸的雄心壮志?楚国的案例在这方面尤其有趣。除了齐桓公和晋文公之外,楚庄王大概最有成为霸主的可能。而除了晋国和鲁国之外,《左传》和《国语》最常提及楚国。楚国与晋国的竞争几乎贯穿了《左传》所记录的整个时段。不过,《左传》从来没有把楚王称为霸主。从汉代开始,注家经常把注意力集中在"华夷之辨"的问题上。他们留意到《左传》对楚国有严苛的批评——因为楚是"蛮夷"之国。《史记》就曾记录两位楚王自称"我蛮夷也",第一次是楚王拒绝采用中原国家的谥号,另一次是楚王要求周室确认自己可以使用"王"的名号(《史记·楚世家》卷 40,页 1692、1695)。事实上,如果霸主应当"尊王攘夷",如果楚国在晋文公(城濮之战)和齐桓公(召陵之战)的时代都扮演"夷"的角色,那么楚王怎可能称霸呢?② 但是,上述

---

① 相对而言,鲁国的先君"启以商政,疆以周索",利用商朝的政制建邦立国,按照周朝的惯例划定疆界。详见张有智《先秦三晋地区的社会与法家文化研究》,页 1—55。
② 例如,明代学者杨慎《二伯论上》:"夫伯者,攘夫夷者也,楚庄身夫夷者也。是高宗之所伐也,周公之所膺也。"(见《升庵集》卷 5,页 60)。

的记录从来没有明确指出楚国是"夷",即使是他的敌人也从来没有在两军交锋或舌战的时候这样称呼楚国。但是从语言到称呼国君为王的习惯,乃至其官阶和制度,楚国都与众不同。这些差异到了会盟和断交时就会变成问题。有一次,鲁国正卿季文子告诫国君不要与晋国断交,转而与楚国结盟。他说:"《史佚之志》有之曰:'非我族类,其心必异。'楚虽大,非吾族也,其肯字我乎?"(《左传》成公4.4,页818)

史嘉柏(David Schaberg)已经提到,《左传》在提到楚国的时候态度非常暧昧:楚人既不属于中国,却又不完全是蛮夷。① 尽管楚王和楚国大夫经常称引周室的典籍,但他们有自己的制度和传统,楚国国君僭用"王"的称号也与中原国家不同。可以说,《左传》中有关楚王的记录其实是称霸论述的反面。也就是说,这些记录清楚表明礼义的论述不可能包容、驯服、掩饰权力的追求。当称霸的论述试图调和"礼"与"力",它把解释的焦虑隐藏了起来。这种焦虑在称霸的反面论述中更加突出。所以,即使有些霸主试图操纵征兆,藉此使自己的行为更合乎常理。对于楚国这些野心勃勃的霸主来说,他会明确地挑战传统和礼制,而象征着礼义的权威的符号会呈现出这些霸主的行为其实并不合理。

《左传》里有一个著名的故事:楚庄王向王孙满询问周鼎的大小和轻重。当时,楚国攻打陆浑之戎,到达洛水,在周王室的边境上"观兵"。楚庄王攻打戎人,他也可以宣称自己要"尊王攘夷"。② 但楚庄王公然挑衅周室的统治,使他称霸的企图遭到阻拦。楚庄王很清楚鼎象征着周室的政权和合法地位,问鼎之举实际已侵犯了周室的权威。

周天子派了王孙满慰劳楚军。他提出鼎的轻重大小根本无关紧要,鼎的真正意义其实取决于拥有者的德行,由是瓦解了楚庄王的挑衅。这

---

① 见史嘉柏:《井然有序的过去》(A Patterned Past),页134。
② 过去我们经常以为中原国家位于中心,夷狄等外族则在边缘。但戎地与周的都城距离不远,这说明上述模式根本不能成立。我们应该想象一个"华戎杂处"的图景。公元前638年,秦国和晋国把陆浑之戎迁往伊川。东周初年早已预言了这件事:"初,平王之东迁也,辛有适伊川,见被发而祭于野者,曰:'不及百年,此其戎乎!其礼先亡矣。'"(《左传》僖公22.4,页393—394)

些鼎铸造于夏朝建立之初，按照君主的德行而代代相传。因而，由于夏桀的昏聩、商纣的失德，鼎从夏室传到商朝，又从商朝迁到周室。①

　　在德不在鼎。昔夏之方有德也，②远方图物，贡金九牧，③铸鼎象物，百物而为之备，使民知神、奸。④ 故民入川泽、山林，不逢不若。螭魅罔两，莫能逢之。用能协于上下，以承天休。桀有昏德，鼎迁于商，载祀六百。商纣暴虐，鼎迁于周。德之休明，虽小，重也。其奸回昏乱，虽大，轻也。天祚明德，有所厎止。成王定鼎于郏鄏，卜世三十，卜年七百，⑤天所命也。周德虽衰，天命未改。鼎之轻重，未可问也。（《左传》宣公 3.3，页 669—672）

假使这些鼎真的铸造于夏朝建立之初，那么，鼎与礼制是同一时代的产物。铸造鼎的材料以及鼎上的图像表明了鼎能超越时间和空间，包揽万物，甚至已经突破了图像的限制。因为鼎上囊括了不同的事物，这些事物又各有寓意，因而这些鼎也就拥有避邪的法力。王孙满讲述鼎的历史，藉此称许图像有再现权威的能力，藉此把权力的讨论从表层转到象征层面上。周室的权威建基于一种象征的体系，而九鼎则是世界的缩影，它体现了这个象征体系的内在连贯性。王孙满认为，楚庄王的提问有两个问题。首先，由于周室仍然拥有天命，周天子守护九鼎依然是合情合理的。因此，楚庄王的问题所隐含的野心和冒犯之意让人无法接受。另外，楚王只从外表探问九鼎的大小轻重，他忽略了鼎所代表的象

---

① 臧哀伯进谏时（见《左传》桓公 2.2，页 85—90），曾追溯武王克商以后，周室如何把这些鼎迁到洛邑。
② 《墨子·耕柱》提到夏后启铸造九鼎，又利用迁鼎的预言来证明鬼神的存在。《史记·楚世家》在引述这件事时，司马迁提到"昔虞、夏之盛"，可见他认为九鼎由夏禹所铸造。
③ 我把这里理解成"远方的人把各种东西画成图像，九州岛的长官献上了青铜"；这与高本汉的英译略有出入："远方的人把各种东西画成图像，又把青铜献给九州岛的长官。"（见第 270 条）
④ 《吕氏春秋》反复提到这些意象，它们似乎有解释、劝诫、示范的作用。
⑤ 由于《左传》里的预言大多"准确无误"，也就是说，《左传》很多时候会按照事情的发生来拟构预言，有论者尝试以这则预言推测《左传》的成书时间；详见杨伯峻：《左传》，页 671—672。竹添光鸿认为三十世和七百年并非指周王朝的国祚（周朝实则维持了 874 年，前后一共有 38 任天子），而是指由"定鼎"开始到这些鼎沉入泗水之间两者相距的时间（《左传会笺》宣公 3.20）。

征世界。换句话说,即使楚王拥有成为霸主的武力,他仍然没有办法操控礼义的论述以建立统治的合法性。王孙满以言辞和图像的再现取得胜利。我们或许可以说,这段叙事特别要称许修辞与再现的力量,把它视为政治与道德权威的基础。①

楚庄王问鼎以后,时隔九年,楚国在邲之战中战胜晋国(《左传》宣公12.2,页721—747)。这场战争的直接起因是楚军围攻郑国。晋国打算出兵救援,但当晋国做好战争的准备时,楚国已和郑国讲和,而且已经退兵。晋国的将领争辩他们接下来应该怎样做,席间有人称赞楚庄王的德行。士会劝阻他的同伴,认为他们不应在两国交锋之时颂扬敌人:"会闻用师,观衅而动。德、刑、政、事、典、礼不易,不可敌也,不为是征。"(宣公12.2,页722)楚国入侵郑国,其实出师有名。当郑侯屈服时,楚国也展现出仁厚的一面。尽管楚国出兵攻打陈国和郑国,但楚国国内仍能保持稳定,这表明楚庄王的管制有效,政令有方。"合时之举"特指于农闲时间用兵。② 楚国上下尊重法制,讲究尊卑,礼制得以顺利推行。士会认为楚国与晋国提升国力的方式非常相似,他们既施威又施恩,内修文治,外事武功。值得注意的是,楚国虽有称霸的潜质,但这一点最终藉由晋国大夫之口表述出来。这是否表明楚国还没有掌握那种结合霸权与礼义的修辞?也许,这里的叙事重心在于晋国丧失霸主之位,而非楚国称霸。③《左传》把晋国将士讨论楚国的实力,与他们错估形势、意见不合的片段并置在一起。最终,这一切都带来了晋国的惨败。

晋国将领在讨论战略时,曾经争辩"武"字的意义。士会反对晋国与

---

① 吕祖谦生活于南宋时期,他十分清楚过多的文饰其实也有问题。他曾强烈谴责王孙满,批评他以言辞展示出来的安稳感其实虚无缥缈;单凭言辞,根本无法阻止周室的衰微,这些词句在更剽悍的敌人面前完全没有功效(《东莱博议》,页197—200)。《战国策》的开篇也曾提到庄王"问鼎"的故事(《战国策·东周》,页1—5)。
② 可是,由楚军侵郑到邲之战,整个过程一直从晚春持续到秋天,历时四个多月;详见张正明:《楚史》,页144。
③ 吴闿生认为,这段叙述说明了《左传》的作者暗中提升中原国家的地位,并隐晦地批评蛮夷(《左传微》,页334)。

楚交锋,因此他尝试把"武"定义为寻找适当时机对适当的对手用兵,又认为"武"必须包含精确的计谋:

> 见可而进,知难而退,军之善政也。兼弱攻昧,武之善经也。子姑整军而经武乎! 犹有弱而昧者,何必楚?

先縠不同意士会的说法。对先縠来说,"武"是一种荣耀,是军力的展现:

> 不可。晋所以霸,师武、臣力也。今失诸侯,①不可谓力;有敌而不从,不可谓武。由我失霸,不如死。且成师以出,闻敌强而退,非夫也。命为军帅,而卒以非夫,唯群子能,我弗为也。(《左传》宣公12.2,页725—726)

由于先縠是中军的副将,他率军渡过黄河,进攻楚国,踏出了晋国惨败的第一步。

士会主和,先縠主战,二人都尝试界定"武"的含义。这些见解大概会因楚庄王精彩的论述而黯然失色。楚庄王在邲之战取胜之后,阐明了他对"武"的理解:

> 潘党曰:"君盍筑武军而收晋尸以为京观。② 臣闻克敌必示子孙,以无忘武功。"楚子曰:"非尔所知也。夫文,止戈为武。③ 武王克商,作《颂》曰:'载戢干戈,载櫜弓矢。我求懿德,肆于时夏,允王保之。'④ 又作《武》,其卒章曰:'耆定尔功。'⑤其三曰:'铺时绎思,我徂

---

① 如果晋国退兵,郑国将转而效忠楚国。
② 杨伯峻认为"武军"包括了为晋军尸首而建造的"京观",时人或许会在"京观"之上或附近的地方刻写表彰军人的铭文。这种为阵亡的敌军而修筑的陵墓亦可单称"京",见《吕氏春秋·不广》、《淮南子·览冥训》。
③ "文"一般会解作"文饰",这里把"文"理解成"文字"。到了秦汉以后,一般会以"字"来指称"文字"。"武"字的甲骨文从"戈"从"止",论者多相信这代表一个人荷戈前行。此处尝试为"武"字提供另一合理的解释,这个做法表明"以武制武"和"以暴止暴"的思想在早于《左传》编纂的时候已有一定的基础。
④ 语出《诗·周颂·时迈》(273),有人以为这首诗的作者是周公(《国语·周语》1.1,页1)。郑玄把"肆于时夏"理解成陈列于这伟大的音乐之中。
⑤ 语出《诗·周颂·武》(285)。传世的《武》诗全诗只有一章,这里称引的是传世文献中的最后一句。

维求定。'①其六曰:'绥万邦,屡丰年。'②夫武,禁暴、戢兵、保大、定功、安民、和众、丰财者也,故使子孙无忘其章。今我使二国暴骨,暴矣;观兵以威诸侯,兵不戢矣;暴而不戢,安能保大?犹有晋在,焉得定功?所违民欲犹多,民何安焉?无德而强争诸侯,何以和众?利人之几,而安人之乱,以为己荣,何以丰财?武有七德,我无一焉,何以示子孙?其为先君宫,告成事而已,武非吾功也。古者明王伐不敬,取其鲸鲵而封之,以为大戮,于是乎有京观以惩淫慝。今罪无所,而民皆尽忠以死君命,又可以为京观乎?"祀于河,作先君宫,告成事而还。(《左传》宣公12.2,页744—747)

楚国派人与晋国谈判,出使的大夫就曾谦称庄王"不能文"。霸主必须熟悉礼义的论述,当庄王问鼎时,他并没有展示出这种能力。但是,庄王在这里大量称引《诗经》,藉此拒斥暴力,表现出自己对敌人的宽厚,鼓励人民休养生息,强调国家的秩序,说明战争的正确目的。他完全能掌握周朝的传统③(后来,庄王攻打萧国和宋国,可见他也没有遵守自己提出的这种崇高的标准)。即使是齐桓公和晋文公,也不曾有如此具有道德感染力的言论。借用史嘉柏(Schaberg)的说法,楚庄王似乎在扮演"贤明的蛮夷"(wise barbarian)的角色。④ 他证明了文教的力量和周礼的普及。吊诡的是,庄王言论中的道德考虑同时也妨碍了他称霸。庄王否认自己具有武之七德,又大大贬低了自己的功绩。《左传》从来没有提过楚王是新的霸主,不但没有提到他曾为各国带来和平,也没有提到他

---

① 在传世《诗经》里,这一句并不是《武》的诗句,反而可见于《诗·周颂·赉》(295)。这里"铺"字,传世《诗经》写作"敷"。
② 传世《诗经》里,这一句并不是《武》的诗句,反而可见于《诗·周颂·桓》(294)。由此可见,这一篇章的作者所知道的《武》诗,其实包含了传世《诗经》中的多首诗歌。
③ 杨慎觉得楚王的博学实在令人难以置信:"楚子夷且陋,又临戎当阵,而引三诗七德,若横经之儒,其诬可知矣。"(见《二伯论下》,《升庵集》卷5,页62)
④ 另外还有些蛮夷会利用周朝的文献和传说来为自己争取权力,他们有时甚至会展现出中原国家已经丧失的礼仪。关于这些文明的蛮夷,可参看《左传》襄公14.1,页1005—1007;昭公17.3,页1386—1389。

有尊王攘夷之举。相反,这段叙述表明:从道德层面上说,只要武力可以带来秩序,礼义与权力之间的平衡就可以实现。为什么会出现这种思想?是不是因为《左传》尝试在称霸以外寻求另一种典范,寻求另一种有效的统治方式?记录这段史实的人是否来自中原国家?他是否想在称许楚国的同时,尝试为楚国的野心设下限制?我们从《左传》中看到的是楚王的形象本来比其他霸主拙劣,但他最终却比称霸的理想更加成功。

如上所述,霸主理应要求中原国家考虑自己与周初政治秩序的渊源,并要求他们共同对抗外族入侵,藉此建立各国的秩序,维持他们的稳定。由于当时的人都相信楚国同时是"华",也是"夷";或者说,他们既不属于中国,也不算是外族,因此楚国对于自己的抱负有不同的定位。楚王审临终前提到自己在十五年前的鄢陵之战中惨败,因此他要求楚国大夫给予自己"厉"或"灵"这些带有贬义的谥号。尽管如此,楚王审去世以后,楚大夫子囊认为"共"(意谓"恭")这个谥号比较恰当(《左传》襄公13.4,页1000—1001)。①

> 君命以共,②若之何毁之?赫赫楚国,而君临之,③抚有蛮夷,奄征南海,以属诸夏,而知其过,可不谓共乎?请谥之"共"。(《左传》襄公13.4,页1002)

这里强调的是差异的同化、起源、调解、层次。按照上文的逻辑,这种模式会产生出新的象征领导地位的符号。旧有的象征,诸如周天子的认可、召集诸侯会盟等,都会被这些新的符号所取代。但事实上,楚王还受

---

① 古人去世以后,后人总括他们的生平事迹与品德修养,从而给予谥号。这种做法似乎起源于西周中期;详见王受宽:《谥法研究》。有时当一个人将要死去,他也可以选择自己的谥号。上述情况正好是其中一个例子。"厉"和"灵"二字都带有贬意,杜预就提到:"乱而不损曰灵,戮杀不辜曰厉。"《国语》讲述这件事时,内容更加简洁,可参《国语・楚语》1.2。

② 这里的焦点是楚王临终前的指示。其他大臣按照表面的指示去决定君主的谥号,子囊则认为他们应该体会这个命令的内在精神。

③ "临"字有俯视和监视的意思。在先秦文献中,这个字经常指君王或神灵居高临下,如《诗・大雅・大明》(236)、《诗・大雅・思齐》(240)、《尚书・顾命》等。详见高本汉《左传注释》,第525条。

到旧有的称霸观念的束缚。因此,当他们把新旧两种模式同时应用到楚国身上,矛盾的情况就会出现。楚国与周室的礼乐传统有何联系,也就成为问题。最明显的例子莫过于楚灵王。

楚灵王渴望成为霸主,但他并没有尝试去平衡礼义和权力的论述,反而呈现出一种放肆和炫耀的意味。他的野心极大,又常常肆意践踏既有的观念。解释的焦虑因而形成,《左传》不断把同一种解释模式套用到灵王身上,尤其是那些建立在礼制上的解释方法。楚灵王这个例子是称霸的反面论述中最引人入胜的故事。如果说,称霸的论述要求霸主懂得运用和分析礼义的修辞,那么,楚灵王故事的魅力恰恰在于他对这种修辞的理解非常天真。这里最吸引人的篇章铺写了峰回路转的修辞,其中"谲谏"的逻辑容许人详细展开自己对权力不着边际的幻想,这与礼制的规范刚好相反。即使这些篇章仍然会以揭穿真相作结,即使文末仍然会建议人克制欲望,但上述的幻想始终非常诱人。① 建言者刺激听众的欲望,鼓励他放纵自己,从而敦促听众遵守秩序,克制自我。倡导的意识变动不居,话语的意义受到操控,就在这样的情境下,建言者以巧妙的方式规劝听众。

我们从一开始就可以清楚看到,楚灵王对礼义一无所知。他发动政变,把楚国的君主郏敖(即他的兄长楚康王之子)绞死,接着又杀了郏敖的两个儿子。当时,他派人向诸侯发出讣告,讣文中他自称"寡大夫围"。楚大夫伍举为了让楚灵王继位显得更为合理,于是便更正了讣文的措辞,把灵王的称呼改为"共王之子围为长"(《左传》昭公1.13,页1224)。

楚灵王好大喜功,他觉得自己必须选择一个历史上的典范来加以仿效。当他考虑自己应效法哪个先例时,他无视了自己的祖父楚庄王。楚灵王召集诸侯在申地会盟,伍举建议他遵守正确的礼仪:"臣闻诸侯无归,礼以为归。今君始得诸侯,其慎礼矣。霸之济否,在此会也。"(《左

---

① 有关《左传》中各种进谏的模式,见史嘉柏:《东周史籍中的谏说》("Remonstrance in Eastern Zhou Historiography")。

传》昭公 4.3,页 1250)。接着,伍举列举了八次会盟的先例;灵王选择按照齐桓公与楚军于召陵会盟的形式行事。(上文已经提到,齐桓公为了确立自己的霸主地位,出兵攻打楚国,所以才有召陵之会;当时,桓公把楚国视为半开化的国家,为了保护周室的利益而对抗灵王的先祖楚成王。由此可见,选择这个例子实在非常讽刺。)伍举还建议楚灵王向宋大夫向戌和郑大夫子产询问礼仪,二人最后献上"六礼"。君子认为向戌"善守先代",子产则"善相小国"。郑、宋等小国虽然任由楚国摆布,但他们可以说是存放礼仪知识的宝库,而这些知识对于称霸至关重要。楚灵王要求伍举在申之会上侍立在自己身后,以便纠正仪式中可能出现的过失。但直到会盟结束,伍举并没有订正任何行为。最后,我们发现,其实伍举自己也非常无知:"礼,吾所未见者有六焉,又何以规?"(《左传》昭公 4.3,页 1251)

楚灵王在申之会上表现得嚣张跋扈,展示出极大的野心。伍举以夏桀、商纣、周幽王三人的会盟为例,证明不恰当的仪式会引发叛乱。他劝谏灵王道:"皆所以示诸侯汰也,诸侯所由弃命也。今君以汰,无乃不济乎?"(《左传》昭公 4.3,页 1252)《左传》曾经多次用"奢"、"汰"、"侈"等代表"放纵"或"奢侈"的字眼来贬斥灵王。事实上,《左传》从来没有这么坚持预言一个人的覆灭。书中第一次提到他的时候,他还是王子围(《左传》襄公 26.6,页 1114—1115)。从那一次起,《左传》有一连串记录刻画楚灵王的外表、仪止、言辞、行为,从而预测他的命运。这些评论家和预言家(郑、晋、鲁、卫、楚的大夫)见证了王孙围篡位,看着他试图称霸,最终走向灭亡。他们把灵王的故事视为无穷欲望的展现,并藉此重申设定界限的重要性。

由于楚灵王影响了政治秩序,甚至对世界的秩序构成威胁,因此《左传》把他在位的十二年解释成罪恶的温床。晋大夫在讨论国家政策时,有人就曾提到这种观点,藉此支持晋国与楚国缔结和约。楚王召集诸侯会盟,晋大夫司马力促请晋国国君接受楚国的邀请。他说:

不可。楚王方侈，天或者欲逞其心，以厚其毒，而降之罚，未可知也。其使能终，亦未可知也。晋、楚唯天所相，不可与争。君其许之，而修德以待其归。(《左传》昭公 4.1，页 1246)

尽管申之会确立了楚国的权势，但是整个会盟的记录却充斥着对楚灵王的尖锐批评。郑大夫子产预言灵王的统治不会超过十年，因为他"汰而愎谏"。至于宋大夫向戌，虽然他促成了晋、楚两国缔结和约，但他也同意此说："然。不十年侈，其恶不远。远恶而后弃。善亦如之，德远而后兴。"(《左传》昭公 4.3，页 1252)无论善还是恶，两者都可以逐渐积累，最终造成无法挽救的结果。当楚国攻入蔡国时，子产认为上天放弃蔡国的目的是要让楚国积蓄罪恶。换句话说，楚国虽然得胜，但这并不值得庆幸："三年，王其有咎乎！美恶周必复，王恶周矣。"(《左传》昭公 11.5，页 1325)楚灵王在位十二年，刚好与岁星（木星）十二年的公转周期互相对应，因此《左传》常常以天文现象来追溯和解释灵王的故事。同时，《左传》也利用天体的运行来说明郑大夫伯有之死(《左传》襄公 30.10，页 1178)和蔡国国君蔡灵侯之死(《左传》昭公 11.2，页 1322)。周大夫苌弘曾经以岁星的运动来阐述人必须顺其自然，容许恶人累积罪孽，等待他自食其果。整个过程正是"天之道也"(《左传》昭公 11.2，页 1322)。

数不胜数的预言营造出宿命的气氛。楚灵王的命运避无可避，似乎是因为他所代表的价值观让人不安，而且各国诸侯也不太承认自己臣服于楚。卫国大夫北宫文子认为，楚灵王缺乏"威仪"——"威仪"是种令人敬畏的仪止。假如一个人恰如其分，完成自己的使命，他作为众人的楷模所散发出来的强大感染力，也就是"威仪"(《左传》襄公 31.13，页 1193—1195)。尽管《左传》中所有谋朝篡位的人大抵都挑战了道德的底线，但是灵王对礼教的违抗似乎特别极端。《左传》在记叙楚灵王被推翻并自缢而死以后，随即交代了两则预言，即使这两则预言在时间上要比灵王之死来得更早。我们可看到这些预言把所有有关灵王覆灭的征兆推向高潮。

> 初,灵王卜,曰:"余尚得天下。"不吉,投龟,诟天而呼曰:"是区区者而不余畀,余必自取之。"民患王之无厌也,故从乱如归。初,共王无冢适,有宠子五人,无适立焉。乃大有事于群望,而祈曰:"请神择于五人者,使主社稷。"乃遍以璧见于群望,曰:"当璧而拜者,神所立也,谁敢违之?"既,乃与巴姬密埋璧于大室之庭,使五人齐,而长入拜。康王跨之,灵王肘加焉,子干、子皙皆远之。平王弱,抱而入,再拜,皆厌纽。鬭韦龟属成然焉,且曰:"弃礼违命,①楚其危哉!"
> (《左传》昭公 13.2,页 1350)

灵王以傲慢的态度轻视征兆,这成为他命运的主要解释。正因为他藐视所有权威,《左传》不断揭示他对权力的贪得无厌其实非常无知,藉此预言他的僭越、他的覆亡。《左传》刻意把灵王咒骂上天的片段与一则预言并置:共王请神灵选择他的继承人。后来这段故事演变成一场小型的继承权争夺战。因此,灵王的统治不过是一段过渡时期,合法的君主接着才会出现。《左传》以灵王的言行举止预言他的未来,与之相比,共王的"试验"并没有明确的道德含义——它只说明了共王儿子的命运不过由一堆偶然的事件组成。这次试验本来就不合礼制——既然共王与他的嫡配没有儿子,那么,国君之位就应该传给侧室的长子。这样一来,试验或是多余的(如果预言只是肯定了嫡传的原则),或是无益的(如果预言违背了嫡传的原则)。②《左传》并没有交代共王何以会选择康王继承君位,也没有提及康王继位时的状况。康王的儿子郏敖统治楚国三

---

① 斗韦龟虽然批评祈神的做法,但他却接受了这次试验的结果。
② 然而,令尹子上对楚成王说:"楚国之举,恒在少者。"(《左传》文公 1.7,页 514)子上试图阻止成王把长子商臣立为太子,商臣知道了这件事,于是便把成王杀了,自立为楚穆王。(楚成王本身亦是幼子。他的支持者把他的兄长庄敖杀死,协助他登上君位。)晋大夫讨论子干(楚灵王的弟弟)的命运时,也发现了上述的情况,因此叔向说:"芈姓有乱,必季实立,楚之常也。"(《左传》昭公 13.2,页 1351)大概在楚国,长子拥有继承权这一点经常会被挑战。钱杭认为君位由长子继承这个惯例在楚国依然有效,可参阅钱杭:《周代宗法制度史研究》,页 145—157。

年,接着便被灵王杀死)。因此,这次祈祷属于预言未来一类的征兆,它利用了人物的仪态举止来建立对应关系,预示事件的发生,其中并没有任何道德的解释。尽管《左传》以倒叙的方式把这次祈祷放到整个故事之后,但祈祷一事早已众所周知,因为郑国使臣子羽在楚灵王篡位前也曾引述此事(《左传》昭公 1.1,页 1203)。从这个角度来说,这次试验也影响了整件事情的发生。① 上述两则预言与《左传》其他探讨宿命的事例一样,它们揭露了诠释的机制背后潜藏着两种相反的看法:灵王咒骂上天反映了纵欲的道德问题,而共王试探神的意旨则表现了无常而抽象的宿命。

或许,灵王无从逃避自己的覆亡也是理所当然。因为,《左传》也同意无止境地贪求权力,以及肆意放纵的愿望本身,都是既诱人又危险的。芋尹无宇走进灵王的宫殿缉拿逃跑的门卫,灵王曾经赦免了他(《左传》昭公 7.2,页 1283—1284);穿封戌曾经袭击灵王,但灵王却任命他为陈公(《左传》昭公 8.6,页 1304—1305);这两件事都表现出灵王宽大仁厚、公正待人的一面。至少,到了晚年,灵王有改过的意愿(《左传》昭公 12.11,页 1341),也有能力反思自己的命运(《左传》昭公 13.2,页 1346)。但是,这些刻画灵王忏悔的片段并不那么吸引人。相比起来,子产、薳启强、子革等贤士尝试迎合灵王的意见,夸大他的地位,继而揭示其中的矛盾,展现出灵王误入歧途,他们宣扬道德的言辞特别出众。虽然他们的论述全都以道德为依归,但是他们同时描述了无限的权力可以带来极大的快乐。

以下三段谲谏的叙述建立了关于放纵的修辞和逻辑。而且,这三个故事一个比一个反讽,一个比一个含糊。这些故事说明了如果称霸的意图没有得到礼仪的象征结构支持,这个愿望注定失败。在第一个故事里,楚灵王向子产请教:晋国会不会同意他召集诸侯?诸侯又会不会支持楚国称霸?子产分析了当前的局势,由此作了肯定的答复。最后,楚

---

① 叔向也曾经在解释楚国权力斗争的结果时提及这件事(《左传》昭公 13.2,页 1351)。

灵王提出了这样的疑问:"然则吾所求者无不可乎?"子产回答说:"求逞于人,不可;与人同欲,尽济。"(《左传》昭公 4.1,页 1248)①

第二个故事更加峰回路转。晋平公把女儿嫁给楚灵王。当晋国使臣把新娘送到楚国时,灵王一心想羞辱他们,以证明楚国的地位高于晋国:"吾以韩起为阍,以羊舌肸为司宫,②足以辱晋,吾亦得志矣。可乎?"薳启强赞成灵王的做法,但他随即论证了这些行为非常愚蠢:"可。苟有其备,何故不可?耻匹夫不可以无备,况耻国乎?"他从道德的角度和现实的考虑出发,反驳灵王的提议。他考虑到实际的情况,这一点特别有说服力。圣王讲究礼义,绝不会羞辱他人。晋、楚的友谊建基于两国巧妙地平衡双方的权力,这种关系一旦被楚人的粗暴无礼所破坏,结果将无法挽回。加上晋国本身有不少人才,它是楚国的强大敌手,实在不容轻视。

"君将以亲易怨,实无礼以速寇,而未有其备,使群臣往遗之禽,以逞君心,何不可之有?"王曰:"不穀之过也,大夫无辱。"厚为韩子礼。王欲敖叔向以其所不知,而不能,亦厚其礼。(《左传》昭公 5.4,页 1269)

即使薳启强的说辞更为委婉,但无论是薳启强还是子产,他们都能轻易地从最初奉承灵王的意愿,迅速转向明显的否定。③ 这种以肯定来否定的吊诡式论述,还重复出现在第三个谲谏的故事之中。这个著名的故事包含了灵王与子革的对话。这里语意的转折显得更加复杂,更加令人费解:

楚子次于干溪,以为之援。雨雪,王皮冠,秦复陶,翠被,豹舄,

---

① 臧文仲也曾对宋襄公说过类似的话,见《左传》僖公 20.5,页 387。
② "阍"即看门人;古代一般由被罚刖刑(被砍去腿部)的人来充当看门人。至于司宫之位,一般由宦官担任。
③ 薳启强作为说客,他的话往往带有一种强烈的戏剧感,甚至会给人吊诡的感觉。可详参《左传》昭公 7.3,页 1285—1286;7.6,页 1289。

执鞭以出。仆析父从。右尹子革夕,王见之,去冠、被,①舍鞭,与之语,曰:"昔我先王熊绎与吕伋、王孙牟、燮父、禽父并事康王,四国皆有分,我独无有。今吾使人于周,求鼎以为分,王其与我乎?"对曰:"与君王哉!昔我先王熊绎辟在荆山,筚路蓝缕以处草莽,跋涉山川以事天子,唯是桃弧棘矢以共御王事。齐,王舅也。晋及鲁、卫,王母弟也。楚是以无分,而彼皆有。今周与四国服事君王,将唯命是从,岂其爱鼎?"王曰:"昔我皇祖伯父昆吾,旧许是宅。今郑人贪赖其田,而不我与。我若求之,其与我乎?"对曰:"与君王哉!周不爱鼎,郑敢爱田?"王曰:"昔诸侯远我而畏晋,今我大城陈、蔡、不羹,赋皆千乘,子与有劳焉,诸侯其畏我乎?"对曰:"畏君王哉!是四国者,②专足畏也。又加之以楚,敢不畏君王哉!"工尹路请曰:"君王命剥圭以为戚柲,敢请命。"王入视之。析父谓子革:"吾子,楚国之望也。今与王言如响,国其若之何?"子革曰:"摩厉以须,王出,吾刃将斩矣。"王出,复语。左史倚相趋过,王曰:"是良史也,子善视之!是能读《三坟》、《五典》、《八索》、《九丘》。"③对曰:"臣尝问焉,昔穆王欲肆其心,周行天下,将皆必有车辙马迹焉。祭公谋父作《祈招》④之诗以止王心,王是以获没于祗宫。⑤ 臣问其诗而不知也。若问远焉,其焉能知之?"王曰:"子能乎?"对曰:"能。其诗曰:'祈招之愔愔,式昭德音。思我王度,式如玉,式如金。形民之力,而无醉饱之心。'"王揖而入,馈不食,寝不寐,数日,不能自克,以及于难。仲尼曰:"古也

---

① 有人公然藐视这种礼仪,结果惹来极大的祸患(《左传》襄公 14.4,页 1011)。由此可见,这种表示尊重的礼节其实非常重要。
② 杜预注:"四国,陈、蔡、二不羹",因此这里指的是四个地方。刘炫对比《国语》里相应的段落,认为"四"当是"三"字之误(《十三经注疏》6,45.36a—36b)。
③ 有些论者从这些隐秘的书名推测其中的内容,详参阅竹添光鸿:《左传会笺》昭公 12.52。
④ 杜预认为"祈招"是周大夫的名字。竹添光鸿则认为这可能是乐调的名称(《左传会笺》昭公 12.53)。下文称引这首诗时,我把诗中"祈招"一词理解成"恭敬地召唤(贤士)"。
⑤ 也就是说,穆王没有放纵自己,追逐欲望,因此得以善终,避免了横死的可能性。据《竹书纪年》记载,穆王曾于郑国南方修筑祗宫,后来又在那里接见诸侯,详见竹添光鸿:《左传会笺》昭公 12.53。有关"今本"《竹书纪年》的真伪,可参阅邵东方、倪德卫主编:《今本竹书纪年论集》。

有志:'克己复礼,仁也。'①信善哉! 楚灵王若能如是,岂其辱于干溪?"(《左传》昭公 12.11,页 1338—1341)

上述引文对灵王的服饰描写非常细致,我们从《左传》中再也找不到其他例子能与之相提并论。这个例子或隐含道德价值的判断:楚灵王枉费心机关注自己的外表,说明了他毫不节制的性格。他的军队身处严苛的自然环境(雨雪)中,但他依然冷酷无情,事事以自己为重。② 楚灵王本身也是一个奇观。他不加节制的行为本身就非常诱人,甚至会使人变得不加节制。这或许可以解释为什么子革会以这种戏剧化的方式去劝谏楚灵王。从风格上说,子革与《战国策》里的说客非常相似,甚至可以比拟汉代主文而谲谏的宫廷诗人。子革以巧妙的言辞歌颂奢华放肆,几乎压倒了他倡导克制的意旨。这种情况或许可以解释为什么当司马迁把这段文字收入《楚世家》时,他会忽略了称引《祈招》的一节。

一方面,子革的答复确实显示了欲望无穷的内在矛盾。楚灵王为他过分的野心找到历史的依据:楚国先王熊绎曾经事奉康王,周室应该把宝鼎赐给楚国,作为回报。子革同意周室没有认可熊绎伟大的功劳,但熊绎的努力特别卓越,正好是因为他来自远古时代,当时的世界还没有完全开化——这也暗示他的权利其实存在争议。《左传》还有另一处提过熊绎"筚路蓝缕"的形象,当时文章把熊绎奉为忘我克己、努力不懈的典范(《左传》宣公 12.2,页 731),这也间接批评了灵王的奢侈浮夸。接着,子革突然从过去转向了现在:无论如何,周室以及获取周室赏赐宝器的四个国家,现在都会畏惧楚国,对楚国唯命是从。这样一来,他点破了这里的历史依据并不可靠,楚国要求别人守礼其实也是一场骗局。灵王又提到自己的"皇祖伯父"昆吾(杜预注认为昆吾是"夏伯",即夏的霸主)③居住在原来的许国,因此楚有权统治这些土地。子革回到他先前

---

① 《论语》又把这一句当成孔子的话,参见《论语·颜渊》12.1。
② 可参考竹添光鸿的说法,见《左传会笺》昭公 12.54。
③ 可参考杜预注,见《左传》成公 2.3,页 798。

的假设(周室不敢不把鼎献给楚国);他把这个假设当成事实,继而在这个基础上提出另一个假设(郑国不敢不把土地奉送给楚国)。这段话的含意是一个过分的要求会衍生出另一个过分的要求,而背后的逻辑其实荒谬至极。无论子革有意提出什么样的微言大义,在灵王那里根本就是白费力气。他在最后总结自己权欲熏心的幻想时,把所有有关历史和礼制的说法一并摒弃,只是一心庆祝楚国的霸业。

文中出现了两次看似随意的中断。这给予子革一个机会可以先表明自己的意图,再加以推行的机会。当灵王退出去察看玉斧时,子革以装饰和打磨武器一事作喻,隐喻自己的谏言将会如刀刃一般。杜预注认为子革"以己喻刀刃":子革的话看似模棱两可,目的其实是要"磨砺"自己,以"斩"楚王的骄奢和淫佚(《左传》,页1340)。① 另一次看似偶然的事件是左史倚相快步走过,灵王由此想起了他的博学多识。② 这又给了子革一个表现自己的学识比左史倚相更加渊博的机会。这样一来,子革的权威也就建立在夸大的逻辑上:他先称许灵王,藉此表现自己完全能掌握论述的逻辑(即所谓"今与王言如响")——如果我们从心理学来说子革展示了灵王如何思考,同时也让灵王意识到子革知道灵王是怎样思考的。接着,他揭示了夸大其实可用于好的方面。玉斧之柄意味着奢华与虚荣,而锋利的谏言不过是个毫不相关的隐喻。如果左史倚相的学识渊博,那么子革应该知道得更多:他知道周穆王也曾追逐无穷的欲望和野心,他熟悉那首提醒穆王抑制欲望的诗歌典范。克制的信息建立在夸大的逻辑上③——这或许揭示了为什么楚王的自责和反省只是暂时性的;为什么孔子必须再一次清晰地强调整个故事的教诲。

《左传》中子革的言论铺张扬厉,这与《国语》里他简洁可信的发言形

---

① 《国语》另有把进谏者模拟为磨砺金器,见《国语·楚语》1.8,页554。
② 炫耀学识也是灵王骄纵的表现之一。如上文所述,他曾试图驳倒晋国大夫叔向。
③ 我们或可以拿上述例子与司马相如《上林赋》相比较。《上林赋》最终把世俗的游园之举,转化成驰骋于六艺之囿,观览乎经书之林。感官享受因而得以升华,变成精神上与道德上的乐趣。

成对比。一般来说,《国语》中大臣劝诫灵王的说辞都显得更明确、更直接。灵王邀请伍举称颂章华之台的华美,伍举陈述了大量的历史先例,藉此提出道德与感官愉乐恰当的程度高低(《国语·楚语》1.5,页541—545)。楚灵王因为自己修筑了陈、蔡、不羹的城墙而沾沾自喜。这招致了范无宇的批评,因为楚灵王授权其他城市和旁系血亲,最终只是带来不利的结果(《国语·楚语》1.6,页547—550)。①《左传》也记录了以上两次谏言,但大量的细节使人对出言进谏的臣子有另一种看法。伍举建议楚王多加克制(《左传》昭公4.3,页1250;昭公4.4,页1254),但他自己却从楚国的扩张中获利(《左传》昭公9.2,页1307);他擅长外交辞令(《左传》昭公1.13,页1224),却在申之会上承认自己对礼制知之甚少(《左传》昭公4.3,页1251)。薳启强说服灵王对晋国的使臣以礼相待,却又用自己的修辞技巧恐吓鲁侯,逼迫鲁侯前往楚国(《左传》昭公7.3,页1285—1286),要求他归还灵王所赠送的名弓大屈(《左传》昭公7.6,页1289)。子革也与伍举一样,提醒灵王不要沉溺于奢华之中,但自己却从楚国的战役中获得了不少利益(《左传》昭公9.2,页1307)。子革本来是郑国的贵族,后来被国人驱逐了出来。从无宇的谏言来看,子革在楚国得势其实很成问题(《左传》昭公11.10,页1328)。

奢侈淫佚的追求同时伴随着对于诠释的新的不安。灵王招摇的样子惹来许多批评,但反过来,这些诠释者也会被审视,他们的行为也会被分析。虢之会就是这样的例子。王子围在虢之会八个月后杀了楚国国君,自立为王。他在虢之会上炫耀自己用着国君的仪仗服饰。其他国家的大夫和使臣都预言王子围即将篡权夺位,即使他们的预言或隐或显(《左传》昭公1.1,页1203—1204)。但是,评论的行为本身也要接受外界的评论,而且人往往要通过定义他人来定义自己。郑国使臣子羽预言齐、卫、陈三国的大夫将会遇上祸患:他们试图推测王子围的命运,却因此而表现出不恰当的情绪,这说明了他们错判形势,误用情感(《左传》昭

---

① 《左传》把范无宇称为申无宇,有时或称为无宇。他是楚国的芋尹。

公 1.1,页 1204)。后来,这三个人有的被谋杀,有的被放逐。但是,诚如楚国太宰伯州犁所言,子羽本人将要面对郑国的内乱。王子围继位以后,又以"正义"之名杀死伯州犁(《左传》昭公 1.13,页 1223)。(有一次,王子围与穿封戍争功。伯州犁为了维护王子围的个人利益,他劝诱郑国的俘虏否认自己被穿封戍捉拿,要他把功劳归到王子围身上。)晋大夫司马侯认为,楚灵王的政权还会维持一段时间,因为上天要使他沉溺于自己的欲望之中,从而加深他的罪孽。这个看法很有说服力,但子产却认为这只是司马侯的诡计,因为晋国本身意志薄弱(《左传》昭公 4.1,页 1248)。

楚灵王的一次评论,呈现了最深刻的反讽,也最具感染力。灵王率领诸侯联军攻打吴国。当时,庆封是个声名狼藉的篡位者(下一章将会讨论他);他从齐国出奔吴国,寻求庇护。楚灵王尝试评价庆封。他想在处死庆封之前公开谴责庆封,但楚大夫伍举劝阻灵王,因为只有"无瑕者可以戮人"。灵王没有听取伍举的意见:

> 使言曰:"无或如齐庆封弑其君,弱其孤,以盟其大夫!"庆封曰:"无或如楚共王之庶子围弑其君——兄之子麇——而代之,以盟诸侯!"王使速杀之。(《左传》昭公 4.4,页 1253)

灵王得到的这样的回答,说明公开的评论充斥着危险,评论者或会因而受害。灵王临死前的自我反省,最能反映评论的沉痛:

> 王闻群公子之死也,自投于车下,曰:"人之爱其子也,亦如余乎?"侍者曰:"甚焉,小人老而无子,知挤于沟壑矣。"①王曰:"余杀人子多矣,能无及此乎?"右尹子革曰:"请待于郊,以听国人。"王曰:"众怒不可犯也。"曰:"若入于大都,而乞师于诸侯。"王曰:"皆叛矣。"曰:"若亡于诸侯,以听大国之图君也。"王曰:"大福不再,祗取

---

① 这里把这一句理解为"小人自己年老又没有儿子,自知未来将会落得死于沟壑的下场"。另一种释读是"平民百姓假如年老又没有儿子,他们自知未来将会落得死于沟壑的下场"。

辱焉。"然丹乃归于楚。(《左传》昭公 13.2,页 1346—1347)

或许,灵王所代表的骄奢放肆过于危险,以致他本人不得不加入其他批评家的队伍,公开评论自己。但是灵王到了生命的尽头,也引起了读者的同情。他对自己一生的评论产生了一种深切的悲恸,后来《史记》有不少篇章运用了相似的写法。如果说,解释的焦虑在《左传》的后半部分逐渐增加,那么,正因为混乱和暴力无所不在,解释的行为处身其中,根本无法保持中立:解释的"对象"太容易侵入诠释者的领域,尤其是当骄奢放肆的象征引来宿命的解释时。或许,只有由僭越的人解释自我,才能短暂地恢复平衡。

灵王的故事与《左传》的其他篇章不同,这段故事并不牵涉道德修辞和无情算计之间的矛盾。相较之下,他的继任者楚平王恪守礼制,恢复秩序,因而赢得了不少称颂(《左传》昭公 6.7,页 1278—1279;13.2,页 1348—1353;14.3,页 1365),即便他利用了灵王之死的谣言,以杀戮获取权力(《左传》昭公 13.2,页 1348),而且后来还可耻地迫害伍子胥一家(《左传》昭公 20.2,页 1408)。《左传》记叙灵王的事迹,旨在表明称霸的外在成就(如召集会盟、扩大影响力等),容易蛊惑人心,并不可取。这些叙述展示了礼义的修辞背后还附有一些问题。不仅灵王没能把握住这些问题,即使是有些谏言和判断,本来的目的在于重申社会的当务之急是要有良好的秩序,它们也会被动机和上下文的语境所规范。

第五章　解释的焦虑

《左传》在记录最后四位鲁国国君在位期间的史事时,解释的焦虑变得越来越明显。《左传》尝试包揽所有叙述的分歧,尝试把形式和意义强加到越来越混乱的叙事上,可说是原因之一。这部分的叙事特别详细。例如,襄公和昭公在位六十三年,时间占全书四分之一,但这个时段的记录差不多占全书篇幅的一半。各个国家之内,君臣之间互相猜度,宗族之间互相竞争。这些片段触目皆是,有时却没有清晰的道德标准。《左传》在讨论霸业和重要的战争时,每个段落的分野往往比较清晰。相对而言,当故事与国家衰微有关,当故事记叙某人以表里不一的态度终止纠纷,这时候《左传》的叙事往往显得比较凌乱。《左传》在最后一百年的记录里,捍卫霸权的政治取向更加清晰、更加激烈。① 或许,人比较容易把更遥远的过去理想化;又或者,大量的资料使人更勇于记录当前的历史。

不少学者都认同《左传》一直思考道德的问题。这个说法无疑是正确的,但《左传》之中也有些故事充斥着通奸、诡计、谋杀等片段,这些故

---

① 尤锐(Yuri Pines)列举了一些例证,参阅《儒家思想的基础》(*Foundation of Confucian Thought*),页112—116。

事的结尾有时会使读者难以把握个中的"教诲"。齐国大夫崔杼和庆封的故事便是如此。齐庄公与崔杼的妻子通奸,结果被崔杼杀死。崔杼在庆封的支持下,拥立齐庄公同父异母的弟弟为君(谥号为景公)。庆封把崔杼当成了自己的敌人。他介入了崔氏内部两个支系的斗争,最终消灭了崔氏全族。后来,有些支持庄公的党羽又诛灭了庆封一族。庆封自己成功逃脱,他得到吴王的赏赐,结果他在吴国的生活更加富足。最后,楚灵王攻入吴国把他处死。虽然上面的综述似乎勾勒出"罪有应得"这样一个框架,但由于这段叙事插入了过多的细节,加上编年的形式使得整个叙述显得格外曲折,我们读后似乎只会感到道德上的困惑。

在这段纠结的叙事中,后人经常会称引以下一段文字。这就是齐国太史以正直无畏的姿态记录下庄公被弑一事:

> 大史书曰:"崔杼弑其君。"崔子杀之。其弟嗣书,而死者二人。其弟又书,乃舍之。南史氏闻大史尽死,执简以往。闻既书矣,乃还。(《左传》襄公 25.2,页 1099)

这段叙述刻画了中国古代史官秉直的形象,让人印象深刻,难怪这么有名。齐国太史坚持守护真相,保存历史记忆,他的热情使我们重新思考"史"的意义——"史"似乎不只是传抄者,这里似乎真的指历史学家。在这段文字里,弑君是一种僭越的举动,而忠实记录这件事就能保存真相,体现真理。然而,被杀的齐庄公也不是无辜的受害者。他杀害了不少人,又利用一连串阴谋诡计,才能登上国君之位(《左传》襄公 19.5,页 1048—1049),而且他又犯下了通奸之罪。齐国大夫晏婴面对庄公之死,反应复杂而合理。这一点恰恰强调了故事背后的道德判断其实非常含糊:

> 晏子立于崔氏之门外,其人曰:"死乎?"曰:"独吾君也乎哉,吾死也?"曰:"行乎?"曰:"吾罪也乎哉,吾亡也?"曰:"归乎?"曰:"君死,安归?君民者,岂以陵民?社稷是主。臣君者,岂为其口实,社稷是养。故君为社稷死,则死之;为社稷亡,则亡之。若为己死,而

为己亡,非其私昵,谁敢任之?① 且人有君而弑之,吾焉得死之? 而焉得亡之? 将庸何归?"门启而入,枕尸股②而哭。兴,三踊而出。人谓崔子:"必杀之!"崔子曰:"民之望也,舍之,得民。"③(《左传》襄公25.2,页 1098—1099)

晏婴经过深思熟虑和反复斟酌才表现出悲伤之情。齐庄公被父亲派到即墨,崔杼迎立他,让他这个太子继位。晏婴强调崔杼在庄公继位一事上所扮演的角色,藉此质疑庄公作为君主是否合法。④ 庄公绝对不是殉国,他的死纯粹是沉溺于一己私欲的结果。所以,晏婴表现出自己对杀人凶手的藐视,以及自己对弑君这个概念的愤怒,但他并没有不由自主地表露自己对庄公之死的哀恸。这表明齐庄公与晏婴并没有构成理想的君臣关系。他提出"将庸何归"这个反问句,表明在这个故事里我们根本找不到简单而纯粹的善来制衡恶。

道德沦丧的感觉使自我保全成了新的重点。在这次血腥的阴谋发生之前[即襄公二十五年(公元前 548 年)之前发生的史事],庆克(庆封之父)与灵公(庄公之父)的母亲声孟子通奸,鲍牵和其他齐国的显贵试图揭发此事,但声孟子先发制人,以谋逆之罪把他们一网打尽。鲍牵受到惩罚,他的双足被灵公砍去。这段叙事以孔子的评论"鲍庄子智不如

---

① 八个齐国的臣子因为保护庄公而死于崔子之宫,杜预认为这八人都是庄公所宠信的心腹(《左传》,页 1097)。但是,《左传》在讲述其他殉难的齐国大夫时,都流露出称许之意(《左传》襄公 25.2,页 1097—1098)。
② "枕尸股"可解作把自己的头放到尸体的大腿之上。杜预的训解是"以公尸枕己股"(《十三经注疏》6,36.6a)。这种解释可能源于《左传》在其他地方用"枕之股"一语描写相似的哀悼仪式。"枕之股"意谓哀悼者把死者的大腿放到自己的大腿之上;详见《左传》僖公 28.5,页 470;襄公 27.3,页 1127;襄公 30.1,页 1177。另,可参阅钱钟书:《管锥编》,册 1,页 220。
③ 这段文字几乎与《晏子春秋》(卷 5,页 295—296)内的记叙完全相同,只是《晏子春秋》有更明确的道德标准。因为《晏子春秋》一开始先交代晏婴归隐,因此他也就没有义务效忠庄公。这则记载中,晏婴把土地和官位归还给庄公后,先是叹息,接着却又笑了起来。其仆曰:"何欢笑之相从数也?"晏子曰:"吾叹也,哀吾君不免于难;吾笑也,喜吾得免也,吾亦无死矣。"文章最后总结道:"以死为义者,不足以立功。"
④ 齐灵公的正室没有子嗣,庄公是庶出的长子。公子牙与他竞争王位,所以庄公一继位便把公子牙和他的母亲杀死。

葵,葵犹能卫其足"作结(《左传》成公17.6,页899)(杨伯峻的解释是古人常以葵为食物,他们不会破坏葵的根部,好让葵再次长出嫩叶[《左传》,页899])。尽管鲍牵揭发僭越的恶行有道德上的依据,但他依然因为轻率和缺乏判断力,而受到尖酸的讥评。①

晏婴的生涯本身就标示了妥协与自我保全的重要性。崔杼和庆封把庄公杀掉,拥立他的弟弟即位。接着,他们自立为宰辅。

> 盟国人于大宫,曰:"所不与崔、庆者——"晏子仰天而叹曰:"婴所不唯忠于君、利社稷者是与,有如上帝!"乃歃。(《左传》襄公25.2,页1099)

在后来的文献里,如《晏子春秋》和《淮南子》等,晏婴似乎更为强势,更不会屈服。② 这里我们看到比较含糊的情况——《左传》尝试模仿真实的场景,呈现话语被打断一幕。③ 崔杼和庆封还没有发出他们的恐吓,晏婴已直接申明自己的原则。同时,他并没有冲撞崔杼和庆封。崔杼和庆封甚至可以宣称自己符合晏婴所提到的"忠于君"(即忠于景公)和"利社稷"。后来,庆封试图争取晏婴的支持,藉此攻击齐国的两个贵族子弟。晏婴支吾其辞,以暧昧的取态避免牵涉其中:

> 使析归父告晏平仲。平仲曰:"婴之众不足用也,知无能谋也。言弗敢出,有盟可也。"子家曰:"子之言云,又焉用盟?"④(《左传》襄

---

① 《孔子家语》详细地展示了这种判断背后的逻辑:臣子面对愚昧的君主,理该保持沉默,退职隐居,并不应该勉强进谏;转引自马骕:《绎史》,卷70,页337。
② 见《晏子春秋》,卷5,页298—299;《淮南鸿烈集解・精神训》,册1,页235。在《晏子春秋》里,崔杼和庆封的盟誓是:"不与崔庆而与公室者,受其不祥,言不疾,指不至血者死。"所杀七人。次及晏子,晏子奉血,仰天叹曰:"呜呼!崔子为无道,而弑其君,不与公室而与崔庆者,受此不祥。"俯而饮血。根据《晏子春秋》和《淮南子》,晏婴明确支持齐国的公室。他认为这场斗争善恶分明,自己理应站在反对崔杼的一方。《左传》里的晏婴却并非如此。
③ 据我所知,除此以外,《左传》还有三个说话被打断的例子。一次是一个人打断了另一个人的说话(《左传》襄公4.7,页936),另外两处则是自己突然中断自己的说话(昭公6.3,页1277;昭公8.5,页1303)。
④ 杜预认为"子家"即"析归父",这与整段文字的逻辑相合。但是庆封也字子家,如果析归父也有相同的名字,《左传》应该会标明这一点。

公 28.9，页 1146）

栾氏、高氏、陈氏、鲍氏在齐国掀起了一场血腥的氏族之争。晏婴非常谨慎；他刻意保持中立，声称自己没有理由支持任何一方，也无处可归：

> 晏平仲端委立于虎门之外，四族召之，无所往。其徒曰："助陈、鲍乎？"曰："何善焉？""助栾、高乎？"曰："庸愈乎？""然则归乎？"曰："君伐，焉归？"公召之，而后入。①（《左传》昭公 10.2，页 1316）

高氏在这个时候袭击齐景公宫殿的虎门，希望可以挟持景公，发号施令。假如晏婴进宫保护景公，实际上也就等同于他与陈氏、鲍氏结盟，而与栾氏、高氏为敌——因此他只在君主召见他的时候才进入景公的宫殿。这种回避和妥协的取态，这种个人的无力感，全都被后来的思想典籍压抑下去了。诸如《晏子春秋》和《淮南子》的相关记录，便隐瞒了晏婴的这个面貌。这些作品有意放大晏婴的高尚品格，把他塑造成著名的道德典范。

从这个角度来看，《左传》记叙齐国史官以生命捍卫的一句真相，并不能涵盖事件错综复杂的性质。这代表了一种渴求，希望以简单扼要的一句话把握事件的核心意义。庄公被杀只不过是一连串破坏消亡的其中一环。整个过程的每一个环节都充斥着不能理解的情势，充斥着暧昧不明的征兆，充斥着无法把握的命运。正如不幸的受害者会误读与自己有关的征兆，以为这些预言针对的是别人的命运，最终漫不经心地坐实了这些预言。崔氏和庆氏从犯罪以至于覆灭，整个故事中最令人深刻的是，《左传》把自大的蔑视与刻意的漠视并置在一起。崔杼违背同姓不婚的禁忌②和蓍占不祥的结果，娶了棠公的遗孀棠姜为妻。正如第三章所提到的例子一般，阿谀奉承的史官声称占卜的结果吉利，这件事本身非

---

① 栾氏和高氏在攻打陈氏和鲍氏时，以齐景公为人质。虎门是景公宫殿的南门。
② 崔杼和棠姜有相同的祖先，他们都是齐国开国国君的后人。

常含糊。当齐国大夫陈文子把卦象中清晰的预警指示出来时,①崔杼认为不祥的预示并不会应验到自己身上。

砌词狡辩、反讽错置、故意误读、具有争议的命运抉择,这些概念随着故事不断发展。庄公与棠姜私通,又把她丈夫崔杼的帽子赐给他人。庄公的侍者提醒他不能这样大意。庄公说:"不为崔子,其无冠乎?"②庄公刻意误读侍者的谏言。他把自己公然侮辱崔杼的行为转化成一个反问句——难道其他人就没有资格拥有帽子吗?后来,庄公前往崔杼的宅邸与其妻幽会,遭到崔家的随从伏击。崔杼的家仆假装他们不知道庄公的身份,把他当作擅自闯入者来追打:

> 皆曰:"君之臣杼疾病,不能听命。近于公宫,陪臣干掫有淫者,不知二命。"(《左传》襄公 25.2,页 1097)

崔杼的家仆声称自己受命于齐国国君,最终以保卫公宫的安全为由,杀死了齐庄公。

庆封在诛灭崔杼家族的时候,我们同样会看到这种故作糊涂的伎俩。崔杼和庆封把齐景公扶上君主之位,他们因此成为齐国最有权势的卿相。后来,崔氏家族内部发生纠纷,庆封怂恿崔成和崔强(崔杼与前妻所生的儿子)杀死棠姜的兄长,以及棠姜与前夫所生的儿子。他说:"苟利夫子,必去之。难,吾助予。"(《左传》襄公 27.7,页 1137)崔成和崔强的阴谋得逞。崔杼在混乱中向庆封求助,请求庆封协助他惩罚自己的两个儿子。这带来了整个宗族的覆灭。崔杼似乎也可预见这场灾祸的后果:

---

① 《周易》第 47 卦困卦第三爻的爻辞:"困于石,据于蒺藜,入于其宫,不见其妻,凶。"这里的预言由此爻辞而来。有关这段故事的讨论,参苏德恺(Kidder Smith):《从〈左传〉看〈周易〉的诠释》("*Zhouyi* Interpretation from Accounts in the *Zuozhuan*"),页 433—435。

② 这里我理解为:"如果那些人不是崔子,就不用戴帽子吗?"俞樾的断句并不相同,他认为这里应标点为"不!为崔子,其无冠乎?",意谓:"不!身为崔子,难道他没有其他帽子吗?"高本汉的翻译也转引了俞樾的说法,参高本汉《左传注释》,第 621 条。

且曰:"崔氏有福,止余犹可。"①遂见庆封。庆封曰:"崔、庆一也。是何敢然?请为子讨之。"(《左传》襄公 27.7,页 1137)

这次讨伐过于成功,乃至崔杼最终"至,则无归矣,乃缢"(《左传》襄公 27.7,页 1138)。卦象所呈现的不祥预兆一一应验。庆封惩处崔杼的儿子,表面上是因为自己认同崔杼的想法,实际上却是考虑到自己的利益。崔杼的愿望实现了,结果却远远超出了自己的预期。

无意地默许自己的毁灭,甚至串通外人消灭自己,这种情况在庆封家族的命运上再次重演。恰如崔杼一样,不合礼制的婚姻预示着毁灭和破败。庆封的儿子庆舍把女儿嫁给了他最宠爱的家臣卢蒲癸。

庆舍之士谓卢蒲癸曰:"男女辨姓,子不辟宗,②何也?"曰:"宗不余辟,余独焉辟之?赋诗断章,余取所求焉,恶识宗?"(《左传》襄公 28.9,页 1145—1146)

卢蒲癸与王何曾经是被杀的庄公的党羽。他们本来流亡在外,庆封让他们回国,大概是因为他声称自己毁灭崔杼家族是要为庄公报仇,这样做可以使自己的行为显得更为合理。婚姻关系使卢蒲癸宠仆的地位更加牢固。另一方面,庆舍的女儿也与丈夫合谋对付自己的娘家。卢蒲癸和王何向庆封展示了龟卜的结果,这显然有反讽意味,因为他们占卜的原因恰恰是为了攻击庆氏一族:"或卜攻雠,敢献其兆。"庆舍认为占卜的结果吉祥:"克,见血。"(《左传》襄公 28.9,页 1147)庆舍与崔杼一样无视占卜的结果,重蹈覆辙,误以为自己遭逢灾难的预言针对的对象是其他人。庆舍不仅漫不经心地道出自己未来的劫难,即使别人不怀好意地把庆舍的命运告诉他,庆舍依然无法洞悉真相。卢蒲癸的妻子卢蒲姜,亦即庆舍的女儿,刻意劝阻自己的父亲,要求他不要前往祖庙主持祭祀。她知道自己的父亲一定会刻意违背自己的意见,于是设计要他前往自己

---

① 也就是说,假如只有他本人被杀,他认为这结果还算幸运——他害怕整个家族将会毁灭。
② 卢蒲癸和庆封同是姜姓。

被行刺的地方。

> 卢蒲姜谓癸曰:"有事而不告我,必不捷矣。"癸告之。姜曰:"夫子愎,莫之止,将不出。我请止之。"癸曰:"诺。"十一月乙亥,尝于大公之庙,庆舍莅事。卢蒲姜告之,且止之,弗听,曰:"谁敢者?"(《左传》襄公 28.9,页 1147—1148)

庆封实践个人的意愿,最终带来自己的灭亡。

崔杼的家臣以尊重国君的命令和维护公侯的宫室为名,杀死庄公;崔杼的意愿毁灭了自己的家族;庆舍实践了自己被诛杀的预言。从上述所有例子,我们都注意到有人以自己的名义做出针对自己的行为。或者,更进一步说,每个人都因为自己的指令,而释放出毁灭自己的力量。不过,假如我们要令这个故事中暧昧的预兆和错置的抉择显得更加对称,解读龟卜的人就应该是庆封,而不是庆舍。庆封逃出了这个象征体系,或者他只是一个误导别人的能手,出现的目的只是要欺瞒崔杼。《左传》并没有把庆封的邪恶纳入道德的因果报应,甚至没有把他纳入审美的体系里。庆封出奔鲁国。他毫无悔意,驾着奢华的马车,炫耀自己的财富,而且行为也不恭敬,引起了鲁国大夫的忿恨。他完全不知道鲁国大夫称《诗》讥讽自己(《左传》襄公 27.2,页 1127)。最后他定居吴国,在那里积聚了更多的财富。鲁国的贤士叔孙豹认为庆封变得更加富有,其实是上天降灾的先兆(《左传》襄公 28.9,页 1149)。即使庆封最后被楚灵王所杀,他也以临终之言表达了自己的反抗。正如第四章所述,楚灵王打算公开谴责庆封,但最后却事与愿违,庆封当众揭发楚灵王的罪孽。[1] 我们再次看到一个坏人打败另一个坏人,这重复了庆封铲除崔杼及其宗族的故事。同样,我们再次找不到与恶抗衡的善。

---

[1] 《左传》里还有其他公开在诸侯面前指责大夫行为不端的例子,可参阅成公 16.11,页 894;襄公 23.5,页 1083。在后面的事例里,臧孙纥非常欣赏指控他的人,原因是他们巧妙地利用破坏门禁的罪名("毋或如臧孙纥干国之纪,犯门斩关!"),来掩饰他真正的罪行。本来臧孙纥的罪责,应该是帮助季武子把幼子策立为储君。但因为季武子正是负责上书指斥臧孙纥的人,他当然不希望把这件事宣扬开去。

以恶代恶使人失去了道德的方向。什么是正面的动机？什么是正面的行为？那些密谋诛灭庆氏一族的人是否代表了正义的力量？他们向齐景公保证"群臣为君故也"（《左传》襄公 28.9，页 1148）——齐景公看来十分害怕自己会被谋杀——但是他们的"忠诚"并没有使以后发生的一连串事情更加统一、更加清晰。栾氏、高氏、陈氏、鲍氏打败了庆封一族，掌握大权，但他们很快就陷入了另一场致命的权力斗争中。胜者把流亡在外的公子召回齐国，又瓜分了败者的领地，但当他们把城邑赐给晏婴时，他却拒绝接受。

> 庆氏之邑足欲，故亡。吾邑不足欲也，益之以邶殿，乃足欲。足欲，亡无日矣。① 在外，不得宰吾一邑。不受邶殿，非恶富也，恐失富也。且夫富，如布帛之有幅焉。② 为之制度，使无迁也。③ 夫民，生厚而用利，于是乎正德以幅之，④使无黜嫚，谓之幅利。利过则为败。吾不敢贪多，所谓幅也。（《左传》襄公 28.11，页 1150）

晏婴倡导置身事外、保全自我的哲学。这个片段刚好紧接着一个弥漫着凶暴与毁灭的骇人故事，似乎晏婴要捍卫的是合理的个人利益，而非单粹的道德考虑。《左传》在这个故事之后，讲述了齐国栾氏、高氏、陈氏、鲍氏之间的权力争夺，以至最后陈氏掌权。其中，这段叙事的重点再次落在克制自己的财富增长，以及确保个人的昌盛不会招致君主或其他臣子的嫉妒（《左传》昭公 10.2，页 1317—1318）。按照这种逻辑，那些积聚过多财富和权势的人会招来妒忌和毁灭。这种逻辑虽然合理，却又有点冷漠自私。而且，这里根本没有必要提及任何道德标准。命运的反讽已经把"意志"变成了一个有问题的概念，因为"意志"可能会暗中颠覆自我意志的连贯性。而我们在破坏净尽的废墟中找不到任何道德教诲。

---

① 我把"足欲"理解成"值得冀求"，也可以根据杜预注理解为"满足欲望"。
② 这是声训，度量单位"幅"与财富之"富"同音。
③ 布帛和丝线都有固定的边长。
④ 类似的说法还可参见《左传》文公 7.8，页 564；成公 16.5，页 881；《伪古文尚书》中的《大禹谟》（《十三经注疏》1，4.4b）。

即使"罪有应得"这种教训也不适用于整个情况,因为最凶恶的奸臣庆封在临终前下了定论,以合理的姿态指责楚灵王这个俘获他的人。庆封和楚灵王的对骂显示出两人的控诉和罪孽都是对等的。这与齐国太史记录崔杼弑君时那种无上的权威形成对比。

崔杼和庆封为齐国带来严重的破坏。这与《左传》同一时间或之后有关政局混乱的记录有相似之处。例如,郑国(襄公十至十九年)、宋国(昭公二十至二十二年、哀公十三至二十六年)、晋国(襄公二十一至二十三年、昭公二十八年、定公十三至十四年、哀公二年)、鲁国(昭公十二至十四年、二十五至三十二年、定公七至十年)、卫国(襄公十四至二十八年、昭公二十年、定公十四年至哀公二十六年)国内所发生的权力斗争,就与齐国的乱局有不少共通点:这些乱局都有错综复杂的细节,国人都会为政权而争辩,或会因此感到困惑;这些乱局都有更突兀的语气转折,文章会忽然插入更严肃典雅的言辞;这些乱局都会更突出个人的交情与复仇。

蒯聩(即卫庄公,公元前 480—前 478 年在位)及他的儿子辄(即卫出公,公元前 493—前 480 年、前 477—前 470 年在位)二人争夺国君之位。从蒯聩于公元前 493 年(哀公二年)流亡国外,到公子辄于前 470 年(哀公二十五年)出奔他国,这段故事可以说是《左传》最后一段日子里一个最重要的事件。这一连串的事情表明了当没有任何国君获得合法授权时,解释的焦点就可能会有问题。孔子及其弟子(子路、子羔、子贡)被卷入卫国的乱局之中,也说明政治活动有其可能及其局限。南子是蒯聩父亲卫灵公的夫人,蒯聩尝试把她杀死,却未能得逞。最终他逃亡国外(《左传》定公 14.8,页 1597—1598)。灵公死后(《左传》哀公 2.2,页 1612),公子辄继承了君主之位。当时他的父亲蒯聩居于戚,辄出兵围攻戚邑,迫使蒯聩在晋国的支持下自封为卫国国君。后来,蒯聩成功夺位,卫出公辄逃到齐国(《左传》哀公 15.5,页 1694—1696)。但蒯聩在位不久,随即被另一个儿子公子起背叛,被国内的乱军驱逐出境,又因自己任性妄为而肆意羞辱戎人,破坏戎州,最终被戎人杀死(《左传》哀公 17.5,

页1709—1711)。出公辄回到卫国,重登君主之位(《左传》哀公 18.3,页 1713)。七年后,他又因内乱而出奔他国(《左传》哀公 25.1,页 1724—1727)。

《左传》里,蒯聩和公子辄都没有资格成为君主。《左传》在记叙蒯聩发动政变推翻儿子的史事时,一直称呼他为"太子"。蒯聩和公子辄二人都指责对方并没有足够的理由登上国君之位,他们往往会提到"太子"一词的定义。事实上,从蒯聩流亡开始,这场旷日持久的权力斗争在每一次出现变化时,都会牵涉两位君主可疑的合法地位,以及他们不甚明确的道德操守。

> 卫侯为夫人南子召宋朝。① 会于洮,大子蒯聩献盂于齐,过宋野。野人歌之曰:"既定尔娄猪,盍归吾艾豭?"大子羞之,谓戏阳速曰:"从我而朝少君,少君见我,我顾,乃杀之。"速曰:"诺。"乃朝夫人。夫人见大子。大子三顾,速不进。夫人见其色,啼而走,曰:"蒯聩将杀余。"公执其手以登台。大子奔宋。尽逐其党,故公孟驱出奔郑,自郑奔齐。大子告人曰:"戏阳速祸余。"戏阳速告人曰:"大子则祸余。大子无道,使余杀其母。② 余不许,将戕于余;若杀夫人,将以余说。余是故许而弗为,以纾余死。谚曰'民保于信',吾以信义也。"(《左传》定公 14.8,页 1597—1598)

正如宋人的歌谣所述,南子与宋朝私通,为卫国带来耻辱。但《左传》并没有提及,蒯聩是否因为谋害南子而影响了他继位的合法性。即使他的家臣戏阳速斥责他企图拿自己来抵罪,《左传》也没有明确指责他

---

① 据杜预所述,南子来自宋国,以前曾与宋国的公子朝私通。《论语》也提到宋朝是众所周知的美男子。另外,孔子曾经因与南子会面而使子路不悦(《论语·雍也》6.16,6.28;《史记·孔子世家》卷 47,页 1920—1921)。卫灵公因为夫人南子的请求而把宋朝召来。《左传》并没有交代他是否知道两人的关系。另外,公子朝曾与灵公之母宣姜私通,卫国因此大乱(《左传》昭公 20.4,页 1410—1414);这与上文提到的宋朝是否同一个人,我们也无从稽考。
② 《左传》并没有提及蒯聩为南子所生。这里说南子是蒯聩之母,原因是南子是蒯聩父亲的妃嫔,所以蒯聩理应把她视为自己的母亲。

286

谋杀的意图。戏阳速没有履行承诺,他为自己辩解,重新定义了"信":守信的目的是要保全自我;自己违背刺杀的诺言,以道义拒绝谋杀,正是保全自我的最佳方式。他声称自己以尽责和恰当的行为来实践"信",只是没有恪守强加在自己身上的承诺而已。背信弃义与重新定义"信"这些主题,贯穿于蒯聩和公子辄二人争权的整个叙述。

戏阳速的辩解只不过是借用道德的论述,来为保存性命服务。《左传》有数个片段记录了鲁哀公在位期间卫国人品德高尚的言行。这些片段全都与抽身而退有关。蒯聩流亡时,卫灵公想立公子郢为太子,但是郢拒绝了这个命令,主动把国君之位让给公子辄(《左传》哀公 2.2,页 1612)。卫国大夫孔文子计划攻打太叔疾,他向孔子请教,孔子拒绝牵涉其中。

> 仲尼曰:"胡簋之事,则尝学之矣;甲兵之事,未之闻也。"①退,命驾而行,曰:"鸟则择木,木岂能择鸟?"文子遽止之,曰:"圉岂敢度其私,访卫国之难也。"将止,鲁人以币召之,乃归。(《左传》哀公 11.6,页 1667)

事实上,孔文子打算报复,完全出于私心:孔文子让太叔疾休了自己的妻子,又把自己的女儿嫁给他;太叔疾答应了,却与自己的前妻藕断丝连。②如果说,孔文子几乎把孔子说动,孔子几乎要答应留下不走,那可能是因为"私"和"卫国之难"两者很难有清晰的界线。把公事和私事联系起来需要承诺,把两者区分开来需要超脱。孔悝是孔文子的儿子,他因为蒯聩要再次进入卫国推翻公子辄而身陷险境。孔悝的家仆象征着一系列的选择[蒯聩与他的姊姊孔伯姬(孔文子的寡妻,亦即孔悝之母)及她的情人浑良夫合谋,希望强迫孔悝答应驱逐公子辄。这场戏剧性的政变上

---

① 《论语》中卫灵公向孔子请求军旅的阵法,孔子也用类似的话回答了灵公(文字稍有出入)。第二天,孔子便离开了卫国。司马迁沿用《左传》的说法,参《史记·孔子世家》卷 47,页 1934。
② 孔圉(孔文子)得到"文"的谥号,原因是他"敏而好学,不耻下问"(《论语·公冶长》5.15)。《左传》在更早的时候就曾预言他将会辅佐国君(《左传》昭公 7.15,页 1297—1298),但《左传》里并没有提及他的德行。

演了性别倒错的一幕:蒯聩和浑良夫假装女人,而孔伯姬则拿着戈在前面引路]。①

> 迫孔悝于厕,②强盟之,遂劫以登台。栾宁将饮酒,炙未熟,闻乱,使告季子[按:即子路];召获驾乘车,③行爵食炙,奉卫侯辄来奔。季子将入,遇子羔将出,曰:"门已闭矣。"季子曰:"吾姑至焉。"子羔曰:"弗及,不践其难!"季子曰:"食焉,不辟其难。"子羔遂出,子路入。及门,公孙敢门焉,曰:"无入为也。"季子曰:"是公孙也,④求利焉,而逃其难。由不然,利其禄,必救其患。"有使者出,乃入,曰:"大子焉用孔悝?虽杀之,必或继之。"且曰:"大子无勇,若燔台,半,必舍孔叔。"大子闻之,惧,下石乞、盂黡敌子路,以戈击之,断缨。子路曰:"君子死,冠不免。"结缨而死。孔子闻卫乱,曰:"柴也其来,由也死矣。"孔悝立庄公。(《左传》哀公15.5,页1694—1696)

在这场乱局中,服从和效忠两者有什么意义,成为最迫切需要考虑的问题。我们可以在这里看到一系列不同的应对方式:从单纯考虑自己的义务,到一心只想保存性命。蒯聩发动政变时,孔悝的管家栾宁正要吃饭。他虽然被蒯聩作乱的消息打断,但他侍奉公子辄逃往鲁国时,在马车上继续饮酒食肉,看起来毫不慌乱。子羔和公孙敢并没有做出任何反抗,因为他们相信即使抵抗蒯聩也是徒然。

这则叙事只把子路描写为道德的楷模。他捍卫互惠互利的原则:他从孔悝手中取得俸禄和官位,因此他有责任扶助孔悝。这与战国时期一

---

① 因为南子与人私通,蒯聩才企图把她杀死。最终他事败出走,但反讽的是,他正好利用了自己的姐姐与浑良夫的奸情,才得以回到卫国。因为蒯聩答应会把权位授予浑良夫,因此孔伯姬相信蒯聩会批准自己与浑良夫私通,所以她才强迫自己的儿子孔悝反对公子辄,转而拥立蒯聩继承卫国国君之位。一个男人为了避开危险而伪装成女人,这个论述本身就有否定的意味。同类事情也见于《左传》襄公23.3,页1075。
② 这一句可以理解成"他们把孔悝逼到茅厕之中"。俞樾把"厕"释读为"侧",原因大概是茅厕本身似乎并不是适合盟誓的地方。如此一来,我们可以把这一句理解为"他们把孔悝逼到一角"。
③ 杜预认为"召获"是一个人的名字。这里我采用了俞樾的说法,把"召"训为召唤。"乘车"与"兵车"相对,意谓这里的车子专为百姓所用。
④ 公孙敢在门后,子路从声音辨认出他的身份。

288

些有关君臣关系的故事非常相似。① 然而,子路并没有讨论蒯聩和公子辄他们二人的是非曲直。他似乎只是一心想保护孔悝。子路临终前把缨带结好,这个时刻特别有象征意味:一个人置身这混乱的时代,他根本没有办法好好分辨谁有合理的理由宣称自己拥有权力,没有办法决定权力的依归。或许,唯一的避难之所,就是个人的尊严——君子在任何情况下都可以寄身于此。子路是《左传》里唯一一个自觉地以自己的言行落实"君子"典范的士人。这表明整个举动其实是经过深思熟虑的。孔悝并没有受到任何伤害,他改变立场,支持蒯聩登上卫国国君之位,这一连串的变故使我们怀疑子路的牺牲最终意义何在。除非孔悝坚持拥护自己的君主辄,否则他根本不会有任何危险。但是,公子辄似乎没有资格拥有如此坚定的支持,孔悝对于自己的改变立场似乎也没有太多疑虑。子羔的说法是对的:时机决定了行为的意义——孔悝已屈服于蒯聩的胁逼,所以子路的自我牺牲根本没有意义。即使子路仿效子羔和公孙敢,整个故事的结果也不会有任何改变。因此,《左传》并没有以实际的效用来理解子路的行为,这段故事着眼于子路捍卫了忠义,以及君臣关系的互利原则。但是,从更广阔的角度看,如何在政治冲突中界定君臣关系其实是个难题。在《论语》里,子路曾推荐子羔当费宰,孔子反对这个提议(《论语·先进》11.25)。可是,孔子在这里评价自己的弟子时,并没有任何褒贬之义。他早已料到子羔会离开卫国,而子路则会为孔悝而死。他并没有清晰地评价他们二人的选择。

如果说,道德的言辞与抽身而退和互惠互利的论述密切相关,那么,那些有关列国的秩序或往昔的权威的更崇高的辞藻,也就会因为上下文而显得格格不入。当然,《左传》里的外交辞令与权力政治有所分歧,这一点其实并不新鲜,只是这里的并置特别极端而已。

只要有周王室的认可,也就能证明国君的地位合乎法度。卫国使臣

---

① 尤锐认为春秋晚期贵族与家臣之间的政治关系有私人化的趋势,详参《儒家思想的基础》(*Foundation of Confucian Thought*),页154—158。

为了得到这个权力的象征,这样称颂晋国:"蒯聩得罪于君父、君母,逋窜于晋。晋以王室之故,不弃兄弟,寘诸河上。天诱其衷,获嗣守封焉。"周室的贵族以同样庄重典雅的语言作答。他传达了周天子的认可,承认蒯聩是卫国合法的君主,又嘱咐他以后要虔敬:"弗敬弗休,悔其可追?"(《左传》哀公 16.2,页 1697—1698)事实上,诸侯之间的血缘关系和立足于敬的合法性质,对于政治现实根本没有丝毫作用。晋人早有干预卫国内政的习惯。后来他们与蒯聩闹翻,出兵攻打卫国。卫国的贵族为了与晋国和平共处,最后废黜了蒯聩(《左传》哀公 17.5,页 1710—1711)。

地位低下、品格可疑的人有时会引述历史的权威,作出神秘莫测的预言。浑良夫本来是孔家的年轻家仆,他与蒯聩共谋赶走公子辄,后来又卷入了一连串继位的阴谋。蒯聩本来答应以后会赦免他三次死罪,但他中了其他人的诡计,失去了这些保障,最终被处死(《左传》哀公 17.1,页 1706)。他的鬼魂出现在蒯聩的梦境里。

> 卫侯梦于北宫,见人登昆吾之观,被发北面而噪曰:"登此昆吾之墟,绵绵生之瓜。余为浑良夫,叫天无辜。"(《左传》哀公 17.5,页 1709—1710)

我们很难说浑良夫是个没有罪责的人。浑良夫也可以站在道德高地报复卫庄公,这说明《左传》对庄公更加不屑。昆吾象征远古时代,《国语》把昆吾称作"夏伯"(《国语·郑语》,页 511),楚灵王则认为昆吾是自己的祖先(《左传》昭公 12.11,页 1339—1340)。瓜苗蔓延的意象,让我们想起《诗·大雅·绵》(237)里的"绵绵瓜瓞"。这首诗描述了周人如何繁衍,如何变得兴盛。这里浑良夫可能要显示自己的功绩,强调自己重立庄公,卫国的血脉才得以延续下去。吊诡的是,延续的意象同时也说明了劫数难逃:假如庄公一脉变得兴盛,那也就意味着他的儿子将会回来废黜他。随后的占卜结果印证了这个梦的预言,而这些凶兆很快就兑现了(《左传》哀公 17.5,页 1711)。

在蒯聩的祷告中,修辞的转换非常明显。他肃穆庄严地向先祖祷告,义愤填膺地申明正义,藉此掩饰自己的怯懦。他逃亡之后,尝试寻求晋国的保护。因此，他也被卷入晋国不同宗族之间的派系斗争。他支持赵鞅一方，与赵氏合力对付范氏和中行氏。

> 曾孙蒯聩敢昭告皇祖文王、烈祖康叔、文祖襄公：郑胜乱从，晋午在难，不能治乱，使鞅讨之。蒯聩不敢自佚，备持矛焉。敢告无绝筋，无折骨，无面伤，以集大事，无作三祖羞。大命不敢请，佩玉不敢爱。(《左传》哀公 2.3，页 1616)

宗族领袖声称他们代表了诸侯的利益，如同诸侯宣称自己是周天子的代言人一般。《左传》在记叙晋国内部互相残杀时，往往没有清晰的道德评价。这里赵氏自称是正义之师，他们以晋侯的名义平定祸乱。蒯聩的最后两句祷文很可能用了一种形式化的措辞。他克制自己不去请求生死方面的"大命"，但他乞求先祖保护自己不受任何伤害，这些细节还是显示出他内心的恐惧。此前，当他看到郑国军队人数众多，他害怕得从战车上摔了下来。赵鞅的车夫不得不把车绥交给庄公，好让他重新登上战车。他对庄公说："妇人也。"

《左传》所记录的最后一位鲁国国君是鲁哀公。哀公在位期间，真正能以有效的修辞捍卫礼制的理念，恰恰是孔子的另一名弟子子贡。卫出公曾在吴国被人拘留，子贡说服吴人释放出公（哀公 12.4，页 1672）。后来，子贡又针对出公做出了最后的评断（蒯聩被杀以后，出公复位［哀公十八年］；但七年后，他再次避居国外［哀公二十五年］）。

> 卫出公自城鉏使以弓问子赣，且曰："吾其入乎？"子赣稽首受弓，对曰："臣不识也。"私于使者曰："昔成公孙于陈，宁武子、孙庄子为宛濮之盟而君入。献公孙于齐，子鲜、子展为夷仪之盟而君入。今君再在孙矣，内不闻献之亲，外不闻成之卿，则赐不识所由入也。《诗》曰：'无竞惟人，四方其顺之。'①若得其人，四方以为主，而国于

---

① 这两句诗出现在《诗·大雅·抑》(256)和《诗·周颂·烈文》(269)。"顺"，传世《诗经》作"训"。这里按照毛传的释读(《十三经注疏》2,18.9a—9b)把诗句理解为"那些得到贤者的人强大无匹，四方之民都会顺从他"。欧阳修(1007—1072 年)的理解与此不同："乃以一身所为，而训道四方，谓以天下为己任，可谓自强者也。"(见《诗本义》，卷 11)

何有?"(《左传》哀公 26.3,页 1731——1732)

《左传》把卫成公和卫宪公都描写成昏君。晋国的师旷即曾因为宪公被逐,而说了以下名言:"岂其使一人肆于民上,以从其淫,而弃天地之性?"这句话说明人民有权推翻无道的国君(《左传》襄公 14.6,页 1018)。无论是成公还是宪公,他们在国家内外都有忠实的支持者,这为他们流放和回国的故事提供了一丝庄重的气息和一点意义(《左传》僖公 28.1,页 451—452;僖公 28.3,页 466—467;僖公 28.5,页 468—470;襄公 14.4,页 1010—1015;襄公 26.2,页 1112—1113)。但在蒯聩和公子辄的记叙里,这样的人物并没有出现。我们已经见到,即便是子路,他的忠诚纯粹是针对个人,而他效忠的对象也只有孔悝。子路并没有在父子二人的权力斗争之中偏袒任何一方。《左传》已经表明了君主被罢黜或被流放其实并不反常,书中也已接受了这种发展趋势。当人们试图为自己的行为辩解,他们一再违犯"信"的原则,又或者他们会从"信"的暧昧之处重新界定这个概念。

这里孔子的弟子似乎象征着乱世之中的各种安身立命的方式:子路寻求个人的正直,子贡则利用历史先例判断未来。但是,从子路的故事里我们看到强烈的限制。《论语》曾经称许子路的管治和司法能力。①《左传》的其他地方也把子路塑造成务实而有远见的季氏家臣(《左传》定公 12.2,页 1586—1587),但他最终只能徒然地牺牲自我,以捍卫自己的尊严。子贡在《左传》的其他篇章也证明了自己的预示能力(《左传》定公 15.1,页 1600—1601);②他代表鲁、卫二国的利益,与吴国和齐国谈判,又展现出杰出的修辞技能(《左传》哀公 7.3,页 1641;哀公 12.5,页 1672;哀公 15.4,页 1693)。《论语》提到过子贡精于"言语",③《史记·仲尼弟子列传》(卷 67)把他塑造成战国纵横家一样能言善辩的英雄。这里子贡

---

① 见《论语》5.8;11.3;11.24;12.12。
② 孔子曾在这个例子里指斥子产,认为他对于自己的判断太过自信(《左传》定公 15.3,页 1601)。
③ 《论语·先进》11.3。

回避了公开讨论公子辄的命运,反而在私人交流时畅所欲言。这说明他的判断已经不会影响事情的发展。子贡除了预言公子辄将无法回到卫国——他将会一直避居越国直到死去,子贡并没有归纳出任何潜伏于这一系列事件背后的原则或结论。他只强调了用人恰当非常重要,而这正好响应了《左传》(以及其他战国时期的文献)反复讨论的一个重点。

　　晏婴审慎地抽身而退,试图明哲保身;子路为履行君臣之间的协议而选择有尊严地死去;还有子贡的私人判断,这些做法大体上都获得了《左传》正面的评价。但这些例子也表明,在混乱的时代里,当人们无法把握谁拥有合法的权威,当人们可以公开争论君主的权威是否合法时,他们很难界定哪一个选择才是正确的决定。以卫国的内乱为例,当时的局势非常混乱,以至于《墨子》在抨击孔子及其弟子时,指责子贡、子路"辅孔悝乱乎卫"。① 在《盐铁论》(成书于公元前 70 年左右)里,子路、子贡、晏婴的选择也引发了不少讨论:"大夫"指责子路"不能救君出亡",而子贡和子羔"不能死其难";而"文学"之士反对此说,他们批评卫侯近佞远贤,判断失误,所以子路只能把忠诚投放到孔悝身上。子羔和子贡并没有参与卫国重要的决策,"故可以死,可以生,去止,其义一也"。同样,晏婴拒绝在崔杼和庆封引发大乱时以身殉国,也"不可谓不义"。②

　　汉初的争论发展了植根于《左传》的一些论点。"文学"之士的观点显然继承了前人明哲保身的立场。除了晏婴和子羔的例子,《左传》还有其他的事例。譬如泄冶进谏,虽然他有道德上的依据,但却欠缺周详的思虑,最终被孔子批评(《左传》宣公 9.6,页 701—703;第二章也提到这个案例)。后期文献经常褒奖"死谏"或"尸谏"的概念,《左传》却似乎不以为然。

　　汉代大夫拥护"忠"的概念,认为"忠"指臣子绝对效忠于君主,这可能是秦汉大一统以后的结果。尽管互惠原则和自我保全比效忠概念更

---

① 见《墨子集解·非儒》,页 262。
② 《盐铁论·殊路》卷 21,见《新译盐铁论》,页 295—298。《盐铁论》一书由汉代"大夫"和没有官位的"文学"的议论组织而成。

为普遍,但是《左传》有时也会称许绝对效忠于君主的臣子。例如楚大夫鬻拳拿着武器威胁楚文王,当文王没有听从他的谏言时,他斩下自己的双足以惩罚自己。君子赞赏道:"鬻拳可谓爱君矣:谏以自纳于刑,刑犹不忘纳君于善。"(《左传》庄公19.1,页211)①楚国的贤士弃疾(第四章也提到他)没有违背楚王的命令,把自己的父亲置于死地。另一名楚国大夫斗辛阻止自己的弟弟斗怀弑君以报父仇。斗怀认为这是合理的报复:"平王杀吾父,我杀其子,不亦可乎?"斗辛则认为臣子应该无条件地效忠君主:"君讨臣,谁敢雠之?君命,天也。若死天命,将谁雠?"(《左传》定公4.3,页1546)但是,这些案例(全部来自楚国)也受到语境的制约。鬻拳的故事可说是暴力的净谏,弃疾的自杀表明忠并不能置于孝之上。楚平王杀了伍员(伍子胥)的父亲和兄长,伍员决意复仇,斗辛就在伍员复仇的事迹里表明了自己的立场。《左传》在最后这个例子里,把互相矛盾的观点并置,这一点尤其有趣。这个例子发生于《左传》所记录的最后六十年,整个故事以吴、楚、越三国之间的斗争作为背景。除了支持和反对向君主报复两种看法以外,我们还可以在这段叙述里看到众人对孝有不同的理解(伍员通过复仇来维护家族的荣耀;他的兄长伍尚则选择响应父亲的传召,面对自己的末路);颠覆国家和重建国家的使命感同样强烈(伍员与申包胥的对立)。②

　　从《左传》这个部分看,复仇是楚、吴、越三国国政发展的动力。报复

---

① 这里所谓的"善",意谓楚文王被敌人打败后,鬻拳不肯开门让他进入楚国国都,于是文王领兵攻打黄国,最终获胜(《左传》庄公19.1,页210)。公羊学者何休批评鬻拳的举动。杜预响应何休的指责,认为"爱君"一词已经暗示君子并没有把鬻拳视为臣子的楷模(因为过激的感情会妨害忠诚)(《十三经注疏》6,9.18a)。后来的注家生在帝制之下。对于他们来说,一个忠心的臣子不可能用武器威胁君主,因此他们纷纷批评《左传》的思想过于激进(如程公说:《春秋分记》,卷74;陆粲(1494—1551年):《左传分注》,卷1;朱鹤龄(1606—1683年):《读左日抄》,卷2)。
② 司马迁保留了伍子胥和申包胥的对立(《史记·伍子胥列传》卷66),但却不曾提及伍尚和斗辛。这种处理令伍子胥更没有可能撤回自己复仇的决定。杜润德(Stephen Durrant)曾讨论《左传》和《史记》两书对于伍子胥的记叙有何关系,可参阅《雾镜:司马迁著作中的张力与冲突》(*The Cloudy Mirror: Tension and Conflict in the Writings of Sima Qian*)。

的概念主导整个故事,或许是要响应时局的混乱,因为报复本身的目标异常明确。但复仇也引入了新的矛盾,慎白公为父报仇,令楚国陷入混乱。一个人不惜以国家稳定为代价为父报仇是否合理,这决定了慎白公究竟是"诈而乱"抑或"信而勇"(《左传》哀公 16.5,页 1700)。① 家臣与贵族或大夫之间的私人关系非常重要,这在复仇的关键性人物身上显而易见。慎白公的家臣石乞为他而死,可以说是慎白公的故事里非常重要的一部分。更常见的情况是,《左传》用"私"和"嬖"这种带贬义的字词形容君主对臣子的宠爱,这意味着偏袒家臣或宦官会助长他们不良的习性,最终带来不可收拾的灾祸。假如家臣为自己的主公而死,《左传》会把这件事当作那位主公的罪证,并不会把这些家臣奉为义士(可参《左传》庄公 8.3,页 175—176;襄公 25.2,页 1097—1098)。到了《左传》记录最后四位鲁国国君在位期间的史事时,有时文章会把家臣与主人之间的私人关系浪漫化,其中最突出的例子莫过于公元前 550 年晋大夫栾盈的家臣誓言会为主公而死(《左传》襄公 23.3,页 1073—1074)。② 子路对孔悝的忠诚更加冷静,虽然他也同样跟从互惠的原则。然而,《左传》也曾在其他地方批评这类人际关系。宗鲁为捍卫主公而殉难,孔子就曾批评这位家臣。宗鲁因为忠诚的冲突而陷入了道德的两难,他解释自己殉难的决定,认为只有这样做才能更好地应付这个局面。宗鲁的言辞让人信服,但孔子却揭示了他言论中的谬误(《左传》昭公 20.4,页 1410—1414)。《左传》经常会把多重观点全部展现出来。书中记叙齐、卫两国的乱局值得关注,原因恰恰是这些记载消解了忠诚和合法权威的定义,使人察觉出这些概念不无问题。这与《左传》其他地方对于忠诚和合法权威的称许并不相同。

在子贡的判断中,"得其人"的需要本身决定了忠诚和权威的合法

---

① 楚大夫子西和叶公分别对此事作出了正面和负面的评价。尽管子西因为错信慎白公以送命,但《左传》把他的行为与伍子胥相提并论,这也就暗示了《左传》暗中还是肯定子西的。司马迁在书写《伍子胥列传》这一系列复仇的故事时,就用了慎白公的故事作结。
② 范氏家臣张柳朔的故事也是一个例子(《左传》哀公 5.1,页 1629—1630)。

性。判断的困难使"其人"的角色更加关键。《左传》里还提到冉有和有若等孔子的门人,他们也为鲁国的季氏服务。但子贡与这些人不太一样,他似乎保持了一定程度的独立。① 冉有作为家宰,似乎只会考虑主人的利益(哀公 11.1,页 1658—1659;哀公 11.7,页 1667—1668)。子贡的立场则没有那么明晰——他似乎既听命于季康子,也听命于鲁国国君。即使他似乎效忠于季康子,我们仍能看到他与他的主人的分歧,仍能看到他所代表的另一种政治选择。② 子贡的判断间接肯定了他那样的"士":他们在上下尊卑的等级制度之内活动,却又暗中超越了这种制度的约束。正如子贡的言辞一般,他暴露了礼与力的关系,同时又进一步肯定了礼的价值。

预观衰世

混乱失序的情况加剧,叙事越来越纠缠不清,其中隐含着一种国势衰落的预感。即使《左传》有时还会以周初的政治秩序作为标准衡量当下的局势,但《左传》从一开始已经把周室的衰微视为不辩自明的前提。《国语》有很多故事都呈现了周室秩序的破坏,但《左传》却没有同类的叙事焦点。《国语》里有关周室衰微的典型故事,叙事结构与其他拒不纳谏的故事非常相似:举例来说,周穆王打算征伐犬戎,祭公谋父引述先王重德不重武的例子,劝阻穆王,希望他不要轻举妄动。穆王没有采纳祭公谋父的意见,执意开战,"自是荒服者不至"(《国语·周语》1.1,页 8)。贤臣引用历史先例犯颜直谏,但周天子却没有听取忠直的谏言,最终带来祸患。这种故事模式在厉王、宣王、景王在位的时候不断重复,牵涉的议

---

① 关于孔子及其弟子在鲁国的政治活动,见童书业:《春秋左传研究》,页 88—94。正如童书业所言,孔子及其弟子"侍鲁"意谓他们为季氏所用。
② 《论语·阳货》(17.5)也提到这个逻辑:公山弗扰占领费地,以此对抗季氏,而孔子曾考虑是否答应公山弗扰的传召。这里的关键并不在于公山弗扰的行为是否合乎道义,也不在于孔子是否应效忠他。这里的重点是孔子有机会实践自己的政治理念。《左传》记录这段史事时(《左传》把公山弗扰称为不狃),孔子一直支持季氏(《左传》定公 12.2,页 1586—1587)。

题包括他们没有接受国民的批评(《国语·周语》1.3,页 9—12)、偏私(《周语》1.4,页 12—14)、如何施行传统的农业政策(《周语》1.6,页 15—22)、继位的先后次序(《周语》1.7,页 22)、调查人口多寡(《周语》1.9,页 24—26)、铸币政策失当(《周语》3.5,页 118—122)、演奏不合适的音乐(《周语》3.6—7,页 122—142)。在这些故事里,周天子的道德败坏造成了周室的衰微。

《左传》不太关心如何以道德的角度解释周室的衰微。这部文献更在意周室衰微以后原有的秩序如何与实践这个规范的力量分离。当时的人仍然会尊重周室以往的荣耀,间或也会提出周室仍享有天命,宣称周礼未改,从而抑制诸侯的野心。尽管如此,《左传》并没有为周室衰落而哀恸,反而会把周的衰亡视作理所当然。正如第一章所述,《左传》早已把周、郑视为地位平等的"二国",双方的矛盾自然成为两国之间的外交冲突和军事对垒。即使郑庄公在战场上停止追击周平王(平王被庄公的部下射中以后),即使他以虔敬的姿态称呼周平王为"天之子"(《左传》桓公 5.3,页 106),"尊王"的言辞也掩饰不了郑国对周室的藐视。此外,《左传》还一直批评周天子不守信义。

综观《左传》一书,当时的人似乎都同意周室的衰微已经是既定的事实。相对而言,《左传》在自己所涵盖的时间范围内,一直追踪公族的式微,以及称霸理念的破灭。可以说,《左传》认为公族与霸主的灭亡是更加迫切的议题,必须优先处理,又觉得这些现象与如何理解历史有关。《左传》期望晋国可以继续担任霸主的角色。因为晋国没有办法回到晋文公和晋襄公称霸的模式,叙事者为此感伤(《左传》襄公 31.6,页 1186—1189;昭公 3.1,页 1232)。他们或许会因为"诸侯之无霸"而感到失落(《左传》昭公 16.2,页 1376)。① 这些感受逐渐主导了《左传》后半部分的公论和私议,尤其在晋悼公去世以后[悼公即位之时,《左传》以公式

---

① 有人会把霸主的消失与周室的衰弱两者相提并论。鲁国的权贵叔孙昭子即曾称引有关周室衰微的诗句,以慨叹晋国的败落(《左传》昭公 16.2,页 1376)。

化的语言总括了他的功绩,断言晋国将会在他的统治下再次获得霸主之位(《左传》成公18.3,页911)。然而,本书第二章和第四章已经提到,悼公治国的特点是与戎人和平共处,以外交政策对抗楚国;他在位期间并没有任何触目而关键的胜利]。

《左传》的叙事提及扩张权力和争逐荣誉时,显然把焦点集中在称霸理念的泯灭,以及领导人物的消失上。这在观念和定义上衍生了新的含混之处。晋国中军将郤克因为一些琐碎的小事而想报复齐国,可能是鞌之战的导火线(《左传》成公2.1—3,页783—801)。虽然晋、鲁、卫三国的联军在这场战争中打败了齐国,但这次胜利实际上没有多大意义。晋国于战后向周定王进献齐国的俘虏,周天子派使者说明这一举动并不合礼,因为只有在诸侯战胜蛮夷的时候,他们才需要向周天子汇报。不过,周天子仍隆重地设宴招待晋国使臣,私下赏赐了不少礼物给他。只是他叫主持宴会的人告诉晋国使臣:"非礼也,勿籍!"(《左传》成公2.9,页810)即使晋国成功击退齐国,解除了齐国对其霸主地位的威胁,但修辞上的胜利其实属于战败的一方。晋国于战后对齐国提出了苛刻的要求,齐国使臣宾媚人却成功地使晋国打消了念头。这使人怀疑中原国家之间的战争究竟有何意义。

假如我们比较晋国和楚国的三场主要战役①——城濮之战(《左传》僖公28.3—4,页452—468)、邲之战(宣公12.1—2,页718—747)和鄢陵之战(成公16.5,页880—891),我们不难发现晋国在城濮之战中得胜时,《左传》的记叙试图把礼与力相提并论。《左传》记录楚国在邲之战中得胜时也用了类似的手法。至于鄢陵之战却不一样,其中礼仪与武力两种论述互相矛盾。城濮之战和邲之战的记录吸引读者认同获胜的一方。我们可以说,这两场战争是个镜像。邲之战的记录也明显提到了先前所

---

① 关于这些战争的讨论,可参见刘莉君:《〈左传〉战争文学写作技巧之研究》;雷贝嘉·柏恩(Rebecca Zerby Byrne):《古代中国的和谐与战争:〈左传〉战争之研究》("Harmony and Violence in Classical China: A Study of the Battle of th *Tso-chuan*");阳平南:《〈左传〉叙战之资鉴精神》。

发生的城濮之战。楚庄王打算到郯地饮马之后便率兵回国,伍参却主张开战,他提到:"且君而逃臣,若社稷何?"(《左传》宣公 12.1,页 730)这句话正好重复了晋军在城濮之战中的论调。晋国军吏在反对撤军时也说过"以君避臣,辱也"(《左传》僖公 28.3,页 458)。先縠认为"楚师已老",晋将栾书为了反驳他的说法,引述了城濮之战中狐偃的观点:

> 先大夫子犯有言曰:"师直为壮,曲为老。"我则不德,而徼怨于楚。我曲楚直,不可谓老。(《左传》宣公 12.1,页 731)

晋国战败后,晋军将领荀林父请求晋景公定他死罪。士贞子向景公进谏,劝他不要答应此事,理由是这样做只会使楚国再胜一次。他提醒景公,当初楚将子玉因城濮之战战败而自杀,晋文公曾拍手称快(《左传》宣公 12.5,页 748)。楚庄王与晋军俘虏知䓨之间的对话(《左传》成公 3.4,页 813—814),也让我们想起公子重耳流亡至楚时他与楚成王的对答(《左传》僖公 23.6,页 408—409)。楚王询问重耳和知䓨如何报答自己的恩德,二人的回应都显示了自己的尊严,表明自己尊重楚王,且又有微妙的敌对情绪。城濮之战和邲之战的重复,说明了尽管权力的配置发生变化,人们关注的东西却没有改变。他们依旧会考虑战争的仪节,思考正义之师的理念,强调人在战败时应该静待时机,认为自己有必要把道德修辞和权力运作两者结合起来。

然而,随着时间的推移,孟子的名言"春秋无义战"似乎越来越贴合真实的状况。战争作为表现道德的场所已不适用于鄢陵之战。诡计和纷争既摧毁了胜利的成果,也使战败者面对更严峻的局势。楚国和晋国的贤臣(楚国的申叔时和晋国的范文子)都强调战争的愚蠢,指出交战双方各自有自己的内部问题。范文子并不想战,六次提出反对战争的主张:"惟圣人能外内无患。自非圣人,外宁必有内忧。盍释楚以为外惧乎?"(《左传》成公 16.5,页 882)晋国的取胜使他充满恐惧:"君骄侈而克敌,是天益其疾也,难将作矣。爱我者唯祝我,使我速死,无及于难,范氏之福也。"(《左传》成公 17.3,页 897)礼仪本来可以为野蛮的战争披上文明的伪装,但连礼仪在这里也因各人的阴谋而被滥用、被曲解。栾书利用郤至与楚王之间彬彬有礼的对话来证明郤至谋反,郤氏一族因此覆灭(《左传》成公 17.10,页 900—903)。晋国在鄢陵之战中的获胜虚有其表,结果只是令晋厉公变本加厉,肆意妄为。最终,他被自己尝试铲除的氏族所杀(《左传》成公 18.1,页 906—907)。他被谥为"厉"(杀戮无辜曰厉)。这正是其中一个楚王为了记住鄢陵之战战败的耻辱,而在临终前请求臣子赐给他的谥号(详见第四章)。但是,他的大臣认为"厉"或"灵"都不适合他,反而把他谥为"共"(通"恭")字(《左传》襄公 13.4,页 1002)。相对于获胜的晋厉王,《左传》由始至终都比较同情战败的楚共王。假如说,战争的记录不再把武力与胜利联系到礼义的论述上去,这很可能是因为卿族正逐渐崛起,称霸的理念消失,战争的记录已被晋国内部权力斗争的论述所控制。①

霸主缺席反映了诸侯公室转衰这个更广阔的景象。事实上,齐国的霸主地位从齐桓公起已经开始衰落。《左传》里从未用"霸"的称号指称以后的齐国国君,尽管庄公(公元前 553—前 548 年,即襄公二十至二十五年在位)和景公(公元前 547—前 490 年,襄公二十六至哀公五年在位)间或会挑战晋国。齐景公曾成功扩大齐国的国力和领土,但晋国占主导地位的时间更长。《左传》后半部分详细地展现了晋国的衰微。众人在饮宴的游戏②(《左传》昭公 12.4,页 1333)和盟誓仪式③(《左传》襄公 9.5,页 969)之间公开谈论晋室的衰落。恰恰是在晋国丧失领袖地位的

---

① 王夫之认为《左传》把晋厉公刻画成反面人物,同时又以负面的方式描写晋国在鄢陵之战中获胜,原因是卿族要证明自己理应比晋国国君更有地位。其说见《春秋家说》、《春秋世论》、《续春秋左氏传博议》,收入《船山全书》,册 5,页 265、476—478、556—557。
② 晋昭公设宴招待齐景公,这场饮宴最终成为两国的交锋之处。他们在饮宴时投壶,穆子曰:"有酒如淮,有肉如坻。寡君中此,为诸侯师。"中之。齐侯举矢,曰:"有酒如渑,有肉如陵。寡人中此,与君代兴。"亦中之。伯瑕谓穆子曰:"子失辞。吾固师诸侯矣,壶何为焉? 其以中僥也? 齐君弱吾君,归弗来矣。"(《左传》昭公 12.4,页 1333)
③ 晋国与郑国结盟。晋国的誓辞是:"自今日既盟之后,郑国而不唯晋命是听,而或有异志者,有如此盟!"郑国大夫反对晋国的威逼,要求晋人把誓辞改为:"自今日既盟之后,郑国而不唯有礼与强可以庇民者是从,而敢有异志者,亦如之!"

时刻,称霸的意义也就改变了。晋国要求别人要有"内在的忠诚"①(《左传》昭公 3.7,页 1241—1242),而晋人重新界定了称霸的定义,并以炫耀的方式展示自己的领导地位②(《左传》昭公 13.3,页 1353—1354)。晋国霸业的瓦解在两个层面上发生:坦然承认侵略和霸权政治的现实,展现出更无情的态度;在礼制的名义下,对其他国家提出更苛刻的要求,要求他们表现效忠和尊敬之情。可以说,晋国挪用了周朝的命令。周室又利用更铺张的礼制关系,来掩盖自己的实权被侵蚀的状况。晋国的叔侯否认小国拥有任何权力:"虞、虢、焦、滑、霍、杨、韩、魏,皆姬姓也,晋是以大。若非侵小,将何所取? 武、献以下,兼国多矣,谁得治之?"(《左传》襄公 29.11,页 1160)③叔向平常一直以贤达闻名,这里却直接以侵略来威胁鲁国:

> 寡君有甲车四千乘在,虽以无道行之,必可畏也。况其率道,其何敌之有? 牛虽瘠,偾于豚上,其畏不死? (《左传》昭公 13.3,页 1357)

同时,晋国把自己与各个小国之间的关系编排得更加精细。晋国向其他诸侯提出了过分的要求,逼迫他们辅助自己,服从自己,哪怕这些要求于理不合。例如,晋国要求其他诸侯为杞国修筑城墙(杞国按理是夏的后裔,晋平公的母亲即杞国人)(《左传》襄公 29.8,页 1158),④要求他人出席晋平公为自己宠妃举办的丧礼(《左传》昭公 3.1,页 1232—1233),要求诸侯祝贺虒祁宫的落成(《左传》昭公 8.3,页 1302)。郑国的贤臣反复

---

① 叔向对郑国大夫罕虎表明郑国可以遵从楚国的要求:"君若辱有寡君,在楚何害? ……君其往也! 苟有寡君,在楚犹在晋也。"(《左传》昭公 3.7,页 1241—1242)
② 叔向强调"示威"是称霸的一个原则,企图藉此迫使齐国接受晋国的领导。
③ 晋平公的母亲来自杞国,于是平公派叔侯前往鲁国,要求鲁国把土地和权力归还给杞国。叔侯出使鲁国时说了以上这段话。后来,晋平公命令诸侯修筑杞国的城墙(《左传》襄公 29.11,页 1159—1160)。
④ 这一情况引发了下列的争论:有些诸侯与周室有血缘关系,他们的义务是否与其他姓氏的诸侯相同? 郑大夫大叔即慨叹:"若之何哉! 晋国不恤周宗之阙,而夏肄是屏,其弃诸姬,亦可知也已。诸姬是弃,其谁归之? 吉也闻之,弃同、即异,是谓离德。"(《左传》襄公 29.8,页 1158)

批评晋国的过错，他们引述晋文公和晋襄公试图减轻诸侯负担的先例，反衬出晋平公的不堪(《左传》昭公3.1，页1232—1233)。因此，晋国的衰败，体现于自己未能维系力与礼两种论述的平衡，也体现于晋国刻意夸大力与礼的论述，最终令两者互相损害。

齐国的晏婴与晋国的叔向二人的对话，最能清晰地表现衰微的预感。他们交谈的背景是齐国公室把女儿嫁给晋平公。在这次对谈之前，两国大夫为这次联姻举行了非常正规的典礼。公众场合的言论有既定的礼数，这与下文所引私人交流中公然的批评形成对比。力与礼的平衡本来有维系霸权理想的作用，但公私言论的分歧却表明了力与礼的作用被颠倒过来。这种分歧还说明了政治言论的端庄稳重掩盖的是国家的腐败，而非武力与野心。这场婚姻本身就有问题。晋平公沉溺于闺房之乐，这与他的疾病相关(《左传》昭公1.12，页1221—1222)。诸侯一想到自己必须参加婚礼来表示忠诚，早已有许多怨言(《左传》昭公3.1，页1233)。齐国公室的女儿取代了死去的宠妃齐少姜，尽管少姜本人并没有什么过失，但她却出现在不少晋国失礼的故事之中。陈无宇护送少姜来到晋国，但由于陈无宇不是上卿，晋平公怀疑齐国没有把晋国放在眼里，于是便拘禁了他(《左传》昭公2.2，页1228—1229)。后来，晋国又强迫诸侯参加少姜的葬礼，引起了其他诸侯的不满(《左传》昭公3.1，页1232—1233)。最终，嫁给平公的人其实并非齐国国君的女儿，她只是齐国大夫公孙虿之女。公孙虿安排自己的女儿嫁给平公，目的是要与晋国建立起私人的联系。晋国正卿韩宣子虽然知道内情，却没有干涉，因为他认为公孙虿本来是齐国国君的宠臣，晋国与他保持良好关系最终对晋国有利(《左传》昭公3.6，页1241)。韩宣子身为正卿，深知地位与自己相当的齐国执政拥有多少权力和影响力。因此，这场婚礼不仅是非礼的象征，也展示了晋国对小国的无理要求，反映了各国内部政治等级的腐败。

晏婴和叔向在这个时刻表现出哀恸的情态，无疑嘲讽了他们各自在这次非礼的场合所扮演的角色。他们通过彬彬有礼、仪式化的语言来完成自己的任务。

叔向曰:"齐其何如?"晏子曰:"此季世也,吾弗知齐其为陈氏矣。公弃其民,而归于陈氏。齐旧四量,豆、区、釜、钟。四升为豆,各自其四,以登于釜。釜十则钟。陈氏三量皆登一焉,钟乃大矣。以家量贷,而以公量收之。① 山木如市,弗加于山;鱼、盐、蜃、蛤,弗加于海。民参其力,二入于公,而衣食其一。公聚朽蠹,而三老冻馁,②国之诸市,屦贱踊贵。③ 民人痛疾,而或燠休之。其爱之如父母,而归之如流水。欲无获民,将焉辟之?箕伯、直柄、虞遂、伯戏,其相胡公、大姬已在齐矣。"④叔向曰:"然。虽吾公室,今亦季世也。戎马不驾,卿无军行,公乘无人,卒列无长。庶民罢敝,而官室滋侈。道殣相望,而女富溢尤。⑤ 民闻公命,如逃寇雠。栾、郤、胥、原、狐、续、庆、伯降在皂隶。政在家门,民无所依。君日不悛,以乐慆忧。公室之卑,其何日之有?《谗鼎之铭》曰:'昧旦丕显,后世犹怠',况日不悛,其能久乎?"晏子曰:"子将若何?"叔向曰:"晋之公族尽矣。肸闻之,公室将卑,其宗族枝叶先落,则公室从之。肸之宗十一族,唯羊舌氏在而已。肸又无子,⑥公室无度,幸而得死,岂其获祀?"

---

① 也就是说,陈氏用容量更大的斗把粮食借出,但当他们收回粮食时却沿用旧制,用容量更小的斗把粮食取回来。
② 杜预注认为"三老"指上寿、中寿、下寿三种不同年龄的人。服虔则认为"三老"是工老、农老、商老。郑玄则认为"三老"是"年老更事致仕者",即为君主服务的长者(《左传》,页1235—1236)。
③ "踊"即假足或拐杖,多为脚被砍断者所用。国家对"踊"的需求很大,也就意味着严酷的刑罚使许多人失去了双腿。
④ 箕伯、直柄、虞遂、伯戏理应是帝舜的后人,也是陈国的先祖。周室任命胡公和大姬建立陈国。晏婴的意思是即使陈氏在原则上仍然臣服于齐,但他们很快便会取得统治的权利,因此他们先祖的灵魂早已到了齐国。
⑤ 杜预注:"饿死为殣"。洪亮吉转引荀悦(148—209年)的说法,认为"道瘼谓之殣"(《春秋左传诂》,页651)。《逸周书》也提到"女货速祸",意谓妻妾的家财可能带来祸患(《逸周书汇校集注》,页214)。
⑥ 叔向的儿子与其他氏族互相残杀,最后使叔向一族灭亡(《左传》昭公28.2,页1491—1493)(第二章曾经提到,这个儿子是叔向与夏姬的女儿所生)。换句话说,叔向说这句话可能指自己没有成才的儿子,也可能因为这个时候他的儿子尚未出生。

(《左传》昭公 3.3,页 1234—1237)

晏婴和叔向对于"季世"取态不一。晏婴以一种陈述事实的姿态,把齐国公室压榨民众的政策和陈氏的惠民之举相提并论,从而得出君权旁落不可避免的结论。古代的注家强调,陈氏并不关心人民的福祉,他们只想收买人心。但是,当晏婴在这里分析人民如何从忠于齐国国君转为忠于陈氏时,他更关心的是计量单位和价格等具体的细节,而非陈氏的意图。他还保持一种超然的姿态。① 至于叔向,他认为自己的命运与他所描绘的局势息息相关。他是公族的成员,与公室有直接的血缘关系。② 他慨叹朝政由氏族所操控,造成"民无所依"的局面。没有东西能弥补晋国的衰微;晋国没有像陈氏这样慷慨的氏族。对于晏婴来说,他没有划分姓氏和血缘关系的区别。正如上文所述,栾氏、高氏、陈氏、鲍氏(栾氏和高氏与公族有血缘关系)的权力斗争中,他拒绝参与其中,态度谨慎(《左传》昭公 10.2,页 1316—1317)。

晏婴的抽身事外与叔向的责无旁贷,两者都没能带来任何有效的举措。③ 围绕晏婴和叔向这样的人物而叙写的叙事,往往会遵循劝谏或判断的叙事结构,但文中却也暗中承认这些谏言并没有什么效用。④ 从晏婴的例子看,有些叙事记录了晏婴的成功进谏。这些故事与一些较悲观

---

① 《晏子春秋》(4.17)的内容与上述引文大致相合。只是晏婴进一步把陈氏比作周文王,把齐国国君比拟为商末的帝王。
② 曲沃武公属于晋国公室的一个旁支。武公在成为公室之首前,几位"合法"的晋国国君都被谋杀了(《左传》桓公 2.8,页 93;7.4,页 119)。晋献公为了集中权力,便把晋国公室中桓叔和庄伯的后裔全部诛灭(《左传》庄公 23.2,页 226—227;庄公 24.3,页 230;庄公 25.4,页 232)。结果,晋国的公族也就比其他国家更加衰弱。
③ 叔向在《晏子春秋》相应的段落(4.17—18)里显得格外悲观、无奈:"待天而已矣。"至于晏婴,则表明自己在任何情况下都会坚守正道:"进不失忠,退不失行。"
④ 《韩非子·外储说右上》曾经指出人主可以利用更大的恩惠,从陈氏手中赢得民心(《韩非子释评》,册 3,页 1239—1246)。《左传》却从未考虑过公室可以削弱卿族的权势,藉此巩固自己的地位。《左传》往往会从负面的角度描写试图从卿族手中夺回权力的君主(可参《左传》对晋厉公的评价,见成公 17.10,页 900—903;成公 18.1,页 906—907。又可参《左传》对鲁昭公的描写,见昭公 25.6,页 1460—1466;昭公 32.4,页 1519—1520)。

的篇章同时存在,这可以说明《左传》的取材来源不一。例如,紧接着叔向和晏婴的对话之后,《左传》交代了另一个故事。最初,齐景公想为晏婴重新建造宅邸,因为晏婴的房子离市集太近,不仅潮湿狭小,而且嘈杂多尘。晏婴拒绝了景公的好意。他提醒景公不要太奢侈,又强调自己住得靠近市场自有好处。

> 公笑曰:"子近市,识贵贱乎?"对曰:"既利之,敢不识乎?"公曰:"何贵?何贱?"于是景公繁于刑,有鬻踊者,故对曰:"踊贵,屦贱。"既已告于君,故与叔向语而称之。景公为是省于刑。君子曰:"仁人之言,其利博哉!晏子一言,而齐侯省刑。《诗》曰'君子如祉,乱庶遄已',①其是之谓乎!"(《左传》昭公3.3,页1238)

如果景公真的如此虚心,那么晏婴所描述的荒凉惨相似乎没有依据。因此,晏婴讨论齐国转衰和"踊贵屦贱"的故事,很可能取材于不同的文献。后者属于劝谏故事的文类,这类故事的结尾往往是君主听取了明智的谏言。② 君子称许晏婴,认为他的言论是进谏的典范,整个故事以此作结。但当晏婴出使晋国时,齐景公拆去晏婴邻居的房屋,扩建了晏婴的宅邸。晏婴回国后,他拜谢了景公,却立刻把新建的屋舍拆毁,并建好邻居的房屋,好让他们搬回来住。《左传》的叙事把晏婴和叔向的交谈,放在这两个有关宅第的故事之中。从时间上看,这两个故事刚好发生在晏婴出使前后(尽管从叙述的先后次序看,《左传》把两个故事都放到晏婴出使之后)。这表现了晏婴善于进谏,为人正直。这些故事还可

---

① 语出《诗·小雅·巧言》(198)。朱熹的解释是:"君子见馋人之言,若怒而责之,则乱庶几遄沮矣;见贤者之言,若喜而纳之,则乱庶几遄已矣。"(《诗经集注》,页111—112)
② 《左传》还有其他晏婴成功进谏的例子,见昭公 20.6,页 1415—1418;昭公 20.8,页 1419—1421;昭公 26.10,页 1479—1480;昭公 26.11,页 1480—1481。其中有一处地方,晏婴向景公转述了自己与叔向的对话,并指出如果景公重视礼义的话,就可扭转齐室衰微的局势,抑制陈氏的崛起。景公表示自己被晏婴说服了:"吾今而后知礼之可以为国也。"虽然这段文字塑造出景公从善如流的形象,但《左传》也有其他地方提到景公的野心,以及齐国公室的衰弱。这两类描述似乎并不协调。

见于《晏子春秋》，虽然内容稍有出入。① 假如晏婴所提出的谏言真的如此成功，那么他理应可以扭转齐国衰弱的局势。由此可见，上述的文献材料性质未必一致。尽管如此，《左传》编排故事的顺序其实也有自己的逻辑：晏婴反对景公滥用刑罚，这已预先铺陈了他为何会判断齐国公族步入"季世"；至于他坚决恢复旧宅的规模，则体现了一个人置身于衰亡的世代可以有多少能动性。

晏婴和叔向抱持不同的态度，表明了各人在预想衰世的降临时，有的人或许会受到传统的观念的约束，有的人或许会选择恪守政治上以君主为尊的等级制度。这说明了为什么史籍往往会把衰世的慨叹放到政治改革的讨论之中：倡导改革的人看到更新的需要，而因循守旧的人则害怕情况会继续恶化。郑国著名的大臣子产推行了重要的改革措施。《左传》在呈现子产这个人物时，一方面描绘他号召改革，另一方面指出他预言国势将会衰落。这两种声音的对话建构了子产的形象。

《左传》里有些人具有预言的能力，但他们的身份较为次要。这一点尤其可以从书中的后半部分看出。② 其中最著名的例子似乎是季札。他本来是吴国的公子，选择从权力和政治责任中抽身而退，这体现了他的才智。相对而言，子产把预见能力融入自己的政治活动之中。子产为了实践这一点，必须接受暧昧的措辞，学会向现实妥协。《左传》中有关子产的记载，往往会在霸权政治的背景下暗中争论"道德词汇"的意义。更确切地说，这些记载往往会思考人如何在凶暴和动荡的年代中求取个人

---

① 《晏子春秋》(卷4，页267—272)提到晏婴对齐国公室衰落的看法，内容与此大同小异。《晏子春秋》在记录第一个有关晏婴宅邸的故事时，并没有提到叔向，只是强调景公有懊悔和自责之心："公愀然改容。公为是省于刑。"(《晏子春秋》，卷6，页415—416)《晏子春秋》在记录另一个有关晏婴宅邸的故事时，内容相对简略，详可参《晏子春秋》，卷6，页418。
② 战国时期的文献经常出现一些人以退隐来保持自己的纯洁，但《左传》很少提到这类人物。蘧伯玉的形象与这类人相似。他为了避开卫国的内乱，两次"从近关出"(《左传》襄公14.4，页1012；襄公26.2，页1112)(这两段文字可能是同一故事的不同版本)。《论语·宪问》(14.25)称赞他，认为他是进退有度的典范。《论语》也曾称许展禽(柳下惠)不降其志，不辱其身(15.4，18.2，18.8)。《左传》也略略提到他，认为他是有德之士。鲁大夫臧文仲尝试举荐他，但却没有成功(《左传》文公2.5，页525)。

的生存和国家的稳定。子产面对郑国氏族之间的冲突,刻意置身事外。这种做法让我们想起晏婴。其他人要求他"就直助强",他回答说:"岂为我徒? 国之祸难,谁知所敝? 或主强直,难乃不生。① 姑成吾所。"郑国氏族互相攻伐,他们尝试拉拢子产。但子产却拒绝参与其中:"兄弟而及此,吾从天所与。"(《左传》襄公 30.10,页 1176)后来,伯有及其族人在这次派系斗争中牺牲,子产因为礼葬他们而成为攻击的目标。郑大夫子皮为了保护他,说道:"礼,国之干也。杀有礼,祸莫大焉。"(《左传》襄公 30.10,页 1177)在这个例子里,子产以适当的仪式回报败者不仅是要服从礼制的要求,也可以调解利益冲突,从而定义新的处事方式。

子皮把政权授予子产,子产本来想推辞,原因是"国小而偪,族大宠多"(《左传》襄公 30.13,页 1180)。子产为了得到郑国权贵伯石的支持,把城邑送给他:"无欲实难。皆得其欲,以从其事,而要其成。非我有成,其在人乎? 何爱于邑,邑将焉往。"(《左传》襄公 30.13,页 1180)伯石拘泥于礼节,两度辞谢觊觎已久的官位,子产因此非常憎恶伯石虚伪的性格。但最终子产还是让伯石居于仅次于自己的职位。

子产的故事是实用主义的教材。掌管朝政的大夫和强大的氏族各有自己的利益,而有效的管理必须平衡他们的权益和权利。《左传》在交代子产改革成功的故事时,往往会把他塑造成一个有先见之明的典范。书中把这些故事与妥协和协商等情况并置在一起(《左传》襄公 30.13,页 1180—1182)。

徐吾犯的妹妹样貌很美,郑国贵族子晳和子南都想娶她。子晳未能如愿,于是他想把子南杀死。二人在打斗的过程中受伤。子产考虑到子晳强大的宗族背景,流放了子南,尽管这件事显然是子晳犯错。子南属于游氏一族,子大叔是游氏的宗主。为了使子产安心,他援引历史先例为失当的判决辩护:

---

① 王引之释"乃"为"宁",其说可从,详见《左传》,页 1176。杜预有不同的见解:"言能强能直,则可弭难。"(《十三经注疏》6,40.7b)

> 吉不能亢身,焉能亢宗?彼,国政也,非私难也。子图郑国,利
> 则行之,又何疑焉?周公杀管叔而蔡蔡叔,①夫岂不爱?王室故也。
> 吉若获戾,子将行之,何有于诸游?(《左传》昭公1.7,页1213)②

尽管子大叔的话谨慎地划清了公私利益的边界,倡导公平治国的原则,但他的论点完全取决于实际的情况。子产要维护政局的稳定,就必须安抚子晳的宗族。结果,他一意孤行地把子晳与子南之间的私人恩怨,转换成子南违逆了爵位的尊卑等级。子大叔牺牲了一个族人,或许也是为了保护游氏一族的利益。他们的主要对手是子晳。事实上,表面的让步不过是一种策略,一种使子晳更有胆量犯罪的策略。子晳想除掉游氏,但最终他的阴谋败露,被迫自杀(《左传》昭公2.4,页1229—1230)。

在其他子产的故事里,政治操控和高雅修辞的结合非常明显。因为我们会看到修辞突兀地变化,然后又会刻意地恢复原状。权贵一旦下定决心奉行礼法,即强调礼仪的救赎功能:伯石正式访问晋国,证明了自己遵守礼仪的能力;晋国国君用典雅的语言表彰他,又把州地赐给他。君子歌颂礼仪的效用:"礼,其人之急也乎!伯石之汏也,一为礼于晋,犹荷其禄,况以礼终始乎?"(《左传》昭公3.4,页1239)这段言论意在教化,但紧随其后的记录却打破了这种道德的假象。接着的一段叙事说明州田如何成为晋国范氏、赵氏、韩氏的争夺目标。晋国的正卿韩宣子与伯石的家族有姻亲关系。韩宣子代表伯石请求国君把州田赐给自己,目的是"为其复取之故"(《左传》昭公3.4,页1240)。子产很清楚韩宣子的考虑。因此,他在伯石死后,把州田归还给晋国。他以优雅的外交辞令完成此事,又藉此申明大国与小国必须维持合乎礼义的关系(《左传》昭公7.8,页1290—1291)。

子产会对现实妥协,原因是他意识到"政治是可能性的艺术"。子产实施改革,正是本着同一理念。保守派指责他的改革是国家衰亡的征

---

① 他们是周公的弟弟,勾结殷商的遗民作乱,反抗周天子。
② 因为子南属于游氏,而子大叔即游氏的宗主,所以子产才向子大叔请教。

兆。到子产征收丘赋时,①他遇到了更严苛的批评。

> 国人谤之,曰:"其父死于路,己为虿尾,以令于国,国将若之何?"子宽以告。子产曰:"何害?苟利社稷,死生以之。且吾闻为善者不改其度,故能有济也。民不可逞,度不可改。《诗》曰:'礼义不愆,何恤于人言?'②吾不迁矣。"浑罕曰:"国氏其先亡乎!③君子作法于凉,其敝犹贪。④作法于贪,敝将若之何?姬在列者,蔡及曹、滕其先亡乎,偪而无礼。郑先卫亡,偪而无法。⑤政不率法,而制于心。民各有心,何上之有?"(《左传》昭公 4.6,页 1255)

子产和浑罕运用了相同的词汇(度、法、礼义)来捍卫不同的立场。子产发起改革,但强调"度不可改"。"民不可逞"一句与之相对,藉此子产表明自己的做法不会牵连民众。他利用了传统的道德纲目:他将捍卫自己的权利,不会在意别人的批评,因为自己没有违背礼和义。从浑罕的角度看,"法"专指恰当的典范,是传统和礼义的化身。因此,浑罕用这个词来斥责子产的新法。子产声称自己的新法能造福大众(利社稷),浑罕把这个宏大的愿景与一个人随意的态度和武断的决定相提并论。子产或许会认为自己因实际的形势而被"偪"推行新法,浑罕早已预先回应了这个论点。⑥ 换句话说,二人都尝试挪用对方的观点,他们控制同一个关键词的语义范畴,以证明自己的意见。

浑罕倡导政府应限制自己对民众要求,不要干预人民的生活。即使

---

① 杨伯峻认为"丘赋"和鲁国推行的"丘甲"相同(《左传》成公 1.2,页 783)。"丘"是地方基层组织的名称,"甲"(甲士)和"赋"(赋税)都与征收军赋有关(《左传》,页 1254)。
② 此句不见于传世《诗经》。《荀子·正名》转引了这首诗,其中的字与此处稍有出入,但《荀子》所载的篇幅较长;详见《荀子笺释》,页 321。
③ 子国在郑国的内乱中丧生(《左传》襄公 10.9,页 980)。子产是子国的儿子,子国的后裔以其字为氏。
④ 这里按照林尧叟的解释把"凉"理解为较低的赋税(《左传杜林合注》,卷 53)。
⑤ 蔡国偪于楚国;曹、滕偪于宋国;郑、卫偪于晋、楚两国。
⑥ 吕祖谦(《左氏传说》,卷 10)认为,晋国和楚国经常向郑国等小国索取物资。这迫使各个小国不得不开发新的资源。子产制定新税,目的正是"要就窄狭中却示其宽裕,衰弱中却示其强大"。

立法的原意是要向民众征收极小的赋税,但统治阶层索取更多的危机依然存在。如果国家"与民争利"(中国古代的奏章经常引用浑罕的这句话),后果可能非常严重。战国的文献经常讨论征税的问题。例如孟子即曾提醒滕文公不要把税率提到十分之一以上,因为孟子相信夏、商、周的标准就是十分取一(《孟子·滕文公上》5.3)。尽管子产与浑罕的对话并没有提到确切的税率,但我们可以肯定,浑罕的立场似乎更接近孟子所倡导的原则。浑罕在《左传》里有时会以预言家的姿态发言,他的预言也都一一应验了。公元前531年,楚国攻下蔡国(《左传》昭公11.2,页1322—1324)。两年后,楚王恢复了蔡国的主权。最终,蔡国于公元前460年覆灭。公元前487年,宋国兼并了曹国(《左传》哀公8.1,页1646)。齐国于公元前4世纪攻陷滕国。公元前390年,郑国被韩国所灭。至于卫国,则于公元前223年被秦国消灭。① 我们并没有在传世文献中看到子产的氏族率先于郑国灭亡的记载。浑罕的声音具有无上的权威,非常醒目。他代表了保守派对子产的批评,而这个声音又与表彰子产"知礼"的论述同时出现。子产非常熟悉传统掌故和历史先例,而且能熟练地赋《诗》(《左传》昭公16.3,页1380—1381),即使他似乎无法忍受其他人刻板地恪守礼节,尤其当这些礼节不合时宜或不切实际的时候(《左传》昭公12.2,页1331—1332),又或者当这些礼节与国家大事没有多大关系的时候(《左传》昭公16.3,页1376—1378),甚至当这些礼节不过是伪善之举的时候(《左传》襄公30.13,页1180)。

这里提到浑罕对子产政策的排斥,回应了《左传》早先记录的另一个故事。在这个故事里,子产一开始即被他人指责,认为他推行的新政有掠夺之嫌。但仅仅在两年后,他便因为自己明智的改革而备受赞赏(《左传》襄公31.13,页1182)。那段记载列举了子产的功绩,他制定尊卑的制度,划定封地的疆界,安排财产的分布,又强调赏罚分明。但文章始终

---

① 见竹添光鸿:《左传会笺》,昭公4.16。从预言应验的情况来看,我们可以推测这段文字最早也要在郑国覆灭以后(公元前4世纪)才写成。

没有提到子产如何应对针对自己的批评。他与浑罕谈话时态度强硬，这似乎与另一则记录里他声称自己关心民意互相矛盾。在那则记录里，他说服了另一位郑国大夫然明，证明摧毁乡校的做法并不正确，因为乡校是民众聚集批评朝政的地方。①

> 然明谓子产曰："毁乡校何如？"子产曰："何为？夫人朝夕退而游焉，以议执政之善否。其所善者，吾则行之；其所恶者，吾则改之，是吾师也。若之何毁之？我闻忠善以损怨，不闻作威以防怨。岂不遽止？然犹防川。大决所犯，伤人必多，②吾不克救也。不如小决使道，不如吾闻而药之也。"（《左传》襄公 31.11，页 1192）

我们应该如何调和子产各种不同的形象？本书的第三章已经讨论了子产针对鬼神的各种论述，他的怀疑主义和理性主义可以与鬼神和梦境的专门知识合而为一，变成一幅"知识的地图"，让人权衡自己在多大程度上可以成功地解读神秘的世界。子产漠视民众的建议，却又关注民众的意见，这两者并不是容易调和的事情。有些人拥护更加宽容和仁慈的朝廷；有些人反对这样的政府，认同有效而决断的改革。无论是上述哪种态度，他们都认为子产的想法与自己相同。乡校的故事以孔子对子产的称许结束："以是观之，人谓子产不仁，吾不信也。"这个表彰透露出了潜在的争议——有人真的认为子产是"不仁"之人，而诉说这则故事的原因可能就是为了反驳这种论调。

子产的土地和税务改革，以及他经常强调政策应该严格执行，强调国家应当严惩奸佞，都可以说明他为何会有"不仁"的称号。最奇怪的

---

① 子产与浑罕交谈时，表现出对民众的意见毫不在意。这种态度可以与宋国的贤臣子罕处罚工匠一事相提并论。工匠为宋平公建造一座台，他们唱歌称许子罕，又批评另一位大夫鼓励宋平公挥霍无度。尽管他们所表达的意见并无不妥，但子罕认为平民不应该觉得自己有表达褒贬的权利（《左传》襄公 17.6，页 1032—1033）。在《晏子春秋》中，晏婴也有类似的故事。换句话说，尽管其他先秦文献和《左传》里某些故事都强调人民应有表达和发表意见的场合，但还有另外一些故事考虑到执政者的利益，主张压制民意。
② 《国语》也有同样的模拟，参《国语·周语》1.3，页 9。

是,《左传》甚至引用孔子来为"猛"辩护。

> 郑子产有疾,谓子大叔曰:"我死,子必为政。唯有德者能以宽服民,其次莫如猛。夫火烈,民望而畏之,故鲜死焉;水懦弱,民狎而玩之,则多死焉,故宽难。"疾数月而卒。(《左传》昭公20.9,页1421—1422)

子产死后,子大叔并没有遵从他的建议,结果郑国盗贼横行。最后,他只有借助强硬的军事行动才能扭转局面。孔子在篇末的评论中捍卫了"猛"的原则:

> 善哉!政宽则民慢,慢则纠之以猛。猛则民残,残则施之以宽。宽以济猛,猛以济宽,政是以和。

接着,孔子称《诗》为证,阐明了宽、猛、和的意义。子产临终的话只有劝人以"猛"服民,而孔子则解释了宽与猛之间和谐而理想的平衡。我们再次看到潜在的争议:有些人相信子产的"猛"其实是一组有建设性的辩证概念之中不可或缺的一环,所以他们(至少是有限度地)改造了子产。当孔子得知子产逝世后,孔子为子产作了最后的评价,他"出涕曰:'古之遗爱也'",这个评语进一步把我们导向强调子产暗藏仁德之心的方向。众人争议礼的意义,揭示了这些叙述的张力——妥协让步与坚守原则之间的张力、正式的言辞(往往是外交对谈)与规范的语境之间的张力、高举传统权威和重新界定传统之间的张力。《左传》在交代子产改革的片段时,并没有采用进谏的叙事模式,反而把它写成一种政策的讨论。在这个模式下,对话的一方有时会劝服另一方接受自己的观点,有时两方会各自表述自己的意见。《左传》用这种方式组织这些片段,使人觉得文章刻意提出不同的观点,营造出协商的气氛。尽管子产在《左传》占据了相当多的篇幅(从襄公十九年[公元前554年]到昭公二十年[公元前522年]),[1]而且他一般

---

[1] 这三十三年在时间上只占《左传》所涵盖年份的八分之一,但其记录却占《左传》全书两成到两成半的篇幅。

会以英雄的形象出现,但是《左传》有关他的故事包含了一系列不同的观点:从直接认可他有如法家先驱一般的改革,认为他的改革是一种实践礼的新方法,又或者认为他的改革实用、有效,最终可以造福国家与人民;到有人认为自己有必要使子产的改革更切合传统的价值观,或更切合宽大和无为而治的治国理念;到保守派直斥他的改革有可能会被人滥用,并认为这是国家衰落的先兆。① 上文引述浑罕的评语,最能反映最后这个立场。另外,叔向反对子产铸造刑书,他的言论也可以归入同一种态度之下。下文将会讨论这个例子。

浑罕慨叹传统的典范和标准将会被一个人(这种情况下说的是子产)的决定所取代。"心"是一个人解释传统的能力,而一旦"心"成为权威之所在,就会为尊卑等级带来无穷无尽的挑战。因此,浑罕的批评由子产推动的改革开始,转移到每个人宣称自己可以从心所欲的危机。同一种逻辑也可以套用到铸造刑书的争论之中,只是叔向似乎更加恐惧。朝廷每次发布命令,理应可以体现传统典范的权威,因为这些法典理应散发出人的精神,而非字面上的美德。因此,恪守传统的人非常反对编制刑法。而且,更危险的是,编制法律和陈示法律可以招徕不同的理解。叔向给子产写了一封信,谴责子产把刑书铸造在鼎上:

"始吾有虞于子,今则已矣。昔先王议事以制,不为刑辟,惧民之有争心也。犹不可禁御,是故闲之以义,纠之以政,行之以礼,守之以信,奉之以仁,制为禄位,以劝其从;严断刑罚,以威其淫。惧其未也,故诲之以忠,耸之以行,教之以务,使之以和,临之以敬,莅之以强,断之以刚,犹求圣哲之上、明察之官、忠信之长、慈惠之师,民于是乎可任使也,而不生祸乱。民知有辟,则不忌于上。并有争心,以征于书,而徼幸以成之,弗可为矣。夏有乱政,而作《禹刑》;商有乱政,而作《汤刑》;周有乱政,而作《九刑》:三辟之兴,皆叔世也。今

---

① 可参阅竹添光鸿的意见:"然利社稷三字,言利小人依托之,何恤人言四字,愎谏之君相依托之。子产实为作俑。左氏固不能为贤者恕,所以载浑罕之言也。"(《左传会笺》,昭公 4.16)

吾子相郑国,作封洫,①立谤政,制参辟,铸刑书,将以靖民,不亦难乎?《诗》曰:'仪式刑文王之德,日靖四方。'②又曰:'仪刑文王,万邦作孚。'③如是,何辟之有?民知争端矣,将弃礼而征于书,锥刀之末,④将尽争之。乱狱滋丰,贿赂并行。终子之世,郑其败乎?肸闻之,'国将亡,必多制',其此之谓乎!"复书曰:"若吾子之言——侨不才,不能及子孙,吾以救世也。既不承命,敢忘大惠!"(《左传》昭公6.3,页1274—1276)

叔向勾勒了一些原则,诸如赏罚公平和礼贤下士。这正是不少政治思想家秉持的理念,纵使这些思想家的理念未必完全一致。他倡言有效的德行,其实与子产在其他场合表达的想法非常相似。子大叔曾多次与子产对谈,又是子产的继承者;他就曾经提到他的导师高举礼的理念。在子产的故事里,他以绝对和概括的方式表述礼,目的是要使礼这个概念变得更抽象。这样一来,就可以腾出空间,好让自己提出变革,背离传统。更确切地说,这些记录有意地表明子产的改革其实可以归入更广义的礼的范围之内。相反,叔向强调道德的实际功能,他认为道德可以限制和纠正人类的行为,因此根本没有必要进行任何改革。

叔向论列的条目——忠、礼、信、和、敬——十分灵活,统治者可以按照不同的情况改变这些用语的定义。据叔向所言,好的政府依靠的是统治阶层中的精英发挥他们的才智和权威,这些因素全都会因为民众深入了解刑书的规定而被削弱。一个无情的评论者必然会看出一个垂死的阶级正发出最后的呻吟,看出他们正尝试随意界定法律,以捍卫自身的权力。只要没有公开示众的客观刑法,掌权的人便不必顺从于法制之

---

① 见《左传》襄公30.13,页1181。田间的堤坝和沟渠,除了可以用来灌溉和排水,还可能有重新分配土地的意味。竹添光鸿认为子产尝试恢复"井田制",但我们从《左传》中找不到明确的证据。
② 《诗·周颂·我将》(272)。
③ 《诗·大雅·文王》(235)。有关古人如何论述自己对传统美德典范的"仿效",史嘉柏利用金文和早期史书作了精湛的分析,详参《中国史学的基础》第一章和第二章。
④ 铸造刑书必须先在模板上刻字,锥刀正是刻字的工具。

下。他们也就能轻易避开民众的谴责。尽管叔向的逻辑未必完全正确，但我们不难看到叔向正在维护一种"自然"的法则。在这个法则里，礼仪和道德典范才是唯一恰当的权威来源。

叔向的批评似乎得到了异象的支持。子产铸造刑书之后，士文伯曰："火见，郑其火乎！火未出，而作火以铸刑器，藏争辟焉。火如象之，不火何为？"（《左传》昭公 6.3，页 1277）几个月后，郑国果然发生火灾（《左传》昭公 6.6，页 1278）。士文伯的预言应验，似乎否定了子产的努力，但《左传》从没有提及这些刑法有没有带来争议，也没有提及这些刑法带来什么争议。即使是交代这场火灾，《左传》也只是轻描淡写地一笔掠过。①

当子产表示自己要尽力挽救自己这一代人，叔向却在暗中捍卫永恒的法则。叔向两次称引《诗》，鼓励子产效法文王，并预言如果子产不听取他的意见，郑国将会覆灭。事实上，仿效和重复本身留下了较小的空间让人重新阐释或改变传统。从叔向有关国家衰亡无可避免的观点推论下去，他意识到继承传统、重复过往的典范其实全都难以实现。或许，这解释了为什么他认定自己的氏族必定会被诛灭。浑罕和叔向都倡导仿效典范的逻辑，认为人应以不变的方式继承传统。至于子产则认为重新阐释传统才是"救世"之方。仿效必须回到过去，而法律则会指向当下。叔向认为朝政是礼制秩序的体现，子产则特别喜欢一个有关工作的隐喻——他把治国比作农民种田，他们会时时刻刻留意庄稼的生长（《左传》襄公 25.14，页 1108）。② 因此，衰败的预感既可以成为变化和改革的动力，又可以重新肯定先贤的典范。《左传》的引人注目之处正在于它同时表达了这两种观念。

《左传》里有另一个铸造刑书的例子，也出现了类似的负面评价，有

---

① 正如第三章所述，裨灶预言火灾将会发生，但子产无视这个预言。最后预言虽然应验了，但《左传》似乎没有责怪子产的意味。相反，这段记录强调了他处理火灾的效率和能力（《左传》昭公 17.5，页 1390—1392；18.3，页 1394—1397）。
② 《左传》隐公 6.4 也有一个以农喻政的例子。

人认为铸造刑书是衰败和堕落的象征。晋大夫赵鞅和荀寅(中行寅)向晋国收集了四百十八斤铁,用来铸造刑鼎,鼎上铸上了前任晋国大夫范宣子所制定的刑法。①

> 仲尼曰:"晋其亡乎! 失其度矣。夫晋国能将守唐叔之所受法度,以经纬其民,卿大夫以序守之,民是以能尊其贵,贵是以能守其业。贵贱不愆,所谓度也。文公是以作执秩之官,为被庐之法,以为盟主。今弃是度也,而为刑鼎,民在鼎矣,何以尊贵? 贵何业之守? 贵贱无序,何以为国? 且夫宣子之刑,夷之蒐也,晋国之乱制也,若之何以为法?"蔡史墨曰:"范氏、中行氏其亡乎! 中行寅为下卿,而干上令,擅作刑器,以为国法,是法奸也。又加范氏焉,易之,亡也。其及赵氏,赵孟与焉。然不得已,若德,可以免。"(《左传》昭公29.5,页1504—1505)

无论是"孔子"还是叔向,他们都相信只有把当下的情况与原来的自然的秩序相提并论,才能够正确理解当前混乱失序的险恶。可是,由于这个秩序建立在自然的对应关系上,试图纠正当下失序的局面——这局面源于人们断绝了自己与过去的联系,诸如铸造刑书——似乎相当武断,甚至可能会带来祸患。孔子的意见与叔向的态度有相似之处,二人都希望能继承传统,回到周初理想的秩序("先王"、建立晋国的唐叔),反对刑书这种象征衰亡和堕落的当下法则。当权威来自客观的刑法而非手握大权的人,他们都因君臣尊卑的等级制度受到威胁而感到痛心,因为法律的文字将会控制人民的注意力,那些从血缘或官爵中取得的权威将会遭到侵蚀。

此处的区别在于没有人像子产那样为铸造刑书辩护,没有人认为铸造刑书旨在"救世"。这里的批评重复了叔向在书信中讲述的论点。除此之外,这段文字也与晋国的局势发展紧密相连,尤其是氏族之间的斗

---

① 有关春秋后期人民如何使用铁,可参阅顾德融、朱顺龙:《春秋史》,页164—173。

争。夷之搜显示了当时的晋国国君晋襄公势单力薄。为了迎合掌握实权的大夫,襄公几次更换统军的主帅。① 被庐之法与文公称霸有关(《左传》僖公 27.4,页 445—447),至于夷之搜则昭示了赵氏地位的上升(《左传》文公 6.1,页 544—546)。赵氏掌权与晋国公室争夺继承权有关,晋国领袖的纠纷也助长了他们的权势(《左传》文公 6.5—8,页 550—553;文公 7.4,页 558—561;文公 8.7,页 568)。《左传》在交代晋国施行被庐之法和举行夷之搜时,表述的方式非常正面。考虑到范宣子之法与夷之搜的联系,我们可以推测这种法律把更大的权力授予各个卿族。奇怪的是,史墨认为赵鞅无罪:赵鞅的地位比中行寅高,理论上他应该负有更大的责任,但史墨却认为他在这件事上根本没有选择的余地(他的先人也参与了夷之搜,那场军事演习促使范宣子制定刑法)。相反,史墨认为范氏和中行氏会互相牵连,走向灭亡。这两个氏族在春秋晚期进行联姻;二十多年后,赵鞅把两族都诛灭了[《左传》定公十三年(公元前 497 年)至哀公五年(公元前 490 年)]。此处史官的评论,或许只是要为这次斗争的结局作一合理的解释。

铸造刑书象征人强行在暴力和动荡的时代施加秩序;铸之于鼎则代表了掌权的人将会永远享有权力[这正是范宣子的想法。范宣子认为世袭的地位和先祖的成就将会不朽地传承下去,鲁大夫叔孙豹批评这种想法既愚妄又傲慢(《左传》襄公 24.4,页 1087—1088)]。② 但是,孔子坚称他们所创造出来的秩序是虚幻的,因为孔子相信他们已断绝了自己与过去的联系,所以他并没有解决社会衰退的问题,反而表明了社会政治的体制已经残破不堪。

叔向和孔子最担忧的事情落实在邓析身上。不少战国和汉初文献

---

① 见《左传》文公 6.1,页 7。另,可参阅吕祖谦的评论,见《左氏传说》,卷 5,页 43。
② 叔孙豹引用臧文仲的话,提出了另外三种不朽的方式:立德、立功、立言(《左传》襄公 24.4,页 1088)。范宣子的祖父(范武子)和父亲(范文子)的才智和功绩赫赫有名。范宣子自己也因为能正确判断局势,熟练地处理外交问题,而为人称道。这证明了强势的卿相逐渐掌控整个国家。《左传》也记载了他毫不留情地诛灭栾氏(《左传》襄公 21.5,页 1058—1062;襄公 21.8,页 1063;襄公 22.5,页 1068;襄公 23.3,页 1073—1076)。

都记载了有关邓析的故事。荀子经常把邓析和惠施放在一起,认为他们对绮辞巧辩和逻辑十分熟悉。邓析的话"伪而辩"。① 据《吕氏春秋》所言,邓析离析了文字和词义;他违反子产的禁令,挑战、曲解、重新诠释国家的律法(县书、致书、倚书)。②《淮南子》认为邓析"巧辩而乱法"。③ 上述文献,还有《说苑》和《列子》,都提到子产把邓析处死。人们经常把他与少正卯(或谓孔子把他处死)或管叔和蔡叔(被周公处死)归为一类,认为他们都是不法之徒,一直威胁国家的安危却又不易被人立刻发现。假如《左传》也有这样的记录,或可以使子产更进一步明白铸造刑书的危险。但《左传》却讲述了另一个不同的故事:

> 郑驷歂杀邓析,而用其《竹刑》。君子谓子然:"于是不忠。苟有可以加于国家者,弃其邪可也。《静女》之三章,取彤管焉。④《竿旄》'何以告之',⑤取其忠也。故用其道,不弃其人。《诗》云:'蔽芾甘棠,勿翦勿伐,召伯所茇。'思其人,犹爱其树,况用其道而不恤其人乎!子然无以劝能矣。"(《左传》定公9.2,页1571—1572)

在这则记录里,邓析并没有表现出好辩的性格,也没有作无用的争论。他的野心更大。杜预认为他因为"私造刑法",所以才被处死(《十三经注疏》6,55.19)。他的竹刑比子产的刑法更理想,因此驷歂也要"用其竹刑"。这里的焦点在于他的死亡并不合理:正如古人引《诗》也可断章取义,邓析既然如此有才能,郑国理应善加利用,宽恕他的罪过。邓析自行诠释法律,可以招致权力下放的焦虑;但这种焦虑却被取代了,换来的教训是任用贤士,采取有利于国家的政策。

---

① 见《荀子·不苟》、《非十二子》、《儒效》、《宥坐》诸篇(《荀子笺释》页22,59—60,80,390)。班固《汉书·艺文志》"名家"下有《邓析》二篇,其他"名家"的著作还包括惠施和公孙龙的作品(《汉书》,页1736)。
② 《吕氏春秋校释·离谓》卷18,页1177—1179。
③ 《淮南鸿烈集解·诠言》卷14,页472。
④ 《诗·邶风·静女》(42)。
⑤ 《诗·墉风·干旄》(35)。

衰败的预感,与人意识到权力下放有着特殊的联系。《论语》把这一点表达得很清楚。

> 孔子曰:"天下有道,则礼乐征伐自天子出;天下无道,则礼乐征伐自诸侯出。自诸侯出,盖十世希不失矣;自大夫出,五世希不失矣;陪臣执国命,三世希不失矣。天下有道,则政不在大夫。天下有道,则庶人不议。"(《论语·季氏》16.2)

正如我们所见,《左传》没有坚持周室的权威受命于天,没有经常回想这理想的过去。《左传》有时会把周天子与一些大国的诸侯视为地位相等的人。即便有些大夫和臣子篡夺了诸侯之位,《左传》有时也会以德行的修辞歌颂他们,声称他们因为坚守德行而获得了合理的回报——鲁国的季文子、晋国的赵氏和魏氏,特别能体现这种情况。但《左传》对权力下移的认可仅适用于大夫之上。对于家臣或陪臣谋反,《左传》往往从否定的角度呈现他们颠覆鲁国的野心。① 《左传》对于这些转变的认可和接受,既反衬出书中相关政策的讨论,也突出了对各人物和事件的评价。然而,《左传》在补入"历史的形态"时,往往会呈现出衰亡的预想——周室秩序的崩溃、称霸理想的消亡、各国公族的式微、强宗大族的倾覆、贤士及其家族的毁灭。我们已然看到,各人在表达自己对改革和变化的看法时,都尝试拥护或挑战这些预想。有关公布刑书的故事,成为一个不同观点互相争持的重要场地。

往事的用途

我们可以从《左传》的后半部分,看到往事发展出新的用途。或许,这是为了回应日益恶化的混乱局面,以及不断加剧的崩溃危机。首先,我们可看到人们更频繁地强调起源。这里所谓的起源既包括信史架构下国家的建立,也包括我们称为"神话时代"事物的根源,尽管在《左传》

---

① 但是,《左传》往往把收取谷禄的"士"塑造成忠心的家臣,如追随栾盈的人和孔子的弟子等。

里这两个框架的界线其实非常模糊,甚至没有多大意义。其次,我们越来越意识到人们有空间去争辩和操纵他们对过去的诠释。保守派因为衰亡的预想而援引周初的理想秩序,以此作为诠释的模式;而改革派则假设过去有不同的发展方向,藉此解释和改变当前的状况。

《左传》在不同地方提到的起源故事会有明显的变化。从公元前712年(隐公十一年)到公元前609年(文公十八年),《左传》有八次引述周以前的传说,其中有五次只是简略地提到祖先和对祖先的祭祀——这些语境包括:称许国家历史悠久(《左传》隐公11.3,页75),进谏以说明祭祀的先后顺序及其合理性质(《左传》僖公21.4,页391—392;文公2.5,页524—525),哀叹祭祀仪式的中断(《左传》文公5.4,页540),斥责别人没有举行祭礼(《左传》僖公26.5,页440—441)。另外有两处与晋文公的谋略和政策有关(《左传》僖公25.2,页431;僖公33.6,页502)。只有一处有较详细的议论:鲁宣公刚刚即位时,季文子借用史克之言,解释宣公为何会驱逐弱小的邻国莒国的太子仆(可参阅本书的引言)。

相对而言,从公元前569年(襄公四年)到公元前489年(哀公六年),《左传》有十二次提及周以前的传说。其中六次比较简洁——两处提到文献知识(《左传》昭公12.11,页1341;哀公6.4,页1636),一处触及音乐—道德—政治的判断有何历史依据(即季札观乐的故事;见《左传》襄公29.13,页1161—1165),其余三处则是在建议、游说、进谏的情况下引述历史作为先例(《左传》昭公1.2,页1204—1207;昭公4.3,页1250—1251;昭公28.2,页1493)。更值得注意的是七次长篇论说。这些论说其实也有建言、进谏、作出判断等正常的作用,但正如史克的言论(见于文公十八年)一般,这些论说特别享受铺叙或排比的乐趣,也特别沉迷于古代传说中复杂的细节。有时候,这些铺张的论说甚至会偏离整个讨论的重心,给人离题之感。

举例说,魏绛向晋悼公进谏,提出晋国与戎人和平相处将对晋国有利。他在进言期间,讲述了一个有关夏朝的长篇故事:后羿篡夺了夏朝的政权,却误信奸臣寒浞,最终被寒浞暗算,走向灭亡。魏绛认为,后羿沉迷于打猎,其实也就是他覆灭的原因。到了这里,《左传》的叙事者忽然补充了一段话:魏绛之所以会转到这个话题,原因是悼公也迷恋打猎。这段话看起来很像是事后补入的按语。魏绛接着总结了晋国与戎人讲和的五大利益,其中他再次提醒悼公应该以后羿为鉴戒(《左传》襄公4.7,页939)。①我们可以从这段记录的结尾,知道悼公最后派魏绛去与戎人订立盟约,致力于治理人民,只在恰当的时令才会外出狩猎。竹添光鸿认为攻打戎人与沉迷打猎两者暗含一种平行的关系;魏绛最初把戎比喻为"禽兽也",已经强调了戎人与猎物之间有形象上的联系(《左传》襄公4.7,页939)。可是,魏绛补入夏朝的传说与他倡导与戎议和的主要论调,两者之间缺乏明确的联系。② 有人据此推测这段话是后来增补的。我们并不能排除,楚国史官或关注楚国传统的《左传》编纂者有可能补充了这一段关于后羿的故事。③

即使有时上古传说的引用比较贴合文章的论点,但《左传》对于这些历史先例中的某些细节还是有不相称的关注。例如,公元前496年(定公十四年)吴国打败越国,伍子胥建议吴王夫差彻底铲除敌人。他用了很长的篇幅讲述夏王少康复国,以及后来少康报复篡位者寒浇的故事(寒浇曾获封于过,所以又称"过浇",他是寒浞的儿子)。他认为"今吴不如过,而越大于少康,或将丰之,不亦难乎!"(《左传》哀公1.2,页1606)。这里的比较有点刺耳。伍子胥后来又把越国称为蛮夷之国,这让人质疑为什么他会把越王比作少康。他把吴王与篡位者过浇等量齐观,似乎也是种不必要的冒犯。少康的事迹与后羿的故事有很密切的关系,两者似乎都是从楚地的上古传说中抽取出来的。在这两个例子里,记录上古传

---

① 见竹添光鸿:《左传会笺》襄公4.22,26。
② 见童书业:《春秋左传研究》,页22—27。童书业列举了先秦文献里各个有关后羿和少康(少康在后羿和寒浞的乱局中即位为夏朝君主)的传说。童书业探讨了汉人是否为了影射王莽和汉光武帝,才刻意补入《左传》襄公4.7(页935—939)和哀公1.2(页1605—1607)两则记录。他最终否定了这个说法。
③ 后羿的故事与《离骚》和《天问》里的故事有些相似,但是和把后羿作为一个英雄来描述的其他先秦文献相比,有着意义上的区别。见童书业《春秋左传研究》22—25页。

说的冲动似乎已经超出了原来的言说目的。

《左传》还有一些例子会把理想的过去视为诠释的模式。"原初的秩序"与当前的乱局相提并论,隐然带出衰落的预感。叔向把这种秩序建立在古代圣王的道德典范之上,而其他人则试图设想自然的对应法则,以此切入事物的起源。最有意思的例子莫过于史墨阐释龙的传说。有人看到龙出现在绛都郊外。晋国正卿魏舒向蔡史墨询问:龙的智慧是否比人类更高,因为人类从来没有捕获过它们。史墨回答说:"人实不知,非龙实知。"(《左传》昭公 29.4,页 1500)史墨接着讲述了人类豢养和驯化龙的历史;正因如此,古代才会有"豢龙氏"和"御龙氏"这样的姓氏。龙与人紧密的关系,象征了统治者和被统治者、神与人之间无拘无束的交流。董父为圣君帝舜驯龙,后来上天又把龙赐给有夏的君主孔甲。在上古的时代,万事万物都有相应的人来掌管。这些人称为"官",例如"水官"即负责管理龙。自从水官被废弃以后,人再也没有办法活捉龙了。史墨还引用《周易》中乾卦的爻辞,证明以往人可以仔细观察龙,甚至可以为龙绘图:"若不朝夕见,谁能物之?"(《左传》昭公 29.4,页 1503)①这些爻辞描写了龙的状态、动作、背景(诸如"潜龙勿用"、"见龙在田"、"飞龙在天"、"亢龙有悔"等)。古人往往把这些句子理解成有关"乾"的抽象道德教训。《左传》只有这一次提到《周易》在字面上和历史上的应用,而这则例证表明当时的人可以自信地挪用文献建构以往的秩序。魏舒随即向史墨请教有关五祀的事,还问及社神和稷神的身份。史墨追踪了各个神明的传承和历史变化。如此一来,他再次证明了原初的秩序有其一贯的条理,也证明了这个秩序有可能一直延续下去。

《左传》还有另一篇有趣的文字可与史墨的言论相提并论。那就是郯国国君阐释传说中的古代圣王如何为职官命名。郯子自称是少皞之

---

① 正如苏德恺(Kidder Smith)所言,这里《周易》"充当一部自然界的史书。这本书的价值不在于它能预测未来,反而在于它对过去的了解"(《〈左传〉里〈周易〉的诠释》["Zhouyi Interpretation from Accounts in Zuozhuan"],页 446)。另外,有关《左传》称引《周易》的研究,还可参高亨:《〈左传〉〈国语〉的〈周易〉说通解》,收入《周易杂论》,页 70—110。

后:"我高祖少皞挚之立也,凤鸟适至,故纪于鸟,为鸟师而鸟名。"(《左传》昭公 17.3,页 1387)自然界每个特定元素(云、火、水、龙、鸟)都与治国的氏族有密切的联系,而且每个元素都会变成一定的治国原则。这些概念都假定了人类世界与自然世界之间有一种对应关系。郯国国君从偏远地区来到鲁国,但他却能向鲁国大夫解说古史,难怪孔子也要向郯子求教。孔子提到:"吾闻之,天子失官,学在四夷。"(《左传》昭公 17.3,页 1389)这个评价表明了上古是所有人共通的起源;在这个起源之中,所有的区别都被消泯净尽。

保守派倡导原初的秩序,这秩序建基于延续、对应和模仿之上。至于改革派则喜欢以更晚近的往事作为模范,有时他们还会利用不同的历史来解释和改变现状。子产的言论经常指涉古代和近年来发生的史事,藉此为自己的政策提供合理的解释。本书的引言也曾经提到,子产经常用晋文公的霸业为例,说明晋国的行事标准正在下降,并抗衡晋国国君的无理要求。子产能娴熟地操纵人如何看待历史,很大程度上成就了他的修辞艺术。有一次,子产与晋大夫士弱对谈,他即从回顾陈国的历史着手,为郑国攻打陈国辩护。

> 昔虞阏父为周陶正,以服事我先王。我先王赖其利器用也,与其神明之后也,庸以元女大姬配胡公,而封诸陈,以备三恪。① 则我周之自出,至于今是赖。(《左传》襄公 25.10,页 1104—1105)

子产指出陈国的先祖尽管出身尊贵,但也只是周天子的陶正。为了要向以往的君主致敬,周室特别尊重他们的后裔,并把虞阏父扶上国君之位。子产借用"我先王"和"我周"等词汇,强调了郑国与周室的关系,也巧妙地说明了郑国的地位比陈国更高。接着,他列举了在陈国动荡和混乱时期郑国对他们提供的各种帮助。周室与郑国向陈国施予了不少恩惠;由此看来,陈国选择与楚国结盟,可说是忘恩负义,理应受到斥责。

---

① 杨伯峻认为"三恪"指黄帝、尧、舜的后人。杜预注以为"三恪"指周以前的统治者——虞、夏、商的后人。

323

> 今陈忘周之大德,蔑我大惠,弃我姻亲,介恃楚众,以冯陵我敝邑,不可亿逞,我是以有往年之告。① 未获成命,则有我东门之役。② 当陈隧者,井堙木刊。敝邑大惧不竞而耻大姬,③天诱其衷,启敝邑心。陈知其罪,授手于我。用敢献功。(《左传》襄公 25.10,页 1105—1106)

直到这一刻,子产的论点纯粹只考虑道德的问题。但当他继续阐释自己的观点时,整个论述的重心却改变了:

> 晋人曰:"何故侵小?"对曰:"先王之命,唯罪所在,各致其辟。且昔天子之地一圻,列国一同,自是以衰。今大国多数圻矣,若无侵小,何以至焉?"晋人曰:"何故戎服?"对曰:"我先君武、庄为平、桓卿士。④ 城濮之役,文公布命,曰:'各复旧职。'命我文公戎服辅王,以授楚捷⑤——不敢废王命故也。"士庄伯不能诘,复于赵文子。文子曰:"其辞顺。犯顺,不祥。"乃受之。……仲尼曰:"《志》有之:'言以足志,文以足言。'不言,谁知其志? 言之无文,行而不远。晋为伯,郑入陈,非文辞不为功。慎辞也。"(《左传》襄公 25.10,页 1106)

子产先在开展自己的论述时,强调陈国在历史上受惠于周室和郑国。这让他先占据了道德高地。但是入侵小国终究在道德上还是有问题的,因此子产又改变了他的立场:他没有再讨论过去的道德价值观,反而突出了改变是不可避免且无法挽回的。他以残酷而写实的方式比对今昔。一些国家的权势和领土大小,印证了侵略行为其实非常普通,甚至时人也已经接受了这种行为模式。接着,子产转而讨论另一种历史的连续性:他把郑国攻打陈国模拟为晋国讨伐楚国,而晋国大夫招待子产

---

① 见《左传》襄公 24.2,页 1089—1091。
② 楚国在陈国的请求下入侵郑国,见《左传》襄公 24.8,页 1091—1092。
③ 子产的意思是,由于周室、晋国、郑国同为姬姓,因此郑国的削弱会使周室的公主大姬蒙羞。
④ 见《左传》隐公 3.3,页 26—28。
⑤ 见《左传》僖公 28.3,页 463。晋把战俘献给周室,周天子"受楚捷",整个过程意味着周天子承认晋国的征战出师有名。正是在这个时候,晋文公获得了霸主地位。

则好比周襄王接见晋文公。"孔子"的评论肯定了这些联系,他认为晋国称霸和郑国攻克陈国都能昭示恰当的文辞的功绩。诚如第四章所述,称霸的论述隐藏了历史的断裂,重新界定了历史的连续性。子产运用称霸的论述,掩饰了郑国的侵略之举。同时,他又宣称郑国可从晋文公所定义的政治秩序中找到自身的位置。"孔子"表扬子产的文辞,可能是因为他能以不同的历史为郑国的政策辩护。这里他就引述了周初标准的秩序,引述了近期历史的发展趋势,也引述了称霸的论述。

子产也擅长利用起源来解释事物。他两次诊断晋平公的疾病,正好表明了这一点。在这个"季世"里,君王的疾病是国家衰败和政局失序的象征。① 子产在第一次诊断时,曾以很长的篇幅解释晋室发迹的征兆。接着,子产宣称这些征兆与当下的状况无关。卜者以为实沈、台骀之神引起了疾病,叔向于是向子产请教这两个神灵的事。子产在回答叔向的问题时,先追溯了这两个神明的世系。他解释说,实沈主宰参星,而参星是晋国的星宿;至于台骀则是汾水之神,而汾水流经晋国的领地。这两个神灵都因为暴戾的战争,才与晋国扯上关系。实沈是高辛氏的幼子,他与兄长阏伯不断争斗。最终他们二人被分派到了不同的地区。有些纷争最终使晋国与参星连成一线,而实沈正是负责监视这些纠纷的人。② 晋国消灭了沈、姒、蓐、黄四个国家,这些国家本来负责向汾水之神台骀献祭。掌管晋国的神灵背后有着这些冲突的历史,或许可以显示礼义的混乱。但接下来子产要强调的却是平公的疾病与这些神灵无关:

> 抑此二者,不及君身。山川之神,则水旱疠疫之灾于是乎之;日月星辰之神,则雪霜风雨之不时,于是乎之。若君身,则亦出入、饮

---

① 晏婴也曾把齐景公的疾病与朝政的腐败联系起来(《左传》昭公 20.6,页 1415—1418)。晏婴向景公进谏,认为景公惩罚那些负责与鬼神世界沟通的官员(如卜和史)也于事无补。晏婴认为只有修德戒慎、改善朝政,才能使景公恢复健康。
② 按照这个故事的逻辑,周武王攻克商殷,因此周室也应该由商星和阏伯主宰。那么,实沈和阏伯的仇怨,也就可能与周室和晋国的关系互相对应。但是,子产并没有引申这个说法。

> 食、哀乐之事也。山川、星辰之神又何为焉?(《左传》昭公1.12,页1219—1220)

子产认为,一日之间不同时候各有其恰当的活动,而平公得病的原因正是因为他违反了这个原则。同时晋平公太沉溺于闺阁之乐,他的内宫之中还包括四位与晋室同姓的妻妾。① 假如晋平公的疾病和实沈、台骀没有关系,那么,为什么子产还要滔滔不绝地讲述他们的起源?难道这样做的目的仅仅是为了获取"博物君子"的美誉吗?② 子产于六年后作出了另一处诊断,这次诊断正好回答了上述的问题。我们曾在第三章讨论过这次诊断。子产再次出使晋国,晋大夫韩宣子向他请教平公的疾病与他梦见棕熊进入寝宫的门有无关系。子产认为棕熊是鲧的灵魂,而传说之中鲧治水失败。子产建议晋国好好祭祀他,藉此恢复恰当的礼制。晋平公果然康复了。③

尽管子产在这两篇文字里支持的观点看似互相对立,但两者还是有深层关联的。在这两个故事里,子产都尝试追溯神明的世系。这种做法把人类的逻辑和思考模式延伸到鬼神的领域里。换句话说,鬼神的世界也可以从历史的角度加以整理和分析。这种理解重新界定了礼制的秩序;在这种礼制之下,统治者必须以正确的行为或祭祀来实践自己的功能。

子产讨论起源,藉此响应平公的疾病和晋国的衰弱。这个论述代表了《左传》里一种常见的现象:当人们为各种选择争论不休时,他们往往会借用原初的秩序或关键的事件来证明自己的看法。例如,经常有人提及武王克商的事。传说中商朝的军队数量众多,但最终商还是被打败了。卓越的策略、士气、德行、魅力等优势可以盖过士兵数量较少的缺憾,这个论点经常出现在两军对阵和政治斗争中(《左传》桓公11.2,页

---

① 同姓不婚的规定可以从《左传》僖公23.6,页408;《国语·晋语》4.7;《礼记·大传》;《礼记·曲礼》中找到。
② 平公曾用"博物君子"一词称许子产(《左传》昭公1.12,页1221)。
③ 本书曾在第三章讨论梦境的诠释时提到这个故事。

131；宣公15.3，页765；昭公24.1，页1450)。① 更重要的是，武王克商的过程结合了暴力与政治的合法性。这一点特别切合当时的需要，因为时人经常要把侵略伪装成合乎礼义的举动，或使军事活动消失于文明的使命下。卫大夫宁庄子即利用武王克商的例子解释自己为何攻打邢国。

> 于是卫大旱，卜有事于山川，不吉。宁庄子曰："昔周饥，克殷而年丰。今邢方无道，诸侯无伯，天其或者欲使卫讨邢乎？"从之，师兴而雨。(《左传》僖公19.4，页383)

卫讨伐邢的真正原因几乎被宏大的宣言完全掩饰了。其实，卫国考虑的可能只是侵略的时机。齐桓公刚好在这个时候逝世，这意味着诸侯将会有较少的监督，各国的关系将有更大的变动。②

《左传》另有一些例子会把武王克商视为战后重建秩序的楷模。当许国国君面见楚成王时，他早已做好了战败求死的准备。楚大夫逢伯建议成王宽恕他："昔武王克殷，微子启如是。武王亲释其缚，受其璧而祓之，③焚其榇，礼而命之，使复其所。"(《左传》僖公6.4，页314)④楚王听取逢伯的建议，后来他的行为也被奉为典范。一百多年后，赖国国君向楚灵王投降，椒举即向灵王进言，劝他向先祖成王学习："成王克许，许僖公如是。王亲释其缚，受其璧，焚其榇。"(《左传》昭公4.4，页1254)楚灵王被椒举说动，以宽大方式处事，可能因为那时他正想效法齐桓公(《左传》昭公4.3，页1250—1251)。

纵观整部《左传》，当周天子把土地赐给族人和有功之臣时，周天子及其大夫最有资格引述周初的政治秩序。分封土地本来是为了巩固臣

---

① 根据《孟子·尽心下》(14.4)所述，武王伐殷时，只用了革车三百两，虎贲三千人。
② 庄王利用武王克商来证明战争可以以暴制暴，参见《左传》宣公12.2，页744—745。另，本书第四章亦提到这个例子。
③ 许国国君口含玉璧，表明自己即将受死。楚王接受了这块玉璧，也就意味着他准许许国国君继续活下去。接着，他们举行了去除凶恶的仪式，以其他对象模仿死者，藉此趋吉避凶。
④ 崔认为这段文字可能是楚国史官编造的，目的是要称颂楚王；见《考古续说》，卷2，页13—14，收入《考信录》。这段时间许国周旋于齐、楚两国之间。数年以后，许国参加了齐国发起的会盟。说明他们并没有完全臣服于楚国。

子对周室的忠诚。周天子往往会在国家面对危机或分裂的情况下把土地分封给诸侯。有些诸侯势孤力弱,且受到领地的限制不得不捍卫周室。他们总会从历史里寻找依据。诚如上文所述,王孙满就曾以鼎的历史为根据,回绝楚王问鼎的要求(见第四章)。另一个例子是晋大夫郤至与周室争夺土地,双方都提到自己的先祖和故实。

> 晋郤至与周争鄇田,王命刘康公、单襄公讼诸晋。郤至曰:"温,吾故也,故不敢失。"①刘子、单子曰:"昔周克商,使诸侯抚封,苏忿生以温为司寇,与檀伯达封于河。苏氏即狄,又不能于狄而奔卫。②襄王劳文公而赐之温,狐氏、阳氏先处之,③而后及子。若治其故,则王官之邑也,子安得之?"晋侯使郤至勿敢争。(《左传》成公 11.7,页 854)

周室的贵族提到武王克商,认为周室理论上可以管治天下所有土地。这里的逻辑看似非常简单:武王把温地赐给苏忿生,大概因为苏忿生出奔到狄和卫去,因此他的后人不再享有温地,所以襄王后来又把温地赐给晋文公。"赐"的概念不断重复,掩盖了时间上的断裂。对于当时的人来说,武王把领地分封给诸侯,是一种建基于平衡和互惠原则的政治秩序。在《左传》早期的记录里,周桓王把温和其他土地"与"予郑国,藉此交换郑国的土地,君子即斥责道:"己弗能有,而以与人。"(《左传》隐公 11.5,页 77)换句话说,即便是在更早的时候,温地也不在周室的控制之下。襄王再次把温地和其他地方"与"予文公,以答谢他在王子带篡夺天子之位时对自己的支持。领土的赏赐点明了周室的衰微,也说明了周室对晋国的依赖。当晋文公把包括温地在内的土地划分给支持者时,他遵循以往周室的传统,从周室处理中央与诸侯领地之间的关系中取法。当郤至和

---

① 鄇田是温的别邑。郤氏采邑于温,所以时人又称他为温季(《左传》成公 16.12,页 895;成公 17.10,页 902)。
② 见《左传》僖公 10.1,页 333。
③ 见《左传》僖公 25.4,页 436;文公 6.1,页 544。

周室争夺土地时,晋国的强宗大族(特别是郤氏)同时也在挑战晋厉公的权威,甚至连诸侯同时也在违抗周天子的命令。郤至在这段时间不断受到指摘。他的傲慢、他违背礼制的举动全都被人批评(《左传》成公 11.3,页 852—853;成公 13.1,页 860;成公 16.12,页 894—895)。最后,晋国的权力斗争达到顶峰。晋厉公消灭了郤氏;但一年后,厉公也被其他氏族杀死(《左传》成公 17.10,页 900—902;成公 18.1,页 906—907)。总的来说,当厉公命令郤至停止争地时,晋国公室与强大的氏族之间权力正濒临失衡的边缘。或许,厉公只是想要抑制郤氏的势力,他根本没有想过要尊重周室所订定的先例和传统。

周室和晋国之间有另一场领土争端。当时,周朝甘邑的大夫与晋人争夺阎田。晋军在戎人的帮助下攻打周的领土颍地;周大夫詹桓伯回顾了周朝的历史,藉此"辞"于晋:

"我自夏以后稷、魏、骀、芮、岐、毕,吾西土也。① 及武王克商,蒲姑、商奄,吾东土也;巴、濮、楚、邓,吾南土也;肃慎、燕、亳,吾北土也。吾何迩封之有?② 文、武、成、康之建母弟,以蕃屏周,亦其废队是为,岂如弁髦,而因以敝之。③ 先王居梼杌于四裔,以御螭魅,故允姓之奸居于瓜州。④ 伯父惠公归自秦,而诱以来,⑤使偪我诸姬,入我郊甸,则戎焉取之。戎有中国,谁之咎也?后稷封殖天下,今戎制之,不亦难乎?伯父图之!我在伯父,犹衣服之有冠冕,木水之有本

---

① 这里的意思是农神后稷因为他的功绩而获得这些土地。据《国语·周语》1.1,后稷是官名,周室的先祖世世代代都担任这个官职。这里尝试把周的世系延伸到夏朝,目的是要强调周在正式建立王朝以前已经是一个独立的政体了。如此一来,周也是独立于商朝的政体。见童书业:《春秋左传研究》,页 30—32。
② 参《诗·小雅·北山》(205)。
③ "弁"是缁布冠,古代男子在冠礼中一般会戴三种帽子,缁布冠正是他们戴的第一种帽子。仪式结束后,一般会把缁布冠弃去不用。至于"髦",父母去世时,子女会剪去自己的一束头发,这缕头发也就是"髦"(见竹添光鸿:《左传会笺》昭公 9.13)。
④ 公元前 609 年,史克列举"四凶",梼杌正是其中之一(《左传》文公 18.7,页 641)。允姓之奸乃阴戎的祖先。瓜州本来是戎人居住的地方,参见《左传》襄公 14.1,页 1005—1006。
⑤ 晋惠公本来被秦国拘留。公元前 645 年,他从秦国返回晋国(《左传》僖公 15.8,页 366—367)。公元前 638 年,晋国把陆浑之戎迁到伊川(《左传》僖公 22.4,页 393—394)。

原,民人之有谋主也。伯父若裂冠毁冕,拔本塞原,专弃谋主,虽戎狄,其何有余一人?"①叔向谓宣子曰:"文之伯也,岂能改物?② 翼戴天子,而加之以共。自文以来,世有衰德,而暴蔑宗周,以宣示其侈;诸侯之贰,③不亦宜乎!且王辞直,子其图之。"宣子说。(《左传》昭公 9.3,页 1307—1310)

周室从西方发源,由于他们战胜商朝,所以才拥有其他三方的领地。因此,晋国与周朝发生领土上的纠纷,理论上并不成立。我们再次看到詹桓伯利用周初原有的秩序来证明自己的看法,尽管这里的语气更加沉痛。詹桓伯更强调原来的血缘关系,断言中原国家与夷狄之间的区别:尽管华夷之辨理应重新唤起晋国的忠诚,但是这却同时把周室放到夷狄的位置上去了,他们都在争取晋国的支持。按照詹桓伯的逻辑,诸侯的封地是保卫周室中央领土的屏障,这些封地确保蛮族会被排除在边疆以外。戎人是梼杌的后裔,而梼杌则是被放逐的恶人。由于晋国的关系,他们现在进入了中原的国度。因此,晋国的侵略彻底破坏了周初体制对空间的安排:晋国与戎人勾结,颠覆了内外的区别,也摧毁了文明国度与野蛮世界的界线。④ 最终,晋国执政韩宣子被说服了。他归还了阎田和颍地的俘虏。这种做法与重新确立周初的空间秩序无关,他只是因应晋国衰弱的现实而采取了相应的行动。叔向认为晋国无须反驳詹桓伯严正的言辞。这个时候晋国正受到楚灵王的威胁,他们不可能再进一步破坏自己的合法地位。

---

① "余一人"是天子的谦称。
② 晋文公救助周襄王以后,在觐见天子时,请求死后可以隧葬。只有古代天子的葬礼才有隧道,因此襄王拒绝了文公的要求,后来文公也就没有重提此事了(《左传》僖公 25.2,页 432—433)。
③ 意谓诸侯不再把晋国视为盟主。
④ 诚如本书第四章所述,戎人和狄人居住的地方可能与中原国家非常接近。晋国的干预与这种发展没有关系。虽然周室的空间秩序讲求团结中原国家,把蛮夷驱逐到边境以外,但从周以前的眼光来看,中原各国与居住在边境的人民其实有共通的起源。郯子之言已然证明了这一点。

鲁国浸润在周的传统之中，他们经常利用周的礼制来维护自己的利益。当吴国要求鲁国进献百牢时，鲁大夫子服景伯反对说："先王未之有也。"吴国试图根据当前的权力关系，证明自己的要求并不过分：宋国缴纳了同样数量的贡品，鲁国不能比宋国少。子服景伯重申周初的理想秩序，谴责吴国"今弃周礼"。这种抵抗最终也没有任何效用，鲁国最多只能在言辞上取胜：子贡担任使臣出使吴国，他预言吴国即将灭亡。吴的先祖吴太伯身穿正式的衣冠实施周礼，他的弟弟继承了他的君位，但却"断发文身，臝以为饰，岂礼也哉？有由然也"（《左传》哀公 7.3，页 1641）。吴国成功地宣示权力，更印证了他们已经丧失周礼，被野蛮的环境所同化。但假如我们从旁观者的角度看，与其说鲁国在礼制方面的优越地位能让他的判断更具说服力，不如说这种优越地位本身就值得批判。尽管在《左传》的前半部分，管仲曾经提到齐国绝对不会攻打鲁国，因为鲁国依然保存了周礼，但到了后来却出现了齐人嘲讽的歌声。他们唱道：只因鲁国坚守礼制传统，这愚昧无知的行径将引来诸侯的误解："唯其儒书，以为二国忧"（《左传》哀公 21.2，页 1718）。

引述周初的秩序这种做法是否合理，逐渐成为众人争论的议题，有人甚至会利用这种手法。周景王与籍谈之间的对话就非常有趣，因为其中展示了不同的礼制秩序如何互相争斗。晋国的荀跞出使周朝，籍谈担任副使，二人参加穆后的葬礼。周室安葬了穆后以后，景王减换丧服，①设宴招待荀跞和籍谈。席间景王用鲁国进献的壶做酒尊。接着他问道，为什么诸侯都有进献器具以"镇抚"王室，唯独晋国没有。籍谈声称这是因为晋国距离周室遥远，这句话的意思是晋国与周室历来缺少联系：

"诸侯之封也，皆受明器于王室，②以镇抚其社稷，故能荐彝器于王。晋居深山，戎狄之与邻，而远于周室，王灵不及，拜戎不暇，其何

---

① 古代的礼制要求人在适当的时候减换丧服，以抑制自己的哀痛，详见《左传》，页 1371。
② 杜预认为"明器"谓"明德之分器"（《十三经注疏》6, 47.10b）。竹添光鸿认为"明器"与"神明"有关（《左传会笺》昭公 15.37）。

以献器?"王曰:"叔氏,①而忘诸乎! 叔父唐叔,成王之母弟也,其反无分乎? 密须之鼓与其大路,文所以大蒐也;阙巩之甲,武所以克商也,唐叔受之,以处参虚,匡有戎狄。其后襄之二路,鏚钺、秬鬯,彤弓、虎贲,文公受之,以有南阳之田,抚征东夏,②非分而何? 夫有勋而不废,有绩而载,奉之以土田,抚之以彝器,旌之以车服,明之以文章,子孙不忘,所谓福也。福祚之不登,叔父焉在? 且昔而高祖孙伯黡司晋之典籍,以为大政,故曰籍氏。及辛有之二子董之晋,于是乎有董史。③ 女,司典之后也,何故忘之?"籍谈不能对。宾出,王曰:"籍父其无后乎! 数典而忘其祖。"(《左传》昭公 15.7,页 1371—1373)

景王向晋国索取礼器或其他形式的贡品。他强调长期以来周室对晋国的赏赐,尤其是唐叔建晋之时,还有文公称霸之时。景王驳斥了晋国路途遥远的借口,转而强调晋国的位置和领土疆域都是因周室的赏赐才得以维持的。这些赏赐同时也是军事力量的象征。晋国拥有了这些军力的象征,即便不能战胜戎狄,也足以与生活在晋国境内的戎人和狄人和平共处了。如此一来,戎狄绝非累赘,也绝非漠视周室的借口;相反,他们确认了周室的慷慨。景王把周室对晋文公的赏赐放到封赏的传统之中,但当时的权力平衡已经逆转——晋文公拥护襄王,打败了篡位的王子带。此时此刻周室的赏赐象征着他们承认文公的盟主地位,承认文公是周室的保护者。可以说,景王强调历史的一脉相承之处,藉此省去了其中的变化。周室封赏晋国的传统理应有交换的性质,因此晋国理应向周室进贡。这种看似一脉相承的情况也掩盖了权力及其符号之间的区别:封赏象征着军事力量和政治权威的颁授,尽管晋国得势绝对扭

---

① 籍谈是周室之后。
② 也就是说,位于晋国东边的国家,诸如齐、鲁、郑、宋,都承认晋国的霸主地位。
③ 孔子曾表扬晋国史官董狐"书法不隐"(《左传》宣公 2.3,页 663)。除了董狐这个著名的史官,其他董姓的晋国史官还见于《左传》襄公 18.4,页 1043;《国语·晋语》4.12,页 365;9.4,页 487。《国语》还提及另一个董姓大夫董安于,参《国语·晋语》9.8,页 489。

转了依赖的方向。为了得到贡品,景王还指出周室与晋国拥有共同的过去,即使是晋国董姓的史官也是周大夫辛有的后代。他又转向个人的历史:籍谈的姓氏"籍"意谓记录;因为他的先祖是掌管晋国"典籍"之官,所以他才得到这个姓氏。由于籍谈忽略(或压抑)了晋和周的关系,景王预言他的后代将不会长久,因为忘本也就意味着断裂,预示自己将会被后世遗忘。

景王尝试以起源和历史的延续立论,相反批评景王的意见则指向终结。

> 籍谈归,以告叔向。叔向曰:"王其不终乎!吾闻之:'所乐必卒焉。'今王乐忧,若卒以忧,不可谓终。王一岁而有三年之丧二焉,于是乎以丧宾宴,又求彝器,乐忧甚矣,且非礼也。彝器之来,嘉功之由,非由丧也。三年之丧,虽贵遂服,礼也。王虽弗遂,宴乐以早,亦非礼也。礼,王之大经也。一动而失二礼,无大经矣。言以考典,典以志经。忘经而多言,举典,将焉用之?"(《左传》昭公 15.7,页 1374)

叔向没有直接回应景王的论点。相反,他指出了景王提出要求的时机不祥,而且景王的举动也有违天子的礼节。景王雄辩滔滔地为传统辩护,结果只不过是预言了他自己的灭亡——也就是说,在不恰当的场合寻找欢乐。六年后,景王铸造了无射大钟。大钟所产生的声响过分宏亮,乐工泠州鸠即预言天子将会驾崩,因为他的心无法承受这样的声音,他将感到躁动不安,最后因病而终(《左传》昭公 21.1,页 1423—1424;《国语·周语》3.6—7,页 122—142)。① 叔向也坚持彝器必须透过"嘉功"来获取,尤其是王室更应遵守这个原则。景王预言籍谈的血脉很难延续下去,因为他"数典忘祖";叔向则预言景王将会死去,因为他"举典忘经"。这两个预言最后都应验了——泠州鸠提醒景王无射大钟有害以后,景王

---

① 本书第二章曾提及无射大钟的钟声。

过了一年便去世了;籍谈的家族最终因晋国氏族的斗争而覆灭(《左传》定公14.9,页1598)。这里争辩的双方都注意到"典籍"如何界定记忆,如何成为权威的象征;与此同时,他们都尝试寻找更高的权威来超越它——景王谴责籍谈忘记了祖业,叔向则批评景王忽略了基本的礼仪规范。

古人对典籍的态度并不一致。一方面,典籍能解释文化和政治秩序的起源。韩宣子到鲁国太史氏那儿参观藏书,他叹道:"周礼尽在鲁矣,吾乃今知周公之德与周之所以王也。"(《左传》昭公2.1,页1227)由此可见,古人对于文献典籍逐渐被遗忘有着很大的焦虑,尤其是因为其中的文化记忆也会因而消逝。鲁国的闵子马认为周大夫原伯鲁不好学是周室灭亡的先兆(《左传》昭公18.5,页1397—1398)。战国后期与秦汉时期的文献也提到,有些史官预见昏君的统治将带来灾难,因此他们带着典籍逃往君王更加开明的国家去。《吕氏春秋》即提到:夏朝的昏君桀没有采纳太史令终古的谏言,于是终古带着"图法"出奔到商。同样,商内史向挚也因为预见殷商将亡,于是带着"图法"投奔周武王。① 这些故事证明了文献的传承是政权合法的象征。

另一方面,古人也担心典籍和学问会被利用。周景王死后不久,一场漫长的冲突爆发了。各个王子在不同军事阵营的支持下,纷纷宣称自己是王位的合法继承人。其中,王子朝被晋国与周室氏族的联军打败,最后他带着"周之典籍"逃到楚国。他利用了那些文献材料,义正辞严地追述周的历史,藉此捍卫自己的合法地位(《左传》昭公26.9,页1475—1479)。他从武王克商和周初所缔造的诸国的秩序说起,先引述(或想象)康王分封兄弟"以蕃屏周"的言辞:"吾无专享文、武之功,且为后人之迷败倾覆而溺入于难,则振救之。"接着,王子朝列举了奸邪、昏庸或不具合法地位的周王(厉王、幽王、携王)。他们或施行暴政,或被放逐,或被诛灭,而这些后果表明周室可永享天命,全靠诸侯为王室出谋出力。这

---

①《吕氏春秋·先识览》卷16,页945—946。

实际上也就暗中承认诸侯有权判断周天子的地位是否合法,承认诸侯的行为可以改变事情的结局。当残暴的厉王被放逐到彘地时,"诸侯释位,以间王政。宣王有志,而后效官"。周幽王的劣政标志着西周的衰亡。犬戎、申国、缯国的联军先把幽王废黜了,后来甚至把他杀死。但是,王子朝并没有提及诸侯在这次暴乱中担当了什么角色。相反,他把注意力放到这场乱局的余波上:周室出现了两个对立的王位继承人。他强调太子如何在诸侯的帮助下继承王位,即位为东周的周平王。至于平王的竞争对手携王(古人多认为他并无资格继位),虽然获得了虢公的支持,但他最终还是失败了,并为晋文侯所杀。王子朝的言论显然是要把自己模拟为平王,把他的竞争对手模拟为携王。因此王子朝总结道:"则是兄弟之能用力于王室也。"

王子朝还尝试与王子带和王子颓等篡位者划清界限。由于晋国和郑国的干预,王子带和王子颓的叛乱被镇压下去了。王子朝这样评论晋、郑两国的国君:"则是兄弟之能率先王之命也。"他利用隐含危机的凶兆预言当下的状况:

> 在定王六年,秦人降妖,曰:"周其有颓王,亦克能修其职,诸侯服享,二世共职。王室其有间王位,诸侯不图,而受其乱灾。"至于灵王,生而有颓。王甚神圣,无恶于诸侯。灵王、景王克终其世。

王子朝把过去与当前的乱局相提并论,这个模拟既吹捧了诸侯的权势,也提醒他们要注意手握大权的危险和责任。王子朝公开指责支持对手匄(即后来的周敬王)的人,批评他们无视先王所订立的常规:"谓'先王何常之有,唯余心所命,其谁敢讨之'。"王子朝对于晋国支持自己的敌人非常愤恨,他认为自己的行为正是执行"天法",与之相对的则是招致"天罚"的不法之徒:

> 昔先王之命曰:"王后无适,则择立长。年钧以德,德钧以卜。"王不立爱,公卿无私,古之制也。穆后及太子寿早夭即世,单、刘赞私立少,以间先王。亦唯伯仲叔季图之!(《左传》昭公 26.9,页

1478—1479)①

王子朝在这段宣言里展示出博大的学问,表现得令人震惊。鲁大夫闵马夫觉得自己有必要抑制王子朝言论里诱惑的力量:"文辞以行礼也。子朝干景之命,远晋之大,以专其志,无礼甚矣,文辞何为?"(《左传》昭公26.9,页1479)闵马夫在其他地方提出的建议和预言都很有前瞻性(《左传》襄公23.5,页1079;昭公18.5,页1397—1398),由此可见他的判断极有分量。这与《左传》后半部分其他以否定目光看待"文"的例子取向相符。铺张扬丽的文辞也可能是谎言,也可能会掩饰道德的沦落和颠覆的意图。例如,晋国衰落的叙述中,晋大夫的"文辞"(尤其是赵武的言论)表明了他们如何利用他人对晋国国力式微的认识,敦促各国和平共处(《左传》襄公25.7,页1103;襄公27.4,页1129—1134;襄公31.1,页1183—1184)。然而,假如我们进一步分析闵马夫的评语,我们不难发现其中的矛盾:"景之命"并非不辩自明。如果真的有景王的命令,那么他也似乎会支持王子朝:《左传》在更早的时候提到,景王曾经想把反对王子朝的周大夫单旗和刘狄杀死,好让王子朝即位。可是他还来不及行动,便突然死去,他的死不无可疑之处(《左传》昭公22.3,页1434—1435)。《左传》(或《国语》和《史记》)未曾提及景王曾在驾崩前把王子猛立为太子。假如说,王子朝仇视晋国会削弱其合法地位,这个论述本身考虑的绝非谁有合法继承权这类的道德问题,这里关心的只是霸权政治的现实。王子猛和王子匄是否真的比王子朝更有资格继承王位?注家为此争论不休,②但《左传》在记叙这场权力斗争时并没有明确的立场。闵马夫和周大夫苌弘对王子朝的负面评论(《左传》昭公22.5,页1437;

---

① 王子朝的话暗示自己是庶出的长子。司马迁曾提到王子猛才是长子,藉此强调王子朝的罪责。司马迁可能有其他文献资料作依据(《史记·周本纪》卷4,页156)。
② 杜预认为在太子子寿死后,周景王把王子猛(后来的悼王)立为王储(杜预和孔颖达一样,对王子朝的评价极低。他们可能受到《史记》有关王子朝叛乱的记载影响)。贾逵坚称周景王在王子寿死后并没有再立太子。洪亮吉论述了各个注家的立场,可参见《春秋左传诂》,页754。清末民初的学者吴闿生则强调《左传》支持王子朝的片段(《左传微》,页900—913)。

昭公23.6,页1446—1447;昭公24.1,页1450;昭公26.9,页1479),与他争取支持的演说互相抗衡。

王子朝的对手匄最终在晋国的支持下继位,是为敬王。王子朝的演说之所以引人注目,其中的一个原因是敬王的言论相形见绌。敬王曾经请求诸侯修筑成周的城墙,他发表的演说非常刻板,并没有多大的说服力。敬王为自己的兄弟叛乱所造成的忧患而叹息,他引述"二文"的恩惠("二文"指支持周平王的晋文侯和支持周襄王的晋文公。两人先后都曾出兵讨伐窃取王位的敌人)、①文王和武王的福荫、成王修筑东都成周以"崇文德"等事迹。当然,这里最关键的问题还是要制订军事策略,预防王子朝的进攻。晋国想通过修建城墙,来证明自己将恪守支持敬王的承诺。但修辞与现实之间的差距还是被无情地揭穿了。

> 范献子谓魏献子曰:"与其戍周,不如城之。天子实云,虽有后事,晋勿与知可也。从王命以纾诸侯,②晋国无忧,是之不务,而又焉从事?"魏献子曰:"善。"使伯音对曰:"天子有命,敢不奉承以奔告于诸侯,迟速衰序,于是焉在。"(《左传》昭公32.3,页1518)

晋国答应加固成周,目的是要免去以后再次为周室处理其他事务。在修筑的过程中,魏献子"南面"(《左传》昭公32.3,页1518)、"莅政"(《左传》定公1.1,页1522—1523)。在保护周室的名义下,列国卿族的僭越之心更是昭然若揭。

敬王和王子朝被分别称为"东王"和"西王",其中道德的平衡非常微妙。王子朝或许是篡位者,但敬王的成命也非不言自明。晋国的女叔宽预言周室的苌弘和齐国的高张将会遇难,他考虑的正是二人在修筑成周的城墙时各自扮演了什么角色:苌弘促成了修筑一事,而高张则持反对态度。女叔宽说:"苌叔违天,高子违人。天之所坏,不可支也;众之所

---

① 周敬王和王子朝利用同样的例子,他们同时提到晋文侯和晋文公护卫合法君主的举动,目的是要争取诸侯的支持。
② 也就是说,诸侯无需派兵保卫周室。

为,不可奸也。"(《左传》定公1.1,页1524—1525)周室的衰微无可挽回。苌弘试图维护周室,扭转败局。这种努力注定会失败,因为这样做"违天"。另一方面,诸侯答应支持周室。高张反对这种主张,也就显得格外放肆。总而言之,即便周天子理论上拥有合法的地位,但周室的天命已经走到了尽头。女叔宽的评论也使人质疑苌弘早先反对王子朝的言辞有何道德依据(《左传》昭公23.6,页1446—1447;昭公24.1,页1450)。

王子朝和敬王以同一段历史证明自己拥有合法的地位。但是,究竟一个人应该引述怎样的历史来说明自己的地位合法,这个问题似乎越来越难以得到确切的答案。当宋国试图把修筑成周城墙的使命分派到更小的国家时,他引述了一段备受争议的往事:

> 宋仲几不受功,曰:"滕、薛、郳,吾役也。"薛宰曰:"宋为无道,绝我小国于周,以我适楚,故我常从宋。晋文公为践土之盟,曰:'凡我同盟,各复旧职。'若从践土,若从宋,亦唯命。"仲几曰:"践土固然。"①薛宰曰:"薛之皇祖奚仲居薛,以为夏车正,奚仲迁于邳,仲虺居薛,以为汤左相。若复旧职,将承王官,何故以役诸侯?"仲几曰:"三代各异物,薛焉得有旧?为宋役,亦其职也。"士弥牟曰:"晋之从政者新,子姑受功,归,吾视诸故府。"仲几曰:"纵子忘之,山川鬼神其忘诸乎?"士伯怒,谓韩简子曰:"薛征于人,宋征于鬼。宋罪大矣。且己无辞,而抑我以神,诬我也。'启宠纳侮',其此之谓矣。必以仲几为戮。"乃执仲几以归。(《左传》定公1.1,页1523—1524)

践土之盟标志着晋国取得霸主之位。《左传》反复提到这次会盟。当时,周室的王子虎和诸侯于践土订盟,誓言诸侯要和睦共处,一起辅佐周室(《左传》僖公28.3,页466—467)。根据《春秋》的记载,晋国还与诸侯缔结了另一个盟约(《春秋》僖公28.8,页449),但经文并没有交代盟约的内容。《左传》之内"各复旧职"的约定可用来达成不同的目的。例

---

① 宋国和薛国都利用践土之盟立论。对于薛国来说,"各复旧职"意味着两国都直接效忠周天子;宋国则把"旧职"理解为薛国继续臣服于宋国。

如子产即引用这个说法来为郑国的侵略行为辩护(《左传》襄公 25.10，页 1106)。这里薛宰援引践土之盟，既强调薛国与周室有直接的联系，藉此拒绝宋国的要求，同时又提醒晋国身为盟主有义务保护薛国不受宋国的欺凌。宋国的仲几同意践土之盟仍然具有约束力，但是他却把"旧职"理解为历史上薛国臣服于宋国。于是，薛宰以更古旧的史事诠释"旧职"一词。他把周以前的时代奉为权威，并引述薛国的先祖在夏朝和商朝的地位。相对来说，他认为宋国对薛国的要求，不过是权力结构重构以后偶然的结果而已。仲几否定夏、商两代的先例至今仍有效用，尽管宋国大夫也曾在其他地方提到自己乃商王的后裔，试图藉此免去向周输粟的责任(《左传》昭公 25.3，页 1459)。[①] 士弥牟希望检视故府所藏的纪录，以此平息争端；但仲几却认为此举相对于见证盟约的鬼神来说，根本无关紧要。总而言之，虽然三方都引用了践土之盟"各复旧职"的原则，但他们却利用了不同的权威来支持自己的立场。最终，我们看到了鬼神与文献的对立。晋国认为典籍是记忆的宝库，又认为典籍比鬼神更加可靠。《左传》的编纂者似乎也认同这种看法。然而，如果宋国利用鬼神来捍卫自己的立场是种任性的行为，那么晋国为了解决纠纷而把仲几捉走，其实也不遑多让。这里的争议说明，当时的人把历史先例视为解释的框架，这种做法成为众人争论的议题，也会变成捍卫自己利益的手段。

《左传》里也有其他关于地位、义务、使命的争议，人们也会利用历史的事例立论。相比之下，上述这段文字的结尾显然有含糊之处。当滕侯和薛侯在鲁隐公的朝廷上争论班列的先后时，薛侯宣称自己受封的时间比滕侯早，而滕侯则提出自己的先祖是周的卜正，其地位至关重要。这里周室的秩序还没有受到挑战，最后滕侯也排在班列的前面(《左传》隐公 11.1，页 71—72)。到了《左传》的尾声，当人们再次争论地位的高下时，我们会看到当时的人如何以修辞扭曲周初的政治秩序，藉此达到不

[①] 宋国的乐大心提出，宋国"于周为客"，因此不必像其他诸侯一样向周输粟。晋国使臣士弥牟也在同一场合引用践土之盟，认为践土之盟表明诸侯都要"同恤王室"(《左传》昭公 25.3，页 1459)。

同的目的。周大夫在召陵会合诸侯，因为当时王子朝出奔楚国，所以他们商议如何出兵伐楚。会盟之前，卫国使者祝佗私下问周大夫苌弘，蔡国在盟誓的仪式上是否排在卫国前面。苌弘认为蔡国的先祖蔡叔乃卫国先祖康叔的兄长，因此蔡国排在卫国之前是理所当然的事。① 祝佗反对此说，他重申了周初秩序的基本原则："以先王观之，则尚德也。昔武王克商，成王定之，选建明德，以蕃屏周。"② 品德与年龄并不一样，品德的高低是一个可以斟酌的问题。接着，祝佗列举了周朝颁授给文王之弟和成王之弟的贡品、典策、彝器、诰命，又提到周朝把夏和商的族人分配给这三位弟弟，好让他们即位为鲁侯、卫侯、晋侯。"三者皆叔也，而有令德，故昭之以分物。不然，文、武、成、康之伯犹多，而不获是分也，唯不尚年也。"他暗中称颂晋侯，同时又突出了晋国与卫国的命运相同。而且，相对于鲁侯、卫侯、晋侯，蔡叔因为颠覆周初的秩序而恶名昭彰。祝佗也引述践土之盟，因为卫国在那次会盟就排在蔡国之前。践土之盟的载书"藏在周府，可覆视也。吾子欲复文、武之略，而不正其德，将如之何？"（《左传》定公 4.1，页 1542）苌弘认为祝佗说得很好，于是他与其他周大夫和晋国正卿范献子商议，在结盟时让卫国排在蔡国之前。

召陵是中原国家第一次与楚国交锋的地点，也是齐桓公与诸侯会盟的地方。然而，在这次召陵的会盟中，权力关系的结构却完全不一样了。蔡侯曾在楚国的朝中受辱，他尝试报仇，尝试说服晋国一同攻打楚国，但最终事败。晋大夫荀寅向蔡侯索取财物，却没有得到任何贿赂，于是他主张晋国不要干涉这次战争（《左传》定公 4.1，页 1542）。大体上说，晋国至此已失去了诸侯的拥戴，会盟之举变得有名无实（《左传》定公 4.1，页 1542）。纵使祝佗自己不愿意，卫侯最终还是让祝佗跟随自己出境，大

---

① 诚如杨伯峻所说，蔡国排在前面与当时的政治局势有关。一方面，蔡国本来跟从楚国，现在改与晋国结盟。而且晋国又拒绝了蔡国的请求，没有攻打楚国。因此，晋国希望把蔡国排在前面，以宽慰蔡国。
② 王子朝在自己的宣言中提到"并建母弟，以蕃屏周"。祝佗认为血缘并非当时的关键，他以为品德才是分封的标准。

概是因为祝佗的"佞"。① 当祝佗在私人场合里展示他说话的能力时，我们总会觉得他的话不太诚恳。虽然他能旁征博引，但他并不太像传播真理的人，反而更像战国时期的说客。祝佗的说辞以周府所藏践土之盟的载书作结，这个立场与士弥牟很相似。然而，在这次毫无功用的会盟里，称霸的约誓和"文、武之略"根本没有任何价值。晋国的卿相让卫国走在前面，绝非因为他们被祝佗的言辞打动。只是因为晋人没有得到贿赂，又拒绝了蔡国攻打楚国的请求，所以才不太想支持蔡国。最终，晋国和周室领导的中原国家的联军并没有打败楚国，楚国被吴国这个偏远的新兴国家打败了。在著名的柏举之战中，吴国得到蔡国的协助，最终大获全胜（《左传》定公 4.3，页 1542—1549）。祝佗雄辩滔滔，捍卫卫国的地位。他以"尚德不尚年"的原则立论，引述周初的理想秩序，呼吁别人延续这一传统。但他发言的语境恰好告诉我们，这一秩序已与当下的局势无关。古人可以利用修辞来形塑往事，藉此达成不同的目的。同样地，解读的规则也并非毋庸置疑，人们也可以争辩和利用解读的规则。

解读的规则

《左传》里有大量预言都是建立在自然现象，特别是天文现象之上的。尽管这些现象很多都应验了，但正如第三章所述，这些诠释的原则有时却也透露出不确定的感觉。预言者宣称一个世界的混乱失序可以反映到对应的领域之中（《左传》襄公 9.1，页 964）。由于现实世界的本质变动不居，表意的规则也就不可能持久不变（《左传》昭公 7.14，页 1296—1297）。但人类仍然希望能够整理出表意的系统，即使这个完整的知识体系未必能适用于当前的形势。

《左传》把传统智慧和古代文献视为解释原则的宝库。君子、孔子、其他预言家都经常在评论时引述《周易》、《诗经》和《尚书》，视之为权威

---

① 孔子曾慨叹只有具备"祝鲍之佞"的人才能在他这个时代留名于世，见《论语·雍也》6.16。祝鲍认为"祝"只有在战争中才会出使他国。

的来源。《周易》是个特别的例子:这部文献既与占卜有关,又有严密的逻辑体系。可以说,《周易》相信世界是可被阅读的。古人称引《周易》来阐明道德原则和因果关系的做法,与他们引用《诗》、《书》没有本质上的区别。预言者往往会说明《周易》卦象里的爻或单卦,如何把他们面对的局势凝聚成符号。那些称引《周易》的预言,显示古人把《周易》视为道德体系的一部分。在这个系统里,人的力量和责任才是他们关心的焦点。

相对于修辞上征引《周易》,我们还会看到那些预言应验的记录。在这些记录之中,卦象有预示和决定未来的功用。那些时间跨度很大的预言,诸如预言齐国陈氏(《左传》庄公 22.1,页 222—224)、晋国魏氏(《左传》闵公 1.6,页 259—260)、鲁国季氏(《左传》闵公 2.4,页 264)的后代将会昌盛兴隆,乃至后来才以倒叙方式追述的预言(例如《左传》在叔孙豹死后才追述他出生时占卜的结果),占卜的结果往往非常明确。至于有人在作出决定或事件发生前的占卦,《易》的卦象往往显得格外含糊。而且,整个故事的背景和事态发展都会与卦象关联起来。本书第三章曾讨论占卜的问题,其中就提到诠释既决定了诠释的条件和结果,同时又取决于诠释的条件和结果。当众人对占卜的结果有不同的解释,他们显然会在修辞上更有自觉意识。

《左传》认为《诗》、《书》与特定的历史环境有更深的渊源。因此,引用这些文献,大多意味着要把过去示例中抽取出来的道德原则,套用到当前的情况上。称引这些典籍假设了众人有共同的过去,假设了众人都有文化—文学上的能力。因此,借用史嘉柏的话语,引用经典的过程其实是种"统一的表演"(performing unity)。① 有些学者已经解释了襄公、昭公时期经常出现引《诗》的现象(有的引用了《诗》的篇题,有的则称引其中的章节。无论如何,这都是为了方便交流和作出判断),原因是晋国

---

① 见史嘉柏(David Schaberg):《中国史学的基础》("Foundations of Chinese Historiography"),页 441。

国力衰落以后,各国都尝试寻求和平共处的方法。① 统一也有排他的意味:《左传》的编纂者会批评那些没有正确理解《诗》的含义的人[例如,齐国的篡位者庆封在鲁国宫廷上的表现(襄公 27.2,页 1127;襄公 28.9,页 1149)]、那些因引《诗》失当而不经意间流露叛逆之心的人[例如,晋平公与诸侯在温地宴饮时,齐国高厚的表现(襄公 16.1,页 1026—1027)]、那些以《诗》中伤国君的人[例如,郑简公设享礼宴请晋国使者赵武,其中郑国伯有的表现(襄公 27.5,页 1134—1135)],以及那些赋《诗》时流露僭越之心的人[例如,楚国令尹王子围在虢之会上的表现(昭公 1.3,页 1206—1207)]。《左传》从来不把抽象的宿命论视为问题,因此很少有人质疑《诗》和《书》里的解释原则是否适用于当前的状况。

然而,到了《左传》的后半部分,我们看到人们对自己的诠释行为有更强的自觉意识。举例说,叔孙豹是个博学之人,他曾在许多场合称《诗》(《左传》襄公 14.3,页 1008;襄公 16.5,页 1028—1029;襄公 19.12,页 1051;襄公 27.2,页 1127;襄公 28.9,页 1149)。到了后来,郑国在虢之会后设宴招待叔孙豹,叔孙豹觉得自己有必要解释自己所称引的《诗》句(《左传》昭公 1.4,页 1209),以预防别人误解自己。这也是《左传》中唯一一个自赋自解的例子。他称引《诗·召南·采蘩》。诗中描写人于沼泽、小渚、溪涧之间采摘蘩叶,以准备"公侯之事"。叔孙豹赋《诗》以后补充道:"小国为蘩,大国省穑而用之,其何实非命?"②尽管《左传》引《诗》经常会断章取义,无视诗歌"原来"的语境,但是当人们要用有关爱情和婚姻的诗句来比拟晋国和其他小国(鲁国与郑国)的关系时,似乎还是需要更多的解释的。这或许可以说明为何叔孙豹觉得自己不得不解释诗中对应的意象。从另一个层面看,叔孙豹或想强调中原国家之间的关系,以面对楚国的崛起,所以他才刻意阐明自己所赋的《诗》。事实上,许多

---

① 张素卿:《左传称诗研究》,页 108。
② 杨伯峻认为"蘩"意指小国的贡品,全句指小国的贡品菲薄(《左传》,页 1209)。这里我采用了杜预的解读,他认为这里叔孙豹把"蘩"模拟为小国。但是,如果我们考虑整句话的逻辑,那么下句的"用"字似乎有点问题,因为"用"字多用于献祭上。

著名的赋《诗》故事,都出现在列国使者商议"弭兵"的外交场合,譬如上面提到郑国的宴会,以及赵武要求郑国的臣子赋《诗》以"观七子之志"(《左传》襄公27.5,页1134—1135)。而且,这些故事经常会与晋、楚两国的磋商有关。公元前546年,宋国举行了会议(《左传》襄公27.4,页1129—1134),原意是要表明诸侯反对战争。但到了公元前541年,就被虢之会所取代(《左传》昭公1.1—4,页1199—1210)。虢之会暗示了楚国的领导地位。从这个角度看,赋《诗》体现了中原各国共享同一种交流语言,表现了中原文化统一的性质,这可以掩盖他们无力面对楚国挑战的失败。孔子以"多文辞"来总结宋国的会盟(《左传》襄公27.4,页1130)。这似乎意味着在典雅的文辞背后,这次会盟并没有取得什么实际性成果。赵武当时是晋国的正卿,他善于赋《诗》,但《左传》把他描绘成懦弱无能的人,并批评他毫无主见(《左传》襄公31.1,页1183—1184;昭公1.1,页1202;昭公1.4,页1210;昭公1.5,页1210—1211;昭公1.8,页1214;昭公1.12,页1222—1223)。可以说,叔孙豹自我反省的举措,使人质疑引述周初的秩序是否有效,使人质疑利用共有的传统处理外交关系是否有效。

《诗》、《书》、《易》的引用,同时附有周初秩序的文化回忆。反思这种秩序的性质,也就界定了理解历史的法则。按照理想的周初秩序来看,权力是分散开来的,但血缘关系和氏族责任可以使国家成为一个不可分割的整体。《左传》里的预言者经常告诫别人一个国家有不只一个政治中心其实相当危险。当周桓王把自己的幼子王子克托付给周公黑肩时,周大夫辛有规劝黑肩说:"并后、匹嫡、两政、耦国,乱之本也。周公弗从,故及。"(《左传》桓公18.3,页154)黑肩谋害庄王,拥立王子克为天子,最终事败被杀;而《左传》在交代这个简要的故事后,追述了上面这段谏言。《左传》把辛伯的建言提升为解释乱局的基本法则。我们一次又一次遇到"末大必折,尾大不掉"的状况(《左传》昭公11.10,页1329)——君王宠爱的儿子没有成为太子;有些城池的面积和重要性都与国都相近;公族的别支或强势的卿族手握大权。这一切都会破坏和挑战君王的合法权威(具体例子可参阅《左传》隐公 1.4,页 10—16;闵公 2.7,页 268—272;襄公 29.3,页 1155;昭公 11.10,页 1327—1329)。《左传》在记录这些情况时,一般会把这类发展视为反常的现象,同时也倡导了一个政治主体不可分割的原则。

但是,《左传》中也有不少值得关注的言论,预设了多个政治权威的存在。这些言论一般会提到君臣之间严格地恪守互惠互利的原则,最后无可避免地发展成多个政治权威。君主的价值要通过任用"贰"来确定。合法的统治是否建基于"贰"和"贤"?这个问题引发了有趣的争论。例如,师旷为卫国人放逐失职的国君而辩护道:

> 夫君,神之主而民之望也。若困民之主,①匮神乏祀,百姓绝望,社稷无主,将安用之?弗去何为?天生民而立之君,使司牧之,勿使失性。② 有君而为之贰,使师保之,勿使过度。是故天子有公,诸侯有卿,卿置侧室,大夫有贰宗,士有朋友,③庶人、工、商、皂、隶、牧、圉皆有亲昵,以相辅佐也。善则赏之,过则匡之,患则救之,失则革之。自王以下各有父兄子弟以补察其政。史为书,瞽为诗,工诵箴谏,大夫规诲,士传言,庶人谤,商旅于市,百工献艺。故《夏书》曰:"遒人以木铎徇于路,官师相规,工执艺事以谏。"正月孟春,于是乎有之,谏失常也。④ 天之爱民甚矣,岂其使一人肆于民上,以从其淫,而弃天地之性?必不然矣。(《左传》襄公 14.6,页 1016—1018)

从这种政体观念来看,君主绝非独一无二,更非不可或缺。他的卿相大夫支持和复制了他的作用;这些臣子同时也要防止国君做事逾越常规。

---

① 传世《左传》作"困民之主",但刘向引述这段文字时,却写作"困民之性";可参见《说苑·君道》和《新序·杂事》。古代汉语"性"和"生"二字经常互相通假,这里当作"困民之生"(竹添光鸿《左传会笺》襄公 14.57)。
② "性"可读为"生",意指(国君)不要使人民丧失生计。
③ 参阅《左传》桓公 2.8:"士有隶子弟。"这里提到"士有朋友",我认同杨伯峻的解释,"朋友"非今朋友之义。这里"朋友"似指"隶子弟",意谓族中的后辈。
④ 假如官员(至少是官吏和工匠)一年只能进谏一次,整个进谏的系统就已经丧失常规了。

政治权威分散各处,有助于建立一个互相依赖的结构,也有助于人们互相矫正对方的过失。师旷最后列举了规诲进谏和交流政策的理想场合,认为这些场合都能支撑上述的政治结构。

当人们要利用这个观念去迎合越来越强大的氏族,满足他们僭越的野心,整个观念的规范也就容易变得自相矛盾了。对于权势日重的卿族或公族的别支,诸如鲁国的季氏、齐国的陈氏、晋国的魏氏、赵氏和韩氏,《左传》往往描写得十分细致,刻意使人无法轻易区分这些人孰善孰恶。即使这些故事最终牵涉到僭越、暴力,乃至弑君,这些家族也有自己的优点。例如,在捍卫王位合法继承人、遵守礼制、辅弼公室方面,他们经常会处理得恰到好处。这同时也成为另一个捍卫多重权威的原因。最典型的例子是季平子放逐鲁昭公,最终昭公死于晋国的边境干侯;史墨评论此事以及季氏在鲁国的崛起:

> 赵简子问于史墨曰:"季氏出其君,而民服焉,诸侯与之;君死于外而莫之或罪,何也?"对曰:"物生有两、有三、有五、有陪贰。故天有三辰,地有五行,体有左右,各有妃耦,王有公,诸侯有卿,皆有贰也。天生季氏,以贰鲁侯,为日久矣。民之服焉,不亦宜乎!鲁君世从其失,季氏世修其勤,民忘君矣。虽死于外,其谁矜之?社稷无常奉,君臣无常位,自古以然。故《诗》曰:'高岸为谷,深谷为陵。'①三后之姓于今为庶,主所知也。② 在《易》卦,雷乘〈乾〉曰〈大壮〉䷡,③天之道也。昔成季友,桓之季也,文姜之爱子也。始震而卜,卜人谒之,曰:'生有嘉闻,其名曰友,为公室辅。'及生,如卜人之言,有文在其手曰'友',遂以名之。④ 既而有大功于鲁,⑤受费以为上卿。至于

---

① 语出《诗·小雅·十月之交》(193)。史墨引用这一句来说明即使天地也无法永恒不变。
② 赵简子来自强大的卿族,有取代晋国国君的倾向;因此史墨才在这里指赵简子对此应深有体会。
③ 杜预注解释了大壮卦如何体现等级秩序的颠倒,详见《左传》,页217。
④ 见《左传》闵公2.4,页263—264。
⑤ 季友在鲁庄公死后处理了继位之事。他先后拥立闵公和僖公为君。

文子、武子,世增其业,不废旧绩。鲁文公薨,而东门遂杀适立庶,鲁君于是乎失国,政在季氏,于此君也四公矣。民不知君,何以得国?是以为君慎器与名,不可以假人。"①(《左传》昭公 32.4,页 1519—1520)

史墨在最后强调君主一定要谨守象征权威的器物,诸如礼器和名位,不可轻率地借予别人。② 这似乎意味着他认为国君可捍卫和集中王权。但是,他整个论述的走向却流露出相反的含义。正如《诗》、《书》以"天命靡常"③一句理解商周鼎革和周朝的合法地位,这里也借用了一种超越道德的精神去理解政治权威的合法基础。《左传》曾在其他地方指责季平子使用人牲(《左传》昭公 10.3,页 1318)、叛逆(《左传》昭公 17.2,页 1384—1385)、虚伪(《左传》昭公 25.6,页 1466),这颠覆了上文一段歌功颂德的文字。另外,季氏家臣南蒯的叛乱(《左传》昭公 12.10,页 1335—1338),也表明了"贰"的逻辑有时会危及这里意图捍卫的季氏,甚至可能带来乱局。尽管史墨利用了鲁昭公的过失来突出季氏的功绩,但是道德的问题背后,更深刻的教训其实是统治权的变化无从避免。正如《左传》其他故事一般,没有哪个政治权威能够延绵千载而不至分崩离析——所有自然(天文的、生物的、地理的)现象都可印证这种无常的性质。④ 大壮卦的震(雷)压在乾(天)之上,证明了尊卑的颠倒乃是"天之道也"。一个人能意识到这种无常的性质,也就能进入每件事情的错综复杂之处。一个合法的政权不可分割,理应延绵千载,《左传》当然可以严格地恪守这种原则来考虑问题。但是,多个政治权威同时并存,这种论述可以响应流变的

---

① 最后两句同时也出现在鄢之战的记录中。其中,孔子提到:"唯器与名不可以假人";详见《左传》成公 2.2,页 788。
② 这个教训在《左传》不同的地方反复出现。
③《诗·大雅·文王》(235);《尚书·康诰》也有类似的说法,唯用字稍有差异。
④ 师旷为国民驱逐卫国国君辩护,其论点与此处不同:师旷认为假如君主欠缺品德,沉迷于个人欲望,那么他被国民驱逐也是理所当然的事。他认为上天有同情之心,因此它会发出合乎道德的指令。至于史墨则标举无常的规则,认为权力变化是一种"自然"现象,并不属于任何道德范畴。

世界,同时带来新的变量。

许多现代中国学者都特别欣赏师旷和史墨的言论。他们还会提到(第二章提到的)邾侯为了实现有利于人民的预言而死,以及其他有关体恤民众的论述,证明中国早已出现了"民本思想"。① 但我们不应忘记,那些倡导人民要绝对效忠君主的篇章,也与这些例子同时存在。

君子、孔子、预言者的评论有时前后不一,这种情况说明了政治伦理正在不断改变。晏婴和子产正好体现了这个趋势。这两个人物在《左传》后半部分特别重要。他们一人代表明哲保身的立场,另一人则是法家的先驱,往往考虑现实的问题。我们一直关注《左传》本身的评论,但同时我们也应该考虑判断标准的转变。当君子的评论显得不恰当时,有些古人会对此加以批评,② 甚至把这些评论视为刘歆伪造《左传》的证据。③ 有些论者虽然不认同《左传》是伪书,但仍相信这些评论或取材自时代较晚的文献资料。④ 然而,《左传》组织叙事的基础,似乎就是把事件与判断组织起来。⑤ 从这个角度看,君子或孔子的评论,在结构上与其他历史人物的判断没有多大差别。与其认为一些外在的因素促使《左传》出现了奇怪的评论,我们不妨把这些评论视为《左传》刻意把不协调的内容编排到文献中来。

这样一来,当时的人认为自己可以合法地掌权,这个趋势与他们讨论君主的价值同时并存。换句话说,拥有权力和特权往往意味着那人具有合法的地位。《左传》里有许多人利用阴谋和杀戮来获取国君之位,但

---

① 可参见徐复观:《两汉思想史》;徐复观:《中国人性论史》;萧公权:《中国政治思想史》。
② 例如朱熹即批评"君子"的一些评论与篇章的主题无关;参《朱子语类》,卷83。
③ 朱熹认为林黄中首先提出刘歆伪造了"君子曰"的评语(同上)。后来,这一看法成为刘逢禄《左氏春秋考证》的主要论点。他借用这个说法证明《左传》是刘歆的伪作。镰田正曾讨论刘逢禄对"君子曰"的看法,详参镰田正:《左传の成立と其展开》,页75—84。郑良树认为"君子曰"并非由后人增补,其说见《竹简帛书论文集》,页342—363。
④ 可参见史华兹(Burton Watson)《左传》英译的引言。
⑤ 艾朗诺(Ronald Egan)曾讨论寓有道德教训的故事,详参《〈左传〉的叙事》("Narratives in Tso chuan");另,史嘉柏认为《左传》利用个别故事和一连串故事来组织其叙事结构,详参《中国史学的基础》("Foundations of Chinese Historiography"),第四章。

这些暴力行为经常会被压抑或被遗忘。或许,这可以解释为何《左传》经常在讨论道德价值时,会把个人成败的考虑掺杂进去。我们在第一章已经看到了这种现象。

当善恶与成败的关系变得过于密切,有些评论也就隐藏不了其中的残酷和急躁。因此,当郑昭公被他所憎恶和惧怕的卿相杀死时,君子谓:"昭公知所恶矣。"(《左传》桓公17.8,页150)这句话(嘲讽)的意味是,既然昭公未能根据他的感觉来采取行动,那么他的死亡也就不令人意外了。① 正如上文所言,在国势衰弱和混乱的时代里,自我保全成了讨论的重点。《左传》有时会认为自我保全比一些不能妥协的原则更加重要。孔子就曾在不少地方意识到自己介入事件也不会影响大局,于是他拒绝表明自己的观点和信念(《左传》哀公11.6—7,页1665—1668)。由于人们难以表明自己的想法以干预历史,这使历史判断本身更加迫切。

我们已经看到,《左传》经常围绕不同的原则和判断组织自己的叙事。如此一来,《左传》对自己的判断和建构意义的做法是否有自觉意识呢?以下两段文字似乎直接说明了这个问题,尽管两篇文章表面上都是讨论《春秋》的:

> 九月,侨如以夫人妇姜氏至自齐。舍族,尊夫人也。故君子曰:"《春秋》之称,微而显,志而晦,婉而成章,尽而不污,惩恶而劝善,非圣人,谁能修之?"(《左传》成公14.4,页870)

> 冬,邾黑肱以滥来奔。贱而书名,重地故也。君子曰:"名之不可不慎也如是:夫有所名而不如其已。以地叛,虽贱,必书地,以名其人,终为不义,弗可灭已……是以《春秋》书齐豹曰'盗',②三叛人名,以惩不义,数恶无礼,其善志也。故曰,《春秋》之称微而显,婉而

---

① 参见《韩非子·难四》:"君子之举'知所恶',非其之也,曰:知之若是其明也,而不行诛焉,以及于死,故曰'知所恶',以见其无权也。"《左传》也引用了这一段话;参见《左传》,页150。
② 《春秋》以"盗"称呼齐豹,可参见《春秋》昭公20.3。有关齐豹在卫国叛乱中扮演的角色,详可参阅《左传》昭公20.4,页1410—1414。

349

辨。上之人能使昭明,善人劝焉,淫人惧焉,是以君子贵之。"(《左传》昭公31.5,页1512—1513)

以上两段文字都认为克制、精练、尖锐的语言是表达历史判断的理想方式。第一段引文直接指出孔子(圣人)是《春秋》的作者,而且这两段文字都假设《左传》是《春秋》的注本;由此可见,这些文字可能来自时代较晚的文献材料。两者的焦点都集中在"书法"上。"书法"是圣人在面对纷乱不明和道德困惑的乱局时,利用特定的字眼和命名(或不书名字)方法,阐明自己幽微的情志、无情的批判,以及对修辞的操控能力。命名能辨明边界,厘定区别。"孔子"的一些评论特别关注命名的问题。上述两段引文对命名的关注是个典型:幽微、精练、委婉、省略都是操控修辞的方法,无人会误解史官的意图以及文字惩恶劝善的效用。

然而,下面这段著名的历史判断,更能显示那些定义《左传》阅读规则的差异和张力。

> 乙丑,赵穿杀灵公于桃园。宣子未出山而复。大史书曰"赵盾弑其君",以示于朝。宣子曰:"不然。"对曰:"子为正卿,亡不越竟,反不讨贼,非子而谁?"宣子曰:"呜呼!《诗》曰:'我之怀矣,自诒伊戚。'①其我之谓矣。"孔子曰:"董狐,古之良史也,书法不隐。赵宣子,古之良大夫也,为法受恶。惜也,越竟乃免。"(《左传》宣公2.3,页662—663)

孔子表扬董狐为良史,因为他能看穿事情的表象,辨清责任归属。董狐力图揭示内在的意图和动机("诛心");"不隐"也就意味着他彰显了人物的内心。只有当人能控制自己的行为,只有当个人对事情负有责任时,褒贬才有意义。在这个例子里,即使我们假定赵盾有罪,我们仍然很难置以褒贬,因为这个故事最终的道德"对错"非常微妙。《左传》早已罗列

---

① 杜预注以为这两句是"逸诗"(也就是说,这首诗已在传世《诗经》中佚失),但《诗·邶风·雄雉》(33)里有相似的诗句。

了晋灵公的暴行,把他塑造成一个典型的昏君。即使有人把灵公驱逐出国,我们似乎也不会责怪他。① 这个故事以"晋灵公不君"这一典型的控诉开头(《左传》宣公2.3,页655)。孔子感叹赵盾因受制于史家之法而蒙受恶名,同时又称许董狐能公正地书写历史。最后的一段话特别含糊。孔子的意思是不是说这类细节可豁免赵盾的罪行,即使他本来也有罪责?或者说,他认为赵盾一旦越过边境,就可以证明自己没有参与弑君之举?考虑到孔子如此同情赵盾,我们或许会倾向后者:孔子希望这个"古之良大夫"不需为此事负责。当董狐和孔子突破事件的表层,进而考虑其背后的意义时,他们建构了这件事的表述方法。孔子仔细衡量各种证据和事件的背景,同时又考虑了意图和行动之间的界限。如此一来,他找到了同情与批判之间的平衡。

臣子是否可以弑杀昏君?这个问题依然有商榷的余地。上述引文很可能由一些与赵氏家族有关的编者整理而成:尽管赵盾受到指控,这段文字似乎刻意保留了论者对赵盾的同情。② 我们经常会从《左传》中看到,史事的背景和编年的纪录会令一件事更加含糊,更加复杂。这里也不例外。孔子表扬赵盾为"古之良大夫"。十四年前,赵盾为晋国带来了清明的政治。当时《左传》以工整的排比句称许他的功绩(《左传》文公6.1,页544—546);但不久之后,《左传》又告诉我们,在襄公逝世以后,赵盾尝试操纵由谁来继承国君之位(文公7.4,页558—561):赵盾本来反对太子夷皋(即后来的晋灵公)继位。他认为公子雍与秦国关系密切,而且夷皋还非常年幼(那时他还是个婴儿),所以他打算迎立公子雍。尽管赵盾最终迫于无奈把夷皋立为晋国国君,但是我们可以推测他仍然对此愤愤不平。当晋国正为继位一事而苦恼时,同一年,一名晋国大夫就把赵盾比喻为"夏日之日",把其父赵衰比喻为"冬日之日",暗示赵盾与他

---

① 《左传》罗列灵公不端的行为时,叙述显得有点马虎。因此,有些古代注家怀疑《左传》的著者刻意以此批评那些弑君者的罪行。详可参阅吴闿生和韩席筹的评论,见韩席筹:《左传分国集注》卷1,页297—301。
② 关于这个问题,可参见童书业:《春秋左传研究》,页59—62。

的父亲相比更加苛刻(文公 7.5,页 561—562)。灵公即位时只有十四五岁,难怪他的罪行听起来就像小儿一样胡闹。但为什么《左传》这么肯定他只会步入歧途,而毫无改正的希望呢?

尽管上述的动机可能影响了这则记录,但这个故事仍引人深思,让我们反思历史知识和判断如何形成。赵盾或多或少要负上罪责,但是故事的讲述方式却表明,历史的解释还应该考虑内在意图和实际行动的界线,考虑事情背景与个人责任的分野,乃至违背与保存传统价值观的取舍。纵观整部《左传》,史官以多种姿态出现——记录者、星术家、研习礼仪的官员、占卜者、建言者、精于文献的人、评论者。进谏之时,人们会预测后人如何纪录当前的行为(《左传》庄公 23.1,页 226;僖公 7.3,页 318),这些预测有时甚至会影响人的决定(《左传》文公 15.2,页 609;成公 2.8,页 810;襄公 20.7,页 1055)。当我们回想这些片段时,就会发现往事的纪录极具权威。对于当代和后世的人来说,记录或忽略史实都具有深远的意义。当我们开始考虑史官在记录事实以外还发挥了什么作用时,我们的焦点已从"纪录"转移到了"历史"之上。正如上文所列举的角色一样,"历史"要求人们利用这样一套知识去诠释史实。齐国太史和董狐的故事构筑了这一章的讨论。从这两个故事,我们可以看到自己有更大的责任考虑这种新的历史意识。这两个例子促使我们思考:这些史实的纪录提到什么?没有交代什么?叙事和修辞如何改变意义?哪些力量形塑了我们对过去的诠释?

附论：获麟与中国史学的诞生

假如麟并不存在，那么它就是古人想象出来的一种动物。根据一些文献的记载，这种奇特、无法分类的动物是个非常重要的预兆。《尔雅》说麟"麇身牛尾一角"；《说文》则指出麟与麒有雌雄之别，乃"仁兽也，牛尾一角"。根据公羊学学者何休（129—182年）的看法，麟"一角而带肉"，是仁慈的象征，因为它"设武备而不为害"（《十三经注疏》7，28.8b）。古人认为麟是瑞兽。这种想法始见于《诗·周南·麟之趾》，诗中把周的公族和公子比拟为麟之趾、麟之定、麟之角。

《公羊传》和《谷梁传》同样绝笔于获麟一事。当时是公元前481年，亦即鲁哀公十四年。比对两者，《公羊传》的记录尤其值得注意：

> 十有四年，春，西狩获麟。何以书？记异也。何异尔？非中国之兽也。然则孰狩之？薪采者也。薪采者，则微者也。曷为以狩言之？大之也。曷为大之？为获麟大之也。曷为为获麟大之？麟者，仁兽也。有王者则至，无王者则不至。有以告者曰："有麏而角者。"孔子曰："孰为来哉！孰为来哉！"反袂拭面，涕沾袍。颜渊死，子曰："噫！天丧予！"子路死，子曰："噫！天祝予！"西狩获麟，孔子曰："吾道穷矣。"《春秋》何以始乎隐？祖之所逮闻也。所见异辞，所闻异

辞,所传闻异辞。① 何以终乎哀十四年？曰:"备矣!"君子曷为为《春秋》？拨乱世,反诸正,莫近诸《春秋》,则未知其为是与？其诸君子乐道尧、舜之道与？末不亦乐乎尧、舜之知君子也？制《春秋》之义以俟后圣,以君子之为,亦有乐乎此也。(《十三经注疏》7,28.7a—15b)

麟在异象和祥瑞之间勉强维持着平衡。它的出现虽非灾异,但是它的异象已然挑战了事物与意义之间原有的对应关系。它不是中国之兽。获麟的人也自有奇特之处,他的身份特别卑微,《公羊传》只称呼他为"薪采者"。他的地位太低,本来不配使用"狩"(冬天的狩猎仪式)这个字,因为只有君王和卿相打猎才能用"狩"字。《公羊传》认为,孔子刻意用上这个不恰当的字眼,目的是要强调薪采者的重要性,把他的行为提升到了礼仪的层面。

《公羊传》把表述和常规两个层次区分开来。如果圣王没有出现,麟也就不应降临,因此孔子才会有所质疑。麟在不恰当的时间出现,最终被人捕获。孔子把整件事与颜渊和子路之死归入同一类别,认为这意味着他所倡导的正当原则敌不过腐败和混乱。圣人慨叹自己的道路将要穷尽,这或许预示了自己将于两年后(公元前 479 年)死去。[子路死于公元前 480 年(《左传》哀公 15.5)。因此这里论列颜渊之死、子路之死、西狩获麟三件事,次序并非按照时间的先后,只是按照性质归类。]这里的绝望无以名状,也没有提出任何训诫。

但是,《公羊传》把注意力转移到《春秋》已经完成这个事实上。获麟作为《春秋公羊传》所记录的最后一件事,理应有完成的意味。注者重新回到全书的开头,让人回想整个平衡而紧密的体系有何总体意义。为何《春秋》会始于这个开端,又终于这个结尾？《春秋》的时间跨度取决于孔子的祖先能够了解多久远的过去,也就是说,这取决于家族内部的知识

---

① 后来的公羊学学者以此为据,把《春秋》分为"有见"、"有闻"、"有传闻"三类:"有见三世,有闻四世,有传闻五世。"(苏舆著,钟哲点校:《春秋繁露义证》卷 1,页 9—10)

传承。所谓"备"意味着整本书已包含了所有重要的学识,而这些学识可助人"拨乱世,反诸正"。可是,孔子创作的意图也可能只是"乐道尧舜之道"而已。"乐"字在这里重复了三次,这个字与孔子先前的慨叹和流涕形成对比。"乐"表明了孔子坚信道德,认同最崇高的道德价值可以感染他人。但是,即使这种看来正直的快乐,也可能是为了政治算计才被编进这里来的。因此这里似乎表明了孔子乐于尧舜之道,而且也预示了汉代的帝王将会继承圣王的传统(有一种说法认为汉代的君主乃帝尧的后代)。① 这些句子很有可能到了西汉早期才被增入《公羊传》之中。

这一篇章把孔子的悲和乐放在一起,显得有点不太协调。这促使一代又一代的公羊学学者尝试寻找方法调解两种对立的情绪。董仲舒(公元前179—前104)在《春秋繁露》的不同地方提出了两个理解的方向。首先,他引用了孔子的哀叹之语,把获麟、颜渊和子路之死联系起来:"天命成败,圣人知之,有所不能救,命矣夫。"②另一段文字认为孔子以《春秋》制订义法,立"新王"之道。上天把麟授予他作为他的"符瑞":"有非力之所能致而自至者,西狩获麟,受命之符是也。然后托乎《春秋》正不正之间,而明改制之义。"③根据这种解释,麟承担了表彰的责任:瑞兽承认孔子为新王;为了使他所建立的新的道德—哲学体系更有权威,瑞兽才会降临(然而,麟被捕获了,甚至可能还被杀害,这个情况似乎不符合上面的论述)。当麟自信地宣告一个全新的时代即将开始,麟这个吉兆也就把自古以来所有的烦恼和焦虑都消解了。

公羊学学者何休进一步把这两个看法组织成一个体系。他认为孔子垂涕的原因是他预见在汉兴之前,还要经历战国时期漫长的屠杀和苦难(《十三经注疏》7,28.10a)。孔子悲叹他的道路将穷,原因是"时得麟

---

① 东汉学者贾逵依据《左传》的一个篇章提出了这个说法,目的是要提升《左传》的地位。
② 《春秋繁露义证》卷9。关于《春秋繁露》的作者是否董仲舒,论者的意见不一,但学者大都同意书中注释《春秋》的章节确实由董仲舒所著。参见徐复观:《两汉思想史》,页306—315;桂思卓(Sarah Queen):《从编年史到经典》(*From Chronicle to Canon*),第一部分。
③ 《春秋繁露义证》卷16,页157。

而死,此亦天告夫子将没之征"(《十三经注疏》7, 28.11b)。他从文献与政治两方面解释"乐"的原因。他认为麟是孔子完成《春秋》的"瑞应":"崇德致麟,乃得称太平。道同者相称,德合者相友,故曰乐道尧舜之道。"(《十三经注疏》7, 28.14b)何休还明确地指出,"后圣"指"圣汉之王",而《春秋》乃为汉之制法:"孔子仰推天命,俯察时变,却观未来,豫解无穷,知汉当继大乱之后,故作拨乱之法以授之。"(《十三经注疏》7, 28.14a)

虽然《谷梁传》有些地方刻意与《公羊传》有所区别(如《谷梁传》强调麟出自中国),但两者的逻辑还是非常相似。《谷梁传》也集中讨论特定的字词(如"获"、"狩"),藉此突出获麟一事的重要性,强调此事对于孔子有深远的意义。反之,对于最后获麟的鲁国大夫,《谷梁传》认为此事对他们意义不大。另外《谷梁传》还有一点与《公羊传》不同,那就是《谷梁传》并没有阐发这一预兆的意义。

> 十有四年,春,西狩获麟。引取之也。狩地不地,不狩也。非狩而曰狩,大获麟,故大其适也。其不言来,不外麟于中国也。其不言有,不使麟不恒于中国也。(《十三经注疏》7, 20.15a—16b)

相对而言,《左传》对应的段落要简短得多。但是,这段文字与《左传》的其他部分一样,更详细地记载了事件的背景和细节。

> 十四年春,西狩于大野,叔孙氏之车子鉏商获麟,以为不祥,以赐虞人。仲尼观之,曰,"麟也",然后取之。(《左传》哀公 14.1,页 1682)

参与狩猎的人的阶级差别非常重要。叔孙氏是鲁国的权威,作为三桓之一,地位显赫。他们参与狩猎的仪式,也非常恰当。因此,采用"狩"这个词并非用语不当,亦非有意为之。这里既没有刻意提升事件的重要性,也没有刻意点出事件的异常之处。子鉏商既可能是车夫,也可能是管理战车的官员。但无论如何,他都是其中的一位随从。他的地位不至于太低微,因此也就不会为整件事带来更多"异"的感觉。

麟本身也不是异象。获麟一事的重心是无人能够识别这种动物。子鉏商本来认为这是不祥之物,但一旦他的判断被人矫正,他也就接受了这个动物在万物之中自有其正当的位置:这里并没有进一步讨论它到底预示了什么。《左传》与《公羊传》的描写不同,这里并没有提及孔子强烈的反应和情感。他只是识别了无人知晓的动物,迅速地指出了事物的名称,藉此纠正子鉏商的错误。在战国时期的文献里,孔子有能力为不知名的事物命名,也能掌握玄奥的知识(可见《国语·鲁语》2.9,页201;2.18,页213;2.19,页214—215)。这一形象也可从《左传》另一段文字中找到根据。当时,冬天发生蝗灾,孔子认为这与历法出错有关(《左传》哀公12.5,页1673)。

《左传》并没有假设获麟与《春秋》的著作有任何必然的联系。只有到了杜预手上,他才把两者联系起来。杜预这样做可能受到公羊学和司马迁的影响。他的《左传》注提到:

> 麟者,仁兽,圣王之嘉瑞也。时无明王,出而遇获。仲尼伤周道之不兴,感嘉瑞之无应,故因《鲁春秋》而修中兴之教,绝笔于获麟之一句,所感而作,固所以为终也。(《十三经注疏》6,59.11a)

撰写历史是一种矫正衰败、补偿失落的方式。或用司马迁的话说,在混乱的时代,撰写历史象征了(包括麟和圣人)无法寻得自己的命运。这些观念早已成为中国传统的一部分。那么,我们又该如何解释《左传》对此只字不提?从最基本和最浅显的层面看,我们可以说当这种历史书写观念出现时,《左传》的那段引文早已完成了。到了战国后期以及秦汉之际,人们刻意把文献权威与政治权威相提并论,"福瑞"的论述也变得盛行。《左传》的那段引文在时间上似乎也要比这些观念来得更早。《左传》与《公羊传》和《谷梁传》不同,它并没有考虑孔子与《春秋》之间的联系。孔子在作出判断之前,仔细观看了麟。这一点也很重要:我们看到孔子也参与了这段历史,看到一个人可从事件的内部和外部作出判断。孔子的角色,以及事件内外所形成的张力,都只有在《左传》之中才得到阐发。我们并不能从《公羊传》和《谷梁传》里找到相关的考虑。

《左传》里的《春秋经》并没有在获麟一事之后绝笔,经文一直延伸到两年后孔子去世之时。这意味着《左传》之中某一层的叙事有意确立孔子和《春秋》的关联。另外有两段文字明确指出了这一点。其中一段文字称颂《春秋》的微言大义和复杂幽深,又总结道:"非圣人,谁能修之?"(《左传》成公14.4,页870)另一处则假定孔子可能是编者或注者,因为孔子解释了为什么《春秋》要把晋文公召周天子的举动表述成天子狩猎(《左传》僖公28.9,页473)。但是,《左传》并没有贯彻始终地把孔子塑造成一个以文辞或道德秩序对抗腐败与混乱现实的人。事实上,孔子在《左传》中代表了各种不同的立场(有些学者试图证明文中利用不同的名字——仲尼、孔子、孔丘——来代表他不同的立场,但这个说法至今仍没有定论)。

一如我们所料,孔子精辟地解释礼乐制度。《左传》经常把臧文仲称许为大夫的楷模,但孔子批评他允许自己的君主文公颠倒了祭祀僖公和闵公的先后次序(尽管闵公登位在僖公之先,但文公却想把自己的父亲僖公提到叔叔闵公之前)(《左传》文公2.5,页523—526)。当卫国把诸侯用的饰物和配件赏给有功的大夫时,孔子留下了这句名言:"唯器与名,不可以假人,君之所司也。"(《左传》成公2.3,页788)鲁国的贵族向孔子请教,把他视为礼制的专家(《左传》襄公10.2,页978;昭公7.12,页1296)。齐国掌管山泽的官员没有响应国君的传召,因为齐侯本应用皮冠去传达命令,但他最终却用了弓来召唤这名官员。孔子称许这名官员道:"守道不如守官。"(《左传》昭公20.7,页1418)然而,在孔子所处的时代里,政局动荡,人有时很难界定正确的礼制和官员的责任。孔子如何看待昭公和季氏之间旷日持久的政治斗争?鲁昭公被季氏放逐,后来死在国外。孔子担任司空,他在昭公的墓地外挖掘墓沟,把昭公的墓与历代鲁国国君的墓连接起来。这暗中表明了孔子反对季氏。当昭公夫人去世时,孔子参加吊唁,然后再到季氏的家拜访他们。"季氏不绖,放绖而拜"(《左传》哀公12.2,页1670)。许多注家认为孔子的行为其实是一种无声的抗议,但我们似乎也可以把这一举动看成是他的让步。

诚如第五章所述,孔子曾批评季氏铸造刑鼎(《左传》昭公29.5,页1504)。这与晋国大夫叔向斥责子产可以相提并论,因为两者考虑的问题其实是一样的(《左传》昭公6.3)。论者有时会认为叔向和孔子的立场属于"保守"的一方(相对于公开颁布刑书的革新派而言)。但是,孔子也曾多次表扬、捍卫子产这个革新者,甚至子产认为自己有必要施行强硬的刑法,孔子也肯定了他的观点(《左传》襄公25.10,页1106;襄公31.11,页1192;昭公13.3,页1360;昭公20.9,页1422)。孔子似乎已预见到有人会批评子产"不仁",所以才发表这些言论。同时,孔子也肯定了叔向毫不偏私的作风。叔向之弟收受贿赂,叔向秉公处理,最后他的弟弟被处死(《左传》昭公14.7,页1367)。这与《论语·子路》(13.18)"父为子隐,子为父隐,直在其中矣"一句对"直"的理解相映成趣。

齐国大夫陈恒杀死了他的国君。孔子请求鲁国攻打国力更强的齐国,原因似乎是道义上的愤怒(《左传》哀公14.5,页1689)。另一方面,孔子有时特别看重权宜之计。陈国大夫泄冶鲁莽地批评腐败的朝廷,最后牺牲性命。孔子对他的批评就是一个例子(《左传》宣公9.6,页702)。有时孔子是个实际的道德论者,他把道德的效用视为评判事物的标准。齐国大夫试图揭发齐侯之母与其他大夫私通,最终被砍去了双足。孔子刻薄地说:"智不如葵,葵犹能卫其足。"(《左传》成公17.6,页899;上文也提到这个例子,详参第五章)孔子谨慎地估量当下的局势,因此他试图避免牵涉到卫国的政治风波之中,又拒绝向鲁国的季氏发表自己的评论(《左传》哀公11.6,页1667;11.7,页1668)。

从语言方面说,孔子也一如所料地斥责别人多言多败。他认为外交谈判中的"多文辞"只是掩饰毫无效用的策略(《左传》襄公27.4,页1130)。我们也曾在第三章提到这个例子:子贡根据两位国君行礼的仪表预言二人将死,结果预言应验了,孔子却害怕子贡将会因此而变得"多言"(《左传》定公15.3,页1601)。《左传》之中能够赢得孔子肯定的言辞,大概是子产为郑国入侵陈国而作出的精妙辩解。但这段话试图为侵略行为和霸权政治争取合法地位(《左传》襄公 25.10,页 1106)。子产的自我辩解,可与孔子的状况互相参照。孔子后来卷入宗族内部及宗族之间的政治斗争,最终他把得胜者描述成品德高尚的人。实际上,孔子也试图为新的政权寻求合法的地位(《左传》昭公 5.1,页 1263;昭公 28.3,页 1496)。

《左传》里的孔子和麟,使我们留意到整本书中各种不一致的地方。孔子在《左传》之中既参与了历史,同时也在解释历史。《史记》重新组织了孔子的各个形象,把他改造成一个单一性格的人,并藉此强调一种新的表述力量——我们几乎可以把这种力量称为"抒情主义"。

> 鲁哀公十四年春,狩大野。叔孙氏车子鉏商获兽,以为不祥。仲尼视之,曰:"麟也。"取之。曰:"河不出图,雒不出书,吾已矣夫!"颜渊死,孔子曰:"天丧予!"及西狩见麟,曰:"吾道穷矣!"喟然叹曰:"莫知我夫!"子贡曰:"何为莫知子?"子曰:"不怨天,不尤人,下学而上达,知我者其天乎!""不降其志,不辱其身,伯夷、叔齐乎!"谓"柳下惠、少连降志辱身矣"。谓"虞仲、夷逸隐居放言,行中清,废中权"。"我则异于是,无可无不可。"子曰:"弗乎弗乎,君子病没世而名不称焉。吾道不行矣,吾何以自见于后世哉?"乃因史记作《春秋》。(《史记·孔子世家》卷 47,页 1942—1943)

《史记》还在另外两处提到孔子作《春秋》一事:一次是孔子困于陈、蔡(《史记·太史公自序》卷 130,页 3300);另一次是孔子意识到没有人奉行自己所倡导的思想,于是西行到周室去观看典籍旧闻(《史记·十二诸侯年表》卷 14,页 509—510)。这三段记录有一个共同的主题,那就是孔子把自己不被理解的命运,转化为确认和理解历史的使命。司马迁跟从《左传》的记叙,把孔子认出麟这个过程描述成一件史事。他也借用《公羊传》的材料,描述了孔子的悲叹,但却没有把《春秋》称许为一个崭新的开始,也没有把《春秋》视为绝对的、永恒的道德体系。司马迁除了采用这些材料,他还强调孔子与生不逢时的瑞兽有密切的关联:两者都被人误解,被人中伤,被人误用。命名的行为建立了两者之间的联系。孔子认出了麟的真实身份,以及两者隐没于乱世的命运,表明了命名的行为正是人类勉力从历史中寻求意义的一种方法。孔子慨叹麟的出现时机不当,慨叹圣王就像河图洛书般没有及时出现。孔子藉此表明了自己的历史观:他认为历史不断衰败,自己已完全无法适应这个时代。

接着,司马迁引用了《论语》里的一些语句,其中有些话略有改动。这些引文全都与如何理解一个人或一个时代有关。《史记》把孔子确认了麟的身份,联系到他的得意弟子颜回之死,又联系到孔子对于自己无法被世人认同、理解、记住的失望之情。接着,《史记》的重心转到孔子对历史的理解之上。其中,孔子举了不少历史先例,从而思考入世和出世的意义。孔子在回答"自己从何处获得知己"的问题时,他有两个不同的答案,而这两个答案塑造了两个不同的圣人形象。一方面,孔子声称自己没有怨恨,因为他只想得到上天的认可,因此他超越了出世与入世的疑问,"无可无不可"。但是,《史记》把这种从容不迫、顺应天命的态度,与他努力不懈、渴望垂名于后世的形象同时并置在一起。① "病没世而名不称焉"一句还出现在《史记·伯夷列传》里,至于"何以自见于后世"的想法也能在司马迁的《报任安书》中找到回响(《汉书·司马迁传》卷62,页2731—2732)。这里的写作动机必然是要抒发情感。写作的本质围绕着绝望、表达自我、渴求后人同情和理解自己而展开。司马迁把这种感情,描述成一种传承既往传统的诱因,描述成一种修撰史书的动力。司马迁认为孔子因为获麟一事而撰写《春秋》,如此一来,高尚的道德目标也就与人类在历史中发挥的力量合而为一。司马迁引用《论语》中的句

---

① 孔子在现实之中的挣扎,引起司马迁极大的同情。但是这个形象,与孔子的英雄形象并不协调。孔子知其不可为而为之的姿态,也与其他圣人平静、克制、温和的性格形成鲜明的对比。有些学者认为孔子不会因为追逐自己的志向,不会因死后的名声而忧心忡忡,也不会为自己的离世而哀叹不已。这种说法可参见崔述:《洙泗考信录》卷2,页291—294;卷4,页312—315。

子阐发著述的动机,藉此他也为历史书写增加了更多的考虑:我们会关注历史书写的意图,考虑历史如何表现著者的形象,叩问历史写作本身是否有自觉的意识。对于中国文学史来说,这些考虑全都具有深远的影响。

参考文献

中文、日文文献(依笔画排序)

丁祯彦、吾敬东:《春秋战国时期观念与思维方式变革》,长沙:湖南出版社,1993。
《十三经注疏》,7 册,台北:艺文印书馆,据 1815 年本重印。
万斯大:《学春秋随笔》,收入《清经解》,卷 50—59。
卫聚贤:《左传之研究》,收入《古史研究》,上海:上海文艺出版社,1990(1928)。
马一浮:《复性书院讲录》,南京:江苏教育出版社,1995(1939)。
马一浮著;虞万里、丁敬涵校点:《马一浮集》,浙江:浙江古籍出版社,1996。
马国翰:《玉函山房辑轶书》,上海:上海古籍出版社,1990。
马勇:《汉代春秋学研究》,成都:四川人民出版社,1992。
马积高:《荀学源流》,上海:上海古籍出版社,2000。
马骕:《左传笔纬》,济南:齐鲁书社,1992。
马骕:《绎史》,4 册,上海:上海古籍出版社,1993(据《四库全书》本影印)。
王夫之:《春秋世论》,见《船山全书》,5:383—538。
王夫之:《春秋家说》,见《船山全书》,5:103—381。
王夫之:《船山全书》,16 册,船山全书编辑委员会编,长沙:岳麓书社,1988—1992。
王夫之:《续春秋左氏传博议》,见《船山全书》,5:541—622。
王先谦:《诗三家义集疏》,北京:中华书局,1987。
王充:《论衡集解》,刘盼遂集解,北京:中华书局,1990。
王国维:《观堂集林》,北京:中华书局,1991(1959)。

王靖宇:《中国早期叙事文论集》,台北:中央研究院文哲所筹备处,1999。
李昉等编:《太平御览》,收入《四库全书》,第893—901册。
《中庸》,收入朱熹:《四书集注》,台北:世界书局,1990。
毛奇龄:《春秋毛氏传》,收入《四库全书》,第176册。
毛奇龄:《春秋占筮书》,收入《四库全书》,第41册。
北京大学哲学系美学教研室编:《中国美学史资料选编》,北京:中华书局,1980。
叶梦得:《春秋左传谳》,收入《四库全书》,第149册。
白寿彝:《中国史学史》,上海:上海人民出版社,1986。
冯李骅、陆浩辑:《左绣》,台北:文海出版社,1967。
《礼记集解》,孙希旦撰,3册,北京:中华书局,1998(1989)。
司马迁:《史记》,10册,北京:中华书局,1975(1959)。
皮锡瑞:《经学通论》,台北:商务印书馆,1968。
《吕氏春秋校释》,2册,陈奇猷校释,上海:新华书店,1995。
吕祖谦:《左氏传说》,收入《四库全书》,第152册。
吕祖谦:《东莱博议》,长沙:岳麓书社,1988。
朱冠华:《风诗序与左传史实关系之研究》,台北:文史哲出版社,1992。
朱冠华:《刘师培春秋左氏传答问研究》,北京:光明日报出版社,1998。
朱鹤龄:《读左日钞》,收入《四库全书》,第175册。
朱熹:《四书集注》,台北:世界书局,1990。
朱熹:《朱子语类》,6册,黎靖德编;王星贤点校。
朱熹:《诗经集注》,香港:广智书局,出版年份不详。
朱彝尊:《经义考》,4册,台北:商务印书馆,1974。
竹添光鸿:《左传会笺》,2册,台北:广闻书局,1963。
《庄子校诠》,3册,王叔岷编,台北:中央研究院,1994(1988)。
《庄子集释》,4册,郭庆藩辑,北京:中华书局,1985。
刘文淇:《春秋左氏传旧注疏证》,北京:科学出版社,1959。
刘玉建:《中国古代龟卜文化》,桂林:广西师范大学出版社,1993。
刘正浩:《左海钩沉》,台北:东大图书,1997。
刘正浩:《两汉诸子述左传考》,台北:商务印书馆,1968。
刘正浩:《周秦诸子述左传考》,台北:商务印书馆,1966。
刘申宁:《中国兵书总目》,北京:国防大学出版社,1990。
刘师培:《左盦集》,收入《刘申叔先生遗书》,1936。南京:江苏古籍出版社,1997年重印。
刘师培:《群经大义相通论》,收入《刘申叔先生遗书》(同上)。
刘师培著,李妙根编:《刘师培辛亥前文选》,香港:三联书店,1998。
刘向:《列女传》,上海:上海古籍出版社,1994。

刘向:《战国策》,3册,上海:上海古籍出版社,1984。

刘向著、向宗鲁校证:《说苑校证》,北京:中华书局,1987。

刘知几著、蒲起龙释:《史通通释》,台北:世界书局,1988。

刘宝楠:《论语正义》,香港:中华书局,1978。

刘莉君:《〈左传〉战争文学写作技巧之研究》,硕士论文,中国文化大学中国文学研究所,1981。

刘逢禄:《左氏春秋考证》,收入顾颉刚编:《古籍考辩丛刊》,北京:中华书局,1955。

刘敞:《春秋权衡》,收入《四库全书》,第147册。

齐思和:《中国史探研(古代篇)》,北京:中华书局,1981。

许倬云:《西周史》,北京:三联书店,1993。

许倬云:《许倬云自选集》,上海:上海教育出版社,2002。

许慎:《说文解字》,北京:中国书店,1989。

《论语》,收入朱熹集注:《四书集注》,台北:世界书局,1990。

孙广德:《先秦两汉阴阳五行说的政治思想》,台北:商务印书馆,1993。

孙甫:《孙明甫小集》,收入《四库全书》,第1090册。

孙希旦撰,沈啸寰、王星贤点校:《礼记集解》,3册,收入《十三经清人注疏》,北京:中华书局,1989。

孙复:《春秋尊王发微》,收入《四库全书》,第147册。

阳平南:《左传叙战之资鉴精神》,台北:文津出版社,2001。

严可均:《书目三编》,台北:广文书局,1969。

杜正胜:《周代城邦》,台北:联经出版社,1979。

杜预:《春秋经传集解》,2册,上海:上海古籍出版社,1988。

杜预:《春秋释例》,收入《四库全书》,第146册。

杜预注,孔颖达正义:《春秋左传正义》,《十三经注疏》第6册。

杜维运、黄进兴编:《中国史学史论文选集》,台北:学生书局,1976。

李玉洁:《中国早期国家性质:中国古代王权与专制主义》,台北:云龙出版社,2003。

李龙瓛:《晋文公复国定霸考》,台北:国立台湾大学出版委员会,1988。

李汉三:《先秦两汉之阴阳五行学说》,台北:维新书局,1981。

李泽厚:《华夏美学》,香港:三联书店,1988。

李零:《中国方术考》,北京:东方出版社,2000。

李零:《李零自选集》,桂林:广西师范大学出版社,1998。

李零编:《吴孙子发微》,北京:中华书局,1997。

李新霖:《从〈左传〉论春秋时代之政治伦理》,台北:文津出版社,1991。

李镜池:《〈左传〉中易筮之研究》,收入《周易探源》,北京:中华书局,1978。

杨伯峻:《孟子译注》,香港:中华书局,2000(1984)。

杨伯峻:《春秋左传注》,4册,北京:中华书局,1981,1990年重印。

杨宽:《中国古代都城制度史研究》,上海:上海古籍出版社,1993。
杨慎:《升庵集》,上海:上海古籍出版社,1991。
《吴子译注》,收入李零等编:《兵家宝鉴》,石家庄:河北人民出版社,1991。
吴伟业著,李学颖集评标校:《吴梅村全集》,3册,上海:上海古籍出版社,1990。
吴闿生著,白兆麟编:《左传微》,合肥:黄山书社,1995。
何光岳:《楚灭国考》,上海:上海人民出版社,1990。
余嘉锡:《古书通例》,上海:上海古籍出版社,1985。
汪受宽:《谥法研究》,上海:上海古籍出版社,1995。
沈玉成、刘宁:《春秋左传学史稿》,南京:江苏古籍出版社,1992。
沈刚伯:《说史》,收入杜维运、黄进兴编:《中国史学史论文选集》。
沈钦韩:《春秋左氏传补注》,上海:商务印书馆,1937。
张以仁:《国语左传论集》,台北:东升事业出版公司,1980。
张以仁:《春秋史论集》,台北:联经出版事业有限公司,1990。
张正明:《楚史》,武汉:湖北教育出版社,1995。
张有智:《先秦三晋地区的社会与法家文化研究》,北京:人民出版社,2002。
张洽:《春秋集注》,收入《四库全书》,第156册。
张素卿:《左传称诗研究》,台北:国立台湾大学出版委员会,1991。
张高评:《左传导读》,台北:文史哲出版社,1982。
张端穗:《左传思想探微》,台北:学海出版社,1987。
陆淳:《春秋集传微旨》,收入《四库全书》,第146册。
陆淳:《春秋集传纂例》,收入《四库全书》,第146册。
陆粲:《左传附注》,收入《四库全书》,第167册。
陈寿著,裴松之注:《三国志》,5册,北京:中华书局,1959。
陈梦家:《尚书通论》,北京:中华书局,1985。
陈锡勇:《宗法天命与春秋思想初探》,台北:文津出版社,1992。
陈盘:《左氏春秋义例辨》,上海:上海商务印书馆,1947。
陈澧著,杨志刚编校:《东塾读书记》,香港:三联书店,1998。
邵东方、倪德卫(David Nivision)编:《今本竹书纪年论集》,台北:唐山出版社,2002。
林尧叟注:《左传杜林合注》,收入《四库全书》,第171册。
林玫仪:《〈左传〉赋诗之剖析》,收入《幼狮月刊》,35期4卷(1972)。
林真爱:《左氏春秋考辩》,收入《中国古代史论丛》,1981年第3期,页192—206。
欧阳修:《诗本义》,收入《四库全书》,第70册。
欧阳修、宋祈撰:《新唐书》,北京:中华书局,1971。
《尚书集释》,屈万里编,台北:联经出版,1983。
《国语》,上海师范大学古籍整理研究所编,2册,上海:上海古籍出版社,1988。
金圣叹:《天下才子必读书:中国第一批评家金圣叹评点全集》,北京:物资出版社,1998。
金圣叹:《金圣叹全集》,合肥:黄山书社,1991。
金德建:《司马迁所见书考》,上海:上海人民出版社,1963。
周立升主编:《春秋哲学》,济南:山东大学出版社,1989。
《周礼注疏》,郑玄注,贾公彦疏,见《十三经注疏》。
《周易王韩注》,王弼、韩康伯注,台北:中华书局,1985。
郑良树:《竹简帛书论文集》,台北:源流出版社,1982。
郑昌琳:《楚国史编年辑注》,武汉:河北人民出版社,1999。
泷川龟太郎:《史记会注考证》,1934。台北:洪叶书局,1990年重印。
《诗经正义》,郑玄注;孔颖达疏,见《十三经注疏》。
房玄龄等撰:《晋书》,10册,北京:中华书局,1974。
屈万里:《诗经诠释》,台北:联经出版事业,1983。
《春秋传说汇纂》,收入《四库全书》,第173册。
赵园:《明清之际士大夫研究》,北京:北京大学出版社,1999。
《荀子柬释》,梁启雄注释,台北:商务印书馆,1993(1965)。
胡念贻:《〈左传〉的真伪与写作时代考辩》,收入《文史》,1981年第11期,页1—33。
胡念贻:《先秦文学论集》,北京:中国社会科学出版社,1981。
柳诒征:《国史要义》,上海:华东师范大学出版社,2000。
柳宗元著、法家著作注释研究班编:《柳宗元〈非国语〉评注》,长沙:湖南人民出版社,1976。
《战国策》,见刘向条。
俞正燮:《癸巳存稿》,台北:商务印书馆,1968。
俞正燮:《癸巳类稿》,台北:世界书局,1960。
洪顺隆:《〈左传〉论评选析新编》,台北:中国文化大学出版社,1982。
洪亮吉撰,李解民点校:《春秋左传诂》,北京:中华书局,1987。
姚鼐:《左氏补注》,收入《丛书集成续编》,经部,第12册。
秦蕙田:《五礼通考》,收入《四库全书》,第135—142册。
班固:《汉书》,12册,北京:中华书局,1983(1962)。
袁枚:《小仓山房文集》,台北:文海出版社,1981。
顾立三:《左传与国语之比较研究》,台北:文史哲出版社,1983。
顾炎武:《左传杜解补证》,收入《四库全书》,第174册。
顾炎武著,黄汝成集释:《日知录集释》,郑州:中州古籍出版社,1990。
顾颉刚:《中国上古史研究讲义》,台北:洪叶文化事业有限公司,1994。
顾颉刚编著,《古史辨》,7册,台北:蓝灯文化事业,1993。
顾颉刚:《春秋三传及国语之综合研究》,香港:中华书局,1988。
顾德融、朱顺龙:《春秋史》,上海:上海人民出版社,2003。

《晏子春秋集释》,2册,吴则虞编著,北京:中华书局,1982。
钱杭:《周代宗法制度史研究》,上海:学林出版社,1991。
钱钟书:《管锥编》,4册,北京:中华书局,1979。
钱穆:《先秦诸子系年》,台北:东大图书,1990。
钱穆:《两汉经学今古文评议》,台北:东大图书,1989。
徐元诰撰,王树民、沈云长点校:《国语集解》,北京:中华书局,2002。
徐仁甫:《左传疏证》,成都:四川大学出版社,1981。
徐英:《论语会笺》,台北:正中书局,1948。
徐复观:《中国人性论史》,台北:商务印书馆,1994(1969)。
徐复观:《中国艺术精神》,台北:学生书局,1981(1966)。
徐复观:《中国经学史的基础》,台北:学生书局,1982。
徐复观:《两汉思想史》,3册,台北:学生书局,1989(1979)。
高士奇:《左传纪事本末》3册,北京:中华书局,1979。
高本汉著,陈舜英译:《高本汉左传注释》,台北:国立编译馆中华丛书编审委员
    会,1972。
高亨:《〈左传〉〈国语〉的〈周易〉说通解》,收入《文史述林》,北京:中华书局,1980。
高葆光:《左传文艺新论》,台中:东海大学出版社,1969。
郭克煜等著:《鲁国史》,北京:新华书店,1994。
席涵静:《周代史官研究》,台北:福记文化图书,1983。
黄仲炎:《春秋通说》,收入《四库全书》,第156册。
萧公权:《中国政治思想史》,2册,台北:中国文化大学出版社,1993(1982)。
崔述:《考信录》,台北:世界书局,1960。
崔适:《史记探源》,北京:中华书局,1986。
崔适:《春秋复始》,收入《续修四库全书》,第131册,上海:上海古籍出版社,
    1995—1999。
敏泽:《中国美学思想史》,3册,济南:齐鲁书社,1987。
《逸周书汇校集注》,2册,黄怀信等编注,上海:上海古籍出版社,1995。
康有为:《新学伪经考》,台北:世界书局,1962。
章炳麟:《章太炎先生学术论著》,刘凌、孔繁荣编校,杭州:浙江人民出版社,1998。
章炳麟:《章太炎全集》,上海:上海人民出版社,1982—1986。
商鞅著,朱师辙编:《商君书解诂定本》,台北:世界书局,1990。
《清经解》,12册,阮元编,上海:上海书店,1988。
《淮南鸿烈集解》,刘文典集解,北京:中华书局,1989。
梁启超:《先秦政治思想史》,台北:东大图书,1993。
董仲舒著,苏舆编:《春秋繁露义证》,北京:中华书局,1992。
董增龄:《国语正义》,2册,成都:巴蜀书社,1985。

《韩非子集释》,陈奇猷校注,2册,台北:世界书局,1991。
《韩非子释评》,朱守亮著,台北:五南图书,1992。
《韩诗外传今注今译》,赖炎元注译,台北:商务印书馆,1994(1972)。
韩席筹:《左传分国集注》,1940。香港:龙门书局,1996年重印。
韩愈著,孙昌武选注:《韩愈选集》,上海:上海古籍出版社,1996。
辜鸿铭:《辜鸿铭文集》,长沙:岳麓书社,1985。
惠栋:《春秋左传补注》,收入《清经解》,第79—80册。
程元敏:《春秋左氏经传集解序疏证》,台北:学生书局,1991。
程公说:《春秋分记》,收入《四库全书》,第154册。
程俊英、蒋见元:《诗经注析》,2册,北京:中华书局,1991。
程端学:《春秋三传辨疑》,收入《四库全书》,第161册。
傅正谷:《中国梦文学史》,北京:光明日报出版社,1993。
傅隶朴:《春秋三传比义》,2册,台北:商务印书馆,1983。
傅逊:《春秋左传属事》,收入《四库全书》,第169册。
焦循:《春秋左传补疏》,收入《续修四库全书》,第124册,上海:上海古籍出版社,1995—1999。
童书业:《春秋左传研究》,上海:上海人民出版社,1982。
曾勤良:《左传引诗赋诗之诗教研究》,台北:文津出版社,1993。
《新译盐铁论》,卢烈红编,台北:三民书局,1995。
赫敬:《春秋非左》,收入《丛书集成初编未出书部分》,第219册,北京:中华书局,1991。
蔡锋:《春秋时期贵族社会生活研究》,北京:中国社会科学出版社,2004。
《管子校证》,尹知章注:戴望校正,台北:世界书局,1990。
廖平著,张西堂校点:《古学考》,香港:太平书局,1962。
《墨子集解》,张纯一注,成都:古籍书店,1988。
戴君仁:《释史》,收入杜维运、黄进兴编:《中国史学史论文选集》。
魏征等撰:《隋书》,北京:北京图书馆出版社,2003。
镰田正:《左传の成立と其展开》,东京:大修馆书店,1963。

英文文献

Byrne, Rebecca Zerby. "Harmony and Violence in Classical China: A Study of the Battles of the *Tso-chuan*." Ph. D. Dissertation, University of Chicago, 1974.

DeWoskin, Kenneth. *A Song for One or Two: Music and the Concept of Art in Early China*. Ann Arbor: Center for Chinese Studies, University of Michigan, 1982.

Durrant, Stephen. *The Cloudy Mirror: Tension and Conflict in the Writings of Si-

ma Qian. Albany: University of New York Press, 1995.

——. "Ssu-ma Ch'ien's Conception of *Tso chuan*." *Journal of the American Oriental Society* 112, no. 2 (1992): 295—301.

Egan, Ronald C. "Narratives in *Tso chuan*". *Harvard Journal of Asiatic Studies* 37 (1977): 323—352

Ginsburg, Carlo. *Clues, Myths, and the Historical Method*. Trans. John Tedeschi and Anne C. Tedeschi. Baltimore: Johns Hopkins University Press, 1989.

Graham, Angus Charles. *Disputers of the Dao: Philosophical Argument in Ancient China*. LaSalle, Ill. : Open Court, 1989.

Hampton, Timothy. *Writing from History: The Rhetoric of Exemplarity in Renaissance Literature*. Ithaca: Cornell University Press, 1990.

Henry, Eric. "'Junzi Yue' Versus 'Zhongni Yue' in *Zuozhuan*." *Harvard Journal of Asiatic Studies* 59, no. 1 (1999): 125—161.

Huizinga, Johan. *Men and Ideas, History, the Middle Ages, the Renaissance: Essays*. Trans. James S. Holmes and Hans van Marle. New York: Meridian Press, 1959.

Idema, Wilt; Wai-yee Li; and Ellen Widmer, eds. *Trauma and Transcendence in Early Qing Literature*. Cambridge, MA: Harvard University Asia Center, 2005.

Karlgren, Bernard. "The Early History of the *Chou li* and *Tso chuan* texts." *Bulletin of the Museum of Far Eastern Antiquities* 3 (1931): 1—59

——. "On the Authenticity and Nature of the *Tso chuan*." *Göteborgs högskolas arsskrift* 32 (1926). (按：中译本可参照珂罗倔伦著，陆侃如翻译：《左传真伪考》，上海：新月书店，1927。)

Keightley, David. *Sources of Shang History*. Berkeley: University of California Press, 1985 (1978).

Kern, Martin. *Text and Ritual in Early China*. Seattle: University of Washington Press, 2005.

Knapp, Keith. "The *Ru* Reinterpretation of *Xiao*." *Early China* 20 (1995): 195—222.

Legge, James, trans. *The Chinese Classics*, vol. 5, *The Ch'un Ts'ew with the Tso Chuen*. Taipei: Jinxue shuju, 1969 (1895).

Lewis, Mark Edward. *Sanctioned Violence in Early China*. Albany: State University of New York Press, 1990.

——. *Writing and Authority in Early China*. Albany: State University to New York Press, 1999.

Li, Wai-yee. "The Idea of Authority in the *Shih chi* (*Records of the Historian*)."

Harvard Journal of Asiatic Studies 54, no. 2 (1994): 345—405.

——. "Introduction." In Idema et. al., eds., *Trauma and Transcendence in Early Qing Literature* (q. v.).

——. "Knowledge and Skepticism in Ancient Chinese Historiography." In Christina Kraus, ed., *The Limits of Historiography*. Leiden: Brill, 1999.

——. "Reading and Writing in the *Shiji*." In Michael Puett, ed., *Essays on the "Records of the Historian"*. State University of New York Press, forthcoming.

Loewe, Michael, and Edward Shaughnessy, eds. *The Cambridge History of Ancient China: From the Origins of Civilization to 221 B. C.* Cambridge, Eng.: Cambridge University Press, 1999.

Lynn, Richard John. *The Classic of Changes: A New Translation of the I Ching As Interpreted by Wang Bi*. New York: Columbia University Press, 1994.

Maspero, Henri. "La composition et la date du *Tso-chuan*." *Mélanges chinois et bouddhiques* 1 (1932): 127—159.

Nylan, Michael. "The *chin wen / ku wen* (New Text / Old Text) Controversy in Han." *Toung Pao* 80 (1994): 83—145.

——. "The *Ku wen* Documents in Han Times." *Toung Pao* 81 (1995): 1—27.

——. "Textual Authority in Pre-Han and Han." *Early China* 25 (2000): 205—258.

Pankenier, David. "Applied Field-Allocation Astrology in Zhou China: Duke Wen of Jin and the Battle of Chengpu (632 B. C.)." *Journal of American Oriental Society* 119, no. 2 (1999): 261—279. (按:文章中译题为《周代的应用分野星占学:晋文公与城汉之战(前632)》,收入班大为著、徐凤先译:《中国上古史实揭秘——天文考古学研究》,上海:上海古籍出版社,2008,页252—286。)

——. "The Cosmo-political Background of Heaven's Mandate." *Early China* 20 (1995): 121—176. (按:文章中译题为"天命的宇宙-政治背景",收入班大为著、徐凤先译:《中国上古史实揭秘——天文考古学研究》,页211—235。)

Pines, Yuri. "Aspects of Intellectual Development in the Chunqiu Period." Ph. D. Dissertation, Hebrew University, 1997.

——. *Foundation of Confucian Thought*. Honolulu: University of Hawai'i Press, 2001.

——. "Intellectual Changes in the Chunqiu Period: The Reliability of the Speeches in the *Zuo Zhuan* as Sources of Chunqiu Intellectual History." *Early China* 22 (1997): 77—132.

Plaks, Andrew. "Riddles and Enigma in Chinese Civilization." In David Shulman and Galit Hasan-Rokem, eds., *Untying the Knot: On Riddles and Other Enigmatic*

Modes. Oxford: Oxford University Press, 1996.

Raphals, Lisa. *Sharing the Light: Representation of Women and Virtue in Early China*. Albany: State University of New York Press, 1998.

Roy, David, and Tsien Tsuen-hsin, eds., *Ancient China: Studies in Early Civilization*. Hong Kong: Chinese University Press, 1978.

Schaberg, David. "Calming the Heart: the Use of *Shijing* in *Zuozhuan* Narrative." Unpublished paper.

——. "Command and the Content of Tradition." In Christopher Lupke, ed., *The Magnitude of Ming: Command, Allotment, and Fate in Chinese Culture*. Honolulu: University of Hawaii Press, 2005.

——. "Foundations of Chinese Historiography: Literary Representations in *Zuozhuan* and *Guoyu*." Ph. D. Dissertation, Harvard University, 1995

——. *A Patterned Past: Form and Thought in Early Chinese Historiography*. Cambridge, MA: Harvard University Asia Center, 2001.

——. "Remonstrance in Eastern Zhou Historiography." *Early China* 22 (1997): 133—180.

Schwartz, Benjamin. *The World of Thought in Ancient China*. Cambridge, MA: Harvard University Press, 1985. (按：中译本可参照本杰明·史华兹著、程钢译、刘东校,《古代中国的思想世界》,南京：江苏人民出版社,2004。)

Shaughnessy, Edward. *Before Confucius: Studies in the Creation of the Chinese Classics*. Albany: State University of New York Press, 1997. (按：中译本可参照夏含夷著,黄圣松、杨济襄、周博群译,范丽梅、黄冠云修订:《孔子之前：中国经典诞生的研究》,台北：万卷楼,2013。)

——. "Calendar and Chronology." In Loewe and Shaughnessy, *The Cambridge History of Ancient China* (q. v.).

——. "The Composition of the *Zhouyi*." Ph. D. Dissertation, Stanford University, 1983.

——. *I Ching: The Classic of Changes*. New York: Ballantine Books, 1996.

——. "Western Zhou History." In Loewe and Shaughnessy, *The Cambridge History of Ancient China* (q. v.).

Smith, Kidder, Jr. "*Zhouyi* Interpretation from Accounts in the *Zuozhuan*." *Harvard Journal of Asiatic Studies* 49, no. 2 (1989): 411—463.

So, Jenny, ed. *Music of the Age of Confucius*. Seattle: University of Washington Press, 2000.

Van Zoeren, Steven. *Poetry and Personality: Reading, Exegesis, and Hermeneutics in Traditional China*. Stanford: Stanford University Press, 1991.

von Falkenhausen, Lothar. *Suspended Music: Chime-Bells in the Culture of Bronze Age China*. Berkeley: University of California Press, 1993.

Wang, John C. Y. "Early Chinese Narrative: The *Tso-chuan* as Example." In Andrew Plaks, ed., *Chinese Narrative*. Princeton: Princeton University Press, 1977.

Watson, Burton. *The Tso chuan: Selections from China's Oldest Narrative History*. New York: Columbia University Press, 1989.

Yu, Pauline. *The Reading of Imagery in the Chinese Poetic Tradition*. Princeton: Princeton University Press, 1987.

Zhou, Yiqun. "Ode 27: Women, *Fushi*, and Virtue in Early China," *Nan nü: Men, Women, and Gender in Early and Imperial China* 5, no. 1 (2003): 1—42.

凤凰文库书目

一、马克思主义研究系列
《走进马克思》 孙伯鍨 张一兵 主编
《回到马克思:经济学语境中的哲学话语》(第三版) 张一兵 著
《当代视野中的马克思》 任平 著
《回到列宁:关于"哲学笔记"的一种后文本学解读》 张一兵 著
《回到恩格斯:文本、理论和解读政治学》 胡大平 著
《国外毛泽东学研究》 尚庆飞 著
《重释历史唯物主义》 段忠桥 著
《资本主义理解史》(6卷) 张一兵 主编
《阶级、文化与民族传统:爱德华·P. 汤普森的历史唯物主义思想研究》 张亮 著
《形而上学的批判与拯救》 谢永康 著
《21世纪的马克思主义哲学创新:马克思主义哲学中国化与中国化马克思主义哲学》 李景源 主编
《科学发展观与和谐社会建设》 李景源 吴元梁 主编
《科学发展观:现代性与哲学视域》 姜建成 著
《西方左翼论当代西方社会结构的演变》 周穗明 王玫 等著
《历史唯物主义的政治哲学向度》 张文喜 著
《信息时代的社会历史观》 孙伟平 著
《从斯密到马克思:经济哲学方法的历史性诠释》 唐正东 著
《构建和谐社会的政治哲学阐释》 欧阳英 著
《正义之后:马克思恩格斯正义观研究》 王广 著
《后马克思主义思想史》 [英]斯图亚特·西姆 著 吕增奎 陈红 译
《后马克思主义与文化研究:理论、政治与介入》 [英]保罗·鲍曼 著 黄晓武 译
《市民社会的乌托邦:马克思主义的社会历史哲学阐释》 王浩斌 著
《唯物史观与人的发展理论》 陈新夏 著
《西方马克思主义与苏联:1917年以来的批评理论和争论概览》 [荷]马歇尔·范·林登 著 周穗明 译 翁寒松 校
《物与无:物化逻辑与虚无主义》 刘森林 著
《拜物教的幽灵:当代西方马克思主义社会批判的隐性逻辑》 夏莹 著
《新中国社会形态研究》 吴波 著
《"崩溃的逻辑"的历史建构:阿多诺早中期哲学思想的文本学解读》 张亮 著
《"超越政治"还是"回归政治":马克思与阿伦特政治哲学比较》 白刚 张荣艳 著
《无调式的辩证想象 :阿多诺〈否定的辩证法〉的文本学解读》(第二版) 张一兵 著
《马克思再生产理论及其哲学效应研究》 孙乐强 著
《希望的源泉:文化、民主、社会主义》 [英]雷蒙·威廉斯 著 祁阿红 吴晓妹 译
《后工业乌托邦》 [澳]鲍里斯·弗兰克尔 著 李元来 译
《未来考古学:乌托邦欲望和其他科幻小说》 [美]弗里德里克·詹姆逊 著 吴静 译

二、政治学前沿系列
《公共性的再生产:多中心治理的合作机制建构》 孔繁斌 著
《合法性的争夺:政治记忆的多重刻写》 王海洲 著

《民主的不满:美国在寻求一种公共哲学》 [美]迈克尔·桑德尔 著 曾纪茂 译
《权力:一种激进的观点》 [英]斯蒂芬·卢克斯 著 彭斌 译
《正义与非正义战争:通过历史实例的道德论证》 [美]迈克尔·沃尔泽 著 任辉献 译
《自由主义与现代社会》 [英]理查德·贝拉米 著 毛兴贵 等译
《左与右:政治区分的意义》 [意]诺贝托·博比奥 著 陈高华 译
《自由主义中立性及其批评者》 [美]布鲁斯·阿克曼 等著 应奇 编
《公民身份与社会阶级》 [英]T. H. 马歇尔 等著 郭忠华 刘训练 编
《当代社会契约论》 [美]约翰·罗尔斯 等著 包利民 编
《马克思与诺齐克之间》 [英]G. A. 柯亨 等著 吕增奎 编
《美德伦理与道德要求》 [英]欧若拉·奥尼尔 等著 徐向东 编
《宪政与民主》 [英]约瑟夫·拉兹 等著 佟德志 编
《自由多元主义的实践》 [美]威廉·盖尔斯敦 著 佟德志 苏宝俊 译
《国家与市场:全球经济的兴起》 [美]赫尔曼·M. 施瓦茨 著 徐佳 译
《税收政治学:一种比较的视角》 [美]盖伊·彼得斯 著 郭为桂 黄宁莺 译
《控制国家:从古雅典至今的宪政史》 [美]斯科特·戈登 著 应奇 陈丽微 孟军 李勇 译
《社会正义原则》 [英]戴维·米勒 著 应奇 译
《现代政治意识形态》 [澳]安德鲁·文森特 著 袁久红 译
《新社会主义》 [加拿大]艾伦·伍德 著 尚庆飞 译
《政治的回归》 [英]尚塔尔·墨菲 著 王恒 臧佩洪 译
《自由多元主义》 [美]威廉·盖尔斯敦 著 佟德志 庞金友 译
《政治哲学导论》 [英]亚当·斯威夫特 著 佘江涛 译
《重新思考自由主义》 [英]理查德·贝拉米 著 王萍 傅广生 周春鹏 译
《自由主义的两张面孔》 [英]约翰·格雷 著 顾爱彬 李瑞华 译
《自由主义与价值多元论》 [英]乔治·克劳德 著 应奇 译
《帝国:全球化的政治秩序》 [美]麦克尔·哈特 [意]安东尼奥·奈格里 著 杨建国 范一亭 译
《反对自由主义》 [美]约翰·凯克斯 著 应奇 译
《政治思想导读》 [英]彼得·斯特克 大卫·韦戈尔 著 舒小昀 李霞 赵勇 译
《现代欧洲的战争与社会变迁:大转型再探》 [英]桑德拉·哈尔珀琳 著 唐皇凤 武小凯 译
《道德原则与政治义务》 [美]约翰·西蒙斯 著 郭为桂 李艳丽 译
《政治经济学理论》 [美]詹姆斯·卡波拉索 戴维·莱文著 刘骥 等译
《民主国家的自主性》 [英]埃里克·A. 诺德林格 著 孙荣飞 等译
《强社会与弱国家:第三世界的国家社会关系及国家能力》 [英]乔·米格德尔 著 张长东 译
《驾驭经济:英国与法国国家干预的政治学》 [美]彼得·霍尔 著 刘骥 刘娟凤 叶静 译
《社会契约论》 [英]迈克尔·莱斯诺夫 著 刘训练 等译
《共和主义:一种关于自由与政府的理论》 [澳]菲利普·佩蒂特 著 刘训练 译
《至上的美德:平等的理论与实践》 [美]罗纳德·德沃金 著 冯克利 译
《原则问题》 [美]罗纳德·德沃金 著 张国清 译
《社会正义论》 [英]布莱恩·巴利 著 曹海军 译
《马克思与西方政治思想传统》 [美]汉娜·阿伦特 著 孙传钊 译
《作为公道的正义》 [英]布莱恩·巴利 著 曹海军 允春喜 译
《古今自由主义》 [美]列奥·施特劳斯 著 马志娟 译
《公平原则与政治义务》 [美]乔治·格劳斯科 著 毛兴贵 译
《谁统治:一个美国城市的民主和权力》 [美]罗伯特·A. 达尔 著 范春辉 等译

《论伦理精神》 张康之 著
《人权与帝国:世界主义的政治哲学》 [英]科斯塔斯·杜兹纳 著 辛亨复 译
《阐释和社会批判》 [美]迈克尔·沃尔泽 著 任辉献 段鸣玉 译
《全球时代的民族国家:吉登斯讲演录》 [英]安东尼·吉登斯 著 郭忠华 编
《当代政治哲学名著导读》 应奇 主编
《拉克劳与墨菲:激进民主想象》 [美]安娜·M. 史密斯 著 付琼 译
《英国新左派思想家》 张亮 编
《第一代英国新左派》 [英]迈克尔·肯尼 著 李永新 陈剑 译
《转向帝国:英法帝国自由主义的兴起》 [美]珍妮弗·皮茨 著 金毅 许鸿艳 译
《论战争》 [美]迈克尔·沃尔泽 著 任辉献 段鸣玉 译
《现代性的谱系》 张凤阳 著
《近代中国民主观念之生成与流变:一项观念史的考察》 闾小波 著
《阿伦特与现代性的挑战》 [美]塞瑞娜·潘琳 著 张云龙 译
《政治人:政治的社会基础》 [美]西摩·马丁·李普塞特 著 郭为桂 林娜 译
《社会中的国家:国家与社会如何相互改变与相互构成》 [美]乔尔·S.米格代尔 著 李杨 郭
  一聪 译张长东 校
《伦理、文化与社会主义:英国新左派早期思想读本》 张亮 熊婴 编
《仪式、政治与权力》 [美]大卫·科泽 著 王海洲 译
《政治仪式:权力生产和再生产的政治文化分析》 王海洲 著
《论政治的本性》 [英]尚塔尔·墨菲 著 周凡 译

三、纯粹哲学系列
《哲学作为创造性的智慧:叶秀山西方哲学论集(1998—2002)》 叶秀山 著
《真理与自由:康德哲学的存在论阐释》 黄裕生 著
《走向精神科学之路:狄尔泰哲学思想研究》 谢地坤 著
《从胡塞尔到德里达》 尚杰 著
《海德格尔与存在论历史的解构:〈现象学的基本问题〉引论》 宋继杰 著
《康德的信仰:康德的自由、自然和上帝理念批判》 赵广明 著
《宗教与哲学的相遇:奥古斯丁与托马斯·阿奎那的基督教哲学研究》 黄裕生 著
《理念与神:柏拉图的理念思想及其神学意义》 赵广明 著
《时间性:自身与他者——从胡塞尔、海德格尔到列维纳斯》 王恒 著
《意志及其解脱之路:叔本华哲学思想研究》 黄文前 著
《真理之光:费希特与海德格尔论 SEIN》 李文堂 著
《归隐之路:20 世纪法国哲学的踪迹》 尚杰 著
《胡塞尔直观概念的起源:以意向性为线索的早期文本研究》 陈志远 著
《幽灵之舞:德里达与现象学》 方向红 著
《形而上学与社会希望:罗蒂哲学研究》 陈亚军 著
《福柯的主体解构之旅:从知识考古学到"人之死"》 刘永谋 著
《中西智慧的贯通:叶秀山中国哲学文化论集》 叶秀山 著
《学与思的轮回:叶秀山 2003—2007 年最新论文集》 叶秀山 著
《返回爱与自由的生活世界:纯粹民间文学关键词的哲学阐释》 户晓辉 著
《心的秩序:一种现象学心学研究的可能性》 倪梁康 著
《生命与信仰:克尔凯郭尔假名写作时期基督教哲学思想研究》 王齐 著

《时间与永恒:论海德格尔哲学中的时间问题》 黄裕生 著
《道路之思:海德格尔的"存在论差异"思想》 张柯 著
《启蒙与自由:叶秀山论康德》 叶秀山 著
《自由、心灵与时间:奥古斯丁心灵转向问题的文本学研究》 张荣 著
《回归原创之思:"象思维"视野下的中国智慧》 王树人 著
《从语言到心灵:一种生活整体主义的研究》 黄益民 著
《身体、空间与科学:梅洛-庞蒂的空间现象学研究》 刘胜利 著
《超越经验主义与理性主义:实用主义叙事的当代转换及效应》 陈亚军 著

四、宗教研究系列

《汉译佛教经典哲学研究》(上下卷) 杜继文 著
《中国佛教通史》(15卷) 赖永海 主编
《中国禅宗通史》 杜继文 魏道儒 著
《佛教史》 杜继文 主编
《道教史》 卿希泰 唐大潮 著
《基督教史》 王美秀 段琦 等著
《伊斯兰教史》 金宜久 主编
《中国律宗通史》 王建光 著
《中国唯识宗通史》 杨维中 著
《中国净土宗通史》 陈扬炯 著
《中国天台宗通史》 潘桂明 吴忠伟 著
《中国三论宗通史》 董群 著
《中国华严宗通史》 魏道儒 著
《中国佛教思想史稿》(3卷) 潘桂明 著
《禅与老庄》 徐小跃 著
《中国佛性论》 赖永海 著
《禅宗早期思想的形成与发展》 洪修平 著
《基督教思想史》 [美]胡斯都·L.冈察雷斯 著 陈泽民 孙汉书 司徒桐 莫如喜 陆俊杰 译
《圣经历史哲学》(上下卷) 赵敦华 著
《如来藏经典与中国佛教》 杨维中 著
《儒佛道思想家与中国思想文化》 洪修平 主编
《基督教神学发展史》(一)、(二)、(三) 林荣洪 著

五、人文与社会系列

《环境与历史:美国和南非驯化自然的比较》 [美]威廉·贝纳特 彼得·科茨 著 包茂红 译
《阿伦特为什么重要》 [美]伊丽莎白·扬—布鲁尔 著 刘北成 刘小鸥 译
《现代性的哲学话语》 [德]于尔根·哈贝马斯 著 曹卫东 等译
《追寻美德:伦理理论研究》 [美]A.麦金太尔 著 宋继杰 译
《现代社会中的法律》 [美]R.M.昂格尔 著 吴玉章 周汉华 译
《知识分子与大众:文学知识界的傲慢与偏见,1880—1939》 [英]约翰·凯里 著 吴庆宏 译
《自我的根源:现代认同的形成》 [加拿大]查尔斯·泰勒 著 韩震 等译
《社会行动的结构》 [美]塔尔科特·帕森斯 著 张明德 夏遇南 彭刚 译
《文化的解释》 [美]克利福德·格尔茨 著 韩莉 译

《以色列与启示:秩序与历史(卷1)》 [美]埃里克·沃格林 著 霍伟岸 叶颖 译
《城邦的世界:秩序与历史(卷2)》 [美]埃里克·沃格林 著 陈周旺 译
《战争与和平的权利:从格劳秀斯到康德的政治思想与国际秩序》 [美]理查德·塔克 著 罗炯 等译
《人类与自然世界:1500—1800年间英国观念的变化》 [英]基思·托马斯 著 宋丽丽 译
《男性气概》 [美]哈维·C.曼斯菲尔德 著 刘玮 译
《黑格尔》 [加拿大]查尔斯·泰勒 著 张国清 朱进东 译
《社会理论和社会结构》 [美]罗伯特·K.默顿 著 唐少杰 齐心 等译
《个体的社会》 [德]诺贝特·埃利亚斯 著 翟三江 陆兴华 译
《象征交换与死亡》 [法]让·波德里亚 著 车槿山 译
《实践感》 [法]皮埃尔·布迪厄 著 蒋梓骅 译
《关于马基雅维里的思考》 [美]利奥·施特劳斯 著 申彤 译
《正义诸领域:为多元主义与平等一辩》 [美]迈克尔·沃尔泽 著 褚松燕 译
《传统的发明》 [英]E.霍布斯鲍姆 T.兰格 著 顾杭 庞冠群 译
《元史学:十九世纪欧洲的历史想象》 [美]海登·怀特 著 陈新 译
《卢梭问题》 [德]恩斯特·卡西勒 著 王春华 译
《自足语义学:为语义最简论和言语行为多元论辩护》 [挪威]赫尔曼·开普兰 [美]厄尼·利珀尔 著 周允程 译
《历史主义的兴起》 [德]弗里德里希·梅尼克 著 陆月宏 译
《权威的概念》 [法]亚历山大·科耶夫 著 姜志辉 译
《无国界移民》 [瑞士]安托万·佩库 [荷兰]保罗·德·古赫特奈尔 编 武云 译
《语言的未来》 [法]皮埃尔·朱代·德·拉孔布 海因茨·维斯曼 著 梁爽 译
《全球化的关键概念》 [挪]托马斯·许兰德·埃里克森 著 周云水 等译
《房地产阶级社会》 [韩]孙洛龟 著 芦恒 译
《政治创新与概念变革》 [美]特伦斯·鲍尔詹姆斯·法尔拉塞尔·L.汉森 编 朱进东 译
《依赖性的理性动物:人类为什么需要德性》 [美]阿拉斯戴尔·麦金太尔 著 刘玮 译
《理解俄国:俄国文化中的圣愚》 [美]埃娃·汤普逊 著 杨德友 译
《留恋人世:长生不老的奇妙科学》 [美]乔纳森·韦纳 著 杨朗 卢文超 译

六、海外中国研究系列

《帝国的隐喻:中国民间宗教》 [英]王斯福 著 赵旭东 译
《王弼〈老子注〉研究》 [德]瓦格纳 著 杨立华 译
《章学诚思想与生平研究》 [美]倪德卫 著 杨立华 译
《中国与达尔文》 [美]詹姆斯·里夫 著 钟永强 译
《千年末世之乱:1813年八卦教起义》 [美]韩书瑞 著 陈仲丹 译
《中华帝国后期的欲望与小说叙述》 黄卫总 著 张蕴爽 译
《私人领域的变形:唐宋诗词中的园林与玩好》 [美]王晓山 著 文韬 译
《六朝精神史研究》 [日]吉川忠夫 著 王启发 译
《中国社会史》 [法]谢和耐 著 黄建华 黄迅余 译
《大分流:欧洲、中国及现代世界经济的发展》 [美]彭慕兰 著 史建云 译
《近代中国的知识分子与文明》 [日]佐藤慎一 著 刘岳兵 译
《转变的中国:历史变迁与欧洲经验的局限》 [美]王国斌 著 李伯重 连玲玲 译
《中国近代思维的挫折》 [日]岛田虔次 著 甘万萍 译

《为权力祈祷》 [加拿大]卜正民 著 张华 译
《洪业:清朝开国史》 [美]魏斐德 著 陈苏镇 薄小莹 译
《儒教与道教》 [德]马克斯·韦伯 著 洪天富 译
《革命与历史:中国马克思主义历史学的起源,1919—1937》 [美]德里克 著 翁贺凯 译
《中华帝国的法律》 [美]D.布朗 等著 朱勇 译
《文化、权力与国家》 [美]杜赞奇 著 王福明 译
《中国的亚洲内陆边疆》 [美]拉铁摩尔 著 唐晓峰 译
《古代中国的思想世界》 [美]史华兹 著 程钢 译 刘东 校
《中国近代经济史研究:明末海关财政与通商口岸市场圈》 [日]滨下武志 著 高淑娟 孙彬 译
《中国美学问题》 [美]苏源熙 著 卞东波 译 张强强 朱霞欢 校
《翻译的传说:构建中国新女性形象》 胡缨 著 龙瑜宬 彭珊珊 译
《〈诗经〉原意研究》 [日]家井真 著 陆越 译
《缠足:"金莲崇拜"盛极而衰的演变》 [美]高彦颐 著 苗延威 译
《从民族国家中拯救历史:民族主义话语与中国现代史研究》 [美]杜赞奇 著 王宪明 高继美 李海燕 李点 译
《传统中国日常生活中的协商:中古契约研究》 [美]韩森 著 鲁西奇 译
《欧几里得在中国:汉译〈几何原本〉的源流与影响》 [荷]安国风 著 纪志刚 郑诚 郑方磊 译
《毁灭的种子:战争与革命中的国民党中国(1937-1949)》 [美]易劳逸 著 王建朗 王贤知 贾维 译
《理解农民中国:社会科学哲学的案例研究》 [美]李丹 著 张天虹 张胜波 译
《18世纪的中国社会》 [美]韩书瑞 罗有枝 著 陈仲丹 译
《开放的帝国:1600年的中国历史》 [美]韩森 著 梁侃 邹劲风 译
《中国人的幸福观》 [德]鲍吾刚 著 严蓓雯 韩雪临 伍德祖 译
《明代乡村纠纷与秩序》 [日]中岛乐章 著 郭万平 高飞 译
《朱熹的思维世界》 [美]田浩 著
《礼物、关系学与国家:中国人际关系与主体建构》 杨美慧 著 赵旭东 孙珉 译 张跃宏 校
《美国的中国形象:1931—1949》 [美]克里斯托弗·杰斯普森 著 姜智芹 译
《清代内河水运史研究》 [日]松浦章 著 董科 译
《中国的经济革命:20世纪的乡村工业》 [日]顾琳 著 王玉茹 张玮 李进霞 译
《明清时代东亚海域的文化交流》 [日]松浦章 著 郑洁西 译
《皇帝和祖宗:华南的国家与宗族》 科大卫 著 卜永坚 译
《中国善书研究》 [日]酒井忠夫 著 刘岳兵 何英莺 孙雪梅 译
《大萧条时期的中国:市场、国家与世界经济》 [日]城山智子 著 孟凡礼 尚国敏 译
《虎、米、丝、泥:帝制晚期华南的环境与经济》 [美]马立博 著 王玉茹 译
《矢志不渝:明清时期的贞女现象》 [美]卢苇菁 著 秦立彦 译
《山东叛乱:1774年的王伦起义》 [美]韩书瑞 著 刘平 唐雁超 译
《一江黑水:中国未来的环境挑战》 [美]易明 著 姜智芹 译
《施剑翘复仇案:民国时期公众同情的兴起与影响》 [美]林郁沁 著 陈湘静 译
《工程国家:民国时期(1927-1937)的淮河治理及国家建设》 [美]戴维·艾伦·佩兹 著 姜智芹 译
《西学东渐与中国事情》 [日]增田涉 著 周启乾 译
《铁泪图:19世纪中国对于饥馑的文化反应》 [美]艾志端 著 曹曦 译
《危险的边疆:游牧帝国与中国》 [美]巴菲尔德 著 袁剑 译

《华北的暴力与恐慌:义和团运动前夕基督教传播和社会冲突》 [德]狄德满 著　崔华杰 译
《历史宝筏:过去、西方与中国的妇女问题》 [美]季家珍 著　杨可 译
《姐妹们与陌生人:上海棉纱厂女工,1919—1949》 [美]艾米莉·洪尼格 著　韩慈 译
《银线:19世纪的世界与中国》　林满红 著　詹庆华 林满红 译
《寻求中国民主》 [澳]冯兆基 著　刘悦斌 徐硙 译
《中国乡村的基督教:1860—1900江西省的冲突与适应》 [美]史维东 著　吴薇 译
《认知变异:反思人类心智的统一性与多样性》 [英]G.E.R.劳埃德 著　池志培 译
《假想的"满大人":同情、现代性与中国疼痛》 [美]韩瑞 著　袁剑 译
《男性特质论:中国的社会与性别》 [澳]雷金庆 著　[澳]刘婷 译
《中国的捐纳制度与社会》　伍跃 著
《文书行政的汉帝国》 [日]富谷至 著　刘恒武 孔李波 译
《城市里的陌生人:中国流动人口的空间、权力与社会网络的重构》 [美]张骊 著　袁长庚 译
《重读中国女性生命故事》　游鉴明 胡缨 季家珍 主编
《跨太平洋位移:20世纪美国文学中的民族志、翻译和文本间旅行》　黄运特 著　陈倩 译
《近代日本的中国认识》 [日]野村浩一 著　张学锋 译
《性别、政治与民主:近代中国的妇女参政》 [澳]李木兰 著　方小平 译
《狮龙共舞:一个英国人眼中的威海卫与中国文化》 [英]庄士敦 著　刘本森 译
《中国社会中的宗教与仪式》 [美]武雅士 著　彭泽安 邵铁峰 译 郭潇威 校
《大象的退却:一部中国环境史》 [英]伊懋可 著　梅雪芹 毛利霞 王玉山 译
《自贡商人:早期近代中国的企业家》 [美]曾小萍 著　董建中 译
《人物、角色与心灵:〈牡丹亭〉与〈桃花扇〉中的身份认同》 [美]吕立亭 著　白华山 译
《明代江南土地制度研究》 [日]森正夫 著　伍跃 张学锋 等译 范金民 夏维中 审校
《儒学与女性》 [美]罗莎莉 著　丁佳伟 曹秀娟 译
《权力关系:宋代中国的家族、地位与国家》 [美]柏文莉 著　刘云军 译
《行善的艺术:晚明中国的慈善事业》 [美]韩德林 著　吴士勇 王桐 史桢豪 译
《近代中国的渔业战争和环境变化》 [美]穆盛博 著　胡文亮 译
《工开万物:17世纪中国的知识与技术》 [德]薛凤 著　吴秀杰 白岚玲 译
《权力源自地位:北京大学、知识分子与中国政治文化,1898—1929》 [美]魏定熙 著　张蒙 译
《忠贞不贰?——辽代的越境之举》 [英]史怀梅 著　曹流 译
《两访中国茶乡》 [英]罗伯特·福琼 著　敖雪岗 译
《古代中国的动物与灵异》 [英]胡司德 著　蓝旭 译
《内藤湖南:政治与汉学(1866—1934)》 [美]傅佛果 著　陶德民 何英莺 译

七、历史研究系列

《中国近代通史》(10卷)　张海鹏 主编
《极端的年代》 [英]艾瑞克·霍布斯鲍姆 著　马凡 等译
《漫长的20世纪》 [意]杰奥瓦尼·阿瑞基 著　姚乃强 译
《在传统与变革之间:英国文化模式溯源》　钱乘旦 陈晓律 著
《世界现代化历程》(10卷)　钱乘旦 主编
《近代以来日本的中国观》(6卷)　杨栋梁 主编
《中华民族凝聚力的形成与发展》　卢勋 杨保隆 等著
《明治维新》 [英]威廉·G.比斯利 著　张光 汤金旭 译
《在垂死皇帝的王国:世纪末的日本》 [美]诺玛·菲尔德 著　曾霞 译

《美国的艺伎盟友》 [美]涩泽尚子 著 油小丽 牟学苑 译
《戊戌政变的台前幕后》 马勇 著
《战后东北亚主要国家间领土纠纷与国际关系研究》 李凡 著
《战后西亚国家领土纠纷与国际关系》 黄民兴 谢立忱 著
《民国首都南京的营造政治与现代想象(1927-1937)》 董佳 著
《战后日本史》 王新生 著
《衣被天下:明清江南丝绸史研究》 范金民 著

八、当代思想前沿系列

《世纪末的维也纳》 [美]卡尔·休斯克 著 李锋 译
《莎士比亚的政治》 [美]阿兰·布鲁姆 哈瑞·雅法 著 潘望 译
《邪恶》 [英]玛丽·米奇利 著 陆月宏 译
《知识分子都到哪里去了:对抗21世纪的庸人主义》 [英]弗兰克·富里迪 著 戴从容 译
《资本主义文化矛盾》 [美]丹尼尔·贝尔 著 严蓓雯 译
《流动的恐惧》 [英]齐格蒙特·鲍曼 著 谷蕾 杨超 等译
《流动的生活》 [英]齐格蒙特·鲍曼 著 徐朝友 译
《流动的时代:生活于充满不确定性的年代》 [英]齐格蒙特·鲍曼 著 谷蕾 武媛媛 译
《未来的形而上学》 [美]爱莲心 著 余日昌 译
《感受与形式》 [美]苏珊·朗格 著 高艳萍 译
《资本主义及其经济学:一种批判的历史》 [美]道格拉斯·多德 著 熊婴 译 刘思云 校
《异端人物》 [英]特里·伊格尔顿 著 刘超 陈叶 译
《哲学俱乐部:美国观念的故事》 [美]路易斯·梅南德 著 肖凡 鲁帆 译
《文化理论关键词》 [英]丹尼·卡瓦拉罗 著 张卫东 张生 赵顺宏 译
《齐格蒙特·鲍曼:后现代性的预言家》 [英]丹尼斯·史密斯 著 佘江涛 译
《公共领域中的伦理学》 [英]约瑟夫·拉兹 著 葛四友 主译
《文化模式批判》 崔平 著
《谁是罗兰·巴特》 汪民安 著
《身体、空间与后现代性》 汪民安 著
《时间、空间与伦理学基础》 [美]爱莲心 著 高永旺 李孟国 译

九、教育理论研究系列

《教育研究方法导论》 [美]梅雷迪斯·D.高尔等 著 许庆豫 等译
《教育基础》 [美]阿伦·奥恩斯坦 著 杨树兵 等译
《教育伦理学》 贾馥茗 著
《认知心理学》 [美]罗伯特·L.索尔索 著 何华 等译
《现代心理学史》 [美]杜安·P.舒尔茨 著 叶浩生 等译
《学校法学》 [美]米歇尔·W.拉莫特 著 许庆豫 等译

十、艺术理论研究系列

《弗莱艺术批评文选》 [英]罗杰·弗莱 著 沈语冰 译
《另类准则:直面20世纪艺术》 [美]列奥·施坦伯格 著 沈语冰 刘凡 谷光曙 译
《当代艺术的主题:1980年以后的视觉艺术》 [美]简·罗伯森 克雷格·迈克丹尼尔 著 匡骁 译
《艺术与物性:论文与评论集》 [美]迈克尔·弗雷德 著 张晓剑 沈语冰 译

《现代生活的画像:马奈及其追随者艺术中的巴黎》　[英]T. J. 克拉克 著　沈语冰 诸葛沂 译
《自我与图像》　[英]艾美利亚·琼斯 著　刘凡 谷光曙 译
《博物馆怀疑论:公共美术馆中的艺术展览史》　[美]大卫·卡里尔 著　丁宁 译
《艺术社会学》　[英]维多利亚·D. 亚历山大 著　章浩 沈杨 译
《云的理论:为了建立一种新的绘画史》　[法]于贝尔·达米施 著　董强 译
《杜尚之后的康德》　[比]蒂埃利·德·迪弗 著　沈语冰 张晓剑 陶铮 译
《蒂耶波洛的图画智力》　[美]斯维特拉娜·阿尔珀斯 迈克尔·巴克森德尔 著　王玉冬 译
《伦勃朗的企业:工作室与艺术市场》　[美]斯维特拉娜·阿尔珀斯 著　冯白帆 译
《新前卫与文化工业》　[美]本雅明·布赫洛 著　何卫华 史岩林 桂宏军 钱纪芳 译
《现代艺术:19 与 20 世纪》　[美]迈耶·夏皮罗 著　沈语冰 何海 译
《重构抽象表现主义:20 世纪 40 年代的主体性与绘画》　[美]迈克尔·莱雅 著　毛秋月 译
《神经元艺术史》　[英]约翰·奥尼恩斯 著　梅娜芳 译
《实在的回归:世纪末的前卫艺术》　[美]哈尔·福斯特 著　杨娟娟 译
《德国文艺复兴时期的椴木雕刻家》　[德]巴克森德尔 著　殷树喜 译
《艺术的理论与哲学:风格、艺术家和社会》　[美]迈耶·夏皮罗 著　沈语冰 王玉冬 译

十一、中国经济问题研究系列
《中国经济的现代化:制度变革与结构转型》　肖耿 著
《世界经济复苏与中国的作用》　[英]傅晓岚 编　蔡悦 等译
《中国未来十年的改革之路》　《比较》研究室 编
《大失衡:贸易、冲突和世界经济的危险前路》　[美]迈克尔·佩蒂斯 著　王璟 译
《中国经济新转型》　[日]青木昌彦 吴敬琏 编　姚志敏 等译
《经济全球化与中国产业发展》　刘志彪 著

十二、艺术与社会系列
《艺术界》　[美]霍华德·S. 贝克尔 著　卢文超 译
《寻找如画美:英国的风景美学与旅游,1760—1800》　[英]马尔科姆·安德鲁斯 著　张箭飞 韦照周 译

十三、公共管理系列
《更快 更好 更省?》　[美]达尔·W. 福赛斯 著　范春辉 译
《公共行政的行动主义》　张康之 著
《美国能源政策:变革中的政治、挑战与前景》　[美]劳任斯·R. 格里戴维·E. 麦克纳布 著　付满 译

十四、智库系列
《经营智库:成熟组织的实务指南》　[美]雷蒙德·J. 斯特鲁伊克 著　李刚 等译 陆扬 校